Der Fall Österreich

Europäische Hochschulschriften

Publications Universitaires Européennes

European University Studies

Reihe II

Rechtswissenschaft

Série II Series II

Droit

Law

Bd./Vol. 4079

PETER LANG

Frankfurt am Main · Berlin · Bern · Bruxelles · New York · Oxford · Wien

Tim Brune

Der Fall Österreich

Zur Einordnung und Rechtmäßigkeit der Reaktionen der Europäischen Union und ihrer Mitgliedstaaten auf die Regierungsbildung in der Republik Österreich 1999/2000

PETER LANG
Europäischer Verlag der Wissenschaften

Bibliografische Information Der Deutschen Bibliothek
Die Deutsche Bibliothek verzeichnet diese Publikation in der Deutschen Nationalbibliografie; detaillierte bibliografische Daten sind im Internet über <http://dnb.ddb.de> abrufbar.

Zugl.: München, Univ. der Bundeswehr, Diss., 2004

ISSN 0531-7312
ISBN 3-631-52718-7

www.peterlang.de

MEINER FAMILIE

Causarum enim cognitio cognitionem eventorum facit.

CICERO

Vorwort

Die vorliegende Arbeit wurde im Wintertrimester 2004 von der Fakultät für Sozialwissenschaften der Universität der Bundeswehr München als Dissertation angenommen.

Mein erster Dank gilt meinem Doktorvater, Herrn Professor Dr. Armin A. Steinkamm, für die Betreuung der Arbeit und die Erstellung des Erstgutachtens sowie Herrn Professor Dr. Rupert Stettner für die Übernahme des Koreferates.

Ferner darf ich Herrn Dr. Rudolf Graf Logothetti für die stets anregenden Gespräche und Hinweise danken, die das Fortkommen der vorliegenden Arbeit sehr befördert haben.

Meinen Eltern danke ich dafür, mir mein Studium und meine Promotion ermöglicht zu haben. Sie haben mir stets mit Rat und Tat zur Seite gestanden. Besonderen Dank schulde ich meiner Frau; sie bereichert mein Leben jeden Tag.

Inhaltsübersicht

Inhaltsverzeichnis

Abkürzungsverzeichnis

Die verwendeten Abkürzungen entsprechen – soweit sie nicht allgemein gebräuchlich sind – dem Abkürzungsverzeichnis von *Hildebert Kirchner*, Abkürzungsverzeichnis der Rechtssprache, 4. Aufl., Berlin, New York 1993.

Weitere Abkürzungen lösen sich wie folgt auf:

ABl.	Amtsblatt der Europäischen Gemeinschaften
AdR	Ausschuß der Regionen
AFDI	Annuaire français de droit international
AJIL	American Journal of International Law
AKP	Afrikanisch/Karibisch/Pazifisch
BDGVR	Berichte der Deutschen Gesellschaft für Völkerrecht
BullBReg.	Bulletin der Bundesregierung
B-VG	österreichisches Bundes-Verfassungsgesetz in der Fassung von 1929
BYIL	British Yearbook of International Law
CDA	Christen Democratisch Appèl
CJEL	Columbia Journal of European Law
CMLRev	Common Market Law Review
EAGV	Vertrag zur Gründung der Europäischen Atomgemeinschaft (EURATOM)
EFARev	European Foreign Affairs Review

EGV	Vertrag zur Gründung der Europäischen Gemeinschaft
EJIL	European Journal of International Law
ELRev	European Law Review
EPIL	Encyclopedia of Public International Law
EU	Europäische Union
EUV	Vertrag über die Europäische Union
EUV-bE	belgischer Entwurf zur Änderung des EUV
EUV-KomE	Entwurf der Kommission zur Änderung des EUV
EUV-öE	österreichischer Entwurf zur Änderung des EUV
EVP	Europäische Volkspartei
FPÖ	Freiheitliche Partei Österreichs
FRD	Friendly Relations Declaration
GASP	Gemeinsame Außen- und Sicherheitspolitik
GJILC	Georgia Journal of International and Comparative Law
GOAdR	Geschäftsordnung des Ausschusses der Regionen
GO-EP	Geschäftsordnung des Europäischen Parlaments
GORat	Geschäftsordnung des Rates
GS	Gedächtnisschrift
Habil.-Schr.	Habilitationsschrift
HILJ	Harvard International Law Journal

ICJ	International Court of Justice
IGH	Internationaler Gerichtshof
ILC	International Law Commission of the United Nations
ILM	International Legal Materials
IO	internationale Organisation(en)
i.S.d.	im Sinne der/des
i.S.e.	im Sinne einer/eines
IZoV	Internationaler Zusammenschluß ohne Völkerrechtssubjektivität
JEI	Jahrbuch der Europäischen Integration
LJIL	Leiden Journal of International Law
masch.	maschinenschriftlich
MJ	Maastricht Journal of European and Comparative Law
NGO	Non-governmental Organization(s)
NYIL	Netherlands Yearbook of International Law
ÖVP	Österreichische Volkspartei
ÖZöffR	Österreichische Zeitschrift für öffentliches Recht
PJZS	polizeiliche und juristische Zusammenarbeit in Strafsachen
PP	Partido Popular
PPI	Partito Popolare Italiano

PSC	Parti Social Chrétien
RdC	Recueil des Cours de l'Académie de droit international de la Haye
RdEU	Rat der Europäischen Union
RDI	Revue de droit international, de sciences diplomatique et politiques
Rdnr.	Randnummer
RMCUE	Revue du Marché commun et de l'Union européenne
Rs.	Rechtssache
SEW	Sociaal-Economische Wetgeving
SI	Sozialistische Internationale
Slg.	Rechtsprechungssammlung des EuGH
SPÖ	Sozialdemokratische Partei Österreichs
UDF	Nouvelle l'Union pour la Démocratie Française
UN-Charta	Charta der Vereinten Nationen
verb. Rs.	verbundene Rechtssache
VerfO-EuGH	Verfahrensordnung des EuGH
WÜD	Wiener Diplomatenrechtskonvention
WVK	Wiener Übereinkommen über das Recht der Verträge
YBILC	Yearbook of the International Law Commission
ZeuS	Zeitschrift für europarechtliche Studien

ZÖR	Zeitschrift für öffentliches Recht
ZP	Zusatzprotokoll

§ 1 Einleitung

Mehr als acht Monate hielten die gegen Österreich verhängten Maßnahmen die europäische Öffentlichkeit in Atem. Diese, in den Medien bald mit der griffigeren Bezeichnung der „EU-Sanktionen“ versehenen Reaktionen der übrigen Mitgliedstaaten der Europäischen Union auf die Bildung einer Regierungskoalition aus ÖVP und FPÖ, trafen sowohl die Europäische Union als auch die Republik Österreich in Zeiten der Umstrukturierung und des politischen Umbruchs.

Die Union bereitet sich seit dem Vertragsschluß von Amsterdam im Oktober 1997 darauf vor, in einer weiteren Erweiterungsrunde mit den Beitrittskandidaten aus Mittel- und Osteuropa erstmals Staaten in die Union und die Gemeinschaften aufzunehmen, die zu Zeiten des Kalten Krieges dem Ostblock angehörten und erst nach 1990 zu demokratischen Staatsformen (zurück-)gefunden haben.

Begleitet wird diese geplante Erweiterung durch Bestrebungen innerhalb der EU, sich zu einer noch enger verwobenen internationalen Organisation fortzuentwickeln, die nach ihrem Selbstverständnis ausdrücklich mehr sein will als eine bloße Wirtschaftsgemeinschaft. Aufgrund dieses neuen Selbstverständnisses umfaßt die Europäische Union nicht mehr nur den Willen zur wirtschaftlichen Zusammenarbeit, sondern befindet sich auf dem Weg der Bildung engerer politischer und sozialer Strukturen.

Zur Erreichung dieses Ziels hatten die Mitgliedstaaten bereits im Vertrag von Maastricht vom Februar 1992 versucht, durch die Formulierung unveränderlicher Grundwerte einen rechtlichen Grundkonsens zu schaffen. Zu diesen Werten zählen neben den Grundsätzen der Freiheit, der Achtung der Menschenwürde und der Grundfreiheiten insbesondere die Bekenntnisse zur Demokratie und zur Rechtsstaatlichkeit. Um diese Werte vor möglichen Übergriffen, vorrangig in den jungen Demokratien der Beitrittskandidaten, zu schützen, wurde durch den Amsterdamer Vertrag ein Verfahren im Europarecht verankert, mit dem Verletzungen dieser Grundwerte begegnet werden könnte. Zugleich war damit auch ein Mittel zur Hand, um unerwünschten politischen Entwicklungen in den Mitgliedstaaten, die geeignet wären, die angestrebten Integrationsbemühungen dauerhaft zu behindern, Einhalt zu gebieten. Nur auf diese Weise schien die für eine weitere Integration der Europäischen Union notwendige Homogenität dauerhaft gewährleistet zu sein.

Gleichzeitig wurde durch die Nationalratswahl von 1999 die jahrzehntealte Machtteilung zwischen Konservativen und Sozialdemokraten in Österreich beendet. Für die einen Anlaß zur Freude, für die anderen eine Zeit der Wut und Trauer über den Verlust der Macht. So war der Regierungswechsel, der am 4.02.2000 in der Wiener Hofburg stattfand, nicht nur wegen der zur Vereidigung anstehenden Personen von wütenden Protesten oppositioneller Gruppen begleitet.

Auf diese Gemengelage – neues Selbstverständnis hier, Aufbrechen der Strukturen der alten Proporzdemokratie dort – trafen die Maßnahmen der 14 EU-Mitgliedstaaten. Sie waren damit die erste Bewährungsprobe sowohl für die propagierte neue europäische Werteordnung als auch für das neue Sanktionsverfahren.

Das Echo in den Medien und dem wissenschaftlichen Schrifttum war von Anfang an streng in befürwortende und ablehnende Stimmen geteilt. Vorrangig österreichische Autoren beklagten, die Maßnahmen seien ein „Willkürakt“[1], ein „antikes Scherbengericht“[2], eine „kalte Demonstration der Macht“[3] gewesen, während sich das übrige Europa, von Ausnahmen abgesehen,[4] in Schweigen hüllte.

Europäische Politiker fanden sich nach dem 4.02.2000 abwechselnd in der Rolle des Anklägers und des Angeklagten wieder. Fast resignativ stellte der luxemburgische Premierminister *Juncker* nach dem Ende der „Sanktionen“ fest: „Ich gebe ja zu, daß die Maßnahmen keine gehobene Staatskunst waren. Aber sie haben einen Sinn gehabt – für Europa und für Österreich. Wäre der Schaden für Österreich und die EU nicht größer gewesen, hätten die 14 nicht reagiert?“[5] – Diese Frage *Junckers* greift indessen zu kurz und muß um einige rechtliche Fragestellungen erweitert werden, die ebenfalls einer Antwort bedürfen: *Durften die 14 überhaupt Maßnahmen gegen Österreich verhängen, und auf welcher Grundlage taten sie dies? Und wenn die 14 bei ihrem Vorgehen gegen Österreich weder über eine rechtliche Handhabe noch über eine Rechtsgrundlage*

[1] Vgl. den Untertitel des Aufsatzes von *Winkler*, ZÖR 55 (2000), S. 231.
[2] *Winkler*, ZÖR 55 (2000), S. 251.
[3] *Matscher*, Österreich und die Grundwerte des EU-Vertrages, in: *Die Presse* vom 9.02.2000.
[4] Die nicht österreichischen Stimmen im Schrifttum beschränken sich soweit erkennbar auf die Beiträge von *Busse*, *Regan*, *Schmahl*, *Schorkopf* und *Stein*.
[5] Zitiert nach *Kopeinig/Kotanko*, Eine europäische Affäre, 2000, S. 34, aus einem Interview vom 14.09.2000.

verfügten, ist dann nicht Österreich in seinen Rechten verletzt worden? Und welche rechtlichen Mittel hätten ihm zur Verfügung gestanden, um sich hiergegen zur Wehr zu setzen?

Ziel dieser Arbeit ist es, Antworten auf diese rechtlichen Fragen zu finden.

Hierzu ist es zunächst erforderlich, im folgenden zweiten Abschnitt (§ 2) mit Hilfe einer Chronologie der Ereignisse von den Nationalratswahlen im Oktober 1999 bis zur Aufhebung der Maßnahmen im September 2000 ein Gerüst zu schaffen, anhand dessen die nachfolgenden Ausführungen zur Sache den zugehörigen Ereignissen besser zugeordnet werden können.

Sodann widmet sich die Arbeit im dritten Abschnitt (§ 3) den Verlautbarungen, die als Reaktion europäischer Organe und Gremien auf die Regierungsbildung veröffentlicht wurden. Durch eine Analyse der formellen Kennzeichen dieser Dokumente können neben der Feststellung ihres rechtlichen Gehalts auch Aussagen über ihre Urheber getroffen werden. Der Schwerpunkt liegt dabei eindeutig auf der Erklärung der 14 EU-Mitgliedstaaten vom 31.01.2000, in der die später umgesetzten Maßnahmen angekündigt und näher spezifiziert wurden.

Nach dieser Textanalyse wird in dem dann folgenden Abschnitt (§ 4) der Versuch unternommen, die Erklärung, die als einzige rechtliche Wirkungen entfaltet, auf der Grundlage ihrer äußeren Erscheinung einer der verschiedenen Handlungsformen des Gemeinschafts- und Unionsrechts zuzuordnen. Auf diese Weise wird nicht nur eine genaue Bestimmung der in der Erklärung enthaltenen Rechtsakte möglich, zugleich wird dadurch auch der rechtliche Rahmen abgesteckt, in dem die folgende materiellrechtliche Bewertung der Vorgänge vorzunehmen ist.

Dabei wird nicht nur die aus der Analyse der äußeren Form gewonnene Einschätzung einer Zugehörigkeit der Erklärung zum Kreis des Europarechts berücksichtigt, sondern es wird auch auf die von den 14 stets wiederholte Behauptung eingegangen, bei den Maßnahmen habe es sich um lediglich bilaterale völkerrechtliche Maßnahmen gehandelt, und diese in die Überprüfung miteinbezogen. Die den „Sanktionen" zu Grunde liegenden Rechtsakte werden daher im fünften und sechsten Abschnitt sowohl auf ihre Vereinbarkeit mit dem materiellen Europarecht (§ 5) als auch mit dem allgemeinen Völkerrecht, und dabei insbesondere dessen Zwangsmaßnahmen, überprüft (§ 6).

Nach Abschluß der Einordnung und einer Bewertung der Handlungen der 14 EU-Mitgliedstaaten steht nach einem Perspektivenwechsel im siebten Abschnitt

(§ 7) die Frage im Mittelpunkt, inwieweit Österreich durch die Maßnahmen und ihre Begleitumstände in seinen Rechten betroffen wurde. Der achte Abschnitt (§ 8) knüpft an die im vorangehenden Kapitel gefundenen Verstöße an und stellt dar, welche rechtlichen Reaktionsmöglichkeiten Österreich dagegen zu Gebote gestanden hätten, hätte es eine Entscheidung auf dem Rechtsweg herbeiführen wollen.

Zum Abschluß der Untersuchung werden im vorletzten, neunten Abschnitt (§ 9) die im Gefolge der Vorgänge um den „Fall Österreich" vorgebrachten Reformvorschläge für das besondere Sanktionsverfahren des EUV dargestellt, einer Kritik unterzogen und schließlich einem eigenen Reformvorschlag gegenübergestellt.

Der letzte Abschnitt (§ 10) enthält eine wertende Schlußbetrachtung der aus dieser Untersuchung gewonnenen wesentlichen Ergebnisse.

§ 2 Die Maßnahmen gegen Österreich: Chronologie der Ereignisse

A. Die Regierungsbildung in Österreich (3.10.1999-4.02.2000)

Am 3.10.1999 fanden in Österreich turnusgemäß Wahlen zum Nationalrat statt. Die bisherige Koalition aus der SPÖ und der ÖVP mußte mit einem Stimmenanteil von 33,15% bzw. 26,91% gravierende Stimmenverluste hinnehmen,[1] während die FPÖ mit einem Stimmenanteil von ebenfalls 26,91% einen Stimmenzuwachs von fast 5% verzeichnen konnte. Mit einem Vorsprung von 415 Stimmen gelang es der FPÖ erstmals, die ÖVP zu verdrängen und zweitstärkste Partei zu werden.[2] Als vierte Partei vermochten „Die Grünen – Die Grüne Alternative“ mit einem Stimmenanteil von 7,40% in den Nationalrat einzuziehen; das „Liberale Forum – Heide Schmidt“ schied mit einem Stimmenanteil von nur 3,65% aus dem Nationalrat aus. Die 183 Sitze des Nationalrates verteilten sich daher wie folgt: SPÖ 65, ÖVP und FPÖ jeweils 52 sowie Die Grünen 14 Sitze.[3]

Am 14.10.1999 beauftragte der österreichische Bundespräsident *Klestil* den bisherigen Bundeskanzler und SPÖ-Vorsitzenden *Klima* mit der Aufnahme von Sondierungsgesprächen zwischen der SPÖ und allen übrigen im Nationalrat vertretenen Parteien zum Zweck der Bildung einer Koalitionsregierung.[4] Diese Sondierungsgespräche endeten am 3.12.1999.
Eine Woche später, am 9.12.1999, erhielt *Klima* schließlich den Auftrag zur Regierungsbildung und zur Aufnahme von Koalitionsverhandlungen mit der ÖVP. Diese begannen am 17.12.1999, dauerten bis zum 20.01.2000 und wurden

---

[1] Die Koalition verlor insgesamt fast 7,4%, von denen allein knapp 5% auf Verlusten der SPÖ beruhten. – Vgl. die Übersicht der Wahlergebnisse bei Nationalratswahlen bei *Burkert-Dottolo/Moser*, Die Regierungsbildung in Österreich, 2000, Anhang 5, S. 92.
[2] Die FPÖ erhielt 1.244.087 Stimmen, die ÖVP 1.243.672.
[3] Das amtliche Endergebnis der Nationalratswahl vom 3.10.1999 einschließlich aller relevanten statistischen Werte findet sich auf der Homepage des österreichischen Innenministeriums unter *http://www.bmi.gv.at*, Stichwort: „Wahlen und Volksbegehren“, wieder.
[4] Dies ist ein Novum in der Geschichte Österreichs: Normalerweise erhält der Vorsitzende der stärksten Partei vom Bundespräsidenten den Auftrag zur Regierungsbildung. – Vgl. *Burkert-Dottolo*, Die Regierungsbildung, in: Burkert-Dottolo/Moser, Die Regierungsbildung in Österreich, 2000, S. 34 f.

schließlich – trotz unterschriftsreifer Koalitionsvereinbarung – in der Nacht vom 20. zum 21.01. von der SPÖ abgebrochen.

Noch am 21.01. erteilte der Bundespräsident dem Vorsitzenden der SPÖ erneut den Auftrag zur Regierungsbildung, erweiterte diesen aber um die Möglichkeit der Bildung einer Minderheitsregierung. Da die ursprünglichen Koalitionspartner auch im zweiten Anlauf keinerlei Einigung erzielen konnten, wurden die Verhandlungen von der SPÖ am 27.01.2000 endgültig für beendet erklärt.[5] Bereits einen Tag zuvor hatte die SPÖ ihren Versuch, eine Minderheitsregierung zu bilden, aufgeben müssen, da ihr Werben um Unterstützung bei der FPÖ erfolglos geblieben war.

Als Reaktion auf diese Versuche der SPÖ und aufgrund des sich abzeichnenden endgültigen Scheiterns der Gespräche hatte die ÖVP schon am 25.01.2000 ohne Ermächtigung des Bundespräsidenten erste Koalitionsgespräche mit der FPÖ aufgenommen.

Ungeachtet dieser sich gut entwickelnden Gespräche, ermächtigte der österreichische Bundespräsident – nachdem er das Scheitern der Koalitionsverhandlungen zwischen SPÖ und ÖVP offiziell zur Kenntnis genommen hatte – Bundeskanzler *Klima* am 28.01.2000, zunächst weitere Gespräche mit der ÖVP und der FPÖ mit dem Ziel der Unterstützung einer SPÖ-Minderheitsregierung zu führen.

Beide Parteien lehnten in der Folge die Einladung zu solchen Gesprächen ab und intensivierten ihrerseits die Koalitionsverhandlungen, die am Wochenende vom 28.01. bis zum 30.01. in ihre entscheidende Phase eintraten. Diese Verhandlungen führten am 1.02.2000 schließlich zum Abschluß eines Koalitionsvertrages.

Auf Druck des Bundespräsidenten nahmen die beiden Koalitionspartner am 3.02.2000 die Deklaration „*Verantwortung für Österreich – Zukunft im Herzen Europas*“ als Präambel in den Koalitionsvertrag auf.[6] Durch diese Erklärung

[5] Offizieller Grund des Scheiterns war die Weigerung der Vertreter des Österreichischen Gewerkschaftsbundes (ÖGB), die – von ihnen mitverhandelte – Koalitionsvereinbarung zu unterzeichnen, sowie die Nichteinigung auf einen parteiunabhängigen Finanzminister. – *Hummer/Obwexer*, europa blätter 2000, S. 52.

[6] Der Wortlaut der Präambel ist abgedruckt bei *Burkert-Dottolo/Moser*, Die Regierungsbildung in Österreich, 2000, Anhang 7, S. 95-98.

sollten allen demokratiepolitischen Bedenken Rechnung getragen werden, die gegen eine Regierungsbeteiligung der FPÖ geäußert worden waren.[7]

Erst nach Aufnahme dieser Erklärung in den Koalitionsvertrag und der Streichung zweier FPÖ-Vorschläge von der Ministerliste[8] nahm der Bundespräsident das Regierungsprogramm und die Vorschlagsliste an.

Am 4.02.2000 – 124 Tage nach der Wahl[9] – wurden die Regierungsmitglieder der ÖVP-FPÖ-Koalition schließlich von Bundespräsident *Klestil* in der Wiener Hofburg vereidigt.

B. Die Reaktionen der EU und ihrer Mitgliedstaaten

I. Vor der Regierungsbildung

Bereits kurz nach der österreichischen Nationalratswahl wurden auf der Sondertagung des Europäischen Rates in Tampere (15./16.10.1999) von verschiedenen Mitgliedstaaten der EU Bedenken gegen eine Regierungsbeteiligung der FPÖ erhoben. Diese wurden in der Folge sowohl auf dem OSZE-Gipfel in Istanbul (18./9.11.1999) als auch während der Tagung des Europäischen Rates in Helsinki (10./11.12.1999) erneuert.[10]

Am 26.01.2000 begann in Stockholm die dreitägige Internationale Holocaust-Konferenz. An dieser nahmen neben vielen Staats- und Regierungschefs der Europäischen Union auch der Ministerpräsident Israels und Vertreter jüdischer Opferorganisationen teil. Ebenfalls anwesend war der noch amtierende österreichi-

---

[7] Vgl. *Hummer/Obwexer*, europa blätter 2000, S. 53.

[8] Es handelte sich um die Kandidaten *Hilmar Kabas* (Verteidigung) und *Thomas Prinzhorn* (Infrastruktur).

[9] Nur ein einziges Mal dauerte der Regierungsbildungsprozeß in Österreich länger: Im Jahr 1963/64 waren die Koalitionsverhandlungen zwischen ÖVP und SPÖ erst nach 129 Tagen beendet. – Vgl. *Burkert-Dottolo/Moser*, Die Regierungsbildung in Österreich, 2000, Anhang 2, S. 89.

[10] Vgl. *Kopeinig/Kotanko*, Eine europäische Affäre, 2000, S. 17; *Hummer/Obwexer*, ZÖR 55 (2000), S. 271.

sche Bundeskanzler *Klima*. Dieser nutzte die Konferenz, um auf die Möglichkeit einer Regierungsbeteiligung der FPÖ hinzuweisen.[11]

Einen Tag später, am 27.01.2000, äußerten der israelische Ministerpräsident *Barak*, Bundeskanzler *Schröder* sowie französische und schwedische Regierungsvertreter – „mit allem Respekt vor der Souveränität von Österreich“ – ihre Besorgnis über die Lage in Österreich.[12] Der belgische Premierminister *Verhofstadt* verlangte am selben Tag in einem Schreiben an den portugiesischen Premierminister und EU-Ratspräsidenten *Guterres* ein Sondertreffen der Außenminister der Europäischen Union, um über die Entwicklung in Österreich zu beraten.

Als sich die Anzeichen für den positiven Abschluß der Verhandlungen zwischen der ÖVP und der FPÖ am Wochenende vom 28.1. bis zum 30.1.2000 verdichteten, setzte eine weitere, beinahe hektische Kommunikationstätigkeit zwischen den Regierungschefs und Staatsoberhäuptern der übrigen vierzehn Mitgliedstaaten der Europäischen Union ein.[13]

Während des Wochenendes wurden der spanische Ministerpräsident *Aznar*, der portugiesische Premierminister *Guterres* und der französische Präsident *Chirac* telefonisch beim österreichischen Bundespräsidenten vorstellig, um ihn erneut von der großen Besorgnis ihrer Regierungen über die Beteiligung der FPÖ an der Regierung zu informieren. *Guterres* informierte den Bundespräsidenten darüber hinaus auch über die Initiative des belgischen Premierministers vom 27.01.2000. Parallel dazu setzte eine heftige Telefondiplomatie vornehmlich auf der Achse Paris-Berlin-Lissabon ein. Ziel dieser Kontakte war die Festlegung eines einheitlichen Maßnahmenkatalogs der 14 übrigen EU-Mitgliedstaaten für den Fall einer Beteiligung der FPÖ an der neuen österreichischen Bundesregierung.

Das Ergebnis dieser Bemühungen war die von der portugiesischen Regierung am 31.01.2000 veröffentliche Erklärung, welche im englischen Original die

---

[11] Vgl. *Hummer/Obwexer*, europa blätter 2000, S. 53.
[12] Vgl. *Busse*, Österreich contra EU, 2000, S. 7.
[13] Vgl. *Winkler*, ZÖR 55 (2000), S. 233. Dieser sieht auch den österreichischen Bundespräsidenten und Bundeskanzler in diesen Kommunikationsprozeß eingebunden, so daß er von einem „gesamteuropäischen“ Prozeß spricht. – Über die Rolle des Bundespräsidenten und des damaligen Bundeskanzlers bei der Entstehung der Erklärung der XIV herrscht in Österreich seit Beginn der Maßnahmen eine heftige Kontroverse; vgl. hierzu *Kopeinig/Kotanko*, Eine europäische Affäre, 2000, S. 22.

Überschrift "*Statement from the Portuguese Presidency of the European Union on behalf of XIV Member States*" trug. Sie hatte folgenden Wortlaut:

> *„Am heutigen Montag, dem 31. Januar, unterrichtete der portugiesische Premierminister sowohl den Präsidenten als auch den Kanzler Österreichs und der portugiesische Außenminister seinen österreichischen Amtskollegen über den folgenden gemeinsamen Schritt, den die Staats- und Regierungschefs von vierzehn Mitgliedstaaten der Europäischen Union für den Fall der Bildung einer Regierung in Österreich unter Einschluß der FPÖ vereinbart haben.*
>
> - *Die Regierungen von vierzehn Mitgliedstaaten werden bilaterale offizielle Kontakte auf politischer Ebene mit einer österreichischen Regierung unter Einschluß der FPÖ weder akzeptieren noch fördern;*
> - *Eine Unterstützung für österreichische Kandidaten, die sich um Positionen in internationalen Organisationen bewerben, wird es nicht geben;*
> - *Österreichische Botschafter werden in den Hauptstädten der EU lediglich auf einer technischen Ebene empfangen.*
>
> *Der portugiesische Premierminister und der Außenminister hatten die österreichischen Stellen bereits davon in Kenntnis gesetzt, daß es ein business as usual in den bilateralen Beziehungen mit einer Regierung unter Einschluß der FPÖ nicht geben wird.*"[14]

Am 1.02.2000 folgte dieser Erklärung eine Mitteilung der Europäischen Kommission. Diese war am selben Tag auf einer Sondersitzung einstimmig – d.h. auch mit Zustimmung des österreichischen Mitgliedes der Kommission, EU-Agrarkommissar *Fischler* – verabschiedet worden. Sie hatte folgenden Wortlaut:

> *„Die Kommission nimmt die am 31.01. von den 14 EU-Mitgliedstaaten angenommene gemeinsame Stellungnahme zur Kenntnis und teilt die Besorgnis, die dieser Entscheidung zugrunde liegt.*

[14] Bulletin Quotidien Europe Nr. 7643 vom 31.1./1.2.2000, S. 9. Die englische Fassung findet sich auf der Homepage der portugiesischen EU-Ratspräsidentschaft unter *http://www.portugal.ue-2000.pt*.

> *Die Kommission als Hüterin der Verträge wird weiterhin ihre Pflicht erfüllen, die Regeln und Werte des EU-Vertrages, insbesondere Artikel 6 und 7, aufrechtzuerhalten. Diese Artikel sehen vor, daß die Union auf den Prinzipien von Freiheit, Demokratie, der Respektierung von Menschenrechten, auf fundamentalen Freiheiten und dem Rechtsstaat gegründet ist.*
>
> *Zu diesem Zeitpunkt ist die Arbeit der europäischen Institutionen nicht betroffen. In diesem Zusammenhang wird die Kommission, in engem Kontakt mit den Regierungen der Mitgliedstaaten, die Situation aufmerksam verfolgen, während sie ihre Arbeitsbeziehungen mit den österreichischen Behörden aufrechterhält.*"[15]

Zwei Tage später, am 3.02.2000 – demselben Tag, an dem die zukünftige Regierungskoalition in Wien versuchte, durch die Einfügung der Erklärung „*Verantwortung für Österreich – Zukunft im Herzen Europas*" in den Koalitionsvertrag „die berechtigten Sorgen in Europa ernst zu nehmen und ‚ihnen von vornherein die Spitze abzubrechen' "[16] –, verabschiedete das Europäische Parlament mit 406 Ja- und 53 Nein-Stimmen bei 60 Enthaltungen eine Entschließung zur beabsichtigten Regierungsbildung in Österreich. Diese „*Entschließung des Europäischen Parlaments zu dem Ergebnis der Parlamentswahlen in Österreich und dem Vorschlag zur Bildung einer Koalitionsregierung zwischen der Österreichischen Volkspartei (ÖVP) und der Freiheitlichen Partei Österreichs (FPÖ)*" lautete in ihrem beschließenden Teil wie folgt:

> „*Das Europäische Parlament ...*
>
> 1. *verurteilt alle beleidigenden, ausländerfeindlichen und rassistischen Aussagen, die der Vorsitzende der Freiheitlichen Partei Österreichs, Jörg Haider, über viele Jahre hinweg gemacht hat;*
> 2. *vertritt die Auffassung, daß die Aufnahme der FPÖ in eine Koalitionsregierung die extreme Rechte in Europa legitimiert;*
> 3. *ist der Ansicht, daß derartige Überzeugungen auf die Entwicklung der politischen Beziehungen zwischen Österreich und der Europäischen Union keinen Einfluß nehmen dürfen, und erinnert insbesondere Herrn Schüssel als Vorsitzenden der ÖVP an seine tiefgreifende politische Verantwortung zu gewährleisten, daß jede Regierung*

---

[15] IP/00/93. Vgl. Bulletin Quotidien Europe Nr. 7646 vom 2.02.2000, S. 3.

[16] *Kopeinig/Kotanko*, Eine europäische Affäre, 2000, S. 23, mit einem Zitat des ÖVP-Vorsitzenden *Schüssel*.

unter seinem Vorsitz Geist und Buchstaben der grundlegenden Prinzipien des Vertrags respektieren muß;

4. *begrüßt die frühzeitige politische Absicht der Erklärung des portugiesischen Ratsvorsitzes, insoweit als diese das gemeinsame Bestreben der Mitgliedstaaten bekräftigt, gemeinsame europäische Werte als Akt gestiegener notwendiger Wachsamkeit zu schützen;*
5. *vertraut auf die breite Mehrheit der österreichischen Bevölkerung, die nicht für die FPÖ gestimmt hat, und fordert den Rat und die Kommission auf, Aktivitäten in Österreich zur Abwehr rassistischer, ausländerfeindlicher und einwanderungsfeindlicher Ansichten ihre volle Unterstützung zu gewähren;*
6. *begrüßt die frühzeitige politische Absicht der Erklärung der Kommission, insoweit als diese das gemeinsame Bestreben der Mitgliedstaaten bekräftigt, gemeinsame europäische Werte als Akt gestiegener notwendiger Wachsamkeit zu schützen;*
7. *fordert Kommission und Rat auf, gemeinsam mit dem Parlament Entwicklungen insbesondere betreffend Rassismus und Ausländerfeindlichkeit in Österreich und ganz Europa zu überwachen;*
8. *fordert den Rat und die Kommission auf, im Falle einer schwerwiegenden und anhaltenden Verletzung von in Artikel 6 Absatz 1 des Vertrags über die Europäische Union genannten Grundsätzen durch welchen Mitgliedstaat auch immer darauf vorbereitet zu sein, Maßnahmen nach Artikel 7 des Vertrags zu ergreifen und nach Zustimmung des Europäischen Parlaments die sich aus der Anwendung des Vertrags ergebenden Rechte dieses Mitgliedstaates auszusetzen;*
9. *beauftragt seine Präsidentin, diese Entschließung dem Präsidenten und der Regierung Österreichs sowie dem Rat und der Kommission zu übermitteln.*“[17]

II. Nach der Regierungsbildung

Mit der Vereidigung der neuen österreichischen Bundesregierung am 4.02.2000 wurden die von den XIV[18] angedrohten Maßnahmen, die in der öffentlichen

[17] PE 284.656, S. 58 bzw. ABl. 2000, Nr. C 309, S. 87.

[18] Dieser Begriff soll in der Folge die Entität der 14 Staaten bezeichnen, die Urheber und Träger des *Statements vom 31.01.2000* und der daraus resultierenden Maßnahmen waren.

Diskussion die griffigere Bezeichnung der „EU-Sanktionen" erhielten, in Kraft gesetzt.[19]

Am 5.02.2000 äußerte *Javier Solana*, der Generalsekretär des Rates der Europäischen Union und Hohe Vertreter der Gemeinsamen Außen- und Sicherheitspolitik, daß „der Rat ... sehr rasch und im Rahmen seiner Befugnisse reagiert"[20] habe.

Am 16.02.2000 schloß sich der Ausschuß der Regionen mit einer „*Entschließung zur Regierungskoalition in Österreich*" den vorangegangenen Äußerungen anderer Gremien und Institutionen der EU an. Die verabschiedete Erklärung hat im entschließenden Teil folgenden Wortlaut:

> *„Der Ausschuß der Regionen ...*
>
> 1. *verurteilt nachdrücklich jede Form von Extremismus,*
> 2. *bedauert, daß an der österreichischen Regierung eine Partei beteiligt ist, die sich für Intoleranz, Fremdenfeindlichkeit, Nationalismus und Ungleichheit ausspricht,*
> 3. *verurteilt alle beleidigenden und anti-europäischen Äußerungen, die die Mitglieder der FPÖ und ihr Vorsitzender gemacht haben,*
> 4. *befürchtet, daß solche Ideen in der Zukunft verharmlost werden,*
> 5. *wird der Beachtung der Prinzipien, die in der Erklärung "Verantwortung für Österreich - die Zukunft im Herzen Europas" festgehalten sind, große Aufmerksamkeit schenken,*
> 6. *fordert alle demokratischen Kräfte in Österreich und anderswo, vor allem die im Ausschuß der Regionen vertretenen oder nicht vertretenen lokalen und regionalen Gebietskörperschaften auf, geschlossen die Ideen, die gegen die Grundprinzipien der Europäischen Union verstoßen, zu bekämpfen und begrüßt das Bekenntnis zu den gemeinsamen europäischen Werten in allen Mitgliedstaaten der EU,*
> 7. *fordert alle politischen Parteien auf, mehr Mut im Kampf für eine offenere, transparentere und ehrlichere politische Kultur auf allen Ebenen in Europa zu zeigen,*

---

[19] Diesen Maßnahmen schlossen sich am selben Tag die Regierungen der USA, Israels und Norwegens an. Zu diesen kamen wenig später noch jene Kanadas, Costa Ricas und Argentiniens – vgl. *Hummer/Obwexer*, europa blätter 2000, S. 53, Fn. 13.

[20] Bulletin Quotidien Europe Nr. 7649 vom 5.02.2000, S. 5.

8. *wird mit höchster Aufmerksamkeit darüber wachen, daß in seiner Institution weder durch Worte noch durch Taten gegen die grundlegenden Werte der Europäischen Union verstoßen wird,*
9. *unterstreicht, daß eine gute und vertrauensvolle Zusammenarbeit auf der Grundlage der europäischen und demokratischen Werte zwischen Österreich und der EU im Interesse Europas und seiner fortschreitenden Integration ist und daß die künftigen Reformen und Herausforderungen nur gemeinsam erfolgreich gemeistert werden können,*
10. *unterstreicht die Notwendigkeit, auf lokaler, regionaler und nationaler Ebene die Bürger besser zu informieren und den europäischen Gedanken noch stärker im Alltag der Menschen zu verankern,*
11. *unterstreicht die besondere Rolle der Mitglieder des Ausschusses der Regionen als Vermittler zwischen der europäischen Ebene und der Politik vor Ort und ist bereit, seiner Verantwortung für den weiteren europäischen Integrationsprozeß in den Regionen, Städten und Gemeinden gerecht zu werden und dadurch einen wesentlichen Beitrag zur Demokratisierung der Union zu leisten,*
12. *fordert seinen Präsidenten auf, diese Entschließung an den Präsidenten und an die Regierung Österreichs, an die österreichischen-regionalen und lokalen Gebietskörperschaften, an den Rat, die Kommission und das Europäische Parlament zu übermitteln.*“[21]

C. Die Auswirkungen der Maßnahmen

I. Direkte Folgen der „Erklärung der XIV“

Das Inkrafttreten der in der Erklärung der XIV angedrohten Maßnahmen zeitigte bereits im Februar unmittelbare, nachteilige Folgen für Österreich.

So wurde Österreich bei den traditionellen Hauptstadtrundreisen zur Vorbereitung der außerordentlichen Tagung des Europäischen Rates zunächst ausgespart. Der portugiesische Ratsvorsitzende, Premierminister *Guterres,* traf sich zwar im

[21] CdR 59/2000; veröffentlicht auf der Homepage des Ausschusses der Regionen unter *http://www.cor.eu.int.*

Vorfeld der am 23./24.03.2000 stattfindenden Tagung in Lissabon noch zu einem Gespräch mit dem österreichischen Bundeskanzler. Dieses fand aber erst am 13.03.2000 als Vier-Augen-Gespräch am (neutralen) Sitz der EU in Brüssel in Form einer „Beratung der Lage" statt und nicht – wie bei den bisherigen „*tours des capitales*" üblich – zu einem früheren Zeitpunkt in der Hauptstadt des Mitgliedstaates.[22]

Obwohl österreichische Minister weiterhin zu informellen Ratstagungen eingeladen waren, wurden sie bei diesen Treffen spürbar gemieden.[23] Gesteigert wurden dieses Verhalten der XIV im weiteren Verlauf, als verschiedene Minister es nicht nur dabei beließen, den Sitzungssaal zu verlassen: Sie weigerten sich darüber hinaus, sowohl an einem Tisch mit österreichischen Ministern zu sitzen als auch diesen die Hand zu geben oder sich mit ihnen auf den sogenannten „Familienfotos", d.h. Presseaufnahmen aller Teilnehmer von Ministerräten, etc., abbilden zu lassen.[24] Der französische Premierminister *Jospin* hatte bereits zuvor in einem „Verhaltenskodex" für die Mitglieder seiner Regierung festgelegt, daß österreichische Regierungsmitglieder weder gegrüßt noch mit ihnen gesprochen werden dürfe, die Teilnahme an Empfängen der österreichischen Botschaft in Paris zu unterbleiben habe und daß auf EU-Ebene den Vertretern Österreichs bei offiziellen Treffen aller Mitgliedstaaten nicht erlaubt werden dürfe, allgemeine politische Erklärungen abzugeben; schließlich seien bei informellen Treffen keine „kumpanenhafte" Beziehungen mit österreichischen Vertretern zu pflegen.

Bei einem Treffen zwischen einem österreichischen Spitzenbeamten und einem Generaldirektor der EU-Kommission wurden dem Österreicher vor Beginn des Gesprächs zunächst die *Mitteilung der Kommission* vom 1.02.2000 sowie die Art. 6, 7 und 13 des EUV vorgelesen.

Folge der Herabstufung der diplomatischen Beziehungen zwischen den XIV und Österreich war eine Auseinandersetzung zwischen der niederländischen Regierung und Königin *Beatrix I.* im Mai 2000. Zur Kontroverse wurde das Abschiedsbankett, das die Königin zu Ehren des scheidenden österreichischen Botschafters *Alexander Christiani* geben wollte, sowie die beabsichtigte Verleihung

[22] Vgl. *Hummer/Obwexer*, ZÖR 55 (2000), S. 278.
[23] Vgl. die Beispiele bei *Hummer/Obwexer*, ZÖR 55 (2000), S. 277 f. Zumeist verließen einzelne Ministerkollegen den Raum, wenn österreichische Regierungsmitglieder das Wort ergriffen.
[24] Vgl. die Darstellungen bei *Busse*, Österreich contra EU, S. 16, und *Kopeinig/Kotanko*, Eine europäische Affäre, 2000, S. 26.

eines hohen niederländischen Verdienstordens an ihn.[25] Bereits Anfang Mai war der Botschafter von der Gästeliste des traditionellen Diners des diplomatischen Corps' bei der Königin gestrichen worden.

Zu den weiteren Ergebnissen der Herabstufung der diplomatischen Beziehungen zählen: Das ausschließliche Stattfinden von Treffen zwischen österreichischen Diplomaten und französischen Spitzenbeamten in Pariser Restaurants. Die Verzögerung der Akkreditierung des neuen österreichischen Botschafters durch die portugiesische Regierung, indem sein Beglaubigungsschreiben zunächst nicht angenommen wurde. Die Verweigerung des üblichen Protokolls für Bundespräsident *Klestil* bei seinem Besuch auf der EXPO 2000 in Hannover; anstelle durch einen Bundesminister – wie üblich bei Vertretern befreundeter Staaten – wurde er bei seinem Besuch auf dem EXPO-Gelände nur von einem Staatssekretär empfangen und während seines Ganges über das Gelände begleitet.

II. „Begleitsanktionen"

Neben den direkten Folgen wurden zusätzlich weitere Maßnahmen gegen Österreich erwogen, teilweise wurde zu solchen aufgerufen; in einem Fall (Taxiboykott) wurden sie in die Tat umgesetzt.

Bereits Ende Februar war es zu mehreren Aufrufen europäischer Politiker gekommen, österreichische Waren und Dienstleistungen zu boykottieren. Unter anderen forderte der belgische Außenminister *Louis Michel* seine Landsleute auf, keinen Skiurlaub mehr in Österreich zu verbringen.[26] Ebenso rief der italienische Abgeordnete *Paolo Cente* in einer Parlamentsdebatte dazu auf, österreichische Produkte und österreichischen Tourismus zu boykottieren.[27]

---

[25] Vgl. „ ‚Eine Beleidigung Österreichs' – In den Niederlanden sorgt ein Orden für den österreichischen Botschafter für Spannungen zwischen Königshaus und Regierung", *Die Presse* vom 17.05.2000.

[26] Er erklärte in diesem Zusammenhang Skiurlaub in Österreich sei „unmoralisch" – ein Anwurf, von dem er sich später distanzierte – vgl. „Belgische Härte aus Angst vor eigenen Rechtsparteien", *Die Presse* vom 25.02.2000.

[27] Vgl. „Rom verteufelt Haider, aber verteidigt Fini", *Die Presse* vom 25.02.2000.

Am 18.02.2000 erreichten die „Begleitsanktionen“[28] mit der Ausladung der österreichischen Delegation von der an diesem Tag stattfindenden Eröffnungsfeier „Brüssel, Kulturstadt Europas 2000“ einen ersten Höhepunkt. Ein solcher diplomatischer Eklat sollte sich am 7.04.2000 – auf österreichischem Boden in Wien – wiederholen: Die österreichische Bundesregierung wurde zum Festakt anläßlich der Einweihung der *Europäischen Stelle zur Beobachtung von Rassismus und Fremdenfeindlichkeit* (EUMC) wieder ausgeladen.[29]

Von Ausladungen betroffen waren neben Vertretern der österreichischen Bundesregierung auch österreichische Unternehmer, die als Aussteller „aus Sicherheitsgründen“ vorübergehend von der vom 16. bis zum 19.03.2000 stattfindenden Brüsseler Tourismusmesse ausgeschlossen wurden.[30] Weitere Fälle umfassen die vorläufige Suspendierung einzelner Austauschprogramme von Schülern und Studenten in Frankreich und Belgien sowie die Diskriminierung österreichischer Schüler bei einem internationalen Schülertreffen in Straßburg, das vom EU-Programm „Euroscola“ veranstaltet wurde. Daneben wurde dem Österreichischen Archäologischen Institut aufgrund seiner Eigenschaft als „staatlicher Institution“ die Teilnahme am Projekt Area II (Archives of European Archeology II), eines im Rahmen von KULTUR 2000 durch die EU geförderten Programmes, versagt.[31]

Großes Aufsehen erregte schließlich auch der „Taxiboykott“ der Union der Taxigewerkschaft Brüssel. Diese weigerte sich sowohl österreichische Staatsbürger zu befördern als auch die österreichische Botschaft oder die österreichische Ständige Vertretung bei der EU anzufahren.[32] Des weiteren spielte der prominente niederländische Knabenchor „De Buddy‘s“ ein Lied mit dem Titel „Kauft nicht bei Österreichern!“ ein.[33]

[28] Diesen Begriff verwenden *Hummer/Obwexer*, europa blätter 2000, S. 58, für diejenigen Maßnahmen, die nicht unmittelbar auf die in der Erklärung der XIV angekündigten Konsequenzen zurückzuführen sind.

[29] Vgl. *Hummer/Obwexer*, ZÖR 55 (2000), S. 282.

[30] Vgl. „Die schwarze Liste der Ungerechtigkeiten. Im Bundeskanzleramt in Wien hat man die konkreten Auswirkungen der Maßnahmen der 14 EU-Partnerländer gegen Österreich penibel aufgelistet“, *Die Presse* vom 4.04.2000.

[31] Vgl. „Österreichische Archäologen können sich eingraben“, *Die Presse* vom 7.04.2000.

[32] Agence Europe Nr. 7670 vom 6./7.03.2000, S. 8.

[33] Für eine Zusammenstellung sämtlicher bis zum 4.04.2000 ergriffenen Maßnahmen vgl. auch „Die schwarze Liste der Ungerechtigkeiten“, *Die Presse* vom 4.04.2000.

D. Die geplante Volksbefragung als Reaktion auf die Maßnahmen

Um sich gegen die Folgen der Maßnahmen zur Wehr zu setzen, beabsichtigte die österreichische Bundesregierung eine nationale Volksbefragung abzuhalten. Einen diesbezüglichen Beschluß faßte das österreichische Kabinett als Teil eines „Aktionsprogramms zur Aufhebung der Sanktionen" am 5.05.2000. Das Volksbegehren sollte für den Fall stattfinden, daß bis zum 30.06.2000 – dem letzten Tag der portugiesischen EU-Ratspräsidentschaft – kein konkreter Plan für die Aufhebung der Maßnahmen vorliege. Sollte dies nicht der Fall sein, wurde für die Befragung ein Termin im Oktober angestrebt.[34]

Erste Forderungen nach einem solchen Referendum waren bereits im April durch den Landeshauptmann von Kärnten, *Jörg Haider*, erhoben worden. Damals wurden sie von der ÖVP als wenig zweckdienlich zurückgewiesen; Außenministerin *Ferrero-Waldner* setzte zu diesem Zeitpunkt noch auf einen behutsamen, jede Konfrontation vermeidenden Annäherungskurs zwischen den XIV und Österreich, um auf diesem Wege zu einer Aufhebung der Maßnahmen zu gelangen.

Die ersten Erfolge auf diesem Weg zeichneten sich während des Außenministertreffens auf der Azoreninsel São Miguel vom 6./7.05.2000 ab. Die Außenminister von Dänemark, Finnland, Irland, Italien und Spanien äußerten erstmals Verständnis für das österreichische Anliegen, die Maßnahmen alsbald zu beenden. Einen Rückschlag erlebte diese Politik indessen wenig später, als sich Frankreich, Deutschland und Belgien konsequent gegen eine Lockerung der Maßnahmen aussprachen. Diese harte Haltung, die auch nach dem informellen Treffen der Außenminister am 12./13.06.2000 in Luxemburg anhielt und in dem Beschluß der XIV vom 27.06.2000 gipfelte, die Maßnahmen weiter fortzusetzen, veranlaßte die österreichische Bundesregierung, neben einem möglichen Ausstiegsszenario durch Einsetzung einer Beobachterkommission, wie sie bereits die EVP erfolgreich eingesetzt hatte,[35] auch weiterhin die Durchführung der Volksbefragung zu betreiben.

Dem österreichischen Volk sollten Fragen vorgelegt werden, die *in cumulo* mit „Ja" oder „Nein" zu beantworten waren. Inhaltlich behandelte der Katalog ne-

[34] Vgl. „Regierung beschließt Plan gegen Sanktionen: Lenkt EU nicht ein, Volksbefragung im Herbst", *Die Presse* vom 6.05.2000.
[35] S.u. unter § 2 E, S. 18.

ben der Verpflichtung der österreichischen Bundesregierung, auf die schnellstmögliche Aufhebung der „Sanktionen" hinzuwirken, Fragen zur – von der Größe unabhängigen – Gleichberechtigung aller EU-Mitgliedstaaten und einer Entflechtung der verschiedenen Kompetenzebenen von EU und Mitgliedstaaten. Letzter Punkt des Fragenkatalogs war die Notwendigkeit einer Reform des Sanktionsmechanismus' im EUV, einschließlich der Überprüfbarkeit getroffener Entscheidungen durch den Europäischen Gerichtshof.[36]

Die Abhaltung des Referendums, das im Oktober oder November stattfinden sollte, war von österreichischen Politikern stets mit der Frage der Fortdauer der Maßnahmen verknüpft worden. Mit der Aufhebung der Maßnahmen am 12.09.2000 wurde es daher gegenstandslos.

E. Der Weisenrat (27.06.-8.09.2000)

Bereits kurze Zeit nach Verhängung der Maßnahmen mehrten sich in einigen Staaten der XIV, namentlich in Dänemark und Finnland, die Stimmen, die ein Ende der Ausgrenzung Österreichs forderten oder zumindest eine Überprüfung verlangten.

Ende April kam es zu ersten Vorstößen, die Maßnahmen durch ein Überwachungsverfahren (*Monitoring*) zu überprüfen. Nachdem diese ersten Ansätze auf dem informellen Treffen der EU-Außenminister Anfang Mai auf São Miguel durch die österreichische Außenministerin zunächst begrüßt worden waren, distanzierte sich die Regierung wegen der unveränderten harten Haltung Frankreichs, Deutschlands und Belgiens im Laufe des Monats wieder von diesem Plan.

Dennoch wurde der Plan zu einer Überwachungsmission in der Folge von den Regierungen Finnlands, Spaniens und Luxemburgs stetig weiterverfolgt und auf dem EU-Gipfel in Feira (19./20.06.) von den übrigen Mitgliedstaaten der XIV schließlich grundsätzlich akzeptiert.

---

[36] Vgl. den Wortlaut des Antrages der beiden Fraktionsvorsitzenden *Khol* (ÖVP) und *Westenthaler* (FPÖ) vom 5.07.2000, Nr. 211/A (XXI. GP), zur „Durchführung einer Volksbefragung zur sofortigen Aufhebung der ungerechtfertigten Sanktionen gegen Österreich" unter *http://www.parlinkom.gv.at*.

Vorbild für eine solche Mission war eine von der EVP bereits durchgeführte – für die ÖVP erfolgreiche – Beobachtermission nach Österreich: Diese Mission ging auf ein von drei Mitgliedsparteien der EVP[37] gegen die ÖVP Anfang Februar angestrengtes Ausschlußverfahren zurück. Um die Ausschlußdebatte nicht unnötig eskalieren zu lassen, einigte man sich innerhalb der EVP auf eine zweimonatige „Bewährungsfrist" der ÖVP. Anfang April stimmte die ÖVP einer Beobachtermission nach Österreich zu und verzichtete bis zur Vorlage des Berichts auf die Anwesenheit in den EVP-Gremien.[38] Die von der EVP bestellten Gutachter[39] erstatteten dem EVP-Vorstand am 6.06.2000 ihren Bericht, in dem sie die ÖVP vollständig rehabilitierten und ihre Rückkehr in die EVP empfahlen.

Am 27.06.2000 einigten sich die XIV schließlich auf die Einberufung eines „Weisenrates", nachdem Dänemark bereits damit gedroht hatte, die Maßnahmen gegen Österreich einseitig zu beenden. Zugleich beschlossen sie aber auch eine Fortsetzung der Maßnahmen. Die Mitglieder dieses Rates sollten durch den Präsidenten des Europäischen Gerichtshofes für Menschenrechte, *Wildhaber*, bestimmt werden. Die XIV veröffentlichten hierzu folgenden Beschluß:

„Österreich – bilaterale Maßnahmen, beschlossen von den XIV

Die XIV haben entschieden,

1. *jene Maßnahmen fortzusetzen, die auf die bilateralen Beziehungen mit der österreichischen Regierung Bezug nehmen und die am 31. Januar vereinbart wurden,*
2. *daß der Premierminister Portugals den Präsidenten des Europäischen Gerichtshofes für Menschenrechte bitten wird, drei Persönlichkeiten zu ernennen, die auf der Grundlage von eingehenden Recherchen einen Bericht vorlegen sollen, über*
   - *die Haltung der österreichischen Regierung zu den europäischen Grundwerten insbesondere den Minderheiten, den Flüchtlingen und den Einwanderern,*
   - *die Entwicklung der politischen Natur der FPÖ.*

[37] Der belgischen (wallonischen) PSC, der italienischen Volkspartei PPI und der französischen Zentrumspartei UDF.

[38] Vgl. *Kopeinig/Kotanko*, Eine europäische Affäre, 2000, S. 29 f.

[39] Es handelte sich um die drei Europa-Abgeordneten *Galeote* (PP/Spanien), *Nassauer* (CDU/Deutschland) und *van Velzen* (CDA/Niederlande – Vorsitz).

Auf der Grundlage dieses Berichtes, der den vierzehn übergeben wird, sollen die vierzehn adäquate Vorschläge in Erwägung ziehen, welche die bilateralen Maßnahmen mit der österreichischen Regierung betreffen."[40]

Nach einigen Unstimmigkeiten hinsichtlich der Reichweite des Mandates des Weisenrates sowie der Notwendigkeit einer Einbindung Österreichs bei der Entsendung des Rates[41] wurden der ehemalige finnische Staatspräsident *Ahtisaari*, der ehemalige Vizepräsident der Europäischen Kommission für Menschenrechte *Frowein* und der ehemalige spanische Außenminister *Oreja* am 12.07.2000 mit der Wahrnehmung des Mandates der XIV betraut.

Am 20.07.2000 nahm der Rat mit einem kurzen Treffen seiner Mitglieder in Helsinki die Arbeit auf. Vom 28. bis zum 30.07.2000 führte der Weisenrat in Wien Gespräche mit österreichischen Vertretern aus Politik, Justiz und Gesellschaft. Ergänzt wurde diese erste Gesprächsrunde durch eine zweite, die am 29.08.2000 in Heidelberg stattfand und mit Vertretern verschiedener nichtstaatlicher Organisationen sowie der österreichischen Vizekanzlerin und FPÖ-Vorsitzenden *Riess-Passer* geführt wurde.[42]

Nach kurzer Beratung wurde der Bericht des Weisenrates dem französischen Staatspräsidenten *Chirac* am 8.09.2000 übermittelt.[43] Bereits am Morgen desselben Tages war der Bericht in der spanischen Tageszeitung *El Pais* im Wortlaut abgedruckt worden, was zu erheblichem diplomatischem Aufsehen führte.[44]

---

[40] Zitiert nach *Winkler*, ZÖR 55 (2000), S. 264 f., deutsche Übersetzung nach der Kleinen Zeitung vom 28.06.2000.

[41] Die Presseerklärung der portugiesischen Ratspräsidentschaft zur Einsetzung des Weisenrates und den Umfang seines Mandates sowie der Briefwechsel zwischen der Präsidentschaft und *Luzius Wildhaber* ist abgedruckt bei *Winkler*, ZÖR 55 (2000), S. 264-266.

[42] Für eine detaillierte Liste der Gesprächspartner vgl. die beiden Annexe des Berichts des Weisenrates vom 8.09.2000.

[43] Der vollständige Text des Berichts des Weisenrates ist u.a. abgedruckt bei *Kopeinig/Kotanko*, Eine europäische Affäre, 2000, S. 35-88.

[44] Über die Quelle, aus der *El Pais* den Bericht erhalten hatte, wurde nichts Näheres bekannt. Es hielt sich aber das hartnäckige Gerücht, die drei Weisen hätten den Bericht absichtlich an die Presse lanciert, um so eine Änderung oder die Verzögerung der Bekanntgabe des Ergebnisses durch die französische Ratspräsidentschaft zu vereiteln.

In dem Bericht kamen die drei Weisen zu dem Ergebnis, „daß die von den XIV Mitgliedstaaten getroffenen Maßnahmen kontraproduktiv wirken würden, wenn sie fortbestünden, und daß sie daher beendet werden sollten.“[45]

Eine rechtliche Bewertung der Rechtmäßigkeit der Maßnahmen enthielt der Bericht nicht, da das erteilte Mandat eine solche nicht beinhaltet hätte.[46] Der Weisenrat regte aber an, dem Verfahren nach Art. 7 EUV ein Präventiv- und Überwachungsverfahren anzufügen, „damit in Zukunft eine der gegenwärtigen Situation in Österreich vergleichbare Lage von Anfang an innerhalb der EU behandelt werden kann.“[47]

Nach der Übermittlung des Berichts an die übrigen Mitgliedstaaten der Europäischen Union, einschließlich Österreichs, veröffentlichte die französische Regierung am 12.09.2000 in Paris folgende *„Erklärung der französischen Ratspräsidentschaft der Europäischen Union im Namen von vierzehn Mitgliedstaaten“*:

> *„1. Die XIV haben den Bericht der drei Weisen über die Lage in Österreich zur Kenntnis genommen.*
> *2. Dieser Bericht enthält im Wesentlichen vier Schlußfolgerungen:*
> - *Die Maßnahmen der XIV haben sich als nützlich erwiesen.*
> - *Die österreichische Regierung hat ihre Verpflichtungen gegenüber den gemeinsamen europäischen Werten nicht verleugnet.*
> - *Die Maßnahmen der XIV würden, sofern sie nicht beendet werden, gegen ihr Ziel verstoßen.*
> - *Die FPÖ kann als rechtspopulistische Partei mit extremistischen Merkmalen bezeichnet werden, und ihre Entwicklung ist ungewiß.*
>
> *3. Auf der Basis der Schlußfolgerungen des Weisenberichts haben die XIV erneut ihre bilateralen Beziehungen zur österreichischen Regierung überprüft, wie es Ende Juni vereinbart worden war.*
> *4. Sie haben folgende Schlußfolgerungen gezogen:*
> - *Die Maßnahmen der XIV haben sich als nützlich erwiesen. Sie können nun aufgehoben werden.*
> - *Die Natur der FPÖ und ihre ungewisse Entwicklung geben Anlaß zu ernsthafter Sorge. Die XIV halten es für notwendig, daß eine bessere Wachsamkeit gegenüber dieser Partei und ihrem Einfluß auf die von ihr mitgetragene Regierung ausgeübt wird. Sie sind*

[45] Bericht des Weisenrates vom 8.09.2000, Ziff. 116.
[46] Vgl. ebd., Ziff. 114.
[47] Ebd., Ziff. 117.

überein gekommen, diese Wachsamkeit in gemeinsamer Abstimmung auszuüben.

- *Es ist angebracht, im Rahmen der Europäischen Union Überlegungen darüber anzustellen, wie vergleichbare Situationen verhindert, aufmerksam verfolgt, beurteilt und behandelt werden sollen. Die Empfehlungen im Bericht der drei Weisen sind ein Beitrag zu diesen Überlegungen.*“[48]

Gleichzeitig mit dieser Erklärung wurden die Maßnahmen gegen Österreich durch die XIV nach einer Dauer von 222 Tagen aufgehoben.

[48] Der deutsche Text ist abgedruckt in EuGRZ 2000, S. 416, sowie in Blätter für deutsche und internationale Politik 2000, S. 1279.

§ 3 Rechtsaktsanalyse der Reaktionen auf die Regierungsbildung

A. Überblick

An die Chronologie der Ereignisse schließt sich nun eine Analyse der von den verschiedenen Organen und Einrichtungen der Europäischen Union herausgegebenen – teilweise vielleicht nur vermeintlich diesen zurechenbaren – Erklärungen und Verlautbarungen an.

Besonderes Augenmerk verdient dabei die Erklärung der XIV vom 31.01.2000. Sie ist nicht nur das Programm und der Aktionsrahmen der später gegen Österreich ergriffenen Maßnahmen, sondern steht gleichzeitig im Zentrum der heftigen Kontroverse über die Natur dieser Maßnahmen – gemeinschaftsrechtlich oder lediglich multilateral[1] völkerrechtlich?

Nach einer Darstellung der Untersuchungskriterien von Rechtsakten (B) soll dieses Instrumentarium sodann auf die Erklärung der XIV vom 31.01.2000 angewendet werden (C). Der Vollständigkeit halber folgt nach der Analyse der Erklärung eine Analyse der Mitteilung der Europäischen Kommission vom 1.02.2000, der Entschließung des Europaparlaments vom 3.02.2000 sowie der Entschließung des Ausschusses der Regionen vom 16.02.2000 (D).

B. Untersuchungskriterien zur Beurteilung eines Rechtsaktes

Staatliche Rechtsakte sind die für den Adressaten in der Wirklichkeit erfahrbaren Handlungen staatlicher Organe. Der Adressat muß sich, will er den in ihnen

---

[1] Die in den Medien und teilweise auch dem einschlägigen Schrifttum (z.B. Schmahl, EuR 2000, S. 832) immer wiederkehrende Bezeichnung „bilaterale Maßnahmen" ist unzutreffend – es kann begrifflich allenfalls unilaterale Maßnahmen der einzelnen Mitgliedstaaten gegen Österreich geben. Zusammengenommen bilden diese dann multilaterale Maßnahmen gegen Österreich.

enthaltenen Regelungen und Anordnungen gerecht werden, auf die Richtigkeit der in ihnen enthaltenen Angaben verlassen können. Dies hat im Umkehrschluß zur Folge, daß ein belastender Akt, der nicht eindeutig einer bestimmten Handlungsform oder einem bestimmten Handlungssubjekt zurechenbar ist, zumindest in formeller Hinsicht den Anforderungen an einen rechtsstaatlich erzeugten Handlungsbefehl nicht genügt.[2]

Vor diesem Hintergrund bedarf es bestimmender, möglichst objektivierbarer Kriterien, durch die festgestellt werden kann, ob ein, seinem ersten Anschein nach von einem bestimmten Handlungssubjekt stammender, rechtlich relevanter Akt diesem auch eindeutig zugeordnet werden kann; mit anderen Worten, ob also richtigerweise davon ausgegangen werden kann, daß eine Handlung, die nach dem äußeren Schein auf einen bestimmten Urheber verweist, auch von diesem stammt. Diese Zuordnung ist dann wiederum Ausgangspunkt für die Beurteilung der Rechtmäßigkeit des fraglichen Aktes. Der EuGH etwa hat hierzu festgestellt, daß zu prüfen sei, „ob der fragliche Akt nach seinem Inhalt und den gesamten Umständen, unter denen er erlassen wurde“, einem Organ der EU zuzurechnen ist.[3]

Erstes wichtiges Kriterium für eine solche eindeutige Zuordnung ist die äußere Form, der äußere Tatbestand, der dem Rechtsakt innewohnt. Auf Grundlage dieser äußeren Formgebung können – ihre Richtigkeit unterstellt – erste Rückschlüsse auf die Identität seines oder seiner Schöpfer gewonnen werden.

Weiteres wesentliches Kriterium für die Beurteilung von rechtlich relevantem Verhalten ist die Zuordnung bestimmter Handlungen zu einem bestimmten Rechtsträger. Diese Zuordnung wird regelmäßig ein eindeutiges Ergebnis erbringen, da *ein* Rechtsträger zumeist nur über *eine* rechtserhebliche Erscheinungsform verfügt. So ist eine bestimmte Behörde stets nur als solche tätig, ein von ihr erlassener Rechtsakt aufgrund ihres Tätigwerdens auf sie zurückführbar. Probleme bereitet dies indessen, wenn der Handelnde ohne Wechsel seiner inneren Struktur, d.h. bei Gremien oder Personenmehrheiten ohne Wechsel der personellen Zusammensetzung, gleichzeitig mehrere rechtliche Organqualitäten besitzt, mithin also in seiner Rechtsidentität multifunktional ist. Dies ist beispielsweise im Völkerrecht relativ häufig. So kann eine Staatsregierung einmal

---

[2] *Winkler*, ZÖR 55 (2000), S. 235, formuliert, daß das Recht „vom Vertrauen auf den äußeren Tatbestand seiner Erscheinungsform und seines Inhalts getragen“ wird.

[3] EuGH, verb. Rs. C-181 und 248/91 (*Europäisches Parlament ./. Rat und Kommission*), Slg. 1993, I-3685 (3718).

in ihrer Eigenschaft als Mitglied des Entscheidungsgremiums einer internationalen Organisation handeln, kurze Zeit darauf jedoch mit einem oder mehreren anderen Mitgliedstaaten derselben Organisation auf bilateraler Ebene Gespräche führen oder völkerrechtliche Vereinbarungen treffen. In einem solchen Fall muß die spezifische Handlungsidentität aus den weiteren Umständen geschlossen werden, unter denen die zu beurteilende Handlung vorgenommen wurde. Solche weiteren Beurteilungsmaßstäbe können insbesondere aus einer örtlichen und zeitlichen Eingrenzung der Handlung bestehen: Eine zeitliche Bestimmung der Handlung kann Anhaltspunkte über die angenommene Gremienfunktion geben, indem durch einen Vergleich der zu einem bestimmten Zeitpunkt existierenden rechtlichen Erscheinungsformen Rückschlüsse auf die gewählte spezifische Form gezogen werden können.[4] Eine örtliche oder räumliche Bestimmung gibt daneben weitere Aufschlüsse über die gewählten Handlungseigenschaften, wenn bestimmte Handlungsidentitäten stets mit spezifischen Orten verbunden sind.[5]

Einem Rechtsakt wird ferner durch seine Verlautbarung in mündlicher oder schriftlicher Form gleichzeitig eine inhaltliche Bedeutung beigelegt. Diese ist ein durch objektive Auslegung des Sinngehaltes zu ermittelnder weiterer Mosaikstein in der Erforschung von Geltung und Urheber des Aktes. Zusammengenommen ergeben die positive Feststellung des Urhebers sowie der objektive Sinn des Aktes die Grundlage für weitere Eingrenzungen. So stehen für ein spezifisches Handlungssubjekt regelmäßig nur begrenzte rechtliche Handlungsformen zur Verfügung, die in ihren formellen und materiellen Voraussetzungen mit dem fraglichen Akt verglichen werden können. Insbesondere die Einhaltung spezifischer Verfahrensabläufe, die Beteiligung Dritter oder die Einhaltung besonderer Formvorschriften geben hierbei wesentliche objektive Untersuchungsgegenstände ab.

Bleiben trotz dieser Eingrenzung noch Zweifel an der Zuordnung des Aktes zu einer bestimmten Handlung eines bestimmten Rechtssubjektes, etwa weil der Inhalt dem gewählten Verfahren nicht zu entsprechen scheint – besteht etwa die Möglichkeit, daß seitens des oder der Handelnden ein Irrtum hinsichtlich der gewählten Rechtsaktsform vorliegt –, so kann auch die innere, die subjektive Seite des Aktes zu seiner Bestimmung beitragen. Der Urheber eines Rechtsaktes wird diesem nämlich stets einen bestimmten Sinn beilegen wollen. Anhand dieser Intention kann festgestellt werden, ob der fragliche Akt mit dem späteren

[4] Im gemeinschaftsrechtlichen Kontext etwa die erfolgte Umbenennung des „Rates der Gemeinschaften“ in den „Rat der Europäischen Union“ durch den Vertrag von Maastricht 1992.
[5] Etwa die Hauptversammlung der Vereinten Nationen mit New York.

Ergebnis übereinstimmt oder ob der Urheber nicht vielmehr etwas anderes wollte, etwa eine andere Handlungsform oder einen anderen Adressatenkreis. Gegebenenfalls ist der Rechtsakt dann in diese intendierte Rechtsform umdeutbar. Dies wiederum eröffnete allerdings die Frage nach der Rechtsfolge des Rechtsscheines, den der objektiv vorliegende, von seinem Urheber aber nicht oder nicht so gewollte Akt beim Adressaten hervorgerufen hat.

C. Analyse der „Erklärung der XIV"

I. Wortlaut der Erklärung

Die „Erklärung der XIV" wurde am 31.01.2000 durch die portugiesische Ratspräsidentschaft in drei verschiedenen Formen bekanntgemacht. Diese drei unterschiedlichen Bekanntmachungen waren an drei verschiedene Adressatengruppen gerichtet: als diplomatische Note an die obersten Staatsorgane der Republik Österreich und an den Außenminister von Portugal, als Kundmachung an die Presse und Allgemeinheit der EU-Mitgliedstaaten und als Internetdokument an die Allgemeinheit.

Da alle drei Veröffentlichungen zwar inhaltlich überwiegend identisch sind, teilweise aber in wichtigen Einzelheiten voneinander abweichen, bietet es sich an, die drei Textversionen mit ihren wesentlichen Eigenschaften zur Verdeutlichung synoptisch darzustellen:

Inhaltseigenschaft	**Diplomatische Note**	**Dokument der allgemeinen Kundmachung**	**Internet-dokument**
I. Sprache des Textes:	englisch	portugiesisch	englisch
II. Briefkopf:	Briefkopf des portugiesischen Ministerpräsidenten mit portugiesischem Staatswappen und Hinweisen auf den portugiesischen Ministerrat sowie das Kabinett des Ministerpräsidenten	Briefkopf des portugiesischen Ministerpräsidenten mit portugiesischem Staatswappen und Hinweisen auf den portugiesischen Ministerrat sowie das Kabinett des Ministerpräsidenten	---

Inhaltseigenschaft	Diplomatische Note	Dokument der allgemeinen Kundmachung	Internet-dokument
III. Überschrift:	Verweis auf die Stellung als EU-Ratspräsidentschaft sowie auf eine Handlung im Namen („on behalf of“) von „XIV Mitgliedstaaten“	Verweis auf die Stellung als EU-Ratspräsidentschaft sowie auf eine Handlung im Namen („em nome“) von „XIV Mitgliedstaaten“	Verweis auf die Stellung als EU-Ratspräsidentschaft sowie auf eine Handlung im Namen („on behalf of“) von „XIV Mitgliedstaaten“
IV. Text:	identisch	identisch	identisch
V. Form der Veröffentlichung:	per Fax	per Fax	Einstellung auf Internetseite

Tabelle 1 – Synopse der Veröffentlichungen der Erklärung der XIV

Aus dieser Zusammenschau wird deutlich, daß alle drei Versionen der Erklärung in ihrem Textteil identisch sind. Unterschiede ergeben sich im Kopfteil der Erklärungen und in der Art und Weise ihrer Veröffentlichung.

1. Briefkopf und Überschrift der Erklärung

Zum einen sind die zwei ersten Texte offenbar auf dem offiziellen Briefpapier des portugiesischen Ministerpräsidenten verfaßt worden. Der Briefkopf läßt darum unzweifelhaft den Rückschluß auf seine Urheberschaft zu. Die Aufmachung, einschließlich des portugiesischen Staatswappens, macht deutlich, daß es sich hier um das offizielle Dokument eines souveränen Staates, vertreten durch seinen Ministerpräsidenten als Exekutivorgan, handelt. Aus dem Zusammenhang wird im übrigen ebenso ersichtlich, daß mit dem „*Conselho de Ministeros*“, dem Ministerrat, das portugiesische Kabinett und nicht etwa der Rat der Europäischen Union gemeint ist.[6] Unter dem „*Cabinete do Primeiro-Ministro*“ wiederum ist die portugiesische Staatskanzlei zu verstehen.

Größere Probleme bereitet dagegen die Überschrift der Erklärung. In ihr wird das einzige Mal im gesamten Statement eine Einrichtung der EU – und damit diese selbst – erwähnt: die EU-Ratspräsidentschaft.[7]

[6] Diesem würde der portugiesische Ministerpräsident ohnehin nicht in seiner Zusammensetzung als „Ministerrat“, sondern als nur als „Rat der Staats- und Regierungschefs“ angehören.
[7] Die Ratspräsidentschaft selbst ist kein Organ, sondern nur eine bestimmte Stellung innerhalb des Gemeinschaftsorgans „Rat“ – vgl. *Hummer/Obwexer*, EuR 1999, S. 412.

Die Überschrift, in der sich der portugiesische Ministerpräsident ausdrücklich auf seine Stellung als EU-Ratspräsident und auf die Staats- und Regierungschefs von vierzehn Mitgliedstaaten der Europäischen Union beruft, in deren Namen er handele, läßt den Eindruck entstehen, der Ministerpräsident komme dieser offiziellen Funktionen nach und trete als Repräsentant der Europäischen Union auf. Dieser Eindruck – oder besser: Rechtsschein – wird durch den Text der Erklärung im folgenden nicht relativiert.

Der Ratspräsidentschaft kommt im Rahmen der Außenvertretung der Union des öfteren die Funktion des ersten Repräsentanten der Europäischen Union sowie der Europäischen Gemeinschaften zu.[8] Im Innenverhältnis zu den Mitgliedstaaten ist der die Präsidentschaft innehabende Staat für die Dauer seiner Amtszeit *primus inter pares*. Ihm obliegt neben der formellen Leitung von Ratssitzungen und der Einberufung des Rates auch das Vorschlagsrecht für die Durchführung eines ausnahmsweise schriftlichen Beschlußverfahrens (gem. Art 1 I bzw. 10 I GORat[9])[10] – auf diese Funktionen wird später noch einzugehen sein.

Ferner wird auf die Staats- und Regierungschefs von vierzehn Mitgliedstaaten der EU Bezug genommen, die gleichzeitig Initiator der Erklärung und Vollmachtgeber für die Bekanntgabe durch die portugiesische EU-Ratspräsidentschaft sind. Diese Staats- und Regierungschefs sind gemäß Art. 203 1 EGV staatsrechtlich legitimierte Vertreter ihrer Länder im Rat der Europäischen Union und damit dessen Mitglieder.[11]

Durch eine Betrachtung des Kopfteils, d.h. Briefkopf und Überschrift, der diplomatischen Note und der allgemeinen Kundmachung läßt sich damit festhalten, daß offenbar der portugiesische Ministerpräsident in seiner, ihm zum Zeitpunkt der Veröffentlichung zukommenden Stellung als Präsident des Rates der Europäischen Union stellvertretend im Namen von vierzehn Mitgliedern dieses Rates eine Erklärung abgegeben hat.

---

[8] Vgl. *Vornbäumen*, Die Präsidentschaft im Ministerrat, 1985, S. 32 f.

[9] Geschäftsordnung des Rates der Europäischen Union in der Fassung vom 31.05.1999, veröffentlicht im ABl. 1999, Nr. L 147, S. 13 ff.

[10] Vgl. die Zusammenstellung bei *Schweitzer/Hummer*, Europarecht, 1996/1999, Rdnr. 150-152.

[11] Grundsätzlich handelt es sich bei dem Rat der EU um einen Ministerrat – dieser kann jedoch auch in der Zusammensetzung der Staats- und Regierungschefs tagen. Die Möglichkeit einer solchen Zusammensetzung findet sich im übrigen auch explizit in den Verträgen, beispielsweise in Art. 7 I EUV und Art. 121 II, III EGV – vgl. *Bleckmann*, Europarecht, 1997, Rdnr. 209; *Hummer/Obwexer*, EuR 1999, S. 413.

Bei dem auf der Internetseite der portugiesischen Ratspräsidentschaft[12] veröffentlichten Text fehlt indessen der offizielle Briefkopf. An seiner Stelle findet sich nur der kurze Hinweis auf ein *Statement from the Portuguese Presidency of the EU* und das Datum der Veröffentlichung, der 31.01.2000 (in englischer Schreibweise, beginnend mit dem Monat). Der Wortlaut folgt in diesem Punkt aber nur der gängigen Praxis, Mitteilungen und Nachrichten von Organen und Gremien der Europäischen Union ohne offizielle Briefköpfe oder sonstige amtlichen Kennzeichen zu veröffentlichen.[13] Aufschlußreich ist dagegen die Tatsache einer Veröffentlichung der Erklärung unter der für die Veröffentlichungen der portugiesischen Ratspräsidentschaft vorbehaltenen Internetadresse.[14] Dies bringt die Erklärung über die portugiesische Ratspräsidentschaft ebenfalls in Verbindung mit der Europäischen Union.

2. Text der Erklärung

Der in allen drei Dokumenten identische Text weist drei Absätze auf. Auf den ersten Blick ist ersichtlich, daß es sich bei dem ersten, inhaltlich gehaltvollsten Teil um eine Art Einleitung, mit der Aufzählung von zeitlichem Rahmen und der Einführung der an dieser Erklärung teilhabenden aktiven und passiven Protagonisten handelt. Er sagt darüber hinaus auch etwas über die Urheber der Erklärung und – indirekt – über das Prozedere seiner Entstehung aus. Ausdrücklich hingewiesen wird in diesem ersten Absatz auf die Staats- und Regierungschefs von XIV Mitgliedstaaten der Europäischen Union.[15] Der zweite Absatz stellt die angedrohten Maßnahmen gegen Österreich dar. Maßnahme I (bilaterale Kontakte) rekurriert ausdrücklich auf die Entität der „Regierungen der XIV Mitgliedstaaten“[16], *nicht* aber auf die Regierungen von Belgien, Deutschland, Frankreich usw. In Maßnahme III (Herabstufung der diplomatischen Beziehungen) wird die Erklärung noch deutlicher, indem von den „Hauptstädten der EU“[17] gesprochen wird. Im dritten Absatz wird schließlich noch mitgeteilt, daß die portugiesische Regierung bereits im Rahmen des in der Erklärung vorgese-

---

[12] *Http://www.portugal.ue-2000.pt.*

[13] Vgl. hierzu die Internetseiten der letzten Ratspräsidentschaften oder aber den offiziellen Server der Europäischen Union unter *http://www.europa.eu.int.*

[14] Die Erklärung findet sich unter *http://www.portugal.ue-2000.pt/uk/news.*

[15] Im Original "XIV Chefes des Estado e de Governo de paises membros da Uniao Europeia“ bzw. "Heads of State and Government of XIV Member States of the European Union“.

[16] "Governos de XIV Estados-membros“ bzw. "Governments of XIV Member States“.

[17] "Capitais da UE“ bzw. "EU capitals“.

henen Aktionsplanes tätig geworden ist und Österreich bereits über die von Portugal (diesmal als einzelnes Völkerrechtssubjekt) zu erwartenden Reaktionen in Kenntnis gesetzt hat.

3. Veröffentlichung der Erklärung

Veröffentlicht wurden sowohl die diplomatischen Noten an Österreich als auch die allgemeine Kundmachung in Form von Fax-Nachrichten an die betreffenden Stellen in Österreich und den portugiesischen Außenminister bzw. die Staats- und Regierungschefs der XIV.[18] Die Kundmachung im Internet wurde durch die Einstellung des Textes auf die entsprechende Seite der portugiesischen Ratspräsidentschaft besorgt.

4. Zwischenergebnis

Aus dem Wortlaut der veröffentlichten Textversionen können somit folgende – in ihrer Aussagekraft einstweilen vorläufige – Schlüsse abgeleitet werden: Bei der Erklärung handelt es sich dem Anschein nach um eine Handlung der Europäischen Union, die durch die portugiesische EU-Ratspräsidentschaft in Person des portugiesischen Ministerpräsidenten erlassen wurde. Auftrag- und Vollmachtgeber sind die Staats- und Regierungschefs von vierzehn Mitgliedstaaten der Europäischen Union. Die Veröffentlichung in Form von diplomatischen Noten stellt die individuelle Bekanntgabe an Österreich dar, das (in portugiesischer Sprache abgefaßte) zweite Dokument die Veröffentlichung für die Staats- und Regierungschefs der XIV sowie die europäische Allgemeinheit. Inhaltlich stellt der Text nicht auf vierzehn einzelne Staaten ab, die quasi nebenbei auch Mitglieder der Europäischen Union sind, sondern beruft sich immer wieder auf die Union.

II. Die Urheber der Erklärung

Diese Feststellungen führen zu dem weiteren Untersuchungskriterium der (tatsächlichen) Urheberschaft des Rechtsaktes. Hierbei ist zweierlei besonders zu untersuchen. Zum einen: Wer ist mit den „vierzehn Mitgliedstaaten“ gemeint –

[18] Vgl. *Hofbauer*, Der Verrat, 2000, S. 94; *Winkler*, Vortrag vor der Österreichisch-Bayerischen Gesellschaft vom 28.10.2000.

welcher Mitgliedstaat fehlt? Oder waren – entgegen dem Wortlaut – alle 15 Mitgliedstaaten beteiligt? Zum anderen: In welcher Funktion haben diese verschiedenen Rechtssubjekte gehandelt?

1. Die beteiligten Mitgliedstaaten

Die erste Teilfrage findet ihre Antwort vordergründig im Text der Erklärung: Es handelt sich offensichtlich um eine Erklärung von Vertretern der vierzehn Mitgliedstaaten – einschließlich Portugals – gegenüber dem fünfzehnten Mitgliedstaat, der Republik Österreich. Der portugiesische Ratspräsident handelte in einer Doppelrolle: als Vertreter des EU-Organs Rat und als Vertreter seines Heimatlandes.

Allerdings bleibt die Rolle, die Österreich in diesem Zusammenhang zugekommen ist, problematisch. Zweifellos ist es vornehmlich Adressat der Erklärung. Der Text und die in ihm angedrohten Maßnahmen sind allein an seine Adresse gerichtet; es ist mehrmals von Österreich bzw. österreichischen Einrichtungen oder Personen die Rede.

Könnte es aber sein, daß Österreich – oder Teile seiner Exekutivorgane – auch auf der anderen Seite, der Seite der Urheber stand? Diese Frage gewinnt nicht nur vor dem damals aktuellen Hintergrund der Bildung einer neuen Regierungskoalition in Österreich, mit einem die neue Koalition ablehnenden Bundespräsidenten und einem auf Abruf regierenden, aber noch amtierenden SPÖ-Bundeskanzler, dessen Partei nach 30 Jahren die Regierungsverantwortung abgeben sollte, an Bedeutung. Sie ist auch hinsichtlich der rechtlichen Konsequenzen, die an eine Handlung von entweder nur vierzehn Mitgliedstaaten oder aber fünfzehn Mitgliedstaaten, d.h. der *gesamten* EU, geknüpft sind, von größtem rechtlichem Interesse.[19]

a. Der Entstehungsprozeß der Erklärung

Zur Klärung dieser Frage ist es notwendig, sich den Entstehungsprozeß der Erklärung erneut zu vergegenwärtigen sowie möglicherweise existierende Entwürfe oder Vorläufer der Erklärung auszuwerten.

---

[19] Dies beruht darauf, daß die meisten Entscheidungen der Europäischen Union nach wie vor nach dem Einstimmigkeitsprinzip getroffen werden, etwa in der GASP (Art. 23 I EUV).

Wie bereits im zweiten Kapitel dargestellt,[20] war für die Erklärung die zu erwartende Bildung einer Mitte-Rechts-Koalition von ÖVP und FPÖ ursächlich. Aufgrund der sehr deutlich in Richtung des rechten Randes tendierenden politischen Aussagen der FPÖ und ihres Vorsitzenden *Haider* kam es bereits im Vorfeld möglicher Koalitionsverhandlungen von ÖVP und FPÖ des öfteren zu Warnungen durch Mitglieder verschiedener Regierungen anderer EU-Mitgliedstaaten.[21]

Im Nachgang zur Konferenz des Internationalen Holocaust-Forums in Stockholm Ende Januar 2000 schließlich kam es zu ersten konkreten Vorschlägen, wie einer solchen Regierungskoalition von Seiten der übrigen Mitgliedstaaten zu begegnen sei. Den Anfang machte Belgiens Premierminister *Verhofstadt*, der bei der portugiesischen Ratspräsidentschaft intervenierte und ein sofortiges Treffen des Außenministerrates verlangte.

Von diesem Zeitpunkt an, gewann neben der Kommunikationsachse Europa-Lissabon eine zweite – im allgemeinen weniger beachtete – an Bedeutung: diejenige zwischen Europa und der Wiener Hofburg. In den „heißen" vier Tagen vom Ende der Holocaust-Konferenz in Stockholm am 28.01.2000 bis zum Nachmittag des 31.01.2000, dem Zeitpunkt der Veröffentlichung der Erklärung, gaben sich die Staats- und Regierungschefs der Europäischen Union sowie Vertreter der USA und Israels in der österreichischen Präsidialkanzlei gewissermassen den Hörer in die Hand.[22]

b. Die Rolle des österreichischen Bundespräsidenten

Höchst umstritten ist die Rolle, die der österreichische Bundespräsident *Klestil* bei dieser Geheimdiplomatie gespielt hat. Nach der Internetdokumentation des Bundespräsidialamtes vom 8.02.2000 haben sich die Handlungen des Bundespräsidenten auf eine rein passive Haltung beschränkt. Er habe den Gesprächspartnern stets nur „die Entwicklungen seit der Nationalratswahl vom 3. Oktober

---

[20] S.o. unter § 2 B.I, S. 7.

[21] Wie oben dargestellt, unter anderem auf verschiedenen Treffen des Europäischen Rates und der Konferenz des Internationalen Holocaust-Forums in Stockholm.

[22] U.a. sind vorstellig geworden: *Chirac*/Frankreich, *Aznar*/Spanien, *Guterres*/Portugal, *Blair*/Großbritannien. – Vgl. die Dokumentation des österreichischen Bundespräsidialamtes vom 8.02.2000 (Stand: 31.10.2000) im Internet unter *http://www.hofburg.at/de/vorg/d1tk/aktuelles/international-reaktionen.htm*.

1999“ geschildert und sei im übrigen „um Schadensbegrenzung bemüht“ gewesen.[23]

Diese Darstellung ist verschiedentlich angezweifelt worden. Von Teilen der Presse[24] und in – im Nachgang zu den Maßnahmen publizierten – Gesamtdarstellungen[25] ist der – teilweise auch von der Wissenschaft geteilte[26] – Vorwurf erhoben worden, der österreichische Bundespräsident habe die Maßnahmen gegen Österreich geradezu herbeigesehnt und bei wesentlichen Staatschefs der XIV gar auf ihre Verhängung gedrungen („urgiert“).[27]

Grundlage dieses Vorwurfs sind die Aussagen der beiden skandinavischen Ministerpräsidenten *Rasmussen* (Dänemark) und *Lipponen* (Finnland). Beide äußerten übereinstimmend, daß einer der wesentlichen Anstöße für die noch am 31.01.2000 erfolgte Veröffentlichung der Erklärung der XIV aus der Wiener Hofburg gekommen sei. *Rasmussen*, der kurz nach der Verhängung der Maßnahmen dem außenpolitischen Ausschuß des Folketing in vertraulicher Sitzung die Genese der gemeinsamen Maßnahmen darlegte, wurde in der dänischen Tagespresse mit der Aussage zitiert, „der österreichische Bundespräsident habe die anderen EU-Staaten direkt um scharfe Reaktionen gegen das Alpenland gebeten“[28]. Auch *Lipponen* behauptete, daß die Initiative zum Vorgehen gegen die neue Regierung aus Wien selbst gekommen sei: „Präsident Klestil habe darum gebeten, daß eine Stellungnahme der 14 EU-Staaten veröffentlicht wird“[29]. Ähnliches vermeldeten auch englische Tageszeitungen, jedoch ohne sich auf

[23] Dokumentation des österreichischen Bundespräsidialamtes vom 8.02.2000, ebd.

[24] Vgl. „Die Verschwörung“, *Focus* vom 7.02.2000 – das Magazin führt neben dem dänischen Ministerpräsident *Rasmussen* die Nachrichtenagentur *AFP* und den außenpolitischen Berater des deutschen Kanzlers, *Steiner*, als Quelle für seine Darstellung an; „Chirac zu Khol:‚Ihr kriegt vier Minister‘ “, *Die Presse* vom 27.01.2001; „Immer mehr Berichte über ‚bestellte‘ EU-Sanktionen“, *Die Presse* vom 5.02.2000; „Unklarheit um Klestils Rolle bei Veröffentlichung der EU-Drohung“, *Der Standard* vom 24.02.2000.

[25] Beispielsweise *Hofbauer*, Der Verrat, 2000. Allerdings erscheint insbesondere dieser Autor in seinem Urteil oftmals polemisch und von persönlichen Antipathien gegen den Bundespräsidenten geleitet, so daß seinen Schlußfolgerungen mit Vorsicht begegnet werden muß.

[26] Vgl. *Winkler*, Vortrag vor der Österreichisch-Bayerischen Gesellschaft vom 28.10.2000; zurückhaltender: *Schneider*, integration 23 (2000), S. 127; *Stein*, Arbeitspapier der Konrad-Adenauer-Stiftung 7/2000, S. 11 f.; *Gehler*, Präventivschlag als Fehlschlag, in: Loth, Das europäische Projekt, 2001, S. 346-349.

[27] *Hofbauer*, Der Verrat, 2000, S. 86 f.; *Winkler*, ZÖR 55 (2000), S. 245.

[28] Vgl. übereinstimmend *Morgenavisen Jyllandsposten* vom 2.02.2000; *Ekstra-Bladet* vom 2.02.2000.

[29] Vgl. *Turun Sanomat* vom 19.02.2000.

direkte Quellen zu beziehen. Zum einen berichtete *The Times* am 4.02.2000, daß „zu Beginn der Woche [d.h. am 31.01.2000 – Anm. d. Verf.] ... Thomas Klestil die Staatschefs angerufen habe, um ihnen mitzuteilen, daß ihre Intervention die einzige Möglichkeit sei, eine Regierungsbeteiligung der FPÖ zu verhindern“[30]. Zum anderen heißt es in *The Guardian*, ebenfalls vom 4.02.2000: „Tony Blair hat den EU-Sanktionen erst zugestimmt, nachdem ihn Thomas Klestil, der österreichische Präsident, persönlich darum gebeten hat“[31].

c. Die Rolle des österreichischen Bundeskanzlers

Ebenfalls im Kreuzfeuer der Kritik steht seit der Veröffentlichung der Erklärung der damalige österreichische Bundeskanzler *Klima* (SPÖ). Obwohl er bereits wußte, daß er nur noch bis zur Bildung der neuen Regierung im Amt sein würde, nachdem alle Versuche sowohl seiner Partei als auch seiner Person gescheitert waren, eine SPÖ-Koalitionsregierung zu bilden, reiste er am 26.01.2000 zur Holocaust-Konferenz nach Stockholm, um dort doch noch das Blatt zu wenden. Nach einer außerplanmäßigen Rede beim Abendempfang, in der *Klima* auf die Gefahr einer möglichen Regierungsbeteiligung der FPÖ hinwies, kam es nach Augenzeugenberichten zu einer eineinhalbstündigen Arbeitssitzung der Regierungschefs, die der Sozialistischen Internationale, dem Zusammenschluß der sozialistischen und sozialdemokratischen Parteien Europas, angehörten.[32] Bei dieser Sitzung soll die Grundlage für die Ergreifung von Gegenmaßnahmen bei der Bildung einer Mitte-Rechts-Koalition in Österreich gelegt worden sein.[33]

---

[30] “At the start of the week ... Thomas Klestil telephoned heads of government to say that their intervention was the only way left of preventing the Freedom Party's inclusion.“, in: “Tough approach to Austria opens up splits in European ranks“, *The Times* vom 4.02.2000.

[31] “Tony Blair is understood to have agreed to the move by the 14 after a personal appeal from Thomas Klestil, the Austrian president, ...“, in: “Europe rallies against Haider coalition“, *The Guardian* vom 4.02.2000.

[32] Von den 15 EU-Mitgliedstaaten wurden zu jenem Zeitpunkt 11 Staaten durch einen Staats- oder Regierungschef regiert, der der Sozialistischen Internationale angehörte. In Frankreich stand der Premierminister in direkter Konkurrenz zu seinem konservativen Staatspräsidenten. Nur in Spanien und Luxemburg (jeweils Konservative) und Belgien (Linksliberale) regierten anderen Parteien angehörende Politiker.

[33] Vgl. zu den Geschehnissen auf der Stockholmer Konferenz *Khol*, Die Wende, 2001, S. 141, der allerdings darauf hinweist, daß zu diesem Zeitpunkt die Art der Maßnahmen vermutlich noch nicht genau festgelegt wurde; ebenso *Kopeinig/Kotanko*, Eine europäische Affäre, 2000, S. 17 f., nach denen *Klima* allerdings nicht aktiv an den Erörterungen der SI teilgenommen, sondern sich ihnen lediglich nur nicht entgegengestellt haben soll.

Es traf sich dabei ausgezeichnet, daß der portugiesische Ministerpräsident *Guterres* gleichzeitig sowohl amtierender Ratspräsident der Europäischen Union als auch Vorsitzender der SI war.

Auch wenn umstritten ist, ob der österreichische Bundeskanzler aktiv an der Entscheidung zur Ergreifung von Maßnahmen gegen sein eigenes Land beteiligt war[34] oder aber ob sein Verhalten in einem bloßen Unterlassen bestand,[35] so wirft dies doch einen Schatten auf das Verhalten *Klimas* in der gesamten Affäre.[36]

d. Der Vorläufer – das Aktionsprogramm der Präsidentschaft

Zwischenzeitlich ist eine *Presidency's Platform regarding the Formation of the new Austrian Government*[37] in die Öffentlichkeit gelangt.[38]

Die Versendung dieses Aktionsprogramms an die Regierungen der XIV kann auf den Vormittag des 31.01.2001 datiert werden.[39] In dieser *Platform* war bereits der vollständige Inhalt der späteren Erklärung im Wortlaut enthalten, lediglich das Tempus dieses englischsprachigen Schriftstücks ist noch das Futur, während die spätere Erklärung im Präsens gehalten ist. Neben diesen grammatikalischen Unterschieden enthält die Platform zusätzlich noch eine Überschrift und zwei zusätzliche Sätze. Der Überschrift zufolge basiert das Aktionsprogramm auf „Konsultationen mit allen Staats- und Regierungschefs“[40]. Erneut stellt sich die Frage, wen dieses „mit allen“ umfaßt: Alle Staats- und Regierungschefs der XIV oder alle der EU, einschließlich Österreichs? Oder präziser:

---

[34] Hierzu tendierend *Khol*, Die Wende, 2001, S. 141; vgl. auch “EU leaders urged to keep Haider out“, *The Guardian* vom 29.01.2000: „Der amtierende österreichische Kanzler, Viktor Klima, drängte befreundete EU-Führer, die Koalitionsverhandlungen zwischen der konservativen Volkspartei und der Freiheitlichen Partei in Wien zu beeinflussen.“

[35] So *Kopeinig/Kotanko*, Eine europäische Affäre, 2000, S. 18, unter Bezugnahme auf einen ungenannten deutschen Diplomaten.

[36] *Klima* selbst hat bisher jede Stellungnahme zu den Vorgängen abgelehnt, vgl. seinen Brief vom 15.01.2001, abgedruckt in: *Kleine Zeitung* vom 21.01.2001.

[37] „Aktionsprogramm der (Rats-)Präsidentschaft bezüglich der Bildung der neuen österreichischen Bundesregierung“.

[38] Vgl. den Wortlaut des Programmes bei *Winkler*, ZÖR 55 (2000), S. 236 f.

[39] *Winkler*, Vortrag vor der Österreichisch-Bayerischen Gesellschaft vom 28.10.2000.

[40] “Based on consultations with all heads of State and Government“.

Waren die Spitzen der österreichischen Exekutive in die Genese der Maßnahmen eingebunden?

Ferner geht aus dem Aktionsprogramm hervor, daß die portugiesische Ratspräsidentschaft noch am Morgen des 31.01.2000 nicht beabsichtigte, die Erklärung sofort zu veröffentlichen, sondern dies zu einem „späteren Zeitpunkt zu tun, wenn es als angemessen oder notwendig erachtet werden kann“[41]. Der Text des Programms schließt mit der Ankündigung der Absicht des portugiesischen Premierministers, „den österreichischen Präsidenten um 12.00 Uhr portugiesischer Zeit (13.00 Uhr mitteleuropäischer Zeit) anzurufen“[42].

In dieser Zeitspanne zwischen dem Morgen des 31.01.2000, als die Fax-Mitteilungen mit dem beabsichtigten Handlungsprogramm der Ratspräsidentschaft in Lissabon versandt wurden, und der Veröffentlichung der Erklärung der XIV am späten Nachmittag desselben Tages[43] muß sich die Absicht des portugiesischen Ratspräsidenten *Guterres*, mit der Veröffentlichung der Erklärung auf einen opportunen Zeitpunkt zu warten, zugunsten einer schnellen Veröffentlichung geändert haben.

Welche Faktoren können den Sinneswandel des portugiesischen Premierministers ausgelöst haben, die Erklärung der XIV noch am 31.01.2000 zu veröffentlichen? Zum einen könnte dabei das im Aktionsprogramm angekündigte Telefonat mit dem österreichischen Bundespräsident *Klestil* eine Rolle gespielt haben. Andererseits könnte sich aber auch die generelle Lage so sehr verändert haben, daß eine Veröffentlichung an eben jenem Nachmittag notwendig geworden war. Ursache dieser möglichen Veränderung könnten neben dem Druck aus den europäischen Hauptstädten vor allem die Ereignisse in Wien gewesen sein.

Gegen die erste Möglichkeit, einer Zunahme des Drucks aus den Hauptstädten der Union, insbesondere den neben Lissabon federführenden drei – Brüssel, Paris und Berlin –, spricht die hohe Aktivität der Telefondiplomatie bereits vor der Versendung des Aktionsprogramms.[44] Am Morgen des 31.01.2000 dürften bereits alle Befürchtungen, die gegen eine Regierungsbildung von ÖVP und FPÖ seitens der Mitgliedstaaten der Europäischen Union bestanden, mit der portugiesischen Ratspräsidentschaft erörtert worden sein. Es liegt daher nahe, daß sie

---

[41] “... at a later stage when deemed appropriate or necessary“.

[42] “... to call the Austrian President at 12 h 00 Portugal´s time (13 h 00 ECT)“.

[43] Die Veröffentlichung der Erklärung der XIV erfolgte um 17.45 Uhr.

[44] Dies wird von verschiedenen Politikern, u.a. von *Rasmussen* und *Lipponen*, bestätigt.

bereits bei der Formulierung des Aktionsprogramms Eingang gefunden haben, d.h. während des 31.01.2000 keine Rolle mehr gespielt haben.

Es bleibt nur eine Veränderung der Situation in Österreich selbst. Für relevante Veränderungen kommen hierbei nur zwei Handlungszentren in Betracht: Zum einen die Hofburg, d.h. der Bundespräsident, und zum anderen der Ort der Koalitionsverhandlungen zwischen ÖVP und FPÖ. Nachdem beide Parteien am 25.01.2000 ohne Auftrag des Bundespräsidenten Koalitionsverhandlungen aufgenommen hatten, schlossen sie diese in insgesamt nur sechs Verhandlungsrunden am 1.02.2000 ab.[45] Besondere Umstände, etwa eine Krise bei den Verhandlungen oder ein sich abzeichnender, nicht erwarteter Durchbruch ist dabei für den Tag des 31.01.2000 nicht feststellbar.[46]

Es spricht mithin einiges dafür, daß die Veränderung der Lage von der Hofburg ausgegangen ist. Dies würde im übrigen auch erklären, warum der luxemburgische Premierminister *Juncker* mit seinem Ansinnen, auf eine Veröffentlichung zu verzichten und die Angelegenheit mit dem damaligen österreichischen Außenminister *Schüssel* in einem Außenministerrat zu erörtern, nicht mehr durchdrang.[47] Was aber könnte der österreichische Bundespräsident getan haben, um die Notwendigkeit der Veröffentlichung als so dringlich erscheinen zu lassen, daß nicht einmal mehr Zeit war, einen Außenministerrat einzuberufen und die Angelegenheit hinter verschlossenen Türen im Kollegenkreis mit dem zuständigen österreichischen Minister zu besprechen? Und dies, obwohl eben dieser Minister Vorsitzender der ÖVP und damit zugleich einer der zentralen Akteure in dieser Affäre war.

Um diese Frage beantworten zu können, ist es erforderlich, kurz auf die innenpolitischen Verhältnisse in Österreich Ende Januar/Anfang Februar 2000 einzugehen: Zu diesem Zeitpunkt waren die Versuche der SPÖ endgültig gescheitert, sich nach 30jähriger Regierungsbeteiligung und nach mehrmonatigen Sondierungsgesprächen und Koalitionsverhandlungen an der Macht zu halten. Dagegen war der bisherige Koalitionspartner ÖVP auf dem besten Weg, mit der FPÖ ein

[45] Vgl. *Burkert-Dottolo/Moser*, Die Regierungsbildung in Österreich, 2000, Anhang 1, S. 85 f.
[46] Nach *Burkert-Dottolo*, Die Regierungsbildung, in: Burkert-Dottolo/Moser, Die Regierungsbildung in Österreich, 2000, S. 52, gestalteten sich die Koalitionsverhandlungen vielmehr von Beginn an als sehr zielstrebig und ergebnisorientiert; der Fraktionsvorsitzende der ÖVP im Nationalrat, *Khol*, beschreibt den Tag als ruhig. Er sei der Klärung letzter Detailfragen durch die sog. „Sherpas“ gewidmet gewesen – vgl. *Khol*, Die Wende, 2001, S. 128.
[47] Vgl. *Kopeinig/Kotanko*, Eine europäische Affäre, 2000, S. 22.

Regierungsbündnis zu bilden und einen Anspruch auf das Amt des Bundeskanzlers durchzusetzen – eine beachtliche Leistung, wenn man berücksichtigt, daß die ÖVP aus der Wahl vom Oktober 1999 als lediglich drittstärkste Partei im österreichischen Nationalrat hervorgegangen war.

Der österreichische Bundespräsident – ein nachdrücklicher Verfechter der Aufrechterhaltung einer Regierungsbeteiligung der SPÖ[48] – hatte sich trotz des Scheiterns der Verhandlungen zwischen den bisherigen Partnern noch am 21.01.2000 nicht dazu durchringen können, einer anderen Partei als der SPÖ den Auftrag zur Regierungsbildung zu erteilen. Vielmehr hatte der amtierende Bundeskanzler *Klima* den Versuch unternehmen sollen, binnen einer Woche eine Minderheitsregierung zu bilden. Auch als am 24.01.2000 die Spitzen von ÖVP und FPÖ die Aufnahme von Regierungsverhandlungen für den folgenden Tag ankündigten, entzog *Klestil* dem SPÖ-Vorsitzenden *Klima* nicht den Auftrag zur Regierungsbildung, sondern erklärte nur, weiter abwarten zu wollen. Dies führte dazu, daß die spätere Regierungskoalition ohne offiziellen Auftrag miteinander verhandelte. Der Bundespräsident muß sich brüskiert gefühlt haben, oblag es doch nach Art. 70 I B-VG allein ihm, den Bundeskanzler zu ernennen und damit mittelbar den Auftrag zur Regierungsbildung zu erteilen, um so darüber zu entscheiden, wer – nach seiner Auffassung – den Willen der Wähler am besten repräsentiert. Im übrigen entsprach dieses Verhalten auch den bisherigen Konventionen der Regierungsbildungsprozesse der Zweiten Republik.[49]

Nach dieser Kompromittierung durch die Spitzen der ÖVP könnte dem Bundespräsidenten jedes Mittel recht gewesen sein, um die von ihm so ungeliebte Koalition zwischen ÖVP und FPÖ noch zu verhindern. Dies erklärt die Gemütslage, in der sich *Klestil* zwischen dem Beginn der von ihm nicht autorisierten Verhandlungen am 25.01.2000 und dem Morgen des 31.01.2000 befunden haben mag.

---

[48] Vgl. die Darstellung einer Prioritätenliste des Bundespräsidenten bei der Regierungsbildung bei *Khol*, Die Wende, 2001, S. 85: Dieser setzt die Bildung einer SPÖ/FPÖ-Koalition (!) auf den ersten Platz, gefolgt von einer (runderneuerten) „Großen Koalition", auf dem dritten und vierten Platz findet sich jeweils eine Minderheitsregierung der SPÖ, toleriert von FPÖ bzw. ÖVP. Eine Regierungsbildung unter Ausschluß der SPÖ taucht demzufolge in den Plänen des Bundespräsidenten nicht auf – ein überraschendes Ergebnis, berücksichtigt man das Stimmenverhältnis im Nationalrat.

[49] Vgl. *Dickinger*, Der Bundespräsident im politischen System Österreichs, 1999, S. 100; *Welan*, Regierungsbildung, in: Burkert-Dottolo/Moser, Die Regierungsbildung in Österreich, 2000, S. 11; *ders.*, Regierungssystem unter Druck?, in: Pelinka/Plasser/Meixner, Die Zukunft der österreichischen Demokratie, 2000, S. 336.

Doch welchen Grund, welches Motiv konnte es geben, das den Bundespräsidenten bewog, auf den portugiesischen Ratspräsidenten dergestalt einzuwirken, daß dieser noch am Nachmittag des 31.01.2000 die vorbereitete Erklärung veröffentlichte? – Die Antwort liegt in einem Treffen, das *Klestil* am folgenden Tag mit den ÖVP-Landeshauptleuten (Ministerpräsidenten) haben sollte. Auf diesem Treffen wollte er ihnen nochmals ins Gewissen reden, von der Koalition mit der FPÖ zu lassen und in den Parteigremien gegen eine solche zu votieren.[50] Zu diesem Zweck beabsichtigte er, seinen Argumenten unter Hinweis auf die dann bereits veröffentlichte Ankündigung der XIV, bei dem Regierungseintritt der FPÖ Maßnahmen gegen Österreich einzuleiten, zusätzlich Nachdruck zu verleihen.[51]

e. Zwischenergebnis

Zusammengenommen ergeben sich für die Frage nach den Beteiligten an der Erklärung der XIV aus dem Vorstehenden folgende Schlüsse:

Am Morgen des 31.01.2000 hatten sich die Regierungschefs der XIV auf einen Aktionsrahmen von Maßnahmen gegen Österreich geeinigt. Den Anstoß hierzu hatte der österreichische Bundeskanzler durch seine Rede auf der Holocaust-Konferenz in Stockholm am 26.01.2000 gegeben, als für ihn erkennbar wurde, daß die nächste Bundesregierung Österreichs ohne die Beteiligung seiner Partei und seiner Person gebildet werden sollte. Im Anschluß an diese Rede zogen sich die Staats- und Regierungschefs der SI, von denen elf in Mitgliedstaaten der Europäischen Union regierten, spontan zu einer etwa eineinhalbstündigen Arbeitssitzung zurück, um über mögliche Schritte für den Fall der Bildung einer Mitte-Rechts-Regierung in Österreich zu beraten. Bundeskanzler *Klima* nahm entweder aktiv an diesen Beratungen teil oder aber stellte sich diesen nicht entgegen. In der Folge nahmen zahlreiche Regierungschefs der EU Kontakt mit dem österreichischen Bundespräsidenten *Klestil* auf. Es kann zwar nicht positiv festgestellt werden, daß dieser die Regierungschefs ausdrücklich ermutigte, zu Maßnahmen zu greifen, er unterließ es aber jedenfalls – in einer Parallele zu *Klima* –, ihnen entschieden entgegenzutreten. Die drohenden Maßnahmen wollte er dafür nutzen, der SPÖ doch noch eine Regierungsbeteiligung zu sichern. Aufgrund

[50] Vgl. die eigene Darstellung der Absichten des Bundespräsidenten in „Klestil hoffte auf Veto von drei, vier VP-Landeschefs‘ “, *Der Standard* vom 8.03.2000.

[51] Ein Vorhaben, das von vornherein zum Scheitern verurteilt war, da sich die ÖVP-Führung bereits am 30.01.2000 in Wien auf den Abschluß einer Koalition mit der FPÖ geeinigt hatte – vgl. *Khol*, Die Wende, 2001, S. 148.

dieses Planes drängte er am 31.01.2000 in einem Telefonat mit dem portugiesischen Ratspräsidenten auf eine Veröffentlichung der vorbereiteten Erklärung, die dann auch prompt am Nachmittag desselben Tages erfolgte.

Die eigentliche Erarbeitung der Maßnahmen fand zwar ohne die Mitarbeit österreichischer Politiker, namentlich des Bundespräsidenten und des Bundeskanzlers, statt. *Unmittelbare* Urheber sind damit allein die XIV Mitgliedstaaten der Europäischen Union, die sich später auch an den Maßnahmen gegen Österreich beteiligten. Nach den Ereignissen auf der Stockholmer Konferenz und der unklaren Position, die die Hofburg in der „heißen" Phase der Absprachen zur Ergreifung der Gegenmaßnahmen bezogen hat, muß die Frage nach *allen* Urhebern aber wie folgt beantwortet werden: Es hat eine, wenngleich formlose und nicht konstante, eher aus Unterlassen denn aus positivem Tun bestehende Beteiligung und Einbindung des österreichischen Bundespräsidenten und des amtierenden Bundeskanzlers stattgefunden. Die Konsultationen im Sinne der Überschrift des Aktionsprogramms waren damit vollumfänglich.

Im Ergebnis waren die XIV *unmittelbar* und Österreich *mittelbar* am Zustandekommen der Erklärung beteiligt – es müßte also richtigerweise von einer „Erklärung der XV" gesprochen werden.

2. Handlungsidentität der Urheber

Wie ist aber nun dieses Abkommen einzuordnen? In Betracht kommen zum einen vierzehn eigenständige Maßnahmen auf bilateraler Ebene, d.h. ein – seiner Wirkung nach – Bündel einseitiger, gleichgerichteter Maßnahmen gegen die Republik Österreich.[52] In Frage kommt zum anderen aber auch eine konzertierte, multilaterale Aktion von 14 Mitgliedstaaten der Europäischen Union gegen den fünfzehnten Staat, unter Duldung oder mindestens mit Wissen seiner Staatsspitzen. Die Vertreter der XIV hätten dann bei ihrer Beschlußfassung einen unvollständigen inoffiziellen Rat der Europäischen Union dargestellt.

Die Unterscheidung zwischen völkerrechtlicher oder gemeinschaftsrechtlicher Handlungsidentität ist deshalb von Belang, weil sie für die spätere rechtliche Einordnung und Beurteilung von entscheidender Bedeutung ist: Trifft die erste Variante zu, so beurteilt sich die Zulässigkeit und Rechtmäßigkeit allein auf der Grundlage des Völkerrechts; handelte es sich dagegen um eine gemein-

[52] Zur Kritik des Begriffs der „bilateralen Maßnahmen" gegen Österreich vgl. oben Fn. 1.

schaftliche Maßnahme zwischen den 15 Mitgliedstaaten der Europäischen Union, so ist das Gemeinschaftsrecht die maßgebliche Beurteilungsgrundlage, zur Lückenfüllung gegebenenfalls ergänzt durch Regelungen des Völkerrechts.

Einer Beurteilung der Handlungsidentität – der somit eine maßgebliche Rolle zukommt – muß sich anhand verschiedener aus der Analyse des Textes, seiner Urheber und der Entstehungsgeschichte gewonnener Ergebnisse angenähert werden, da diese neben den nachträglichen Äußerungen der Beteiligten die einzigen unmittelbaren Quellen zur rechtlichen Interpretation darstellen.

a. Der Text der Erklärung als Zuordnungskriterium

Zunächst soll der Text der Erklärung als Ausgangspunkt der Untersuchung dienen. Wie oben bereits festgestellt, weist dieser auf die Europäische Union als Urheber der Erklärung: Der Text bezieht sich in seiner Überschrift ausdrücklich auf die Europäische Union; die portugiesische Ratspräsidentschaft spricht „im Namen von XIV Mitgliedstaaten“.[53] Zusätzlich verweisen auch die Formulierungen im Hauptteil der Erklärung auf die Europäische Union („Staats- und Regierungschefs von XIV Mitgliedstaaten der Europäischen Union“, „Regierungen der XIV Mitgliedstaaten“, „Hauptstädte der EU“).[54]

b. Die Entstehung der Erklärung als Zuordnungskriterium

Ferner kann auf die Entstehungsgeschichte der Erklärung zurückgegriffen werden. Von Anfang an – beginnend mit der Intervention des belgischen Premierministers *Verhofstadt* am 27.01.2000 – handelten die beteiligten Staats- und Regierungschefs durch und mit der portugiesischen Ratspräsidentschaft als formeller Vermittlerin.[55] In Lissabon liefen die Fäden zusammen;[56] dort wurden die verschiedenen Interventionen und später auch die Anregungen für die gegen

[53] Vgl. die Synopse der Textversionen der Erklärung der XIV in Tabelle 1, S.27.
[54] Vgl. oben § 3 C.I.2, S. 29.
[55] Vgl. *Winkler*, ZÖR 55 (2000), S. 244.
[56] Die Kommunikation verlief dabei unter Ausschluß der jeweiligen Außenminister und ihrer Ministerien ausschließlich auf der Ebene der Staats- und Regierungschefs, vgl. *Khol*, Die Wende, 2001, S. 146.

Österreich möglicherweise zu ergreifenden Maßnahmen gebündelt und in konkrete Handlungspläne umgesetzt.[57]

c. Der subjektive Wille der Urheber der Erklärung und die Beachtung formeller Voraussetzungen als Zuordnungskriterium

Diesen beiden eindeutig auf die gemeinschaftsrechtliche Handlungsebene verweisenden Feststellungen wird allerdings durch die stets von allen Mitgliedern der XIV wiederholte Behauptung widersprochen, es habe „keine Maßnahmen der Europäischen Union gegenüber Österreich" gegeben. Bei den Maßnahmen gegenüber Österreich habe es sich „um bilaterale Maßnahmen von 14 Mitgliedstaaten der Europäischen Union" gehandelt.[58] Gestützt wird diese Aussage immer mit dem Argument, der Europäischen Union habe die Kompetenz für eine gemeinschaftsrechtliche Handlung gefehlt.[59] Des weiteren handele es sich bei den Maßnahmen auch nicht um *rechtliche Sanktionen*, sondern allenfalls um *politische Reaktionen*.[60] In diesen Aussagen wird der subjektive Wille der XIV deutlich, die Erklärung nicht als Akt der Union, sondern lediglich als eigenständige Erklärung jedes einzelnen Landes zu begreifen.

Diese Auffassung des rein völkerrechtlichen – „bilateralen" – Charakters der Maßnahmen wird auch von Teilen der Literatur geteilt, ein gemeinschaftsrechtlicher Organakt hingegen abgelehnt.[61]

---

[57] Als Endprodukt dieser vorbereitenden Tätigkeit kann die *Presidency's Platform* vom Morgen des 31.01.2000 angesehen werden.

[58] So auch der Standpunkt des Auswärtigen Amtes gegenüber dem Verfasser in einem Schreiben vom 7.05.2001, Gz. E 10 – 320.02 AUT.

[59] Vgl. nur Premierminister *Guterres*, in: „Österreich tut, was es will", *Der Spiegel* 7/2000 vom 14.02.2000, der – mangels Rechtsgrundlage im EUV – die „beiden Arten von Kontakten [d.h. wohl bilateral und auf der Unionsebene – Anm. d. Verf.] sorgsam auseinander halten" will.

[60] Diese Bezeichnung ist allerdings schief, da dem Wortlaut der Erklärung zufolge Maßnahmen erst für den Fall einer Regierungsbeteiligung der FPÖ in Kraft treten sollten. Wollte man die Erklärung der XIV mithin insgesamt (noch) als *Reaktion* bezeichnen wollen, so müßte man von einer „antizipativ eingesetzten präventiven Reaktion" sprechen.

[61] *Busse*, Österreich contra Europäische Union, 2000, S. 22; *Hummer/Obwexer*, ecolex 2000, S. 250-255; *dies.*, europa blätter 2000, S. 52-58, 93-101; *Leidenmühler*, ZÖR 55 (2000), S. 299-322; *Schmahl*, EuR 2000, S. 819-835.

Zum Teil wird dies mit der Existenz eines „Prinzips der Rechtmäßigkeit“ begründet. Danach sei grundsätzlich davon auszugehen, daß alle Handlungssubjekte – unabhängig von ihrer jeweiligen Identität – stets rechtmäßig und damit rechtsgültig handeln wollten. Ausgehend von diesem Prinzip bedeute dies, daß von den Mitgliedstaaten – für den Fall, daß es an einer Gemeinschaftskompetenz für den Erlaß der Maßnahmen gefehlt hat – „im Zweifel keine Maßnahme eines EU-Organs gewollt war“.[62]

Andere Stimmen konstatieren die fehlende Vertretungsmacht der portugiesischen Ratspräsidentschaft – diese habe nur für *alle* Staaten der Union sprechen können, nicht jedoch nur für einen Teil[63] – sowie das Fehlen eines formalen Beschlusses entweder des Europäischen Rates oder des Rates der Europäischen Union – zum einen wegen der fehlenden Beteiligung Österreichs und des Kommissionspräsidenten respektive Österreichs allein, zum anderen wegen der jeweils fehlenden ordnungsgemäßen Einberufung des betreffenden Organs.[64] Ebenso wird auf die fehlende Veröffentlichung in den amtlichen Publikationen der EU/EG verwiesen.[65]

Allen diesen Ansichten ist ihre streng formalistische Betrachtungsweise vorzuhalten. Die Hypothese des lediglich völkerrechtlichen Charakters der Maßnahmen, bei gleichzeitiger Annahme eines streng rechtmäßigen Handelns der XIV, wird sichtbar auf die Entstehungsgeschichte der Maßnahmen projiziert. Es wird festgestellt, daß es keine Möglichkeit gibt, einen Rechtsakt der Europäischen Union zu konstruieren, der gleichzeitig auch dem Erfordernis der Rechtmäßigkeit genügt – auf Grundlage des oben bereits erwähnten „Prinzips der Rechtmäßigkeit“ wird daher, gleichsam *in dubio pro reo*, ein gemeinschaftsrechtlicher Rechtsakt ausgeschlossen.

Das „Prinzip der Rechtmäßigkeit“ allein stellt jedoch kein hinreichendes Indiz dar, um die übrigen Anhaltspunkte für ein gemeinschaftsrechtliches Verhalten der XIV zu entkräften. Vielmehr ist festzustellen, daß die Organe der Europäi-

---

[62] *Busse*, Österreich contra Europäische Union, 2000, S. 19; hiervon scheinen auch *Hummer/Obwexer*, EuZW 2000, S. 490, auszugehen.
[63] Vgl. *Hummer/Obwexer*, ecolex 2000, S. 250 f.
[64] Vgl. *Leidenmühler*, ZÖR 55 (2000), S. 302-304.
[65] Vgl. *Schmahl*, EuR 2000, S. 832, Fn. 93. – Es sei dazu angemerkt, daß es eine Veröffentlichung auf der Internetseite der portugiesischen Ratspräsidentschaft gegeben hat. Diese Seite diente der portugiesischen Regierung für die Dauer ihrer Amtszeit als offizielles Forum für die Bekanntmachung politischer Agenden, Aktionen und sonstiger Nachrichten im Zusammenhang mit der Präsidentschaft.

schen Union – und jene ihrer direkten Vorgänger, der Europäischen Gemeinschaften – über eine lange und facettenreiche Geschichte des Mißbrauchs der gemeinschaftsrechtlichen Handlungsformen verfügen.[66] Gerade zur Vermeidung von Problemen bei hohen Verfahrenserfordernissen oder zur Umgehung bestimmter Mehrheitsquoren wurde in der Vergangenheit des öfteren die Rechtsgrundlage bewußt verschleiert oder eine andere, mit niedrigeren Erfordernissen oder Quoren verbundene Handlungsform gewählt.[67] Es besteht folglich eine lange Tradition europäischer Organe, sich aus Gründen der Vereinfachung oder der besseren Durchsetzbarkeit über eindeutige Regelungen und Kompetenzen des Gemeinschaftsrechts hinwegzusetzen. Es ist daher angebracht, im Gemeinschaftsrecht eher von einem „Prinzip der Finalität" zu sprechen, das der Zwekkerreichung den Vorrang vor der Rechtmäßigkeit einer Maßnahme einräumt, denn von einem „Prinzip der Rechtmäßigkeit".

Auch ist es nicht gerechtfertigt, den XIV die strenge Beachtung der formalen Vorschriften des Gemeinschaftsrechts zu unterstellen – immerhin scheinen sie den materiellen Bereich desselben Rechts vollständig mißachtet zu haben, indem sie das Verfahren (Art. 7 I EUV), das genau für den Fall einer Verletzung des Gemeinschaftsrechts außerhalb des wirtschaftlichen Sektors geschaffen worden war, formell und materiell vollständig ignorierten.[68]

Für die Beurteilung, ob ein Akt dem Europarecht zugeordnet werden kann oder nicht, ist zudem nicht allein auf den subjektiven Willen des Erlaßorgans abzustellen.[69] Es ist vielmehr entscheidend, ob der Akt *nach seinem Inhalt und den*

---

[66] Vgl. die ausführlichen Beispiele bei *Biervert*, Mißbrauch von Handlungsformen, 1999, S. 114-171.

[67] Vgl. *Biervert*, Mißbrauch von Handlungsformen, 1999, S. 150 f.

[68] So auch übereinstimmend die zitierten Autoren (*Hummer/Obwexer*, europa blätter 2000, S. 54; *Leidenmühler*, ZÖR 55 (2000), S. 312; *Schmahl*, EuR 2000, S. 831) mit Ausnahme von *Busse*, Österreich contra Europäische Union, 2000, S. 23 f., der im Vorgehen der XIV keinerlei Verstoß gegen EU-Recht erblickt, sondern allenfalls Bedenken gegen das Vorgehen der portugiesischen Regierung in ihrer Eigenschaft als amtierende Ratspräsidentschaft hat.

[69] Dieser äußerte sich zudem widersprüchlich: Auf der einen Seite steht die – auch bis heute – ständig wiederholte Behauptung, es handele sich nicht um Maßnahmen der EU, sondern nur um „bilaterale politische Reaktionen von 14 Mitgliedstaaten der Europäischen Union" (vgl. hierzu oben, S. 42); auf der anderen Seite wurde von führenden Politikern der XIV ein einseitiges Ausscheiden ihres Landes aus den Maßnahmen stets mit dem Hinweis verneint, es handele sich um verbindliche Maßnahmen der gesamten XIV – vgl. hierzu die Aussage des irische Premierministers *Ahern* vor dem irischen Repräsentantenhaus am 15.02.2000, „Änderungen könnten nur auf Ebene des Rates der EU vorgenommen werden" ("... matters will change, but that can only be done at European Council level"), *Dàil Report* vom 15.02.2000,

gesamten Umständen, unter denen er erlassen wurde, in Wirklichkeit eine Entscheidung eines Organs darstellt.[70] Vor diesem Hintergrund vermögen weder der kundgetane subjektive Wille der XIV noch die Argumentation der dargestellten Literaturmeinungen die aus der Analyse des Textes und den Umständen der Entstehung der Erklärung der XIV gewonnenen Erkenntnisse zu überwinden.

d. Zwischenergebnis

Es bleibt folglich festzuhalten, daß nach der Analyse der Erklärung der XIV diese Staaten unter Duldung der Spitzen der Exekutive der Republik Österreich vorrangig als Mitgliedstaaten der Europäischen Union in Form einer konzertierten Aktion handelten. Hieraus ergibt sich deren Handlungsidentität in Form eines Gremiums der Europäischen Union: eines inoffiziellen und unvollständigen Rates der Europäischen Union in der Zusammensetzung der Staats- und Regierungschefs mit Duldung der österreichischen Staatsspitze.

III. Normativer Inhalt der Erklärung

Die Erklärung läßt sich zunächst qualifizieren als abstrakte aufschiebend bedingte Festsetzung verschiedener restriktiver Maßnahmen.

Die Bedingung, deren Eintritt mit der Erklärung vorgebeugt werden soll, ist die Beteiligung der FPÖ an der österreichischen Bundesregierung. Die Maßnahmen, Instrumente der Drohung und Mittel der später möglicherweise notwendigen Durchsetzung[71], finden sich im dreiteiligen Katalog des zweiten Absatzes. Im einzelnen bestehen sie aus:

Sp. 538. Ebenso äußerten sich der finnische Ministerpräsident *Lipponen*, der betonte, „die Sanktionen könnten nur nach einem übereinstimmenden Beschluß der 14 EU-Partner aufgehoben werden“, *Standard weekly* vom 10.03.2000, und der dänische Ministerpräsident *Rasmussen*, vgl. „Rasmussen bricht das Eis: Isolierung Österreichs beenden“, in: *Die Presse* vom 19.05.2000.

[70] Vgl. EuGH, verb. Rs. C-181 und 248/91 (*Europäisches Parlament/Rat und Kommission*), Slg. 1993, I-3685 (3718) [Hervorhebung vom Verf.]. Hierauf weist auch *Leidenmühler*, ZÖR 55 (2000), S. 304, hin, kommt dann jedoch – ohne diese Kriterien näher untersucht zu haben – zu dem Ergebnis, daß ein Rechtsakt eines Organs der EU nicht vorliege.

[71] *Klein* verglich sie in „Ein Europa, das Angst macht“, in: *FAZ* vom 14.03.2000, mit dem „Vorzeigen des Folterwerkzeugs“. – Eine im übrigen in den mittelalterlichen Inquisitionsprozessen gepflegte Praxis zur Gefügigmachung der Delinquenten, denen für den Fall sofortigen,

- dem Einfrieren der Kontakte mit Mitgliedern der zukünftigen Bundesregierung (Maßnahme I),
- der Einstellung jedweder Unterstützung österreichischer Kandidaten bei ihrer Bewerbung um Posten in internationalen Organisationen (Maßnahme II),
- der Rückstufung allgemeiner bilateraler Kontakte mit Vertretern der Republik Österreich auf ein rein technisches Niveau (Maßnahme III).

Seinem Sinn nach stellt der erste Teil des Statements ein zwar indirekt formuliertes, in seiner Wirkung jedoch direktes, mit Sanktionen bewehrtes Verbot jedweder zukünftiger Regierungsbeteiligung der FPÖ dar.[72] Die Wirkung des Verbots ist insoweit präventiver Natur.[73] Die angekündigten Maßnahmen selbst sind in ihrem Wortlaut reaktiv gefaßt, so daß der Eindruck erweckt wird, sie seien nur die Erwiderung auf ein vorangehendes Verhalten Österreichs. Absender dieser ultimativ gehaltenen Drohung[74] sind die XIV, Adressatin die österreichische Staatsspitze, welcher der Inhalt bereits vor der Veröffentlichung mitgeteilt worden war, wie sich aus dem ersten Satz des Statements ergibt.[75]

Die Qualifikation des Inhaltes der Erklärung als präventives Verbot einer Regierungsbeteiligung der FPÖ gilt jedoch nur bis zum Eintritt der Bedingung.[76] An diesem Punkt erfolgt eine Zäsur, die die Erklärung in zwei Abschnitte mit jeweils eigener normativer Bedeutung und unterschiedlichem primären Adressatenkreis teilt.

---

umfassenden Geständnisses – und damit Wohlverhaltens – eine Anwendung der gezeigten Werkzeuge erspart blieb – allerdings um den Preis des dann drohenden Todes auf dem Scheiterhaufen.

[72] Vgl. den ersten Satz der Erklärung: „... den folgenden gemeinsamen Schritt, ... für den Fall *der Bildung einer Regierung in Österreich unter Einschluß der FPÖ* [Hervorhebung vom Verf.] vereinbart haben". Das Verbot umfaßt nach seinem Wortlaut damit auch eine zukünftige SPÖ/FPÖ-Koalitionsregierung.

[73] So auch *Winkler*, ZÖR 55 (2000), S. 241.

[74] Von den Urhebern euphemistisch als „gemeinsamer Schritt" bezeichnet.

[75] Der österreichische Bundespräsident und Bundeskanzler wurden vom portugiesischen Premierminister, der österreichische Außenminister von seinem portugiesischen Kollegen informiert.

[76] D.h. bis zur Vereidigung der ÖVP/FPÖ-Regierung am 4.02.2000 als letztem Schritt der formellen Regierungsbildung.

	bis zum 4.02.2000		nach dem 4.02.2000	
	Adressat	*Inhalt*	*Adressat*	*Inhalt*
Primärebene[77]	Österreich	- präventives Verbot, - indirekt formuliertes Verbot mit direkter Wirkung auf die Regierungsbildung	Mitgliedstaaten der XIV	- konkreter, - unmittelbarer und - verbindlicher Auftrag zur Umsetzung, - unbeschränkte Dauer, - kollektive Wirkungsweise durch bilaterale Umsetzung
Sekundär-ebene	Mitgliedstaaten der XIV	- abstrakte, - aber verbindliche Festsetzung von Maßnahmen für den Fall des Bedingungseintritts	Österreich	- repressives Verbot

Tabelle 2 - Normativer Sinn der Erklärung

Vom Zeitpunkt des Bedingungseintritts an wird das an Österreich gerichtete präventive, indirekt wirkende Verbot zu einem repressiven Verbot. Zudem wandelt sich die bloß abstrakte Festsetzung der Maßnahmen nunmehr um in die inhaltlich und zeitlich unbedingte Ermächtigung der Mitgliedstaaten zu deren Vornahme. Diese Verschiebung in der Wirkung umfaßt damit ebenso eine Verschiebung des primären Adressatenkreises. War die Erklärung zunächst primär an Österreich gerichtet, so wendet sie sich nun vornehmlich an die Mitgliedstaaten als den Trägern der *ex nunc* zu vollziehenden Maßnahmen. Gleichzeitig mit der Verlagerung des primären Adressatenkreises von Österreich auf die einzelnen Mitgliedstaaten der XIV geht auch die Aufforderung zu aktivem Tun an diese über, indem von den Staaten nunmehr die konkrete Umsetzung der angekündigten Schritte verlangt wird.

Dem festgesetzten Maßnahmentripel kommt in quantitativer und qualitativer Hinsicht unbedingte Verbindlichkeit für und gegen alle zu; entsprechendes gilt auch für die zeitliche Dauer der Maßnahmen. Alle Adressaten, d.h. alle 14 Mitgliedstaaten, sind verpflichtet, die Maßnahmen vollumfänglich und zeitlich unbegrenzt bis zur gemeinsamen Aufhebung durchzuführen.[78] Zum Zwecke einer

[77] Die Einteilung in Primär- und Sekundärebene erfolgt anhand des zum jeweiligen Zeitpunkt vorrangig angesprochenen Adressatenkreises.

[78] Auffällig ist, daß zwischen der nachträglichen Erfüllung der Bedingung durch Österreich und der Aufhebung der Maßnahmen in der Erklärung selbst keine Konnexität hergestellt wird, so daß Österreich nach Bedingungseintritt selbst durch die nachträgliche Erfüllung der Bedingung, etwa durch Neuwahlen oder eine spätere Regierungsumbildung, die Beendigung der Maßnahmen nicht herbeiführen könnte. – Anders wohl *Winkler*, ZÖR 55 (2000), S. 242, der

solchen Aufhebung bedurfte es eines spiegelbildlichen Aufhebungsaktes in Form einer neuen Willensübereinkunft der XIV und deren Bekanntgabe gegenüber Österreich.[79]

Der letzte Absatz der Erklärung stellt bereits den ersten unilateralen Akt der Verkündung der Drohung an Österreich dar. Damit ging die portugiesische Regierung am 31.01.2000 bereits über die nur abstrakte Anordnung der Umsetzung von Maßnahmen bei Bedingungseintritt hinaus. Vielmehr wurde hierdurch der erste konkrete Akt gesetzt, dem nach Maßgabe der Erklärung ebensolche Schritte der übrigen Mitgliedstaaten der XIV folgen sollten, sobald das Verbot durch die Bildung der neuen Bundesregierung mißachtet worden war.

IV. Ergebnis

Die Analyse der Erklärung der XIV hat in bezug auf ihren Wortlaut, ihre mutmaßlichen Urheber und ihren normativen Inhalt gezeigt, daß es sich bei ihr um das Produkt eines kollektiven Willensbildungsprozesses von 14 Mitgliedstaaten der Europäischen Union unter mindestens duldender Mitwirkung des fünfzehnten Staates – Österreichs – handelt. Bereits durch ihren Text und der Art und Weise ihrer Kundmachung wird ein Bezug zur Europäischen Union hergestellt, der mit den Ergebnissen sowohl der Untersuchung der Urheberschaft der Erklärung als auch ihrem normativen Sinn übereinstimmt.

Die Erklärung war ihrem normativen Sinn nach eine gemeinsame Warnung der überragenden Mehrheit des Rates an ein einzelnes, vermeintlich opponierendes Mitglied. Durch eine solche Warnung in Form der Inaussichtstellung bestimmter strafender Maßnahmen, gleichsam dem „Vorzeigen des Folterwerkzeugs“[80], sollte das abtrünnige Mitglied zur Rückkehr zu einem, der Mehrheit opportun erscheinenden Verhalten gezwungen werden.

---

die Wirkung und Dauer der Maßnahmen auf die Bildung der am 4.02.2000 vereidigten Regierung beschränken will.

[79] Dies macht die Aufhebung von der Zustimmung aller beteiligten Mitgliedstaaten abhängig, so daß damit *de facto* jedem einzelnen ein Vetorecht eingeräumt wurde – eine Tatsache, die die späteren Verhandlungen Österreichs um die Aufhebung der Maßnahmen erheblich erschwert und sie zeitlich unnötig verlängert hat.

[80] Vgl. *Klein*, „Ein Europa, das Angst macht“, *FAZ* vom 14.03.2000.

Für den Fall der Nichtbeachtung dieser Warnung beinhaltete die Erklärung zugleich eine spiegelbildliche Verpflichtung für alle Mitglieder der XIV, diese umzusetzen und bis zur Aufhebung aufrechtzuerhalten. Dies sollte eine geschlossene Front gewährleisten und einzelne – möglicherweise zum Teil inzwischen wankend gewordene – Mitgliedstaaten daran hindern, aus der Phalanx der XIV auszuscheren.

Die Erklärung ist damit vollständig der Europäischen Union und innerhalb dieser organschaftlich dem Rat der Europäischen Union zuzuordnen.[81]

Rechtlich ist die Erklärung der XIV vor dem Hintergrund dieses Ergebnisses folglich vorrangig aufgrund gemeinschafts- und unionsrechtlicher Kriterien zu beurteilen. Insbesondere wird zu prüfen sein, ob die in ihr enthaltenen Regelungen vom Gemeinschafts- oder Unionsrecht gedeckt waren.

D. Analyse der übrigen Verlautbarungen

I. Mitteilung der Europäischen Kommission

Die Mitteilung der Kommission, die diese am 1.02.2000 einstimmig annahm, bezieht sich inhaltlich auf die Erklärung der XIV. Die Kommission teilt zwar „die Besorgnis, die dieser zugrunde liegt", geht aber auf die angedrohten Maßnahmen nicht weiter ein. Vielmehr betont sie, sich auf ihre Rolle als „Hüterin der Verträge"[82] zurückziehend, die Notwendigkeit, „die Regeln und Werte des EU-Vertrages, insbesondere der Art. 6 und 7, aufrechtzuerhalten". Die Mitteilung schließt mit der Ankündigung, „die Situation aufmerksam" zu verfolgen, gleichzeitig aber die Kontakte mit Österreich auf dem bisherigen Niveau aufrechtzuerhalten.

---

[81] I.E. ebenso *Regan*, ZÖR 55 (2000), S. 328; *Winkler*, ZÖR 55 (2000), S. 249.

[82] Diesen Titel trägt sie zum einen aufgrund ihres überparteilichen, multinationalen Charakters und zum anderen wegen ihrer grundsätzlichen Verpflichtung bei Verletzungen des Gemeinschaftsrechtes nach Art. 226 EGV (Art. 141 EAGV, 88 EGKSV) gegen den betreffenden Mitgliedstaat ein Vertragsverletzungsverfahren einzuleiten – vgl. *Schweitzer/Hummer*, Europarecht, 1996/1999, Rdnr. 204; *Oppermann*, Europarecht, 1999, Rdnr. 365, 367; *Herdegen*, Europarecht, 2001, Rdnr. 133, 205.

Die Mitteilung der Kommission stellt eine ihrem Wortlaut und ihrem normativen Inhalt nach politische Absichtserklärung dar, die ohne weiteres der Kommission der Europäischen Union zuzuordnen ist, jedoch keine rechtlichen Wirkungen entfaltet.[83]

II. Entschließung des Europäischen Parlaments

Die Entschließung des Europäischen Parlaments vom 3.02.2000 besteht aus dreizehn verschiedenen Gliederungspunkten. Diese lassen sich in drei Themenkomplexe gruppieren: europäische Grundwerte, Bedenken gegen eine Beteiligung der FPÖ an einer neuen Regierung vor dem Hintergrund dieser Werte sowie die Einforderung der Mitwirkungsrechte bei notwendigen Gegenmaßnahmen.

Im ersten, einleitenden Teil[84] verweist die Entschließung auf die Grundwerte der Union sowie die Vertragsnormen, in denen diese Werte festgeschrieben worden sind, insbesondere auf Art. 6 und 7 EUV. Die Achtung und Einhaltung dieser Werte stellt für das Parlament die unabdingbare Voraussetzung für eine unbeschränkte Mitgliedschaft dar. Ferner wird auf die Funktion dieser Werte im Rahmen einer zukünftigen, homogenen Erweiterung der Union und auf die Pflicht zur Gleichbehandlung von Beitrittskandidaten und Mitgliedstaaten bei der Beachtung dieser Rechte hingewiesen. Die Einleitung kann mithin unter dem Begriff der europäischen Grundwerte zusammengefaßt werden.

Im zweiten Komplex[85] verurteilt das Parlament Taten und Aussagen des damaligen Vorsitzenden der FPÖ, *Haider*, und seiner Partei. Hieraus resultiert eine Mahnung an die Adresse der ÖVP, dafür Sorge zu tragen, daß durch den Eintritt der FPÖ in die österreichische Regierung die im ersten Teil beschriebenen Rechte nicht verletzt werden. Das Parlament begrüßt folgerichtig den Inhalt sowohl der Erklärung der XIV als auch der Mitteilung der Kommission; in beiden wurde die Ankündigung erhöhter Wachsamkeit gegen die Verletzung der europäischen Grundwerte gesehen. Daneben werden Rat und Kommission aufgefordert, Aktivitäten der österreichischen Bevölkerung zu unterstützen, die sich gegen rassistische, ausländer- und einwanderungsfeindliche Ansichten zur Wehr

---

[83] So auch *Hummer/Obwexer*, europa blätter 2000, S. 56.
[84] Vom Anfang des Textes bis zu lit. D.
[85] Ziff. 1-6.

setzen. Gleichzeitig solidarisiert sich das Parlament in seiner Entschließung mit diesen Teilen der österreichischen Bevölkerung.

Im Schluß der Entschließung[86] fordert das Parlament ausdrücklich sein Recht auf Mitwirkung bei der Durchführung von Überwachung und Verurteilung von Verletzungen der gemeinschaftlichen Grundwerte ein und drängt, für den Fall einer Verletzung, auf die Einleitung eines Feststellungsverfahrens i.S.d. Art. 7 I EUV unter Wahrung seiner Beteiligungsrechte.

Der Inhalt dieser, als offizielles Dokument des Europäischen Parlaments gekennzeichneten Entschließung[87] ist insgesamt– ebenso wie bereits die Mitteilung der Kommission – größtenteils als politische Absichtserklärung zu deuten.[88] Rechtliche Relevanz entfaltet die Entschließung nur dort, wo konkrete Forderungen erhoben werden: Zum einen bei der Unterstützung von Aktivitäten gegen mögliche rassistische oder ausländerfeindliche Umtriebe in Österreich[89] und zum anderen beim Verlangen nach Einleitung eines Feststellungsverfahrens i.S.d. Art 7 I EUV im Falle einer schwerwiegenden und anhaltenden Verletzung von Art. 6 I EUV. Da ein solches Verfahren nach dem Wortlaut des Art. 7 I EUV nicht zwingend eingeleitet werden muß – den Vorschlagsberechtigten kommt insoweit ein Entschließungsermessen zu[90] –, richtet sich die Forderung des Parlaments auf eine Betätigung dieses Ermessens zugunsten einer Verfahrenseinleitung.

III. Entschließung des Ausschusses der Regionen

Die Entschließung des AdR befaßt sich, anders als die anderen beiden Stellungnahmen von Kommission und Parlament, nicht vorrangig mit den möglichen Maßnahmen gegen Österreich und dem Anteil an deren Umsetzung, den der Ausschuß dabei für sich beanspruchen kann.[91] Vielmehr bewegen sich sämtliche

[86] Ziff. 7-9.
[87] B5-0101, 0103, 0106 und 0107/2000.
[88] Ebenso *Hummer/Obwexer*, europa blätter 2000, S. 57.
[89] Aber nur dort, worauf *Hummer/Obwexer*, europa blätter 2000, S. 57, zu Recht hinweisen.
[90] Vgl. Calliess/Ruffert-*Kluth*, EUV/EGV, 1999, Art. 7 EUV, Rdnr. 10.
[91] Das Fehlen solcher Hinweise erklärt sich ohne weiteres aus den Kompetenzen, die dem AdR nach dem EUV zukommen. Der AdR verfügt demzufolge lediglich über eine beratende Funktion und hätte daher an einem möglichen Verfahren i.S.d. Art. 7 I EUV keinen Anteil gehabt.

in der Entschließung enthaltenen Gesichtspunkte in einem allgemeineren (politischen) Rahmen.

In seiner Stellungnahme nimmt der AdR den „Fall Österreich" nur zum äußeren Anlaß, um einige der grundlegenden Probleme der Politik für ein geeintes Europa anzusprechen. So wird an die Verpflichtung aller funktionellen Ebenen der Mitgliedstaaten der Europäischen Union zur Wahrung und Verteidigung der europäischen Werte gegen abweichende Ideen erinnert[92], aber auch eine offenere, transparentere und ehrlichere politische Kultur auf allen Ebenen der europäischen Politik[93] und eine bessere Vermittlung der Inhalte europäischer Politik beim Bürger angemahnt[94].

Bei der Entschließung handelt es sich daher insgesamt lediglich um eine politische Erklärung, die keinerlei rechtliche Wirkung entfaltet.[95]

---

[92] Vgl. Ziff. 6.
[93] Vgl. Ziff. 7.
[94] Vgl. Ziff. 10.
[95] Dem AdR kommen lediglich beratende Funktionen zu, so daß ihm eine Kompetenz zur Setzung von Rechtsakten gänzlich fehlt.

§ 4 Einordnung der Reaktionen in den Kanon der europarechtlichen Handlungsformen

A. Das Prinzip der begrenzten Ermächtigung im Gemeinschafts- und Unionsrecht

I. Das Prinzip im Gemeinschaftsrecht

Das Gemeinschaftsrecht wird vom „Prinzip der begrenzten Ermächtigung" geprägt.[1] Dieses kann definiert werden als *die Erteilung einer nur beschränkten Handlungskompetenz für die Gemeinschaftsorgane, die nur tätig werden dürfen, wenn und soweit sich dafür in den Verträgen eine ausdrückliche Ermächtigungsgrundlage findet.*[2]

Das Prinzip der begrenzten Ermächtigung wird in Art. 5 EUV positiv rechtlich normiert. Nach seinem Wortlaut sind die Gemeinschaftsorgane verpflichtet, „ihre Befugnisse nach Maßgabe" der Europäischen Verträge auszuüben.

Hieraus wird abgeleitet, daß das Gemeinschaftsrecht den Gemeinschaftsorganen keine umfassenden Handlungskompetenzen einräumt und sie für jedes rechtliche Tätigwerden einer ausdrücklichen oder mindestens durch Auslegungsregeln ermittelbaren Rechtsgrundlage bedürfen.[3] Dies schließt für die Setzung des sekundären Gemeinschaftsrechts den Zwang ein, sich bei gegebener Kompetenz ausschließlich der in den Gemeinschaftsverträgen ausdrücklich bestimmten Handlungsformen zu bedienen. Ein „Typenerfindungsrecht" der Gemeinschaftsorgane besteht nicht. Die in den Verträgen ausdrücklich erwähnten Handlungs-

---

[1] Vgl. *Schwarze*, EVR I, 1988, S. 238-241; *Kraußer*, Das Prinzip begrenzter Ermächtigung, 1991; *Schweitzer/Hummer*, Europarecht, 1996/1999, Rdnr. 335-341. – In der Literatur wird z.T. eine andere Terminologie verwendet („Prinzip der begrenzten Einzelermächtigung", „Prinzip der begrenzten Einzelzuständigkeit" oder „Prinzip der enumerativen Einzelermächtigung"), dies ist vorliegend jedoch ohne Bedeutung.

[2] Vgl. *Kraußer*, Das Prinzip begrenzter Ermächtigung, 1991, S. 20 f.

[3] *Biervert*, Mißbrauch von Handlungsformen, 1999, S. 88; *Oppermann*, Europarecht, 1999, Rdnr. 513.

formen[4] sind mit Ausnahme einiger gewohnheitsrechtlich anerkannter „Rechtsakte sui generis“[5] enumerativ und abschließend.[6]

Aus dem Vorstehenden läßt sich *argumentum e contrario* ableiten, daß die Erklärung der XIV und die übrigen Verlautbarungen von Organen oder Institutionen der Europäischen Union – sollte es sich bei ihnen um Rechtsakte der Gemeinschaft handeln – entweder einer der in den Gemeinschaftsverträgen vorgegebenen Handlungsformen oder einer gewohnheitsrechtlich anerkannten Form *sui generis* zuordenbar sein müssen. Anderenfalls wären sie bereits aus formellen Gründen mit dem Gemeinschaftsrecht unvereinbar und rechtswidrig.[7]

Erschwert wird eine eindeutige Zuordnung dadurch, daß es nach ständiger Rechtsprechung des EuGH nicht auf die konkrete Bezeichnung des Rechtsaktes, sondern vielmehr auf die in ihm getroffenen materiellen Regelungen ankommt.[8] Dies resultiert zum Teil aus den in den Verträgen nicht immer stringent durchgehaltenen identischen Bezeichnungen gleichartiger Akte[9] sowie dem Hang der europäischen Organe, sich – wo möglich – Handlungsformen zu bedienen, die insgesamt niedrigere Anforderungen an die zu erfüllenden Voraussetzungen stellen.[10]

II. Das Prinzip im Unionsrecht

Anders verhält es sich mit den Rechtsakten des Unionsrechts: Für sie gilt das Prinzip der begrenzten Ermächtigung grundsätzlich nicht.[11]

---

[4] Z.B. in Art. 249 EGV.

[5] Zu diesen gehören insbesondere die „uneigentlichen Ratsbeschlüsse“, s.u. § 4 C.III.1, S. 99.

[6] *Ipsen*, Gemeinschaftsrecht, 1972, S. 426 f.; *Oppermann*, Europarecht, 1999, Rdnr. 535; *Thun-Hohenstein/Cede*, Europarecht, 1999, S. 83, 177.

[7] Vgl. EuGH, verb. Rs. 188-190/80 (*Frankreich u.a. ./. Kommission*), Slg. 1982, 2545 (2573). Dies macht den Rechtsakt aber nicht gleichzeitig nichtig; vielmehr besteht nach st. Rspr. des EuGH eine Gültigkeitsvermutung sowohl für fehlerhafte Gemeinschaftsrechtsakte als auch für die nach Art. 35 VI, VII EUV einer Überprüfung durch den EuGH zugänglichen Unionsrechtsakte des Rates – vgl. *Annacker*, Fehlerhafter Rechtsakt im Gemeinschafts- und Unionsrecht, 1998, S. 79, 261.

[8] Vgl. EuGH, Rs. 100/74 (*Fa. Cam ./. Kommission*), Slg. 1975, 1393 (1403).

[9] Vgl. stellvertretend für die teilweise verwirrende Benennungsvielfalt die unterschiedlichen Bedeutungen des Begriffs der „Entscheidung“ in EGV, EGKSV und EAGV.

[10] S.o. unter § 3 C.II.2.c, S. 42.

[11] A.A. ausdrücklich *Semrau*, Die GASP der EU, 1998, S. 83; *Trüe*, ZEuS 2000, S. 157.

1. Rechtsnatur der Europäischen Union

Dies liegt im wesentlichen daran, daß es der Europäischen Union an einer eigenen umfassenden Rechtspersönlichkeit fehlt.[12] Um über eine solche eigenständige Persönlichkeit und – damit einhergehend – eine eigene Völkerrechtssubjektivität verfügen zu können, bedürfte die Europäische Union entweder des Status' eines autonomen Völkerrechtssubjekts oder desjenigen einer IO.

a. Die EU als eigenständiges Völkerrechtssubjekt

Die Einordnung der EU als eigenständiges Völkerrechtssubjekt nach der klassischen *„Drei-Elementen-Lehre"* des allgemeinen Staatsrechts[13] scheitert am Fehlen aller drei notwendigen Elemente.[14]

---

[12] Str., wie hier die h.M., vgl. *Krenzler/Schneider*, EuR 1994, S. 157; *Münch*, EuR 1996, S. 419; *Oppermann*, Europarecht, 1999, Rdnr. 583; *Schweitzer/Hummer*, Europarecht, 1996/1999, Rdnr. 950; *Busse*, Völkerrechtliche Einordnung der EU, 1999, S. 281; *Ipsen*, Völkerrecht, 1999, § 6, Rdnr. 19, S. 77 f.; *Geiger*, EUV/EGV, 2000, Art. 1 EUV, Rdnr. 9; *Koenig/Haratsch*, Europarecht, 2000, Rdnr. 769; *Pechstein/Koenig*, Europäische Union, 2000, Rdnr. 504; *Streinz*, Europarecht, 2001, Rdnr. 121b; wohl auch noch: *Beutler*, in: B/B/P/S, Europäische Union, 2001, Rdnr. 97. Für eine eigene Rechtspersönlichkeit der EU: *Ress*, EuR Beiheft 2/1995, S. 32 f.; *v. Bogdandy/Nettesheim*, EuR 1996, S. 22 f.; *Fischer/Köck*, Europarecht, 1997, S. 671 f.; *Trüe*, Verleihung von Rechtspersönlichkeit an die EU, 1997, S. 59 f.; *Wessel*, EFARev. 1997, 128 f.; *Klabbers*, Presumptive Personality, in: Koskenniemi, International Law Aspects of the EU, 1998, S. 233; *Semrau*, Die GASP der EU, 1998, S. 38 f.; *Ukrow*, ZEuS 1998, S. 173; *Curtin/Dekker*, The EU as a 'Layered International Organization', in: Craig/de Búrca, The Evolution of EU Law, 1999, S. 131; *Thun-Hohenstein/Cede*, Europarecht, 1999, S. 49; *Wichard*, EuR 1999, S. 177; *Trüe*, ZEuS 2000, S. 175 f.; einschränkend, nur für die Existenz einer Völkerrechtssubjektivität im Innenverhältnis Mitgliedstaaten-EU: *Hillgruber*, Die Rechtsnatur der EU, in: Kluth, Die EU nach dem Amsterdamer Vertrag, 2000, S. 35 f.

[13] Diese von *Jellinek* in seiner Allgemeinen Staatslehre (1921, S. 394-434) entwickelte Lehre besteht aus den Elementen Staats*volk*, Staats*gebiet* und Staats*gewalt*. Danach ist ein politisch und rechtlich organisierter Gebiets- und Personenverband dann ein Staat, wenn einem *Volk* in einem abgegrenzten *Gebiet* eine – nach innen autonome, nach außen nur dem Völkerrecht unterworfene – *Gewalt* zugeordnet ist – vgl. *Ipsen*, Völkerrecht, 1999, § 5, Rdnr. 2, S. 55.

[14] Allg. Ansicht, vgl. nur *Pechstein/Koenig*, Europäische Union, 2000, Rdnr. 58-60.

b. Die EU als internationale Organisation

Ebensowenig ist es möglich, die EU als internationale Organisation zu qualifizieren. Eine IO kann definiert werden als *dauerhafter Zusammenschluß von zwei oder mehr Völkerrechtssubjekten – in der Regel Staaten – zur Erreichung eines gemeinsamen Zieles, für welches der entstandene Verband mit mindestens einem Organ ausgestattet wird, das durch Abtretung von Souveränitätsrechten der Vertragsstaaten Träger eigener Rechte und Pflichten auf dem Gebiet des Völkerrechts ist und dadurch in die Lage versetzt wird, im Rahmen der übertragenen Kompetenzen einen eigenen Willen zu bilden und zu äußern sowie den Verband nach außen zu vertreten.*[15] Liegen alle diese Voraussetzungen kumulativ vor, so wird – widerlegbar – vermutet, daß der Verband völkerrechtsfähig ist und mithin über eine eigene Rechtspersönlichkeit verfügt.[16]

Die Europäische Union verfügt zwar über die notwendigen Gründungsvoraussetzungen[17] und besitzt auch mindestens ein Organ[18]; fraglich aber ist, ob eine für das Bestehen einer eigenständigen Völkerrechtssubjektivität notwendige Übertragung von Kompetenzen durch die Mitgliedstaaten an die EU stattgefunden hat und die EU damit Trägerin eigener Rechte und Pflichten geworden ist. Die im Schrifttum zum Teil vertretene Auffassung, IO könnten auch ohne eigene Völkerrechtssubjektivität auskommen,[19] greift indessen zu kurz und ist daher abzulehnen.[20] Die Völkerrechtssubjektivität ist nicht ein Kriterium unter vielen, das aus Zusammenschlüssen mit institutionellem Rahmen und bestimmten Aufgaben völkerrechtlich relevante Handlungsträger macht, sondern dasjenige, welches allein die Abgrenzung zu anderen internationalen staatlichen und nichtstaatlichen Zusammenschlüssen – etwa NGO – gewährleistet und die IO zu einem Zurechnungsendsubjekt kraft eigenen Rechts macht.[21]

---

[15] Vgl. *Meng*, Das Recht der Internationalen Organisationen, 1979, S. 44; *Klein*, in: Graf Vitzthum, Völkerrecht, 2001, Rdnr. 12; *Ipsen*, Völkerrecht, 1999, § 6, Rdnr. 3-6, 14, S. 71 f., 75; *Seidl-Hohenveldern/Loibl*, Recht der IO, 2000, Rdnr. 0105.

[16] Vgl. *Trüe*, ZEuS 2000, S. 137.

[17] Vgl. Art. 1 I, 51 EUV, nach denen die Union *von souveränen Staaten auf Dauer* geschlossen worden ist.

[18] Den „Europäischen Rat" i.S.d. Art. 4 EUV.

[19] Vgl. allgemein *Geiger*, Grundgesetz und Völkerrecht, 1994, S. 202 f.; *Klein*, in: Graf Vitzthum, Völkerrecht, 2001, Rdnr. 93-96; *Kimminich/Hobe*, Einf. in das Völkerrecht, 2000, S. 123; speziell in bezug auf die EU: *Dörr*, EuR 1995, S. 337.

[20] Vgl. *Pechstein/Koenig*, Europäische Union, 2000, Rdnr. 63.

[21] Die Feststellung der Zurechnungsendsubjektivität wiederum ist allein geeignet, die – gerade vor dem Hintergrund des globalen Gegenstandes dieser Untersuchung – rechtlich relevanten

Ausgangspunkt für die Untersuchung der Frage nach der Übertragung von Rechten und Pflichten an die EU sind die Bestimmungen des EUV selbst. Aus dem Wortlaut des EUV geht hervor, daß die Europäische Union zum Teil grammatikalisch als Satzsubjekt eingesetzt wird. So „setzt sich“ *die EU* bestimmte Ziele (Art. 2 EUV), *sie* „beruht“ auf bestimmten Prinzipien (Art. 6 I EUV), *sie* „achtet“ die Grundrechte und die nationale Identität ihrer Mitgliedstaaten (Art. 6 II, III EUV) und *sie* „stattet sich“ mit Mitteln aus (Art. 6 IV EUV). Ferner werden die vertragschließenden Parteien nicht mehr, wie noch in der Europäischen Politischen Zusammenarbeit (EPZ), als „Vertragsstaaten“, sondern durchgängig als „Mitgliedstaaten“ bezeichnet.[22] Hieraus kann jedoch entgegen vereinzelter Ansichten im Schrifttum nicht bereits isoliert gefolgert werden, daß der EU eigenständige Handlungskompetenzen erwachsen.[23] Dazu bedürfte es zusätzlicher Vorschriften, in denen der EU – ausdrücklich oder implizit – Kompetenzen im Außenverhältnis, d.h. im Verhältnis zu anderen Staaten oder IO, zugewiesen sind.[24]

aa. Ausdrückliche Kompetenzzuweisung an die EU

Eine direkte Zuweisung solcher Kompetenzen ist im EUV, anders als in den Verträgen der drei Gemeinschaften,[25] nicht ausdrücklich enthalten. Darüber hinaus konnten sich die Vertragsstaaten in ihren bisherigen Erörterungen und Stellungnahmen, etwa in Verlauf und Ergebnis der *Maastricht-II-Verhandlungen*,[26] bislang nicht einstimmig auf die Schaffung einer eigenen Rechtspersönlichkeit

---

Fragen nach der *Handlungsträgerschaft*, der *Zurechenbarkeit von Handlungen* und schließlich auch der *Haftung* zu beantworten – vgl. *Pechstein/Koenig*, Europäische Union, 2000, Rdnr. 63.

[22] Z.B. in den Gemeinsamen Bestimmungen Art. 6 I, II und 7 I, II, IV EUV oder in der GASP Art. 11 II EUV.

[23] So aber z.B. *Trüe*, ZEuS 2000, S. 132: „Läge ein bloßer Vertrag zwischen Staaten ohne die Gründung eines Verbandes vor, so müßte von Vertragsstaaten die Rede sein, weil es sonst keine Einheit gäbe, deren Mitglieder die Staaten sein könnten“. *Pechstein/Koenig*, Europäische Union, 2000, Rdnr. 82, hingegen betrachten die grammatikalischen Begrifflichkeiten des EUV im Zusammenhang mit der Stellung der EU richtigerweise als „bloße Rhetorik“.

[24] Ob der EU im Innenverhältnis, d.h. in bezug auf die Mitgliedstaaten, solche Kompetenzen übertragen worden sind, kann einstweilen dahingestellt bleiben, da es für die Frage der Rechtspersönlichkeit allein auf das Außenverhältnis ankommt.

[25] Art. 281 f. EGV, Art. 6 I, II EGKSV, Art. 184 f. EAGV.

[26] Die Konferenz „Maastricht II“ wurde am 29.03.1996 in Turin einberufen und vom Europäischen Rat in Amsterdam am 16./17.06.1997 abgeschlossen. Aus ihr ging der am 2.10.1997 unterzeichnete „Amsterdamer Vertrag“ hervor.

der Union einigen. Ein einstimmiger Beschluß gemäß Art. 48 III EUV wäre notwendig, da eine solche Regelung zu einer Vertragsänderung führte. Während der Verhandlungen zu „Maastricht II“ wurde von der damaligen irischen Ratspräsidentschaft der bislang letzte Versuch in diese Richtung unternommen, indem sie einen entsprechenden Entwurf vorlegte, in dem die Einfügung eines neuen Artikels in den EUV vorgeschlagen wurde.[27] Durch diesen sollte der EU – orientiert am Wortlaut der parallelen Normen der Art. 281 f. EGV und 184 f. EAGV – konstitutiv die Rechtspersönlichkeit verliehen werden. In einem Addendum zu diesem Vorschlag, das von der niederländischen Ratspräsidentschaft vorgelegt wurde, wurde darüber hinaus vorgeschlagen, die EU an die Stelle der Gemeinschaften treten zu lassen.[28] Beide Vorschläge wurden in der Folge abgelehnt; eine ausdrückliche Übertragung scheidet daher aus.[29] Die Verleihung der Völkerrechtsfähigkeit durch nachträgliche Praxis i.S.d. Art. 31 III lit. b) WVK – beispielsweise durch den Erlaß von unions- oder gemeinschaftsrechtlichen Sekundärrechtsakten – kommt mangels Einstimmigkeit ebenfalls nicht in Betracht. Es bestehen nämlich keinerlei Anhaltspunkte dafür, daß sich an der ablehnenden Haltung einiger Mitgliedstaaten zur Verleihung der Völkerrechtspersönlichkeit an die EU zwischenzeitlich etwas geändert hat.

bb. Kompetenzzuweisung an die EU kraft implied powers

Für den Erwerb eigener Rechte und Pflichten – und damit einhergehend einer eigenen Völkerrechtspersönlichkeit – ist eine IO jedoch nicht zwingend auf eine ausdrückliche Übertragung durch den Gründungsvertrag angewiesen. Hierfür reicht es aus, daß im Gründungsvertrag Regelungen enthalten sind, die nach der *implied powers*-Lehre auf die Verleihung bestimmter ungeschriebener Kompetenzen durch die Vertragsstaaten schließen lassen. Ausgehend vom Gutachten

---

[27] Konferenz der Vertreter der Regierungen der Mitgliedstaaten: Die Europäische Union heute und morgen. Anpassung der Europäischen Union zum Nutzen ihrer Bürger und Vorbereitung der Europäischen Union auf die Zukunft – Allgemeiner Rahmen für einen Entwurf zur Revision der Verträge, CONF 2500/96 vom 5.12.1996, S. 89-92. – Im übrigen ist dem Vorschlag eindeutig zu entnehmen, daß die irische Ratspräsidentschaft davon ausging, daß der Union bis dato keine eigene Rechtspersönlichkeit zukam – vgl. CONF 2500/96, S. 89.

[28] Konferenz der Vertreter der Regierungen der Mitgliedstaaten: Addendum zu dem allgemeinen Rahmen für einen Entwurf zur Revision der Verträge, CONF 2500/96, ADD. 1 vom 20.03.1997, S. 48-50.

[29] *Pechstein/Koenig*, Europäische Union, 2000, Rdnr. 64, weisen zu Recht darauf hin, daß die Vorschläge und die Behandlung auf der Regierungskonferenz als *travaux préparatoires* i.S.d. Art. 32 WVK für die Auslegung des EUV von Bedeutung sind.

des IGH über den Ersatz für im Dienste der Vereinten Nationen erlittene Schäden,[30] können sich Kompetenzen internationaler Organisationen auch daraus herleiten, daß sie zur Erfüllung der an sie übertragenen Aufgaben bestimmter Rechte und Befugnisse bedürfen. Diese sind dann ebenfalls als eigene Kompetenzen der IO einzustufen.[31] Hinsichtlich der Frage der Verleihung von Kompetenzen, aus denen gleichzeitig auf eine eigene Rechtspersönlichkeit geschlossen werden kann, kommen vor allem Vertragsbestimmungen in Betracht, aus denen sich die Notwendigkeit zu Vertragsabschlüssen mit anderen Völkerrechtssubjekten ergibt, sowie alle sonstigen Regelungen, die eigenständige Handlungen auf völkerrechtlicher Ebene verlangen. Diese wären ohne die gleichzeitige Verleihung einer eigenständigen Rechtspersönlichkeit funktions- und daher sinnlos.[32]

Die erste Vorschrift, welche die Verleihung einer ausdrücklichen Außenkompetenz implizieren könnte, ist Art. 18 I EUV, in dem der Vorsitz des Rates der Europäischen Union zur Vertretung der Union in Fragen der GASP bevollmächtigt wird. Allerdings wird diese Vorschrift durch Art. 19 I EUV und den Charakter der GASP als lediglich intergouvernementale Zusammenarbeit der in diesem Bereich ihre vollständige Souveränität bewahrenden Mitgliedstaaten bereits wieder eingeschränkt. In Anbetracht dieser Einschränkungen kann Art. 18 I EUV als „*Einräumung einer partiellen Vertretungsmacht* zugunsten des den Vorsitz innehabenden Vertragsstaats *für die restlichen Vertragsstaaten des Unionsvertrags* gesehen werden“.[33] Die Auffassung der Gegenansicht, die in Art. 18 I EUV die Einräumung einer ausdrücklichen Außenkompetenz zugunsten der EU sieht – anderenfalls könnten die Mitgliedstaaten durch Handlungen des Vorsitzes gegenüber dritten Staaten und Organisationen auch gegen ihren Willen gebunden werden, was einer Einschränkung ihrer Souveränitätsrechte, mindestens aber eine Einschränkung ihrer Handlungsfreiheit gleichkäme –,[34]

---

[30] Reparations for Injuries suffered in the Service of the United Nations, ICJ Reports 1949, S. 174-188.

[31] ICJ Reports 1949, S. 174 (182): “... the Organization must be deemed to have those powers which, though not expressly provided in the Charter, are conferred upon it by necessary implication as being essential to the performance of its duties“.

[32] *Pechstein/Koenig*, Europäische Union, 2000, Rdnr. 77.

[33] *Pechstein/Koenig*, Europäische Union, 2000, Rdnr. 78 [Hervorhebungen im Original]; in diesem Sinne auch *Fink-Hooijer*, EJIL 5 (1994), S. 188; *Geiger*, EUV/EGV, 2000, Art. 18 EUV, Rdnr. 2.

[34] Vgl. *Dehousse*, From Community to Union, in: ders., Europe after Maastricht, 1994, S. 9; *Hafner*, FS Seidl-Hohenveldern, 1998, S. 258; *Wichard*, EuR 1999, S. 175; *Trüe*, ZEuS 2000, S. 165.

verkennt die Reichweite der Vertretungsbefugnisse, die dem Vorsitz, dem amtierenden Präsidenten des Rates, durch Art. 18 I EUV übertragen wird. Der Vorsitz ist nach richtiger Auffassung durch diese Vorschrift nur befugt, den Standpunkt der EU, d.h. der 15 Mitgliedstaaten, zu bestimmten außenpolitischen Themen kundzutun. Diese Aufgabe nimmt der Ratspräsident in seiner ihm regelmäßig zukommenden Funktion als *primus inter pares* der Mitglieder des Rates wahr,[35] ohne daß dies (völker-)rechtserhebliche Folgen hätte. Er ist in dieser Funktion eher dem Sprecher des Vorstandes einer Aktiengesellschaft, etwa demjenigen der Deutschen Bank AG, vergleichbar als einem Vertreter i.S.d. Zivilrechts (§§ 164-181 BGB). Eine solche Stellung könnte der Ratspräsident ohnehin nicht einnehmen, da der EU die allgemeine Kompetenz zum Abschluß bindender Verpflichtungen – etwa völkerrechtlicher Abkommen – gänzlich fehlt,[36] ein Vertreter jedoch niemals über mehr Rechte verfügen kann als der Vertretene selbst.

Eine weitere Vorschrift, die eine Übertragung von Kompetenzen durch *implied powers* beinhalten könnte, ist Art. 24 EUV für die GASP bzw. die gleichgerichtete Vorschrift des Art. 38 EUV für die PJZS. Nach diesen Normen ist der Rat der EU befugt, zum Zwecke des Abschlusses von Übereinkünften mit Drittstaaten im Bereich von GASP und PJZS den Ratsvorsitz mit Verhandlungsvollmachten auszustatten.[37] Die auf diesem Wege ausgehandelten Abkommen werden sodann auf Empfehlung des Vorsitzes und auf Grundlage eines einstimmigen Beschlusses durch den Rat abgeschlossen.[38]

Eine solche Regelung legt auf den ersten Blick den Schluß nahe, man habe hier der Union selbst die Kompetenz zum Abschluß von Übereinkünften mit Dritten eingeräumt, mindestens aber eigenständige Verhandlungskompetenzen.[39] Dieser Beurteilung stehen jedoch mehrere stichhaltige Argumente entgegen. Zunächst ist einzuwenden, daß der endgültige Abschluß solcher Übereinkünfte vom Verhalten der einzelnen Mitgliedstaaten abhängt, die sich durch die Erklärung, bestimmte innerstaatliche verfassungsrechtliche Bestimmungen einhalten zu müssen, von der Bindung an die Übereinkunft lösen können.[40] In einem solchen Fall

---

[35] Zum Verhältnis und zur Stellung des Ratspräsidenten zu den übrigen Ratsmitgliedern s.o. unter § 3 C.I.1, S. 26.
[36] Dazu sogleich unten.
[37] Art. 24 I UAbs. 1 1 EUV.
[38] Art. 24 I UAbs. 1 2 EUV.
[39] So *Ukrow*, ZEuS 1998, S. 173; *Wichard*, EuR 1999, S. 174; *Trüe*, ZEuS 2000, S. 163.
[40] Vgl. Art. 24 I UAbs. 1 3 EUV.

können die übrigen Mitgliedstaaten die Übereinkunft dann als auch für sie nur vorläufig gültig erklären.[41] Dieses Vorgehen wäre sinn- und inhaltslos, wenn die EU selbst Vertragspartner solcher Übereinkünfte wäre, da die Mitgliedstaaten in diesem Fall nicht mehr über Geltung oder Nichtgeltung bestimmen könnten, sondern allenfalls über die Umsetzung der sich aus der jeweiligen Übereinkunft ergebenen Verpflichtungen. Ferner ergibt sich bei fehlender Ratifizierung eines solchen Übereinkommens durch Teile der Mitgliedstaaten – und gleichzeitiger Annahme einer Vertragsabschlußkompetenz der EU – ein gravierendes Folgeproblem: Die Europäische Union wäre zwar Vertragspartei eines völkerrechtlichen Abkommens, könnte dieses aber weder selbst umsetzen, da es ihr hierfür an eigenen Möglichkeiten fehlt, noch könnte sie – ebenfalls mangels eigener Möglichkeiten – die Mitgliedstaaten zur Umsetzung des Übereinkommens zwingen und müßte unter Umständen dem Vertragspartner für die fehlende Umsetzung haften.[42] Richtigerweise kann daher davon ausgegangen werden, daß es sich bei den in Art. 24 EUV geregelten Abkommen um jeweils eigenständige, parallel gerichtete, gebündelte Abkommen der Mitgliedstaaten mit dem betreffenden Vertragspartner handelt.[43] Ein weiteres Argument gegen die Annahme eigener Verhandlungs- und Abschlußkompetenzen der EU stellt die ausdrückliche Verneinung jedweder Kompetenzübertragung in Erklärung Nr. 4 der Schlußakte von Amsterdam dar.[44] Es wäre daher widersinnig, gegen den ausdrücklichen Willen der Vertragsstaaten eine Vertragsabschlußkompetenz der EU kraft *implied powers* konstruieren zu wollen.[45]

Eine letzte mögliche Kompetenzzuweisung durch *implied powers* stellt die Regelung des Verfahrens zur Aufnahme neuer Mitglieder in die Union i.S.d. Art. 49 EUV dar. Nach dem Wortlaut dieser Norm kann jeder europäische Staat, der die Grundsätze des Art. 6 I EUV achtet, *Mitglied der Union* werden.[46] Diese Formulierung weist wiederum auf die Union als eigenständiges Völkerrechts-

---

[41] Art. 24 I UAbs. 1 3 2. Hs. EUV.

[42] Dieses Problem stellt *Hafner*, FS Seidl-Hohenveldern, 1998, S. 281 f., dar, wobei er jedoch – trotz Feststellung der Impraktikabilität eines solchen Verfahrens – gleichzeitig an seiner Auffassung einer eigenen Kompetenz der EU in diesem Bereich festhält.

[43] Vgl. *Hilf/Pache*, NJW 1998, S. 709; *Streinz*, EuZW 1998, S. 141; *Pechstein/Koenig*, Europäische Union, 2000, Rdnr. 83.

[44] In dieser heißt es, „die Bestimmungen der Art. 24 und 38 [EUV] und Übereinkünfte aufgrund dieser Artikel bedeuten *keine Übertragung von Zuständigkeiten von den Mitgliedstaaten auf die Europäische Union.*“ [Hervorhebung vom Verf.].

[45] Anders als *Wichard*, EuR 1999, S. 174, ist die vorgenannte Erklärung in diesem Punkt nicht „unklar“, sondern sehr eindeutig.

[46] Art. 49 I UAbs. 1 1 EUV.

subjekt hin; zumal Art. 49 EUV diejenigen Artikel der Gemeinschaftsverträge ersetzt hat, die bisher das Aufnahmeverfahren in die drei Gemeinschaften regelten.[47] Hierdurch wird der Eindruck erweckt, ein Beitritt sei direkt nur noch zur Europäischen Union, nicht aber zu den Europäischen Gemeinschaften möglich, wodurch die EU selbst Partnerin der Beitrittsverträge und damit Trägerin eigener Rechte und Pflichten wird.[48] Diese Interpretation ist indessen verfehlt. Zwar entscheiden die Organe der EU nach Art. 49 I EUV über die Frage der Aufnahme neuer Mitgliedstaaten, das „Ob“ des Beitritts liegt in den Händen von Kommission, Europäischem Parlament und Rat. Den völkerrechtlich bedeutsamen Akt aber, den Abschluß der Beitrittsverträge, das „Wie“ des Beitritts, behalten sich die Mitgliedstaaten nach Art. 49 II EUV selbst vor. Damit ist die Vertragsabschlußkompetenz, die abstrakt geeignet ist, eine Völkerrechtssubjektivität zu begründen,[49] letztlich bei den Mitgliedstaaten geblieben und nicht auf die Europäische Union übertragen worden.[50] Wenn dennoch behauptet wird, sowohl die Zustimmung der EU als auch diejenige der Mitgliedstaaten seien für den späteren Beitritt konstitutiv,[51] so verkennt diese Ansicht, daß zwei eigenständige Verfahrensabschnitte existieren, von denen aber nur der zweite – völkerrechtliche – für die Frage der Übertragung einer eigenen Vertragsabschlußkompetenz und damit der Erlangung einer eigenen Völkerrechtspersönlichkeit von Belang ist. Diesen zweiten Abschnitt haben sich – wie gezeigt – nach wie vor die Mitgliedstaaten selbst vorbehalten. Eine völkerrechtsrelevante Kompetenzzuweisung stellt folglich auch Art. 49 EUV nicht dar.[52]

---

[47] Art. 237 EWGV, Art. 98 EGKSV und Art. 205 EAGV.

[48] So ausdrücklich die a.A., etwa *Ress*, EuR Beiheft 2/1995, S. 33, 35 f.; *Trüe*, ZEuS 2000, S. 161.

[49] Vgl. *Seidl-Hohenveldern/Loibl*, Recht der IO, 2000, Rdnr. 0318.

[50] H.M., vgl. nur *Thun-Hohenstein/Cede*, Europarecht, 1999, S. 251; *Geiger*, EUV/EGV, Art. 49 EUV, Rdnr. 9; *Pechstein/Koenig*, Europäische Union, 2000, Rdnr. 79; *Streinz*, Europarecht, 2001, Rdnr. 79. Dies wird auch von einzelnen Vertretern der a.A., etwa *Dörr*, EuR 1995, S. 340, zugestanden.

[51] So *Trüe*, ZEuS 2000, S. 162, mit Verweis auf *Oppermann*, Europarecht, 1999, Rdnr. 1851. Dieser spricht freilich bei der Zustimmung des Rates vom „konstitutive[n] *Rechtsakt der Gemeinschaft*“ [Hervorhebung vom Verf.] und läßt folglich gerade offen, ob dies auch ein Akt des Völkerrechts sei.

[52] Dieser kann allenfalls als Beispiel für eine mißlungene Norm und ein unnötig kompliziertes Verfahren gelten.

c. Ergebnis

Im Ergebnis ist die EU also eine Staatenmehrheit unterhalb der Schwelle einer eigenen Völkerrechtspersönlichkeit, da sie weder als eigenständiges Völkerrechtssubjekt noch als IO bezeichnet werden kann. Unleugbar weist sie aber bereits gewisse, eine internationale Organisation auszeichnende Strukturen auf. Zu ihrer Charakterisierung muß daher auf rechtliche Provisorien zurückgegriffen werden. Das Bundesverfassungsgericht hat die Union in seinem „Maastricht-Urteil“ als *Staatenverbund* bezeichnet,[53] andere Stimmen sehen in ihr einen *Internationalen Zusammenschluß ohne Völkerrechtssubjektivität*.[54] Dieser letzteren Bezeichnung wird als der terminologisch klarer umrissenen gefolgt.

2. Auswirkungen der Rechtsnatur der EU auf die Geltung des Prinzips der begrenzten Ermächtigung im Unionsrecht

Da es der Europäischen Union als IZoV an einer eigenen Rechtspersönlichkeit fehlt, gehören die nicht dem Gemeinschaftsrecht unterfallenden Vorschriften des Unionsrechts mit der „zweiten“ und „dritten Säule“ [55] und den gemeinsamen Bestimmungen des ersten Titels des EUV[56] rechtssystematisch zum Völkerrecht.[57] Die auf diesen Normen fußenden Rechtsakte sind als sekundäres Unionsrecht mithin ebenfalls dem Völkerrecht zuzuordnen.[58]

---

[53] BVerfGE 89, 155 (184).

[54] *Pechstein/Koenig*, Europäische Union, 2000, Rdnr. 85, der Terminologie von *Busse*, Völkerrechtliche Einordnung der EU, 1999, S. 302 f., folgend.

[55] Unter dieser Bezeichnung werden die intergouvernementalen Unionspolitiken der GASP (Titel V, Art. 11-28 EUV) bzw. der PJZS (Titel VI, Art. 29-42 EUV) zusammengefaßt. Zu diesen treten als „erste Säule“ die Europäischen Gemeinschaften als drei eigenständige internationale Organisationen – vgl. die graphische Darstellung dieses „Tempel- oder Drei-Säulen-Modells“ bei *Schweitzer/Hummer*, Europarecht, 1996/1999, Rdnr. 58.

[56] Im Bild des Tempelmodells das „Tempeldach“ – vgl. *Schweitzer/Hummer*, ebd.

[57] *Geiger*, EUV/EGV, 2000, Art. 1 EUV, Rdnr. 9; *Pechstein/Koenig*, Europäische Union, 2000, Rdnr. 504. Bestritten wird dies – folgerichtig – nur von denjenigen Stimmen in der Literatur, welche der EU bereits eine eigenständige Rechtspersönlichkeit beilegen und die daher die Union als die alle drei Säulen überwölbende Organisation und Trägerin der Gemeinschaftsrechtsordnung ansehen – vgl. zu diesen die Nachweise oben in Fn. 12.

[58] *Pechstein/Koenig*, Europäische Union, 2000, Rdnr. 198, 207.

Erste direkte Folge dieser Einordnung ist das Fehlen wesentlicher gemeinschaftsrechtlicher Qualitäten im sekundären Unionsrecht.[59] Ferner hat diese Einordnung – und dies ist in diesem Zusammenhang von besonderem Interesse – Folgen für die Gültigkeit des Prinzips der begrenzten Ermächtigung.

Das Prinzip der begrenzten Ermächtigung ist direktes Ergebnis der Abtretung von beschränkten Kompetenzen der Mitgliedstaaten an eine IO.[60] Wesentlicher Zweck des Prinzips ist die Begrenzung einer ausufernden Entfaltung von Hoheitsgewalt durch das oder die Organe der IO, als eine den Mitgliedstaaten übergeordnete Einheit.[61] Da der EU durch ihre Mitgliedstaaten – anders als den Gemeinschaften – jedoch keine Kompetenzen abgetreten und auch nicht solche der Europäischen Gemeinschaften übertragen worden sind,[62] und im Unionsrecht daher keine den Mitgliedstaaten übergeordnete Einheit mit eigenen Kompetenzen existiert, entbehrt eine Anwendung des Prinzips im Unionsrecht sämtlicher notwendiger Voraussetzungen. Das Prinzip ist folglich grundsätzlich unanwendbar.[63] Wollte man es dennoch – einschränkend – auf die GASP und die PJZS anwenden, so ließe es sich *mutatis mutandis* definieren, als Verpflichtung der Mitgliedstaaten, sich in der ersten und zweiten Säule nur insoweit zu betätigen, wie dies vertraglich vorgesehen ist, und dabei die Tatbestandsvoraussetzungen für ein solches Vorgehen eher restriktiv auszulegen. Dies hieße, den Mitgliedstaaten in den Bereichen von GASP und PJZS auch weiterhin einen Spielraum für unilaterales Handeln zu belassen.[64]

Die Folge hiervon wiederum ist das Fehlen einer Bindungswirkung der in den unionsrechtlichen Normen vorgegebenen Handlungsformen. Diese enthalten daher weder einen *numerus clausus* der Handlungsformen noch sind alle Akte, die nicht in die vorgegebenen Handlungsschablonen passen, sogleich wegen formeller Verstöße rechtswidrig. Davon unabhängig ist allerdings die Möglichkeit, durch vorsätzliches Umgehen unionsrechtlicher Handlungsformen gegen

[59] So fehlt es Unionsrechtsakten an der umfassenden Justitiabilität, dem Vorrang vor nationalem Recht und der unmittelbaren Anwendbarkeit – vgl. *Pechstein/Koenig*, Europäische Union, 2000, Rdnr. 207, 504.
[60] Vgl. *Ipsen*, Völkerrecht, 1999, § 6, Rdnr. 6, S. 72.
[61] *Nicolaysen*, EuR 1966, S. 136, bezeichnet das Prinzip der begrenzten Ermächtigung als „die Grenze des Willens der Mitgliedstaaten [der EG, Anmerkung des Verf.], auf die Ausübung ihrer eigenen Hoheitsrechte zu verzichten".
[62] Vgl. hierzu Art. 5 und 47 EUV, die bestätigen, daß die Kompetenzen und die Völkerrechtssubjektivität der Gemeinschaften von den Regelungen des EUV unberührt bleiben.
[63] So auch *Pechstein/Koenig*, Europäische Union, 2000, Rdnr. 152.
[64] Vgl. *Pechstein/Koenig*, Europäische Union, 2000, Rdnr. 153.

die Grundsätze der Rechtsstaatlichkeit und damit gleichzeitig die europäischen Grundwerte i.S.d. Art. 6 I EUV zu verstoßen.

III. Resümee

Während das Prinzip der begrenzten Ermächtigung im Gemeinschaftsrecht als festes Beurteilungskriterium für die Frage der Rechtmäßigkeit von Organhandlungen benutzt werden kann, da ein Verstoß gegen den abschließenden Katalog der Handlungsformen bereits zur Rechtswidrigkeit des Aktes führt, ist dies im Unionsrecht nur in sehr begrenzter Form möglich. Hier kann das Prinzip nur erster Anhaltspunkt für die Frage der Vereinbarkeit einer spezifischen Handlung mit dem Unionsrecht sein. Für eine abschließende Beurteilung muß daher neben den formellen auch stets das Vorliegen der materiellen Voraussetzungen der in Betracht kommenden Handlungsform geprüft werden.

B. Rangverhältnis zwischen Handlungsformen des Gemeinschafts- und des Unionsrechts

Das Gemeinschaftsrecht geht bei bestehender Verbandskompetenz im Rahmen des EGV dem Unionsrecht wegen Art. 47 EUV vor.[65] Dies ergibt sich aus der Natur des Unionsrechts als lediglich intergouvernemental strukturiertem Recht, welches das „supranationale Recht" der Gemeinschaften nicht durch intergouvernemental getroffene Vorentscheidungen seiner Wirkung berauben soll.[66]

Hieraus ergibt sich für die nachfolgende Untersuchung der Einordnung der Erklärung der XIV die Prüfungsreihenfolge: Gemeinschaftsrecht – Unionsrecht – Rechtsakte *sui generis*.

---

[65] Vgl. EuGH, Rs. C-170/96 (*Kommission ./. Rat*), Slg. 1998, I-2763 (2787 f.).
[66] Vgl. *Geiger*, EUV/EGV, Art. 47 EUV, Rdnr. 2.

C. Erklärung der XIV

I. Handlungsformen des Gemeinschaftsrechts

1. Entscheidung – Art. 249 IV EGV

Die Entscheidung ist gem. Art. 249 IV EGV „in allen ihren Teilen für diejenigen verbindlich, die sie bezeichnet". Kennzeichen der Entscheidung, die im deutschen Recht vereinfachend mit dem Verwaltungsakt gleichzusetzen ist,[67] ist folglich eine verbindliche Regelung für einen individualisierbaren Adressatenkreis.[68]

a. Zuständigkeit: Rat der EU als mögliches Erlaßorgan

Vorrangig wird die Entscheidung durch die Kommission eingesetzt, die nach der Kompetenzverteilung des Art. 211 4. Spstr. EGV primär mit der Durchführung der einzelnen Vertragsbestimmungen betraut ist.[69] Daneben kann jedoch auch der Rat Regelungen in Form von Entscheidungen treffen.[70] Der RdEU verfügt folglich prinzipiell über die notwendige Organkompetenz, um durch eine Entscheidung zu handeln.

Vorliegend war der RdEU zwar nominell nicht vollzählig an der Entscheidung beteiligt, da es an einem österreichischen Vertreter fehlte. Wegen der stillschweigenden Billigung des Vorgehens der XIV durch den österreichischen Bundespräsidenten ist der Beschluß dennoch als Ratsbeschluß anzusehen, da Österreich wegen der Besonderheiten des schriftlichen Verfahrens nach Art. 10 I GORat[71] nur der Durchführung eines solchen Verfahrens – mindestens konklu-

---

[67] *Junker*, Verwaltungsakt und Entscheidung, 1990, S. 158; *Koenig/Haratsch*, Europarecht, 2000, Rdnr. 265; *Schweitzer*, Staatsrecht III, 2000, Rdnr. 354.

[68] Schwarze-*Biervert*, EU-Komm., 2000, Art. 249 EGV, Rdnr. 33 f.; *Schweitzer/Hummer*, Europarecht, 1996/1999, Rdnr. 375.

[69] Schwarze-*Biervert*, EU-Komm., 2000, Art. 249 EGV, Rdnr. 32.

[70] Art. 202 2. Spstr. EGV umfaßt mit dem Begriff der „*Entscheidungsbefugnis*" alle Handlungsformen des Art. 249 EGV, nicht ausschließlich die Entscheidung – aber eben auch sie – vgl. GTE-*Jacqué*, EUV/EGV, 1997, Art. 145 EGV, Rdnr. 5.

[71] In der am 31.01.2000 gültigen Fassung vom 31.05.1999, ABl. Nr. L 147, S. 13-22.

dent – zugestimmt haben mußte.[72] Bei der Abstimmung in der Sache war eine Stimmenthaltung Österreichs, wie sich aus Art. 205 I, III EGV ergibt, bezüglich der Rechtmäßigkeit der Beschlußfassung unschädlich.

b. Richtiger Adressatenkreis

Mögliche Adressaten einer Entscheidung können neben natürlichen und juristischen Personen prinzipiell auch ein oder mehrere Mitgliedstaaten sein.[73] Wegen der notwendigen Außenwirkung, die die Entscheidung entfalten muß, gehören aber weder die EU und die Gemeinschaften noch deren jeweilige Organe zu den möglichen Adressaten einer Entscheidung.[74]

Die Erklärung richtete sich unmittelbar zunächst an Österreich. Für den Fall des Eintritts der FPÖ in die österreichische Regierung als aufschiebende Bedingung sollten drei spezifische Reaktionen der übrigen 14 Mitgliedstaaten erfolgen. Daneben enthielt die Erklärung eine mittelbare, nachgeordnete Erklärungsrichtung. Diese richtete sich nämlich zugleich an die 14 übrigen Staaten der Europäischen Union, die nominell die Urheber der Erklärung waren. Anderenfalls hätten die angedrohten Maßnahmen bei Bedingungseintritt keinerlei Wirkung entfalten können.

Adressaten der Erklärung sind folglich alle Mitgliedstaaten der EU, wenngleich auch auf verschiedenen Wirkungsebenen. Dies ist für das hier zu prüfende Merkmal der richtigen Adressierung jedoch prinzipiell unschädlich. Erheblich wird dieser geteilte Adressatenkreis allenfalls bei der Frage der Anzahl der in der Erklärung enthaltenen Rechtsakte und der damit verbundenen Regelungen.

c. Einzelfallentscheidung

Wesentliches Merkmal und Abgrenzungskriterium der Entscheidung von an die Allgemeinheit gerichteten Regelungen in Form von Verordnungen oder Richtlinien i.S.v. Art. 249 II bzw. III EGV ist ihr individualisierbarer Adressaten-

---

[72] Zu den Einzelheiten der Beschlußfassung des Rates, s.u. § 4 C.II.1.b.dd, S. 80.

[73] GTE-*Schmidt*, EUV/EGV, 1997, Art. 189 EGV, Rdnr. 42; Calliess/Ruffert-*Ruffert*, EUV/EGV, 1999, Art. 249 EGV, Rdnr. 117.

[74] *Oppermann*, Europarecht, 1999, Rdnr. 569 a.E.

kreis.[75] Der Maßstab für die Individualisierbarkeit ist die unmittelbare und individuelle Betroffenheit des Adressaten, wie sich im Umkehrschluß aus der Begrenzung der Klagebefugnis gegen ansonsten nicht anfechtbare Verordnungen in Art. 230 IV EGV und der Parallelnorm des Art. 146 IV EAGV ergibt. Von einer Individualisierung des Adressatenkreises kann also dann gesprochen werden, wenn sich die Regelung an einen Einzelnen, an Einzelne oder einen mindestens bestimmbaren Adressatenkreis richtet, der künftig nicht mehr erweitert werden kann.[76]

Dies ist vorliegend gegeben: Die Erklärung war an alle Mitgliedstaaten der Europäischen Union gerichtet. Einerseits an Österreich als Primäradressat der Erklärung,[77] insbesondere hinsichtlich der Aufstellung einer Bedingung und dem gleichzeitigen Inaussichtstellen bestimmter Handlungen für den Fall des Bedingungseintritts. Andererseits an die übrigen 14 Mitgliedstaaten als Sekundäradressaten mit der verbindlichen Anordnung der Einleitung und Durchführung der angedrohten Maßnahmen nach Eintritt der Bedingung.

d. Bedingte Wirkung als mögliche Nebenbestimmung

Die Erklärung der XIV stand für den Eintritt der in ihr angedrohten Folgen ihrem Wortlaut zufolge unter der Bedingung der Aufnahme der FPÖ in die österreichische Bundesregierung. Eine solche Bedingung stellt eine Nebenbestimmung dar, die – sollte es sich bei der Erklärung um eine Entscheidung handeln – für diesen Rechtsaktstypus möglich sein müßte.

Für den deutschen Verwaltungsakt regelt § 36 VwVfG die Voraussetzungen, unter denen diese mit Nebenbestimmungen versehen werden können,[78] und auch den anderen nationalen Rechtsordnungen sind solche Institute geläufig.[79] Im

---

[75] *Schweitzer/Hummer*, Europarecht, 1996/1999, Rdnr. 376. Übertragen auf die innerstaatliche Terminologie ist dies – vereinfachend ausgedrückt – die Abgrenzung zwischen (allgemeinem) Gesetz und (individuellem) Verwaltungsakt.

[76] Vgl. *Schweitzer/Hummer*, Europarecht, 1996/1999, Rdnr. 375; *Oppermann*, Europarecht, 1999, 567; EuGH, verb. Rs. 106-107/63 (*Töpfer ./. Kommission*), Slg. 1965, 547 (556); verb. Rs. 41-44/70 (*International Fruit Company u.a. ./. Kommission*), Slg. 1971, 411 (422) (st. Rspr.).

[77] Bezogen auf den Zeitpunkt ihrer Bekanntgabe.

[78] Zur Bedingung vgl. *Erichsen*, in: Erichsen, Allg. VerwR, 1998, § 14, Rdnr. 4; *Kopp/Ramsauer*, VwVfG, 2000, § 36, Rdnr. 19-22.

[79] *Ipsen*, Gemeinschaftsrecht, 1972, S. 454.

Gemeinschaftsrecht hingegen finden sich nur vereinzelte Möglichkeiten zum Erlaß von Nebenbestimmungen;[80] indessen fehlt es an einer zentralen Norm für die Regelung solcher Fälle. Dennoch wird die Möglichkeit der Anwendung eines solchen Instrumentariums insgesamt für zulässig erachtet, allerdings einschränkend nur für solche Fälle, in denen das Erlaßorgan über einen Handlungsspielraum verfügt.[81]

Das Vorhandensein einer Nebenbestimmung in Form einer Bedingung steht einer abstrakten Einordnung der Erklärung als Entscheidung damit formell nicht entgegen.

e. Gesamtverbindlichkeit

Anders als die Richtlinie, die nur in ihrer Zielvorgabe Bindungswirkung entfaltet, ist die Entscheidung in allen ihren Teilen für den Adressaten verbindlich (Art. 249 III, IV EGV).

Notwendig für diese Verbindlichkeit ist der Eintritt von unmittelbaren Rechtswirkungen beim Adressaten mit dem Zeitpunkt des Erlasses. Bloße Vorbereitungshandlungen reichen hierzu grundsätzlich nicht aus.[82] Etwas anderes kommt in Betracht, wenn die Vorbereitungsmaßnahmen selbst ein besonderes Verfahren abschließen, d.h. für einen in sich geschlossenen Bereich endgültig bestimmend sind.[83] Dies ist beispielsweise der Fall, wenn Vorschriften enthalten sind, „die zur Anwendung gelangen können, mit anderen Worten, wenn die Hohe Behörde in dem besagten Verwaltungsakt bereits unzweideutig zu verstehen gegeben hat, welche Haltung sie für den Fall einzunehmen gedenkt, daß be-

---

[80] Vgl. die Beispiele bei *Bockey*, Die Entscheidung der EG, 1998, S. 74.

[81] *Ipsen*, Gemeinschaftsrecht, 1972, S. 454; Grabitz/Hilf-*Grabitz*, Kommentar zur EU, Bd. II, Stand: 2001, Art. 189 EGV, Rdnr. 74; *Oppermann*, Europarecht, 1999, Rdnr. 570; *Bockey*, Die Entscheidung der EG, 1998, S. 75.

[82] Vgl. *Constantinesco*, Recht der EGen I, 1977, S. 631; *Bleckmann*, Europarecht, 1997, Rdnr. 461; Calliess/Ruffert-*Ruffert*, EUV/EGV, 1999, Art. 249 EGV, Rdnr. 116; EuGH, Rs. 133/79 (*Sucrimex ./. Kommission*) Slg. 1980, 1299 (1309); Rs. 60/81 (*IBM ./. Kommission*), Slg. 1981, 2639 (2652) (st. Rspr.).

[83] Calliess/Ruffert-*Ruffert*, EUV/EGV, 1999, Art. 249 EGV, Rdnr. 116.

stimmte Bedingungen eintreten"[84]. Entscheidend für diese Ausnahme ist die erfolgte Selbstbindung des Erlaßorgans, die zu einer Bindungswirkung führt.[85]

Bei der Beurteilung der Erklärung sind wieder deren verschiedene Adressatenebenen auseinander zu halten: Die Anordnungen an den Primäradressaten, d.h. die gegenüber Österreich in Aussicht gestellten Maßnahmen, sollten mit dem Eintritt der FPÖ in die österreichische Regierung in Kraft treten. Die Erklärung ging damit mit ihrem an Österreich gerichteten Inhalt über eine bloße Ankündigungs- oder Vorbereitungshandlung hinaus. Die angekündigten Maßnahmen sollten ohne weitere Entscheidungsschritte in Kraft gesetzt werden, sobald die in ihr enthaltene Bedingung eingetreten war.

Zweifelhaft ist dagegen die Identität der Wirkung, die die Maßnahmen Österreich gegenüber entfalteten. Sie waren erkennbar auf eine Bestrafung des Verhaltens bei Bedingungseintritt ausgerichtet, so daß eine wie auch immer geartete Bindung Österreichs an das Verhalten der XIV ausgeschlossen war. Der Vollzug von Strafmaßnahmen entfaltet keine Bindungswirkung zwischen dem oder den Strafenden einerseits und dem oder den Bestraften andererseits; sie sollen vielmehr deren Ausschluß aus der Gruppe der Gesetzestreuen nach außen dokumentieren. Eine Bindungswirkung – weder rechtlich noch tatsächlich – zwischen den XIV und Österreich bestand daher nicht.

Die weiterhin enthaltenen, an die Adresse der Sekundäradressaten gerichteten und chronologisch nachrangigen Regelungen, die erst mit dem Eintritt der Bedingung gegenüber den XIV wirksam werden sollten, waren ebenfalls erkennbar als verbindliche Entscheidung des Rates ausgestaltet. Sie sollten die Mitglieder binden, die angedrohten Maßnahmen bei Bedingungseintritt unverzüglich in die Tat umzusetzen.[86]

---

[84] Vgl. EuGH, verb. Rs. 1-14/57 (*Société des Usines à Tubes de la Sarre ./. Hohe Behörde*), Slg. 1957, 213 (235); zustimmend *Junker*, Verwaltungsakt und Entscheidung, 1990, S. 169.

[85] Vgl. *Bockey*, Die Entscheidung der EG, 1998, S. 42.

[86] Dies geht auch aus den Aussagen des finnischen Ministerpräsidenten *Lipponen* und des dänischen Ministerpräsidenten *Rasmussen* hervor, die stets betonten, ein Ausstieg aus den Maßnahmen könne nur durch alle Staaten der XIV beschlossen werden, ein Alleingang ihrer jeweiligen Länder beim Ausstieg sei daher ausgeschlossen – vgl. die Aussage *Lipponens* in *Standard weekly* vom 10.03.2000 sowie diejenige *Rasmussens* in *Die Presse* vom 19.05.2000. Ebenso äußerte sich im übrigen auch der portugiesische Premierminister und seinerzeitige Ratspräsident *Guterres* auf dem Parteikongreß der niederländischen Sozialisten am 27.05.2000 – vgl. *ORF aktuell* vom 28./29.05.2000.

Fraglich ist dabei aber auch hier, inwieweit diese Bindungswirkung der XIV untereinander, die unzweifelhaft besteht, eine rechtliche Qualität aufweist. Dies kann vorläufig jedoch dahingestellt bleiben,[87] da es bereits im Primärverhältnis an einer rechtlichen Bindung fehlt und damit die Erklärung mangels Verbindlichkeit für seinen wichtigsten Adressaten insgesamt nicht mehr als Entscheidung angesehen werden kann.

Wegen der allenfalls nur auf einer der beiden Wirkungsebenen, der Sekundärebene, entfalteten Bindungswirkung für ihre jeweiligen Adressaten, fehlt es der Erklärung vorliegend an einer umfassenden Verbindlichkeit i.S.d. Art. 249 III EGV für alle ihre Adressaten.

f. Beachtung der Formvorschriften

Zusätzlich zu der fehlenden umfassenden Bindungswirkung fehlt es bei der Erklärung an der Einhaltung der für eine Entscheidung notwendigen Formvorschriften.

Um als Entscheidung wirksam erlassen worden zu sein, bedürfen solche Rechtsakte gemäß den Art. 253 und 254 III EGV einer Begründung und der Bekanntgabe „gegenüber denjenigen, für die sie bestimmt sind".

Wie bereits oben dargelegt, ist die Erklärung allen Adressaten am Nachmittag des 31.01.2000 durch Fax-Nachricht bekanntgegeben worden. Dies reicht zur Erfüllung der Voraussetzungen des Art. 254 III EGV ohne weiteres aus. Sie ist ferner auch zu diesem Zeitpunkt wirksam geworden, Art. 254 III a.E. EGV.

Problematischer ist die notwendige Begründung. Zu einer solchen gehören die tragenden rechtlichen und tatsächlichen Erwägungen, die dem Rechtsakt zugrunde liegen.[88] Bei Entscheidungen, an die wegen ihrer individuellen Wirkungen regelmäßig höhere Anforderungen an die Begründungspflicht zu stellen

---

[87] Zur Qualität der Bindungswirkung der Erklärung auf der Sekundärebene vgl. ausführlich unten § 4 C.III.2.b, S. 105-106.

[88] St. Rspr. des EuGH, vgl. zuletzt Rs. 87/78 (*Welding ./. Hauptzollamt Hamburg-Waltershof*), Slg. 1978, 2457 (2467); Rs. C-466/93 (*Atlanta Fruchthandelsges. ./. Bundesamt f. Ernährung u. Forsten*), Slg. 1995, I-3799 (3809 f.); Rs. C-278/95 (*Siemens S.A. ./. Kommission*), Slg. 1997, I-2507 (2535 f.).

sind, müssen die maßgeblichen Erwägungen auf den Einzelfall bezogen sowie unzweideutig und klar dargelegt werden.[89]

Eine Begründung für die gegen Österreich erhobene Forderung eines Ausschlusses der FPÖ von jeglicher Regierungsbeteiligung und indirekt für die bei Nichtbeachtung dieser Forderung verbindlich durchzuführenden Maßnahmen durch die XIV ist der Erklärung weder ausdrücklich noch implizit zu entnehmen.[90] Dem Begründungserfordernis des Art. 253 EGV kommt das Statement damit in keiner Weise nach.

Eine Entscheidung ist ebensowenig in den durch die Erklärung der XIV gleichfalls angeordneten Durchführungsmaßnahmen gegenüber den 14 Mitgliedstaaten zu sehen. Auch für diese fehlt es an einer ausdrücklichen Begründung der Notwendigkeit ihrer Ergreifung und Durchsetzung. Diese hätte dabei zwingend auf eine Darstellung der Österreich vorgeworfenen Verfehlungen rekurrieren müssen – eine solche war aber bereits im an den Primäradressaten gerichteten Teil der Erklärung unterblieben.

Der Vollständigkeit halber ist darauf hinzuweisen, daß es der Erklärung im übrigen auch an der gemäß Anhang II lit. B, Nr. 1, 3 GORat notwendigen textlichen Kennzeichnung – etwa mit der entsprechenden Bezeichnung als „Entscheidung“ – als Gemeinschaftsrechtsakt gefehlt hat. Eine solche Kennzeichnung ist wegen des Charakters der GORat als nur nachrangigem Verfahrensrecht[91] jedoch für die Gültigkeit als Rechtsakt der Gemeinschaften nur dann konstitutiv, wenn die verletzte Norm eine wesentliche Formvorschrift ist.[92] Dies ist bei den Regelungen des Anhangs der GORat wegen ihrer nur standardisierenden Funktion nicht der Fall, so daß die Verletzung der textlichen Kennzeichnungspflicht im Hinblick auf die Frage nach der Einordnung der Erklärung folgenlos ist.

---

[89] EuGH, verb. Rs. C-260-261/91 (*Diversinte S.A. u. Iberlacta S.A. ./. Administración Principal de Aduanas de la Junquera*), Slg. 1993, I-1885 (1911).

[90] Vielmehr enthält sich die gesamte Erklärung so vollständig einer Begründung für die angekündigten – und später umgesetzten – Maßnahmen, daß über die Motive für diesen Schritt bis heute spekuliert wird.

[91] Vgl. *Streinz*, Europarecht, 2001, Rdnr. 270.

[92] Vgl. EuGH, Rs. 68/86 (*Vereinigtes Königreich ./. Rat*), Slg. 1988, 855 (902); GTE-*Jacqué*, EUV/EGV, Art. 151 EGV, 1997, Rdnr. 18.

g. Zwischenergebnis

Die formelle Einordnung der Erklärung der XIV als Entscheidung i.S.d. Art. 249 IV EGV scheitert neben der Nichteinhaltung der zwingend zu beachtenden Formvorschriften, namentlich dem Begründungszwang gemäß Art. 253 EGV, an der fehlenden Verbindlichkeit für den Primäradressaten Österreich.

2. Empfehlung – Art. 249 V EGV

Die in Art. 249 V EGV als gesonderte Handlungsformen aufgeführten Stellungnahmen und Empfehlungen[93] unterscheiden sich von den übrigen in Art. 249 EGV genannten Instrumenten durch die Unverbindlichkeit für ihre jeweiligen Adressaten.[94] Als Folge der fehlenden Verbindlichkeit kommt ihnen keinerlei Sanktionscharakter zu, so daß sie insgesamt nicht imstande sind, Zwangsmaßnahmen auszulösen.[95] Der Zweck der beiden Handlungsformen liegt regelmäßig in der Beurteilung einer gegenwärtigen Lage. Auf diese Weise soll den Adressaten – regelmäßig Mitgliedstaaten, aber auch Unternehmen oder Einzelpersonen[96] – ein bestimmtes Verhalten nahelegt werden, ohne sie dabei jedoch abschließend zu binden. Daneben kommt ihnen des öfteren der Charakter einer Vorstufe beim Zustandekommen verbindlicher Rechtsakte zu.[97]

Wie gezeigt, bestand der wesentliche Zweck der Erklärung – zumindest in bezug auf die XIV als ihre Sekundäradressaten – in der Entfaltung von Bindungswirkungen bezüglich ihres zukünftigen Verhaltens. Das Mittel der Wahl zur Erreichung des angestrebten Ziels war das Inaussichtstellen von Zwangsmaßnahmen gegenüber Österreich, mithin stand bei der Erklärung der Sanktionscharakter im Vordergrund. Sie war folglich bindend für diesen Adressatenkreis. Damit war

[93] Der Begriff der Empfehlung wird sinngemäß für solche Akte verwendet, die das Organ aufgrund eigener Entschlußkraft erläßt, während die Stellungnahme auf fremde Initiative zurückzuführen ist – vgl. *Ipsen*, Gemeinschaftsrecht, 1972, S. 460; *Constantinesco*, Recht der EGen I, 1977, S. 636 f.; *Bockey*, Die Entscheidung der EG, 1998, S. 61; *Haag*, in: B/B/P/S, Europäische Union, 2001, Rdnr. 401. Vorliegend war die Erklärung ohne vorherige Anregung von Dritten zustande gekommen, so daß es sich bei ihr vorliegend begrifflich nur um eine *Empfehlung* hätte handeln können.

[94] „Die Empfehlungen und Stellungnahmen sind nicht verbindlich." (Art. 249 V EGV).

[95] *Ipsen*, Gemeinschaftsrecht, 1972, S. 461; *Bockey*, Die Entscheidung der EG, 1998, S. 62.

[96] *Bockey*, Die Entscheidung der EG, 1998, S. 61.

[97] *Biervert*, Mißbrauch von Handlungsformen, 1999, S. 80.

die Erklärung *argumentum e contrario* keine Empfehlung i.S.v. Art. 249 V EGV.

Zudem widerspricht die Erklärung ihrer Form nach der völligen Sanktionsfreiheit einer Empfehlung: Sie war von ihren Urhebern als *präventives Verbot*[98] eines Regierungseintritts der FPÖ, verbunden mit der Drohung der Verhängung von Maßnahmen konstruiert worden und wurde in diesem Sinne später auch in die Tat umgesetzt. Im übrigen fehlt auch hier wieder die bereits bei der Prüfung der Entscheidung festgestellte notwendige textliche Kennzeichnung als spezifischem Rechtsakt der Gemeinschaften gemäß Anhang II lit. B, Nr. 2 GORat.

II. Handlungsformen des Unionsrechts

1. Feststellungsbeschluß – Art. 7 I EUV

Der Charakter der Erklärung der XIV als der Androhung von einseitigen, punitiv-repressiven Maßnahmen gegen die Republik Österreich legt den Schluß nahe, daß es sich bei ihr um einen Teil des einzigen im Europarecht enthaltenen Sanktionsverfahrens nach Art. 7 EUV handelt.[99]

Da dieses Verfahren wiederum in zwei zeitlich abgestufte Teilschritte zerfällt – ein chronologisch vorangehendes Feststellungs- (Art. 7 I EUV) und ein darauf folgendes Durchführungs- oder Sanktionsverfahren (Art. 7 II EUV) –, kann es sich bei der Erklärung der XIV aufgrund des Fehlens eines früheren Tätigwerdens der entsprechenden Organe zwingend nur um einen Teil des ersten Verfahrensschrittes handeln. Ferner ist sie wegen der in ihrem Inhalt zum Ausdruck kommenden Endgültigkeit sowie der für die jeweiligen Adressaten auf Primär- und Sekundärebene entstandenen Bindungswirkung eher als Schlußpunkt denn als Zwischenschritt eines solchen Verfahrens zu betrachten. Eine Untersuchung der Einordnung der Erklärung der XIV im Rahmen des Feststellungsverfahrens nach Art. 7 I EUV kann sich daher auf den abschließenden Feststellungsbeschluß und seine formellen Voraussetzungen beschränken.

---

[98] Vgl. *Winkler*, ZÖR 55 (2000), S. 241.

[99] Die in den drei Gemeinschaftsverträgen jeweils enthaltenen Vorschriften des Art. 309 EGV, Art. 96 EGKSV und Art. 204 EAGV stellen lediglich eine Rechtsfolgensynchronisation im Bereich des Gemeinschaftsrechts dar und folgen ohne ein selbständiges eigenes Verfahren den Ergebnissen des Feststellungsverfahrens nach Art. 7 I EUV.

a. Wirksamer Vorschlag zum Tätigwerden

Nach dem Wortlaut des Art. 7 I EUV bedarf es zur Einleitung des Feststellungsverfahrens eines Vorschlages entweder „eines Drittels der Mitgliedstaaten oder der Kommission“. Dieses Verfahren weist Parallelen zum Vertragsverletzungsverfahren i.S.d. Art. 226, 227 EGV auf, wonach das Klagerecht ebenfalls sowohl bei der Kommission als auch bei den Mitgliedstaaten liegt.[100] Unterschiede bestehen augenscheinlich allerdings bei der Größe des notwendigen Quorums der Mitgliedstaaten. Wegen der Beschlußkompetenz des Rates muß der Vorschlag zur Einleitung eines Verfahrens beim Vorsitz des Rates, der „EU-Präsidentschaft“, eingereicht werden.[101] Organisatorisch erfolgt die weitere Bearbeitung des Vorschlages dann durch das Generalsekretariat des Rates,[102] das sich *in praxi* zu einem „Sekretariat der Präsidentschaft“ entwickelt hat[103] und auf dessen Unterstützung bei der Bewältigung der sitzungsvorbereitenden Maßnahmen die „Präsidentschaft“ inzwischen angewiesen ist.[104] Eine bestimmte Form der Übermittlung oder des Sich-Anschließens an den originären Vorschlag durch dritte Mitgliedstaaten ist nicht vorgesehen; es ist daher davon auszugehen, daß dies formlos, in der üblichen Form der Einreichung von Vorschlägen oder Beschlußvorlagen für Ratssitzungen möglich ist.[105]

Ausgehend von der durch die belgische Regierung am 27.01.2000 erhobenen Forderung, der Außenministerrat solle sich mit den Vorgängen in Österreich beschäftigen, scheinen sich bis zum Morgen des 31.01.2000, an dem die *Presidency's Platform regarding the Formation of the new Austrian Government* an die späteren Urheber der Erklärung versandt wurde, alle XIV zu einem Vorgehen gegen Österreich auf die eine oder andere Weise verständigt zu haben. In diesem Vorgehen kann die Ausübung des Vorschlagsrechts i.S.d. Art. 7 I EUV gesehen werden. Die Anzeige der Beteiligung an einem entsprechenden Vorschlag – von wem auch immer der originäre Anstoß zu einem konzertierten Vorgehen

---

[100] Grabitz/Hilf-*Schorkopf*, Kommentar zur EU, Bd. I, Stand: 2001, Art. 7 EUV, Rdnr. 9.

[101] Gem. Art. 1 I, 2 I GORat ist die Ratspräsidentschaft für die Einberufung des Rates sowie die Aufstellung der Tagesordnung zuständig, ferner sind nach Art. 25 GORat die für den Rat bestimmten Schreiben an den Präsidenten des Rates zu richten. Vgl. den Überblick über die Funktionen der Ratspräsidentschaft im Zusammenhang mit dem Management des Europäischen Rates und des RdEU bei *Hummer/Obwexer*, EuR 1999, S. 432-434.

[102] Vgl. hierzu Art. 2 II, V GORat.

[103] Vgl. *Wallace*, The Presidency of the Council of Minsters of the EC, in: O'Nullain, The Presidency of the European Council of Ministers, 1985, S. 12.

[104] Vgl. *Egger*, Das Generalsekretariat des Rates der EU, 1994, S. 246.

[105] Vgl. Art. 2 II GORat.

stammte – wäre durch Mitteilung an die portugiesische Ratspräsidentschaft im übrigen auch dem richtigen Empfänger zugeleitet worden. Mit einer Beteiligung von mindestens 14 Mitgliedstaaten[106] ist das notwendige Quorum von (mindestens) einem Drittel der Mitgliedstaaten, d.h. der Teilnahme von mindestens fünf Staaten, auf jeden Fall erfüllt.

b. Beteiligung der Organe und des betroffenen Mitgliedstaates, Beschlußfassung durch den Rat der Europäischen Union

Des weiteren bedarf es vor der Fassung des Feststellungsbeschlusses gemäß Art. 7 I EUV der Zustimmung des EP sowie einer Anhörung des betroffenen Mitgliedstaates durch die Aufforderung zur Abgabe einer Stellungnahme. Beide Schritte sind nach dem Wortlaut des Art. 7 I EUV zwingend vor einer Beschlußfassung durch den Rat durchzuführen.[107]

aa. Beteiligung des EP

Das Verfahren der Willensbildung des EP richtet sich nach der GO-EP.[108] Der Ablauf des Zustimmungsverfahrens findet sich in Art. 108 GO-EP.[109] Das Parlament entscheidet hiernach frühestens einen Monat nach Eingang des Ersuchens des Rates *und* der Stellungnahme des betroffenen Mitgliedstaates.[110] Für eine Zustimmung i.S.d. Art. 7 I EUV bedarf es einer Mehrheit von zwei Dritteln der abgegebenen Stimmen und der Mehrheit der Mitglieder des Parlamentes.[111] Das Votum des EP kann dabei mit Empfehlungen an den Rat versehen werden,

---

[106] Zur Frage einer indirekten Beteiligung Österreichs durch Mitwirkung seines Bundespräsidenten und des amtierenden Bundeskanzlers, s.o. § 3 C.II.1.b, S. 32, bzw. § 3 C.II.1.c, S. 34.

[107] Hinsichtlich des EP kann der Rat erst *nach Zustimmung* einen Feststellungsbeschluß fassen; ebenso kann eine Verletzung des Art. 6 I nur festgestellt werden, *nachdem (der Rat) die Regierung des betroffenen Mitgliedstaates zu einer Stellungnahme aufgefordert hat.*

[108] In der zum Zeitpunkt der Veröffentlichung der Erklärung gültigen Fassung vom 2.08.1999, ABl. Nr. L 202, S. 1 ff.

[109] Dieser befindet sich in Kapitel XIII, das mit „Feststellung einer schwerwiegenden und anhaltenden Verletzung gemeinsamer Grundsätze der Mitgliedstaaten (Freiheit, Demokratie, Achtung der Menschenrechte und Grundfreiheiten sowie Rechtsstaatlichkeit) durch einen Mitgliedstaat“ überschrieben ist.

[110] Art. 108 Ziff. 2 GO-EP.

[111] Art. 7 V EUV, dessen Inhalt von Art. 108 Ziff. 3 GO-EP wiederholt wird.

in denen „*die Auffassungen zu den geeigneten Sanktionen und den Kriterien für deren spätere Änderung oder Aufhebung dargelegt werden*“.[112]

Der EuGH hat in einer Entscheidung aus dem Jahr 1980[113] festgestellt, daß bei einem Verstoß gegen eine im Vertrag vorgesehene, zwingend durchzuführende Anhörung des Parlaments der darauf beruhende Rechtsakt aufgrund einer Verletzung von wesentlichen Formvorschriften ungültig ist.

Das EP wurde weder vor der Veröffentlichung der Erklärung noch später vom geplanten Vorgehen der Staats- und Regierungschefs der XIV informiert oder an diesem beteiligt. Auf Grundlage der Rechtsprechung des Gerichtshofes führt dieser formelle Verstoß mithin zu einer Ungültigkeit des gesamten Feststellungsverfahrens.

bb. Stellungnahme des betroffenen Mitgliedstaates

Ferner muß der Rat vor seiner Abstimmung über die Fassung des Feststellungsbeschlusses den betroffenen Mitgliedstaat zur Abgabe einer Stellungnahme auffordern. Hierdurch wird dem Mitgliedstaat nach dem Rechtsgrundsatz *audiatur et altera pars* rechtliches Gehör gewährt.[114] Aus den Regelungen des Art. 108 GO-EP ergibt sich indirekt, daß nach Einleitung des Verfahrens – entweder durch einen Vorschlag der Kommission oder des erforderlichen Quorums der Mitgliedstaaten – zunächst die Stellungnahme des betroffenen Mitgliedstaates eingeholt werden muß und erst danach eine Abstimmung des EP möglich ist.[115] Die Stellungnahme des Mitgliedstaates ist sodann dem Rat über das Generalsekretariat und dem EP über seinen Präsidenten zuzuleiten.

Ebensowenig wie das EP angehört wurde, wurde Österreich als betroffenem Mitgliedstaat die Möglichkeit zu einer Stellungnahme gegeben. Dies verwundert

[112] Art. 108 Ziff. 4, 5 GO-EP. Dies ist deshalb von Bedeutung, da in den weiteren Schritten des Verfahrens nach Art. 7 EUV sowie den analogen Verfahrensvorschriften der Art. 309 EGV, Art. 96 EGKSV und Art. 204 EAGV keine weitere Beteiligung des Parlaments vorgesehen ist – vgl. *Schorkopf*, Homogenität in der EU, 2000, Ziff. 245, S. 152 f.

[113] EuGH, Rs. 138/79 (*Roquette Frères ./. Rat*), Slg. 1980, 3333 (3360).

[114] Grabitz/Hilf-*Schorkopf*, Kommentar zur EU, Bd. I, Stand: 2001, Art. 7 EUV, Rdnr. 15.

[115] A.A. insoweit Schwarze-*Stumpf*, EU-Komm., 2000, Art. 7 EUV, Rdnr. 9, der die bloße Aufforderung zur Abgabe einer Stellungnahme – die im übrigen von der Entscheidung des EP völlig unabhängig sei – genügen läßt, soweit diese nur zeitlich vor dem Beschluß des Rates erfolgt ist.

um so mehr, als das Vorgehen der XIV in den wesentlichen Punkten mit dem Verfahren des Art. 7 I EUV übereinstimmt, wie ein Vergleich zwischen der vorgeschriebenen Form und der tatsächlich erfolgten Beschlußfassung zeigt. Auch in diesem Fall führt dieser Verstoß zu einer formellen Rechtswidrigkeit des Beschlußverfahrens.

cc. *Exkurs*: Richtiges Beschlußorgan im Rahmen des Art. 7 I EUV

Das richtige Beschlußorgan für die Fassung des endgültigen Feststellungsbeschlusses i.S.d. Art. 7 I EUV ist der Rat in der Zusammensetzung der Staats- und Regierungschefs.

Fraglich ist, um welchen „Rat" es sich in diesem Zusammenhang handelt. In Betracht kommen sowohl der *Europäische Rat* i.S.d. Art. 4 EUV als auch der *Rat der Europäischen Union* i.S.d. Art. 202 ff. EGV.

Der Europäische Rat setzt sich grundsätzlich aus den Staats- und Regierungschefs der Mitgliedstaaten sowie dem Präsidenten der Europäischen Kommission, unterstützt von den Außenministern und einem weiteren Mitglied der Kommission, zusammen.[116] Im RdEU kommen dagegen regelmäßig nur die jeweiligen Fachminister der Mitgliedstaaten zusammen;[117] zudem ist dieser lediglich ein Organ der Europäischen Gemeinschaften.[118] Zusammengenommen spricht dies auf den ersten Blick dafür, unter „Rat" i.S.d. Art. 7 I EUV den Europäischen Rat zu verstehen.[119]

---

[116] Art. 4 UAbs. 2 1, 2 EUV.

[117] Art. 203 I EGV.

[118] Vgl. Grabitz/Hilf-*Hilf/Pache*, Kommentar zur EU, Altbd. I, Stand: 1999, Art. E EUV, Rdnr. 9-11; *Oppermann*, Europarecht, 1999, Rdnr. 282; *Pechstein/Koenig*, Europäische Union, 2000, Rdnr. 182; *Herdegen*, Europarecht, 2001, Rdnr. 114. Die Benennung müßte daher richtigerweise „Rat der Europäischen Gemeinschaften" lauten, da der Rat auf Grundlage der Gemeinschaftsverträge nur für diese organschaftlich tätig werden kann. Die vom Rat selbst vorgenommene Umbenennung aus dem Jahr 1993 (veröffentlicht im ABl. Nr. L 281, S. 18) ist daher als „rechtlich unzulässig einzustufen" (*Pechstein/Koenig*, Europäische Union, ebd.), da sie eine „falsche Etikettierung" (*Herdegen*, Europarecht, ebd.) ist. Da dieses Problem für die Beantwortung der vorliegenden Frage nach dem im Rahmen des Art. 7 I EUV handelnden Organ ohne Belang ist, soll ungeachtet dieses Streits die Bezeichnung „Rat der Europäischen Union" beibehalten werden.

[119] So *Glaesner*, EuR 1994, S. 25, der den Rat in der Zusammensetzung der Staats- und Regierungschefs stets mit dem Europäischen Rat gleichsetzt; ferner auch – ohne nähere Erläute-

Gegen eine solche Zuordnung spricht allerdings, daß dem RdEU durch die Regelung des Art. 5 EUV ebenfalls Befugnisse innerhalb der Europäischen Union zukommen.[120] Auch sieht der EGV in einigen Fällen eine Tagung des RdEU in der Zusammensetzung der Staats- und Regierungschefs vor.[121] Bezieht man ferner auch eine systematische und teleologische Auslegung des EUV in die Beurteilung dieser formellen Kriterien ein, so ergibt sich, daß mit dem „Rat" in Art. 7 I EUV in Wirklichkeit der RdEU gemeint ist.[122] Im Wortlaut des Art. 7 I EUV finden bei der Qualifizierung des Rates nur die Staats- und Regierungschefs, nicht jedoch die Vertreter der Kommission Erwähnung. Diese besondere Hervorhebung einer einzelnen Teilnehmergruppe wäre beim Europäischen Rat überflüssig, da dieser zwingend unter Teilnahme der Staats- und Regierungschefs tagt.[123] Allein der RdEU mit seinen vielfältigen Teilnehmerkonstellationen bedarf in diesem Punkt einer speziellen Konkretisierung. Weiterhin wird der Europäische Rat überall dort, wo er im EUV Erwähnung findet,[124] stets mit seiner vollen Benennung, d.h. als „Europäischer Rat", gekennzeichnet; andererseits wird der RdEU – ausgehend von Art. 5 EUV, in dem alle Organe der EG aufgeführt sind und jener folglich unzweifelhaft gemeint ist – stets nur mit „Rat" bezeichnet.[125] Auch der Verweis auf die in Art. 205 II EGV[126] enthaltenen bestimmten Abstimmungsmodi durch Art. 7 IV EUV ist nur dann sinnvoll, wenn der RdEU das handelnde Organ dieser Norm darstellt.

---

rungen – *Bergmann*, in: Lenz/Bergmann, Der Vertrag von Amsterdam, 1998, Kap. 1, Rdnr. 23; *Manin*, CJEL 4 (1998), S. 23.

[120] Vgl. allgemein zur Bedeutung dieser Vorschrift *Pechstein/Koenig*, Europäische Union, 2000, Rdnr. 180.

[121] In den Art. 112 II lit. b), 121 II-IV, 122 II EGV. In allen Fällen handelt es sich um Kompetenzzuweisungen für die Wirtschafts- und Währungsunion.

[122] Zutreffend *Barents*, MJ 4 (1997), S. 335; Calliess/Ruffert-*Kluth*, EUV/EGV, 1999, Art. 7 EUV, Rdnr. 15; *Thun-Hohenstein/Cede*, Europarecht, 1999, S. 106; *Schorkopf*, Homogenität in der EU, 2000, Ziff. 254, S. 144; Schwarze-*Stumpf*, EU-Komm., 2000, Art. 7 EUV, Rdnr. 9; *Pechstein/Koenig*, Europäische Union, 2000, Rdnr. 229; *Herdegen*, Europarecht, 2001, Rdnr. 103a.

[123] Vgl. Art. 4 UAbs. 2 EUV.

[124] Art. 4, 13 I, II, 17, 23 II, 40 II EUV.

[125] Z.B. in den Vorschriften über die Durchführung der GASP (Art. 18, 22-24, 26 EUV) und der PJZS (Art. 39 f., 42 EUV) sowie bei den Bestimmungen über eine verstärkte Zusammenarbeit in Titel VII des EUV.

[126] Im übrigen eine Vorschrift im zweiten Abschnitt – „Der Rat" – des ersten Titels des fünften Teils des EGV, der wiederum die Überschrift „Die Organe der Gemeinschaft" trägt.

Aus der Kompetenzzuweisung des EUV wird deutlich, daß der Europäische Rat das politische Leitorgan[127] ist, welches der Union seit den Frühstadien seiner historischen Entwicklung die politische Führung und Inspiration für weitere Entwicklungen vermittelt.[128] Der RdEU hingegen ist im Gemeinschafts- wie im Unionsrecht das zentrale Rechtsetzungsorgan und Entscheidungsgremium. Durch ihn werden die abstrakten politischen Leitlinien in konkrete Entscheidungen umgesetzt.[129] In eben dieser Funktion der Setzung konkreter Entscheidungen wird der RdEU auch in Art. 7 I EUV tätig; Beschlußorgan für einen Feststellungsbeschluß i.S.d. Vorschrift ist mithin der Rat der Europäischen Union.

dd. Beschlußfassung durch den Rat der Europäischen Union

Der nach der Zustimmung des EP und der Aufforderung zur Stellungnahme an den betroffenen Mitgliedstaat mögliche Beschluß des RdEU zur Feststellung der Verletzung der in Art. 6 I EUV genannten Grundsätze kann gemäß Art. 7 I, IV UAbs. 1 1 EUV nur einstimmig getroffen werden; dabei bleibt die Stimme des betroffenen Mitgliedstaates jedoch unberücksichtigt. Das Prozedere der eigentlichen Abstimmung wird durch die Vorgaben der GORat geregelt.

Gemäß Art. 1 I GORat wird der RdEU entweder durch den Präsidenten oder auf Antrag eines seiner Mitglieder oder der Kommission einberufen. Der Präsident legt gemäß Art. 2 I GORat die Tagesordnung fest, die den Ratsmitgliedern mindestens 14 Tage vor Beginn der Sitzung bekanntgemacht werden muß. Grundsätzlich faßt der Rat seine Beschlüsse mündlich auf Tagungen, die teilweise in Brüssel[130], teilweise an anderen Orten, zumeist im Land des jeweils amtierenden Ratspräsidenten, stattfinden.[131] In dringenden Angelegenheiten oder unter be-

---

[127] Dabei kann die Frage, ob eine Organisation, der überwiegend eine eigene Rechtspersönlichkeit abgesprochen wird, überhaupt über Organe verfügt, mangels Relevanz für die vorliegende Untersuchung dahingestellt bleiben – vgl. zu diesem Problem ausführlich *Pechstein/Koenig*, Europäische Union, 2000, Rdnr. 165-169, mit weiteren Nachweisen zum Streitstand.

[128] *Thun-Hohenstein/Cede*, Europarecht, 1999, S. 106; *Pechstein/Koenig*, Europäische Union, 2000, Rdnr. 166. Vgl. zur Funktion des Europäischen Rates in der GASP und PJZS *Pechstein/Koenig*, ebd., Rdnr. 170-174.

[129] Etwa in der GASP, in der die gem. Art. 13 I, II EUV vom Europäischen Rat gefaßten Grundsätze, Leitlinien und gemeinsame Strategien vom RdEU durch gemeinsame Aktionen und Standpunkte durchgeführt werden (Art. 13 III, 14, 15 EUV).

[130] Art. 1 III GORat.

[131] *Schweitzer/Hummer*, Europarecht, 1996/1999, Rdnr. 169.

sonderen Umständen können Rechtsakte des Rates im schriftlichen Verfahren verabschiedet werden.[132] Für die Einsetzung eines solchen Verfahrens bedarf es gemäß Art. 10 I GORat stets der einhelligen Zustimmung aller Mitgliedstaaten, unabhängig davon, wer ein solches Verfahren vorgeschlagen hat,[133] oder ob der betreffende Rechtsakt nach den rechtlichen Bestimmungen des Gemeinschaftsrechts einstimmig oder mit Mehrheit anzunehmen ist.[134] Die Entscheidung erfolgt in diesen Fällen schriftlich im Umlaufverfahren.[135]

Wie aus der Darstellung des Entscheidungsbildungsprozesses der Erklärung der XIV hervorgeht,[136] ist die Erklärung durch die Bemühungen des portugiesischen Ratspräsidenten *Guterres* als Folge umfangreicher Telefondiplomatie ohne formelles Treffen des Rates zustande gekommen. Mithin kommt nur eine Beschlußfassung im schriftlichen Verfahren in Betracht.

Die Dringlichkeit der Angelegenheit i.S.d. Art. 10 I 1 GORat ergab sich aus der täglich zu erwartenden Bildung einer Koalition aus ÖVP und FPÖ. Dies und die Kürze des Zeitraumes, in dem sich die XIV auf ein gemeinsames Handeln einigen mußten, wenn sie die ungewollte Regierungsbeteiligung der FPÖ noch verhindern wollten,[137] ließen für ein Treffen der Außenminister[138] oder andere ähnlich gelagerte Maßnahmen keine Zeit mehr. Dies sind ebenfalls besondere Umstände i.S.d. Art. 10 I 2 GORat. Die Möglichkeit nach Art. 22 II EUV, den Rat „bei absoluter Notwendigkeit" sogar in weniger als 48 Stunden einberufen zu können, ändert an der Möglichkeit der Durchführung eines schriftlichen Verfahrens nichts.[139] Vielmehr stehen beide Verfahren gleichberechtigt nebeneinander, d.h. der Ratsvorsitz hat nach den entsprechenden Anträgen auf Einberufung so-

---

[132] Der Beschluß wird dabei durch den Austausch von Telexen und elektronischen Nachrichten herbeigeführt – vgl. *Münch*, Die gemeinsame Aktion als Mittel der GASP, 1997, S. 126.

[133] In Betracht kommen dafür entweder der Rat oder der Ausschuß der Ständigen Vertreter (nach Satz 1) oder der Ratspräsident (nach Satz 2, „unter besonderen Umständen").

[134] Vgl. EuGH, Rs. 68/86 (*Vereinigtes Königreich ./. Rat*), Slg. 1988, 855 (902).

[135] Vgl. *Schweitzer/Hummer*, Europarecht, 1996/1999, Rdnr. 169.

[136] S.o. unter § 3 C.II.1.a, S. 31.

[137] Zwischen dem Beginn des Willensbildungsprozesses am 26.01.2000 und der Veröffentlichung der Erklärung am 31.01.2000 lagen nur fünf Tage – verglichen mit den Zeiträumen, die Entscheidungen der EU üblicherweise benötigen, eine noch nie dagewesene Leistung.

[138] Dies wurde vom luxemburgischen Premierminister *Juncker* noch am Mittag des 31.01.2000 vorgeschlagen – vgl. *Kopeinig/Kotanko*, Eine europäische Affäre, 2000, S. 22.

[139] Angesichts der in der Regel monatlichen Tagung des Allgemeinen Rats, d.h. des Außenministerrates, spielt das Verfahren zur beschleunigten Einberufung in der Praxis ohnehin nur eine untergeordnete Rolle – Grabitz/Hilf-*Meyer-Landrut*, Kommentar zur EU, Altbd. I, Stand: 1999, Art. J.8 EUV (a.F.), Rdnr. 9.

wohl einer außerordentlichen Ratstagung als auch der Durchführung des schriftlichen Verfahrens einen Ermessensspielraum, welchem Verfahren er letztlich den Vorzug gibt.[140]

In den Willensbildungsprozeß, der im weiteren Verlauf dann zur Erklärung der XIV führte, waren alle Mitgliedstaaten über die Spitzen ihrer jeweiligen Exekutiven eingebunden, einschließlich der Staatsspitzen Österreichs. Wegen des Fehlens jedweden Widerspruchs der Beteiligten gegen die hieraus hervorgegangene Erklärung der XIV ist davon auszugehen, daß die Beteiligten einer Abgabe ihrer Stimme durch fernmündliche oder – wahrscheinlicher – fernschriftliche Übermittlung – und damit auch der Durchführung des schriftlichen Verfahrens – einzeln zugestimmt haben.[141]

Gemäß Art. 7 I, IV UAbs. 1 1, 2 EUV bleibt die Stimme des betroffenen Mitgliedstaates für die Fassung des Feststellungsbeschlusses unberücksichtigt. Daher bedurfte es vorliegend allein der – ausdrücklichen oder konkludenten – Zustimmung Österreichs zur Durchführung des schriftlichen Verfahrens auf Vorschlag des Ratspräsidenten *Guterres* i.S.d. Art. 10 I 2 GORat. Da es mutmaßlich weder zu einer ausdrücklichen Anfrage seitens der portugiesischen Ratspräsidentschaft noch zu einer daraufhin gegebenen ausdrücklichen Zustimmung des österreichischen Präsidenten gekommen sein dürfte, kommt vorliegend allenfalls eine konkludente Zustimmung in Betracht. Der österreichische Bundespräsident besaß am Mittag des 31.01.2000 ein starkes Motiv dafür, eine Veröffentlichung der Erklärung bereits zu diesem, angesichts der normalen Entscheidungsdauer für europäische Rechtsakte fast überhasteten Zeitpunkt herbeizuführen oder aber mindestens nicht zu verhindern.[142] Unabhängig davon, ob dieses Verhalten als

[140] Eine solche Konkurrenz der Verfahren dürfte in diesem Fall bestanden haben, da der belgische Premierminister *Verhofstadt* bereits am 27.01.2000 in einem Schreiben an die portugiesische Ratspräsidentschaft die Einberufung eines außerordentlichen Ministerrates beantragt hatte. Dieses Ansinnen wurde noch am Mittag des 31.01.2000 vom luxemburgischen Premierminister *Juncker* wiederholt. Dennoch blieben beide Anträge ohne Folgen, was darauf hindeutet, daß sich der Ratsvorsitz in diesem Fall für ein schriftliches Verfahren entschieden hat.

[141] Eine Meinungskundgabe in dieser Form erfüllt im übrigen alle Anforderungen, die an ein Umlaufverfahren zu stellen sind – vgl. etwa *Tilch*, Deutsches Rechtslexikon, Band 3 (R-Z), 1992, Stichwort: Umlaufverfahren, S. 734.

[142] Dieses Motiv war die Möglichkeit, bei einem Treffen mit den Landeshauptleuten der ÖVP am Vormittag des 1.02.2000 auf diese Druck auszuüben, um dadurch zu erreichen, daß sie in den entsprechenden Gremien der ÖVP einer Koalition mit der FPÖ ihre Zustimmung verweigerten, und eine solche damit doch noch scheitern zu lassen. Mittel zum Zweck sollte das

aktives Drängen oder nur billigendes Unterlassen zu werten ist, ist hierin doch mindestens die konkludente Zustimmung zur Durchführung des Umlaufverfahrens zum Zwecke der Abstimmung über die Erklärung zu sehen. Diese durch den Bundespräsidenten erteilte Zustimmung band Österreich in dieser Sache, da der Bundespräsident nach Art. 65 B-VG Staatsoberhaupt der Republik Österreich ist. Als solches ist er nach den Regeln des allgemeinen Völkerrechts, das hier – wegen der Natur des Unionsrechts als speziellem Völkerrecht und mangels besonderer Regelungen im EUV – anwendbar ist, gemäß Art. 7 II lit. a) WVK ohne Vorlage einer Vollmacht zur Vertretung der Republik Österreich kraft Amtes nach außen ermächtigt.[143]

Problematisch ist, ob diese konkludente Zustimmung rechtzeitig i.S.d. Art. 10 I 2 GORat war. Insbesondere dann, wenn sie erst zu diesem Zeitpunkt, dem Mittag des 31.01.2000, erfolgte und wenn ferner angenommen werden kann, daß es zwar zuvor bereits positive Stellungnahmen aller Staats- und Regierungschefs zu einem raschen konzertierten Vorgehen – einschließlich der Durchführung eines beschleunigten Verfahrens – gegeben hatte, Österreich jedoch vor diesem Zeitpunkt nur sehr bruchstückhaft oder gar nicht über die Absichten der XIV informiert worden war.[144]

Gemäß Art. 10 I 2 2. Hs. GORat „kann die schriftliche Abstimmung erfolgen, wenn sich alle Mitgliedstaaten mit diesem Verfahren einverstanden erklären". Der Wortlaut dieser Formvorschrift ist hinsichtlich der Frage nach dem chronologischen Ablauf der Verfahrensschritte auslegungsbedürftig. In Betracht kommen zwei Verfahrensalternativen: Zum einen die zeitlich zwingend einzuhaltende Stufung zweier unabhängiger Verfahrensschritte – erst Zustimmung zur Durchführung des schriftlichen Verfahrens, dann Abstimmung im engeren Sinn

„Damoklesschwert" der angekündigten Maßnahmen der XIV sein. Hierzu mußte die Erklärung der XIV jedoch bereits vor diesem Treffen veröffentlicht worden sein.

143 Diese Ermächtigung erfaßt dabei aber nur die Frage, ob der Bundespräsident zu dieser Handlung vertretungsberechtigt war, d.h. ob er im *Außenverhältnis* die Republik Österreich binden konnte; die Frage, ob der Bundespräsident in diesem Fall auch innerhalb seiner amtlichen Befugnisse geblieben ist, d.h. ob er seine ihm im *Innenverhältnis* eingeräumten Kompetenzen überschritten hat, beurteilt sich allein nach dem innerstaatlichen österreichischen Recht, ist aber wegen der gemäß Art. 46 I WVK unabhängig hiervon eintretenden Rechtsfolgen im Außenverhältnis vorliegend ohne Belang – vgl. zum Verhältnis zwischen Art. 7 II und Art. 46 I WVK *Sinclair*, The Vienna Convention on the Law of Treaties, 1984, S. 32.

144 Ein starkes Indiz hierfür ist die im Aktionsprogramm ausdrücklich enthaltene Ankündigung des portugiesischen Ratspräsidenten, den österreichischen Bundespräsidenten am Mittag des 31.01.2000 gegen 13.00 Uhr MEZ anzurufen.

über den eigentlichen Rechtsakt – ohne zeitliche Überschneidung; zum anderen eine Ausdehnung des möglichen Zeitrahmens für die Zustimmung zum schriftlichen Verfahren bis zur Abstimmung über den Rechtsakt selbst, d.h. die Möglichkeit des zeitlichen Zusammenfallens beider Willensakte ohne zeitliche Trennung der Verfahrensschritte.

Unter grammatikalischen Gesichtspunkten ergibt sich aus dem Wortlaut der Vorschrift kein zeitliches Stufenverhältnis zwischen der Zustimmung zur Durchführung des schriftlichen Verfahrens einerseits und der eigentlichen Abstimmungshandlung über den Basisrechtsakt andererseits. Zwar stehen beide Teilsätze in einem Konditionalverhältnis zueinander (wenn – dann), dieses ist jedoch faktischer und nicht temporaler Natur. Ebenso ist aus teleologischer Sicht kein Anhaltspunkt ersichtlich, beide Handlungen zeitlich nicht zusammenfallen lassen zu können. Es besteht keine Notwendigkeit ein zweistufiges Verfahren durchzuführen, vielmehr wäre dies nur unnötig komplizierend. Die Mitgliedstaaten werden sich zu dem Zeitpunkt, an dem die Frage der Durchführung eines schriftlichen Verfahrens zur Entscheidung ansteht, regelmäßig bereits über die Entscheidung in der Hauptsache im klaren sein. Der Entscheidungsablauf wird daher in aller Regel eher umgekehrt sein: Aus der Wichtigkeit der Sache und dem eigenen Abstimmungsverhalten erwächst die Frage nach der Dringlichkeit und Möglichkeit der Durchführung eines schriftlichen Verfahrens.[145]

Mithin kann die Zustimmung zur Durchführung des schriftlichen Verfahrens, wie sie Art. 10 I 2 2. Hs. GORat verlangt, zeitgleich mit der Abstimmungshandlung im engeren Sinn erfolgen, so daß die konkludente Zustimmung Österreichs durch den Bundespräsidenten rechtzeitig war und die Erklärung insgesamt einen Beschluß des RdEU in Form des vereinfachten schriftlichen Umlaufverfahrens i.S.d. Art. 7 I, IV UAbs. 1 1, 2 EUV i.V.m. Art. 10 I 2 GORat darstellt.

c. Zwischenergebnis

Es kann somit zweierlei festgehalten werden:

[145] Hierfür spricht auch, daß für die Durchführung des schriftlichen Verfahrens, die Angelegenheit entweder „dringlich“ sein muß (Art. 10 I 1 GORat) oder aber „besondere Umstände“ vorliegen müssen (Art. 10 I 2 GORat).

Erstens, die Erklärung war kein rechtmäßiger Feststellungsbeschluß i.S.d. Art. 7 I, IV EUV. Hierfür fehlt es sowohl an der Einholung der notwendigen vorherigen Zustimmung des EP als auch einer ordnungsgemäßen Anhörung des betroffenen Staates. Beide Unterlassungen stellen für sich genommen gravierende Formfehler dar, die jeder für sich bereits zur Ungültigkeit des Verfahrens führen. Zum Teil haben sie darüber hinaus aber auch materiellrechtliche Folgen, da Österreich als betroffener Mitgliedstaat durch sie in seinen gemeinschaftsrechtlichen Rechten gravierend verletzt wurde.[146]

Zweitens, die XIV handelten dennoch in Form und Verfahren ihrer Beschlußfassung nach den Voraussetzungen des Art. 7 I, IV UAbs. 1 1, 2 EUV. Der Willensbildungsprozeß und Beschluß, der der Abfassung der Erklärung vom 31.01.2000 vorausging, erfüllt nämlich alle Anforderungen, die an einen Ratsbeschluß innerhalb des Feststellungsverfahrens zu stellen sind. Der Rat traf seinen Beschluß im schriftlichen Umlaufverfahren, wie es nach Art. 10 I GORat in dringenden Fällen möglich ist. Dieses Ergebnis legt den Schluß nahe, daß die XIV bei ihrem Vorgehen absichtlich die außerhalb des Rates liegenden formellen Verfahrensvoraussetzungen umgangen haben, um so möglichst schnell zu einem gegenüber Österreich verwertbaren Ergebnis zu gelangen und sich dennoch der materiellen Gründe des Sanktionsverfahrens nach Art. 7, 6 I EUV bedienen zu können. Dieses nach rechtsstaatlichen Gesichtspunkten nicht sehr befriedigende Ergebnis ist insbesondere nicht geeignet, den Vorwurf der verfahrensrechtlichen Willkür, der dem Vorgehen der XIV seit der Veröffentlichung der Erklärung anhaftet, zu entkräften.

2. Rechtsakte der GASP

Neben den bereits untersuchten Rechtsakten des Gemeinschaftsrechts, der „ersten Säule“, sowie des wegen seiner fehlenden Zugehörigkeit zur „zweiten“ oder „dritten Säule“ eigenständigen unionsrechtlichen Verfahrens des Art. 7 EUV kommen für eine Einordnung der Erklärung der XIV aufgrund ihres Inhalts und ihres Sachzusammenhangs auch Rechtsaktsformen der GASP in Betracht.

Problematisch ist in diesem Zusammenhang, ob die GASP grundsätzlich auch die außen- und sicherheitspolitischen Bereiche innerhalb der EU, also Fragen

[146] Zu diesen Verletzungen Österreichs durch das Vorgehen der XIV s.u. § 7, S. 189-237.

der „europäischen Innenpolitik“,[147] umfaßt. Dem Wortlaut der einschlägigen Artikel des EUV ist dazu nichts zu entnehmen. Jedoch faßt Art. 11 I EUV die Ziele der GASP sehr weit.[148] Diese weite Formulierung wird durch die Zielsetzung, „die Entwicklung und Stärkung von Demokratie und Rechtsstaatlichkeit sowie die Achtung der Menschenrechte und Grundfreiheiten“ zu verfolgen,[149] aufgegriffen. Aufgrund dieser umfassenden Festsetzung des Handlungsbereiches der GASP und mangels jedweder einschränkender Bestimmungen im EUV kann folglich jede Frage von außen- und sicherheitspolitischer Bedeutung Gegenstand der GASP sein.[150]

Der Union stehen für die Befassung mit Fragen der Außen- und Sicherheitspolitik verschiedene Handlungsformen zur Verfügung. Namentlich sind dies: gemeinsame Erklärungen, gemeinsame Standpunkte sowie gemeinsame Aktionen – mit in dieser Reihenfolge ansteigender Intensitäts- und Bindungswirkung.[151]

a. Gemeinsame Erklärung (als GASP-Akt *sui generis*)

Die in der Praxis sehr zahlreichen[152] gemeinsamen Erklärungen sind im EUV nicht ausdrücklich enthalten. Dennoch sind sie traditionell Bestandteil der aussenpolitischen Zusammenarbeit und gewohnheitsrechtlich anerkannt.[153]

---

[147] Dieses Schlagwort tauchte im Zusammenhang mit den Maßnahmen gegen Österreich immer wieder auf.

[148] In Art. 11 I EUV heißt es: „Die Union erarbeitet und verwirklicht eine GASP, *die sich auf alle Bereiche der Außen- und Sicherheitspolitik erstreckt...*“ [Hervorhebung vom Verf.].

[149] Art. 11 I 5. Spstr. EUV.

[150] *Fink-Hooijer*, EJIL 5 (1994), S. 176, 177: “Legally, there is no limit to the scope of the CFSP, as it covers virtually all areas of foreign and security policy, ...“; “The European Union is consequently enjoying an unlimited capacity to act in the field of the CFSP.“; *Busse*, Einordnung der Rechtsnatur der EU, 1999, S. 171 m. Fn. 107. – Dieser weist zu Recht darauf hin, daß „die in Art. J.1 II 5. Spstr. EUV [= Art. 11 I 5. Spstr. EUV n.F., Anmerkung des Verf.] genannten Ziele der GASP zugleich – ungeschriebene – Voraussetzungen für eine Mitgliedschaft in der EU“ sind und „daher bereits kraft Natur der Sache Gegenstand von Erörterungen der Europäischen Organe“ sein können.

[151] Zur unterschiedlichen Bindungswirkung von gemeinsamen Standpunkt und gemeinsamer Aktion, vgl. *Burghardt/Tebbe*, EuR 1995, S. 12 f.; *Pechstein*, Beschlüsse im Rahmen der GASP und deutsches Verfassungsrecht, in: Geiger, Völkerrechtlicher Vertrag und staatliches Recht, 2000, S. 33.

[152] Vgl. *Münch*, Die gemeinsame Aktion als Mittel der GASP, 1997, S. 72 m. Fn. 167, 170, der die Zahl der gemeinsamen Erklärungen für das Jahr 1993 mit 116, d.h. durchschnittlich

In diesen, regelmäßig vom Vorsitz ausgearbeiteten Verlautbarungen wird die Sichtweise der EU, d.h. der Gesamtheit der Mitgliedstaaten, zu einer bestimmten internationalen Frage wiedergegeben.[154] Es handelt sich bei ihnen vorrangig um politische Reaktionen auf internationale Geschehnisse.[155] Gemeinsame Erklärungen werden immer dort eingesetzt, wo die Europäische Union ihre Haltung öffentlich bekanntmachen und verdeutlichen möchte, ohne zu den formellen und verbindlichen Handlungsformen des gemeinsamen Standpunktes oder der gemeinsamen Aktion zu greifen.[156] Eine eigenständige rechtliche Bedeutung kommt den Erklärungen nicht zu;[157] ebensowenig besitzen sie Bindungswirkung für die Mitgliedstaaten, da es hierfür an den notwendigen Bestimmungen im EUV fehlt.

Die Erklärung der XIV besaß – wie gezeigt – über eine rein politische Absichtserklärung hinausgehende, bindende Wirkungen für ihre beiden Adressatenkreise. Sie geht damit über eine rein affirmative Willensbekundung zur Verdeutlichung einer bestimmten Position hinaus und ist nicht mehr als bloße gemeinsame Erklärung zu deuten.

b. Gemeinsamer Standpunkt – Art. 15 EUV

Um Erklärungen handelt es sich grundsätzlich auch bei den gemeinsamen Standpunkten i.S.d. Art. 15 EUV. Während gemeinsame Erklärungen nur die Ansicht der Union zu einem speziellen Problem – gleichsam als statisches Bild – wiedergeben, sind gemeinsame Standpunkte als mittelfristige Strategien, als Festlegung von Richtlinien zu außen- und/oder sicherheitspolitischen Fragen zu ver-

---

zwei pro Woche, und für das Jahr 1994 „mit mehr als 100" Erklärungen angibt. Zu den Erklärungen aus dem Jahre 1995 vgl. *Tanca*, EJIL 7 (1996), S. 447-455.

[153] *Ryba*, RMCUE 1995, S. 23; *Münch*, EuR 1996, S. 415 – a.A. *Semrau*, Die GASP der EU, 1998, S. 83, der wegen der Annahme der Geltung des Prinzips der begrenzten Ermächtigung auch in der „zweiten Säule" folgerichtig ein Typenerfindungsrecht für bindende Handlungsformen in diesem Bereich ablehnt; vgl. zu dieser Problematik oben unter § 4 A.II.2, S. 63.

[154] Vgl. *Münch*, Die gemeinsame Aktion als Mittel der GASP, 1997, S. 72; *Pechstein/Koenig*, Europäische Union, 2000, Rdnr. 278.

[155] *Wessel*, SEW 1995, S. 569.

[156] Der Wert solcher Erklärungen variiert sehr und ist abhängig von der jeweiligen Lage, dem betreffenden Adressaten und der etwaigen Verbindung mit konkreten wirtschaftlichen Maßnahmen der EG – vgl. *Regelsberger*, GASP, JEI 1992/93, S. 225 f.

[157] Vgl. GTE-*Servantie*, EWGV, 1991, Art. 30 EEA, Rdnr. 39; *Münch*, Die gemeinsame Aktion als Mittel der GASP, 1997, S. 73.

stehen. Ihr wesentliches Ziel ist die Koordinierung *einzelstaatlicher Politiken.*[158] Sie dienen als Fixpunkt für die Ausübung der gänzlich bei den Einzelstaaten verbliebenen außenpolitischen Kompetenzen[159] und sollen so die konzeptionelle Vereinheitlichung[160] der eigenständigen Außenpolitiken der Mitgliedstaaten in bestimmten Einzelfragen geographischer oder thematischer Art bewirken.[161]

Grundlagen für die Annahme gemeinsamer Standpunkte sind nach dem Wortlaut des Art. 13 I, II EUV die vom Europäischen Rat beschlossenen gemeinsamen Grundsätze, allgemeinen Leitlinien und gemeinsamen Strategien zur GASP, die sodann vom RdEU durch die Annahme gemeinsamer Standpunkte und Aktionen umgesetzt werden.[162] In der Praxis ist es allerdings üblich geworden, gemeinsame Standpunkte – wie auch gemeinsame Aktionen – vornehmlich direkt auf Bestimmungen der Verträge zu stützen.[163]

aa. Verfahren für die Annahme

Unabhängig davon, ob einem gemeinsamen Standpunkt eine gemeinsame Strategie zugrunde liegt oder nicht, erfolgt die Verabschiedung eines gemeinsamen Standpunkts durch den RdEU nach folgendem, in den Art. 22, 23 EUV geregelten Prozedere:

---

[158] *Münch*, Die gemeinsame Aktion als Mittel der GASP, 1997, S. 73 [Hervorhebung im Original].

[159] *Pechstein/Koenig*, Europäische Union, 2000, Rdnr. 273.

[160] Der Begriff des Konzepts ist hier im Sinne sowohl eines *Zusammenfassens* der nationalen Politiken, als auch eines *Plans* zur Lösung eines Problemes zu sehen – Calliess/Ruffert-*Cremer*, EUV/EGV, 1999, Art. 15 EUV, Rdnr. 4.

[161] *Geiger*, EUV/EGV, 2000, Art. 15 EUV, Rdnr. 1; Schwarze-*Krück*, EU-Komm., 2000, Art. 11-28 EUV, Rdnr. 15.

[162] Art. 13 III UAbs. 2 EUV. Z.T. werden diese, beispielsweise von *Semrau*, Die GASP der EU, 1998, S. 75 f., als materielle *conditio sine qua non* für den Erlaß von GASP-Rechtsakten – zumindest aber von gemeinsamen Aktionen – angesehen.

[163] Vgl. Schwarze-*Krück*, EU-Komm., 2000, Art. 11-28 EUV, Rdnr. 18; zur Praxis gemeinsamer Standpunkte, vgl. die ausführliche Darstellung bei Calliess/Ruffert-*Cremer*, EUV/EGV, 1999, Art. 15 EUV, Rdnr. 5.

Auf Vorschlag eines Mitgliedstaates oder der Kommission befaßt sich der Rat mit einer bestimmten Frage der GASP.[164] In dringenden Fällen kann dazu kurzfristig eine Ratstagung einberufen werden.[165]

Ist der Rat auf diese Weise mit einer bestimmten Frage befaßt worden, so legt der Vorsitz des RdEU, unterstützt durch den Generalsekretär des Rates und Hohen Vertreters für die GASP, dem Rat regelmäßig ein Positionspapier vor, das – als Ergebnis vorangehender Beratungen in den entsprechenden Gremien[166] – alle Auffassungen der beteiligten Staaten zum Ausdruck bringt. Sodann wird über dieses Papier im Rat abgestimmt. Dabei ist es allgemeine Praxis, daß die vorbereitenden Arbeiten und auch die spätere Abstimmung regelmäßig durch Austausch von codierten Fernschreiben oder den direkten Kommunikationsverbund (COREU) im vereinfachten schriftlichen Verfahren i.S.d. Art. 10 IV GORat durchgeführt werden.[167]

Das für die Annahme des Standpunktes notwendige Quorum richtet sich danach, ob dieser bereits eine Entscheidung des Europäischen Rates in Form einer gemeinsamen Strategie vorangegangen ist oder nicht.[168] Im ersteren Fall reicht für die Annahme eine qualifizierte Mehrheit aus,[169] im letzteren bedarf es eines einstimmigen Beschlusses des Rates.[170] Ihre Ursache findet diese Unterscheidung darin, daß die Annahme gemeinsamer Strategien, in denen bereits die Zielsetzung, Dauer und Umfang der benötigten Mittel von Union und Mitgliedstaaten festgelegt werden muß,[171] gegenüber der Festlegung allgemeiner Grundsätze und Leitlinien, die solcher besonderen Qualifikationen nicht bedürfen, zu einem *„höheren Grad der normativen Verdichtung der Handlungsvoraussetzungen"*

---

[164] Art. 22 I EUV. In der Regel geht die Initiative von demjenigen Staat aus, der den Ratsvorsitz innehat – vgl. Grabitz/Hilf-*Meyer-Landrut*, Kommentar zur EU, Altbd. I, Stand: 1999, Art. J.8 EUV, Rdnr. 8.

[165] Art. 22 II EUV.

[166] Etwa den GASP-Arbeitsgruppen, dem Ausschuß der Ständigen Vertreter (AStV) sowie den Politischen und Sicherheitspolitischen Komitees (PSK). Vgl. Anlage II (Die Organe der GASP – Die Zusammenarbeit zwischen dem AStV und dem Politischen Komitee) der Schlußfolgerungen des Allgemeinen Rates vom 26.10.1993, in: Dokumentation des Auswärtigen Amtes zur GASP, 1994, S. 142.

[167] *Fink-Hooijer*, EJIL 5 (1994), S. 180.

[168] Dies ist der einzige Punkt, an dem das Vorliegen einer gemeinsamen Strategie weitergehende Folgen im Verfahren um die Annahme eines gemeinsamen Standpunktes hat.

[169] Art. 23 II 1. Spstr. EUV.

[170] Art. 23 I UAbs. 1 1 EUV.

[171] Art. 13 II UAbs. 2 EUV.

und damit der Einschränkung von Handlungsoptionen führt.[172] Durch die Vorverlagerung des Entscheidungsprozesses über bestimmte Vorgehensweisen, d.h. das „Wie" späterer Handlungen, bedarf es in der Frage des „Ob" eines Tätigwerdens, welches implizit bereits in der Entscheidung über die Zielsetzung und die Bereitstellung von Mitteln enthalten ist, keiner notwendigen Zustimmung aller Mitgliedstaaten mehr. Der Annahme eines gemeinsamen Standpunktes steht im übrigen die Enthaltung einzelner Mitgliedstaaten nicht entgegen, unabhängig davon, ob es zu seiner Annahme eines einstimmigen Beschlusses oder nur einer qualifizierten Mehrheit bedarf.[173] Es sei denn, die Stimmenzahl der sich enthaltenen Staaten überschreitet ein Drittel aller gewogenen Stimmen – in diesem Fall gilt der Standpunkt als nicht angenommen.[174]

Gemäß Art. 21, 27 EUV stehen dem Europäischen Parlament und der Kommission Anhörungs- und Beteiligungsrechte an den Entscheidungen im Rahmen der GASP zu. Diese beschränken sich jedoch auf die „wichtigsten Aspekte" und die „grundlegenden Weichenstellungen",[175] so daß beiden Organen kein Mitentscheidungsrecht und im Falle des EP auch kein Initiativrecht zukommt. Eine gesonderte Anhörung von EP und Kommission vor jeder Annahme von einzelnen Rechtsakten im Rahmen der GASP ist daher nicht notwendig.

Verabschiedete gemeinsame Standpunkte wurden bisher – trotz ihrer gemeinschaftsfremden Natur – regelmäßig im Amtsblatt der EG (bisher ausschließlich in der Reihe L[egislatio]) veröffentlicht,[176] zwingend ist dies aber nicht.[177]

Vielmehr kann es in einzelnen Fällen – etwa der Vorbereitung internationaler Konferenzen oder Fragen der GASP-internen Organisation –[178] sinnvoller sein,

[172] *Pechstein/Koenig*, Europäische Union, 2000, Rdnr. 264 [Hervorhebung im Original].
[173] Vgl. für einstimmige Beschlüsse Art. 23 I UAbs. 1 2 EUV. *A maiore ad minus* gilt dies ebenso für die Annahme von Beschlüssen mit qualifizierter Mehrheit nach Art. 23 II EUV.
[174] Art. 23 I UAbs. 2 4 EUV.
[175] Art. 21 UAbs. 1 1 EUV.
[176] Vgl. für den Zeitraum bis 1995 *Stein*, EuR Beiheft 2/1995, S. 73; für eine Auflistung aller in den letzten Jahren veröffentlichten gemeinsamen Standpunkte, vgl. die Fundstellennachweise in den Gesamtberichten über die Tätigkeit der EU 1996-2000.
[177] *Ryba*, RMCUE 1995, S. 24; *Fink-Hooijer*, EJIL 5 (1994), S. 179; vgl. jetzt auch Art. 15 III, IV GORat: Entscheidung über die Veröffentlichung „von Fall zu Fall"; a.A. *Stein*, EuR Beiheft 2/1995, S. 73, der offenbar davon ausgeht, daß alle Standpunkte im Amtsblatt veröffentlicht werden müssen.
[178] Für ein Beispiel eines nicht veröffentlichten GASP-internen gemeinsamen Standpunktes, vgl. *Regelsberger*, JEI 1995/96, S. 216.

Entscheidungen über die Annahme gemeinsamer Maßnahmen sowohl in Form von Standpunkten als auch von Aktionen zunächst geheimzuhalten oder zumindest nicht zu veröffentlichen.[179] Ungeachtet dessen, bedarf es zu einer Entscheidung über die Veröffentlichung im Amtsblatt in jedem Fall eines Ratsbeschlusses in dieser Sache.[180] Neben der Veröffentlichung im Amtsblatt werden Entscheidungen des Rates regelmäßig durch Erklärungen oder Pressemitteilungen veröffentlicht.[181]

Schließlich sind angenommene gemeinsame Standpunkte mit der Bezeichnung „Gemeinsamer Standpunkt des Rates", einer Ordnungsnummer mit dem Syntax „Jahr/Nummer/GASP", dem Zeitpunkt der Annahme sowie der Bezeichnung des Gegenstandes zu versehen.[182] Jedoch ist auch dies – wie bereits die Vorschrift über die Bezeichnung von Entscheidungen[183] – nur eine nicht konstitutive Formvorschrift, deren Nichtbeachtung keinerlei Auswirkungen auf die Rechtmäßigkeit des gemeinsamen Standpunktes hat.

Die Erklärung der XIV ist von den beteiligten Staats- und Regierungschefs auf dem Wege telefonischer Absprachen und codierter Fax-Mitteilungen vorbereitet worden. Das abschließende Positionspapier,[184] das Grundlage einer Entscheidung der XIV sein sollte, ist am Morgen des 31.01.2000 von der portugiesischen Ratspräsidentschaft in Form eines – wohl ebenfalls codierten – Faxes an die Staatsspitzen der XIV versandt worden. Mutmaßlich ist zumindest der Inhalt des Papiers auch dem österreichischen Staatspräsidenten telefonisch am Mittag des 31.01.2000 mitgeteilt worden.[185] Insoweit stimmt der tatsächliche Geschehensablauf mit dem üblichen Verfahrensweg zur Annahme eines gemeinsamen Standpunktes überein. Allerdings stützt sich die Erklärung nicht auf eine gemeinsame Strategie oder gemeinsame Leitlinien des Europäischen Rates. Wie den Äußerungen der beteiligten Staats- und Regierungschefs vor und nach der

---

[179] *Semrau*, Die GASP der EU, 1998, S. 65.

[180] Art. 15 III, IV lit. a) GORat. Die Frage des notwendigen Quorums richtet sich bei dieser Abstimmung nach den benötigten Mehrheiten für die Annahme des Basisrechtsaktes.

[181] Vgl. Anlage I (Das GASP-Instrumentarium – Gemeinsame Aktion) der Schlußfolgerungen des Allgemeinen Rates vom 26.10.1993, in: Dokumentation des Auswärtigen Amtes zur GASP, 1994, S. 141. Zur Abstimmung der Erklärungen nutzt der Rat dabei unter anderem auch den COREU.

[182] Anhang II lit. C, c) GORat.

[183] S.o. unter § 4 C.I.1.f, S. 72.

[184] Als solches ist die "Presidency's Platform regarding the Formation of the new Austrian Government" anzusehen.

[185] S.o. unter § 3 C.II.1.d, S. 35.

Verhängung der Maßnahmen jedoch stets zu entnehmen war, befürchtete man seitens der XIV, die Einbeziehung der FPÖ in die österreichische Regierung könnte zu einer Verletzung der grundlegenden Prinzipien der Europäischen Union i.S.d. Art. 6 I EUV führen.[186] Damit stützt sich die Erklärung durch die vorgebliche Verteidigung der gemeinsamen Grundprinzipien der Union unmittelbar auf Vorschriften des Vertrages und folgt damit der üblichen Praxis, die auf die vorhergehende Verabschiedung gemeinsamer Strategien oder Leitlinien regelmäßig verzichtet. Ebenso fehlt es an einer Veröffentlichung des Beschlusses im Amtsblatt L der Union sowie an der für Beschlüsse der GASP üblichen Kennzeichnung. Da für eine Veröffentlichung neben derjenigen im Amtsblatt auch – wie in diesem Fall geschehen – die Herausgabe einer durch den Rat abgestimmten Erklärung möglich ist und zudem weder eine Veröffentlichung noch eine bestimmte Kennzeichnung zu den konstitutiven Voraussetzungen der Annahme gemeinsamer Standpunkte durch den RdEU gehört, bleiben diese Abweichungen für die Beurteilung der Einordnung der Erklärung der XIV folgenlos.

Problematisch ist aber, ob die erzielte Einigung der Staats- und Regierungschefs, die mit der Veröffentlichung der Erklärung sichtbar wurde, als formelle Abstimmung des Rates zu werten ist. Mangels eines Beschlusses anläßlich einer Tagung des RdEU[187] kommt erneut nur ein schriftliches Verfahren in Betracht.

Für die Durchführung der GASP ist in Art. 10 IV GORat ein besonderes, gegenüber dem normalen schriftlichen Verfahren noch weiter vereinfachtes Verfahren vorgesehen. Bei diesem Verfahren gilt eine durch den Vorsitz in den Rat eingebrachte Angelegenheit zur Durchführung der GASP nach Ablauf einer von diesem entsprechend der Dringlichkeit gesetzten Frist als angenommen, wenn vor diesem Zeitpunkt kein Ratsmitglied hiergegen Einwände erhebt.[188]

Fraglich ist in diesem Zusammenhang, ob die Annahme eines gemeinsamen Standpunktes zur „Durchführung der GASP" gehört. Zur Durchführung der GASP im engeren Sinn gehören die auf der Grundlage gemeinsamer Standpunkte oder gemeinsamer Aktionen beschlossenen Maßnahmen i.S.d. Art. 23 II UAbs. 1 2. Spstr. EUV. Diese setzen jedoch stets die vorherige Annahme solcher grundlegender GASP-Rechtsakte voraus. Das Merkmal der „Durchführung der GASP" ist jedoch extensiv auszulegen, so daß nicht allein Durchführungshandlungen im engeren Sinn, sondern alle möglichen vom RdEU

---

[186] Vgl. nur die Darstellung bei *Kopeinig/Kotanko*, Eine europäische Affäre, 2000, S. 20.
[187] Vgl. hierzu oben unter § 4 C.II.1.b.dd, S. 81 m. Fn. 140.
[188] Art. 10 IV 2 GORat.

im Rahmen der GASP zu erlassenen Rechtsakte in dieses Verfahren einbezogen sind.[189] Folglich ist nach der hier vertretenen Auffassung die Annahme gemeinsamer Standpunkte durch das vereinfachte schriftliche Verfahren im Wege des COREU möglich.
Für das Vorliegen der zu erfüllenden Anforderungen dieses Verfahrens gilt das oben bei der Prüfung der möglichen schriftlichen Fassung des Feststellungsbeschlusses gemäß Art. 7 I, IV EUV i.V.m. Art. 10 I GORat Gesagte entsprechend.[190] Insbesondere ergibt sich, daß die Angelegenheit wegen des in Kürze zu erwartenden Abschlusses der Verhandlungen zwischen ÖVP und FPÖ und der sich daran anschließenden Regierungsbildung „dringend" war. Ferner kann auch hier auf der Grundlage des nachfolgenden Verhaltens vermutet werden, daß die XIV dem gesamten Verfahrensablauf zugestimmt und auf die Geltendmachung von Einwänden verzichtet haben. Die zu setzende Frist i.S.d. Art. 10 IV 2 GORat konnte wegen der Einbindung aller 14 Mitgliedstaaten in den Entstehungsprozeß der Erklärung bereits zu dem nächstliegenden denkbaren Zeitpunkt, d.h. mit Erhalt des Aktionsprogramms am Morgen des 31.01.2000, enden.

Gleiches gilt für das Verhalten Österreichs: Wie bereits im Rahmen der Prüfung des Feststellungsbeschlusses gezeigt,[191] ist das Verhalten des österreichischen Bundespräsidenten mindestens als konkludente Zustimmung zur Durchführung eines nur schriftlichen Verfahrensablaufs durch billigendes Unterlassen anzusehen. Das Schweigen des Bundespräsidenten ist im übrigen ebenso als Verzicht auf die Erhebung von Einwendungen zu deuten, da dies notwendigerweise positives Tun voraussetzt. Ein Opponieren gegen die Maßnahmen in dieser Form hat es aber von Seiten des Bundespräsidenten – der dafür seine Gründe hatte – nicht gegeben. Wegen der persönlichen Mitteilung des beabsichtigten Handlungsablaufs, einschließlich des Inhalts der späteren Erklärung der XIV, war gegenüber Österreich die Setzung einer längeren Frist ebenfalls unnötig. Einwendungen gegen die Veröffentlichung der Erklärung – und damit indirekt gegen den gesamten Entscheidungsprozeß – hätte der Bundespräsident, so er denn gewollt hätte, unschwer in dem Telefonat erheben können, das von der portugiesischen Ratspräsidentschaft in ihrem Aktionsprogramm für den Mittag des 31.01.2000

[189] Zutreffend *Münch*, Die gemeinsame Aktion als Mittel der GASP, 1997, S. 126 f., mit Hinweis auf die Anlage II der Schlußfolgerungen des Allgemeinen Rates vom 26.10.1993, u.a. veröffentlicht in: Dokumentation des Auswärtigen Amtes zur GASP, 1994, S. 142 f.
[190] S.o. unter § 4 C.II.1.b.dd, S. 80-84.
[191] S.o. unter § 4 C.II.1.b.dd, S. 82.

avisiert wurde und – mangels gegenteiliger Angaben – mutmaßlich geführt wurde.

Mithin entspricht die Erklärung der XIV – mit Ausnahme der für die formelle Rechtmäßigkeit unerheblichen formellen textlichen Kennzeichnung und der üblichen Praxis einer späteren Veröffentlichung im Amtsblatt L der EU – allen Verfahrensvoraussetzungen für die Annahme eines gemeinsamen Standpunktes im vereinfachten schriftlichen Verfahren i.S.d. Art. 15 1, 23 I EUV i.V.m. Art. 10 IV GORat.

bb. Verbindlichkeit für die Mitgliedstaaten

Aus dem Wortlaut sowie dem subjektiven Willen der Beteiligten ergibt sich eine Bindungswirkung der Erklärung der XIV mindestens auf der Sekundärebene, d.h. zwischen den XIV. Sollte es sich bei der Erklärung um einen gemeinsamen Standpunkt handeln, müßte dieser – *argumentum e contrario* – ebenfalls eine bindende Wirkung der einen oder anderen Art für die Mitgliedstaaten der Europäischen Union entfalten können.

Die rechtliche Verbindlichkeit gemeinsamer Standpunkte könnte sich direkt aus dem Wortlaut des Art. 15 EUV ergeben. Dieser enthält jedoch selbst keine ausdrückliche Aussage über die Bindungswirkung gemeinsamer Standpunkte. Wie ein Vergleich mit den Regelungen der gemeinsamen Aktion zeigt, ist nur für diese die Verbindlichkeit durch Art. 14 III EUV ausdrücklich normiert worden. Daraus könnte im Umkehrschluß gefolgert werden, daß gemeinsame Standpunkte mangels positiv rechtlicher Anordnung an sich nicht über eine rechtliche Bindungswirkung verfügen.[192]

Allerdings sind die Mitgliedstaaten nach Art. 15 3 EUV verpflichtet, dafür Sorge zu tragen, „daß ihre einzelstaatliche Politik mit den gemeinsamen Standpunkten in Einklang steht". Zusammen mit der Funktion gemeinsamer Standpunkte, eine Bündelung der Außen- und Sicherheitspolitiken der Mitgliedstaaten herbei-

[192] Für eine nur politische Wirkung gemeinsamer Standpunkte: *Müller-Graff*, CMLRev XXXI (1994), S. 509; *Stein*, FS Bernhardt, 1995, S. 1136; *Streinz*, Rechtsgrundlagen, Aufgaben und Handlungsbefugnisse der EU, in: Hummer, Die Europäische Union und Europa, 1994, S. 41; *ders.*, Europarecht, 3. Aufl., 1996, Rdnr. 423b. – *Ders.*, Europarecht, 5. Aufl., 2001, Rdnr. 422b, spricht jetzt aber von „völkerrechtlicher Verbindlichkeit für die Staaten der Union".

zuführen, ist in dieser Verpflichtung zumindest eine indirekte völkerrechtliche Bindung der Mitgliedstaaten in Form von Förderungspflichten ("*promotional obligations*") und der Beachtung des Estoppel-Prinzips, des Verbots eines *venire contra factum proprium*,[193] zu sehen.[194] Zudem liegt in der Zustimmung der Mitgliedstaaten die Übernahme der Verpflichtung zur Umsetzung auf einer – dem privatrechtlichen Gesellschaftsvertrag ähnlichen – *konsensualen Grundlage*, ohne jedoch ein Synallagma zwischen eigenen und fremden Pflichten zu begründen. Dies resultiert daraus, daß Beschlüsse der GASP regelmäßig das Ergebnis eines Kompromißfindungsprozesses sind und die Mitgliedstaaten für sich allein möglicherweise andere Handlungsoptionen gewählt hätten. Mit anderen Worten: Die Mitgliedstaaten binden sich allein deshalb, weil sich auch die übrigen Mitgliedstaaten gebunden haben. Diese Bindungswirkung ist dabei nicht nur auf einstimmig angenommene Beschlüsse beschränkt. Bei den nach Art. 23 I UAbs. 1 2 EUV mit Stimmenthaltung zustande gekommenen Maßnahmen ergibt sie sich zusammen mit der ursprünglichen, einstimmigen Annahme des Unionsvertrages aus dem Unterlassen, eine abweichende Erklärung abzugeben, die einen Wegfall der Bindung zur Folge hätte. Bei den nach Art. 23 II EUV mit qualifizierter Mehrheit zustande gekommenen Maßnahmen ergibt sie sich aus der Nichtausübung der Möglichkeit der Verhinderung einer solchen Mehrheitsabstimmung nach Art. 23 II UAbs. 1 2 EUV, also der stillschweigenden Zustimmung zum Überstimmtwerden.[195] Die Setzung konkreter Maßnahmen ist von dieser Bindungswirkung jedoch nicht umfaßt; diese bleiben der Annahme gemeinsamer Aktionen vorbehalten.[196]

---

[193] Vgl. zu den Einzelheiten des zu den allgemeinen Völkerrechtsgrundsätzen zählenden Prinzips: *Ipsen*, Völkerrecht, 1999, § 18, Rdnr. 7, S. 203. Im Unionsrecht ist es durch Art. 3 II 1 EUV verankert, nach dem die Vertragstaaten die Kohärenz der außenpolitischen Maßnahmen mit sonstigen Unions- oder Gemeinschaftspolitiken zu beachten haben, d.h. sich in diesem Bereich widerspruchsfrei zu verhalten – vgl. *Schweitzer/Hummer*, Europarecht, 1996/1999, Rdnr. 973; *Pechstein/Koenig*, Europäische Union, 2000, Rdnr. 234.

[194] Vgl. *Krenzler/Schneider*, EuR 1994, S. 151; *Thun-Hohenstein*, Der Vertrag von Amsterdam, 1997, S. 65; *Semrau*, Die GASP der EU, 1998, S. 66; *Schweitzer/Hummer*, Europarecht, 1996/1999, Rdnr. 973, 1826; *Oppermann*, Europarecht, 1999, Rdnr. 582; *Pechstein/Koenig*, Europäische Union, 2000, Rdnr. 234; *Pechstein*, Beschlüsse im Rahmen der GASP und deutsches Verfassungsrecht, in: Geiger, Völkerrechtlicher Vertrag und staatliches Recht, 2000, S. 33; Schwarze-*Krück*, EU-Komm., 2000, Art. 11-28 EUV, Rdnr. 15; jetzt auch *Streinz*, Europarecht, 2001, Rdnr. 422b.

[195] *Pechstein*, Beschlüsse im Rahmen der GASP und deutsches Verfassungsrecht, in: Geiger, Völkerrechtlicher Vertrag und staatliches Recht, 2000, S. 34 f.

[196] Vgl. Calliess/Ruffert-*Cremer*, EUV/EGV, 1999, Art. 15 EUV, Rdnr. 2.

Abstrakt sind gemeinsame Standpunkte folglich geeignet, einen Bindungsgrad zu erzielen, der dem Umfang des zwischen den XIV bestehenden mindestens entspricht. Der konkrete Inhalt der Erklärung ging jedoch über die bloße Bündelung der gemeinsamen Politik gegenüber Österreich in dieser Frage weit hinaus. Gerade durch die Erklärung sollte das konzertierte Vorgehen aller 14 Staaten vorbereitet und durchgeführt werden. Die Erklärung sollte gegenüber Österreich klar zum Ausdruck bringen, daß es sich hierbei um eine gemeinsame Position aller übrigen Staaten der Europäischen Union handelte und daß man es seitens Österreichs im Falle des Bedingungseintritts mit dem geschlossenen Widerstand der XIV zu tun bekäme. Gleichzeitig war die Erklärung das Mittel, mit dem die starken Befürworter der Maßnahmen und Wortführer der XIV – Belgien, Deutschland, Frankreich, Portugal – die unentschlossenen, meist skandinavischen Staaten, während der Dauer der Maßnahmen zurück in die Phalanx zwingen konnten.

Insgesamt geht die Erklärung in ihrer Wirkung und ihrer Zielsetzung über die bloße Festlegung von Richtlinien oder die Koordinierung einzelstaatlicher Politiken weit hinaus. Sie ist eine detaillierte Handlungsanweisung für den Fall „Regierungsbeteiligung FPÖ“ mit einem konkreten Maßnahmenkatalog, der für alle Urheber der Erklärung verbindlich ist. Solche Rechtsakte unterfallen jedoch bereits dem Begriff der gemeinsamen Aktion i.S.d. Art. 14 EUV, so daß die Erklärung der XIV keinen bloßen gemeinsamen Standpunkt i.S.d. Art. 15 EUV darstellt.

c. Gemeinsame Aktion – Art. 14 EUV

„Gemeinsame Aktionen betreffen spezifische Situationen, in denen eine operative Aktion der Europäischen Union für notwendig erachtet wird“.[197] Nach ihrem Wirkungsgrad stellen sie das weitreichendste Mittel zur Durchführung der GASP der Europäischen Union dar.[198]

Während gemeinsame Standpunkte die Außen- und Sicherheitspolitiken der Mitgliedstaaten nur koordinieren und bestenfalls bündeln sollen, sind gemeinsame Aktionen die Bausteine, aus denen die strategischen Vorhaben der EU be-

---

197 Art. 14 I 2 EUV.

198 *Münch*, Die gemeinsame Aktion als Mittel der GASP, 1997, S. 92, nennt sie schlicht „das Handlungsmittel der GASP“.

stehen;[199] durch sie soll eine Außen- und Sicherheitspolitik der Tat ermöglicht werden.[200] Als ihrer Natur nach flexibles Mittel sind gemeinsame Aktionen dazu geeignet, sowohl eine mittel- bis langfristige politische Strategie zu verfolgen als auch auf plötzlich eintretende politische Krisen schnell zu reagieren.[201]

Grundlagen gemeinsamer Aktionen sind – ebenso wie bei gemeinsamen Standpunkten – die vom Europäischen Rat beschlossenen gemeinsamen Grundsätze, allgemeinen Leitlinien und gemeinsamen Strategien. Diese werden durch die Annahme gemeinsamer Aktionen vom RdEU in konkrete Handlungsvorgaben und Handlungsziele umgesetzt. Wie bei den gemeinsamen Standpunkten hat es sich in der Praxis jedoch durchgesetzt, gemeinsame Aktionen auch ohne vorherige Verabschiedung von allgemeinen Grundlagen durch den Europäischen Rat direkt auf Bestimmungen der Verträge zu stützen.[202]

aa. Verfahren für die Annahme und notwendiger Regelungsgehalt

Gemeinsame Aktionen teilen mit den gemeinsamen Standpunkten weite Teile der formellen Verfahrensvoraussetzungen. So sind neben dem Initiativrecht[203] auch das Beschlußverfahren[204] und die üblicherweise erfolgende Veröffentlichung und Kennzeichnung[205] mit denjenigen für die Annahme von gemeinsamen Standpunkten identisch. Unterschiede ergeben sich dagegen bei den notwendigen inhaltlichen Regelungen, die eine gemeinsame Aktion enthalten muß. Gemäß Art. 14 I 3 EUV sind bei der Annahme von gemeinsamen Aktion bereits „ihre Ziele, ihr Umfang, die der Union zur Verfügung zu stellenden Mittel sowie die Bedingungen und erforderlichenfalls der Zeitraum für ihre Durchführung" festzulegen.

Auf die Erklärung der XIV übertragen, bedeutet dies zunächst, daß der vorgesehene Verfahrensweg zur Annahme einer gemeinsamen Aktionen eingehalten wurde: Auch in diesem Fall ist – unter Anwendung der im Rahmen der Prüfung

---

[199] Vgl. *Pechstein/Koenig*, Europäische Union, 2000, Rdnr. 240.
[200] Calliess/Ruffert-*Cremer*, EUV/EGV, 1999, Art. 14 EUV, Rdnr. 1.
[201] *Fink-Hooijer*, EJIL 5 (1994), S. 181.
[202] Vgl. Schwarze-*Krück*, EU-Komm., 2000, Art. 11-28 EUV, Rdnr. 18; zur Praxis gemeinsamer Aktionen vgl. die ausführliche Darstellung bei Calliess/Ruffert-*Cremer*, EUV/EGV, 1999, Art. 14 EUV, Rdnr. 2-5.
[203] Art. 22 I EUV.
[204] Art. 23, 22 II EUV.
[205] Art. 15 III bzw. Anhang II lit. C, b) GORat.

der Beschlußfassung eines Feststellungsbeschlusses nach Art. 7 I, IV EUV und der Annahme eines gemeinsamen Standpunktes gewonnenen Ergebnisse[206] – die Annahme einer gemeinsamen Aktion auf dem Weg des vereinfachten schriftlichen Verfahrens i.S.d. Art. 10 IV GORat auf den Vorschlag der portugiesischen Ratspräsidentschaft hin und unter billigendem Schweigen des österreichischen Bundespräsidenten konstruierbar.
Dagegen sind in der Erklärung zu den nach Art. 14 I 3 EUV in gemeinsamen Aktionen zwingend zu treffenden inhaltlichen Angaben nur sehr lückenhafte Ausführungen gemacht worden. Zwar könnte im Maßnahmentrias der Erklärung noch die Festlegung des Umfanges der Maßnahmen sowie der Mittel, die zur Zweckerreichung eingesetzt werden sollen, gesehen werden. Eine Darstellung der Ziele[207] oder eine Angabe zur angestrebten Dauer der Maßnahmen[208] fehlen dagegen völlig.

Von diesem Defizit abgesehen, unterfällt der Beschluß konkreter, die Mitgliedstaaten bindender Maßnahmen, d.h. operativer Aktionen, zur Lösung eines bestehenden außen- oder sicherheitspolitischen Problembereichs, die auf gemeinsame Grundsatzentscheidungen des Europäischen Rates oder – wie in der Praxis üblich – auf Vorschriften der Verträge gestützt werden, dem Regelungsinhalt gemeinsamer Aktionen i.S.d. Art. 14 EUV: Durch ihren in Form der Erklärung veröffentlichten Beschluß haben die XIV den Problemkreis einer angenommenen Grundwerteverletzung durch die Beteiligung der FPÖ an der Regierung Österreichs inhaltlich bestimmt und auf diesen in Form der Festlegung eines Maßnahmenkatalogs reagiert. Dieser Katalog ist aufgrund seines normativen Inhalts für die XIV mit dem Eintritt der aufschiebenden Bedingung – der Regie-

---

[206] S.o. unter § 4 C.II.1.b.dd, S. 80, bzw. § 4 C.II.2.b.aa, S. 88.

[207] Über die Ziele scheint man sich unter den XIV selbst nicht einig gewesen zu sein: Für Frankreich stand außenpolitisch – neben anderen, innenpolitischen Gründen – offenbar der weitere Einigungsprozeß innerhalb der Union im Vordergrund (vgl. „Das uralte Schwanken: Frankreichs ambivalentes Österreich-Bild“, *Die Presse* vom 4.03.2000), für Deutschland das „Wehret den Anfängen!“ (vgl. die Aussage von Außenminister *Fischer*, in: „Welche Exit-Strategie hat Herr Schüssel?“, *Die Presse* vom 10.03.2000) und für die portugiesische Ratspräsidentschaft die Osterweiterung der EU (vgl. „Österreich tut, was es will“, Interview mit dem portugiesischen Premierminister *Guterres*, in: *Der Spiegel* 7/2000 vom 14.02.2000).

[208] Hier reicht die Bandbreite von der Unterstützung der (österreichischen) Forderung nach Aufhebung Anfang Mai auf dem Gipfel von São Miguel bis hin zu der Fortsetzung der Beobachtung über die Aufhebung der aktiven Maßnahmen am 12.09.2000 hinaus.

rungsbeteiligung der FPÖ – verbindlich geworden,[209] so daß auch dies mit der Wirkung einer gemeinsamen Aktion nach Art. 14 III EUV übereinstimmt.[210]

bb. Zwischenergebnis

Insgesamt läßt sich wiederum zweierlei feststellen: Erstens handelt es sich bei der Erklärung nicht um eine gemeinsame Aktion i.S.d. Art. 14 EUV. Selbst wenn man die Praxis, die Annahme von Handlungsformen im Rahmen der GASP direkt auf Bestimmungen der Verträge zu gründen, als formale Grundlage genügen läßt und gemeinsame Grundsatzentscheidungen des Europäischen Rates nicht als in jedem Fall notwendig erachtet, fehlen für eine Einordnung als gemeinsame Aktion die nach Art. 14 I 3 EUV notwendigen Festsetzungen über Ziele und Dauer der Maßnahmen.

Zweitens bestehen auch hier – wie bereits bei der Prüfung des möglichen Vorliegens eines Feststellungsbeschlusses i.S.d. Art. 7 I, IV EUV – nur leichte Abweichungen von den vorgeschriebenen formellen Voraussetzungen zur Annahme einer gemeinsamen Aktion gemäß Art. 14, 22, 23 EUV. Im großen und ganzen stimmen Verfahren und Inhalt der Erklärung mit dem einer gemeinsamen Aktion überein, im Detail – in diesem Fall beim Inhalt – fehlt es dann jedoch an notwendigen Bestandteilen. Erneut drängt sich der Eindruck auf, es habe ein Griff in die Kiste mit den Bestandteilen der möglichen Rechtsaktsformen stattgefunden, die dann – einer bestimmten Finalität gehorchend – möglichst passend zusammengesetzt wurden, ohne jedoch ganz komplett zu sein.

III. Rechtsakte sui generis

1. „Uneigentlicher Ratsbeschluß"

Zusätzlich zu den in EGV und EUV ausdrücklich normierten Handlungsformen haben sich andere, gewohnheitsrechtlich anerkannte Formen etabliert. Diese liegen teilweise innerhalb, teilweise außerhalb des Europarechts.[211] Diejenigen Rechtsakte, die sich außerhalb des Europarechts befinden, unterfallen dem Be-

[209] Vgl. oben unter § 3 C.III, S. 45.
[210] Ebenso bzgl. der durch die Erklärung der XIV entfalteten Bindungswirkung auch *Winkler*, ZÖR 55 (2000), S. 243.
[211] Vgl. die Zusammenstellung bei *Oppermann*, Europarecht, 1999, Rdnr. 577-591.

reich des Völkerrechts,[212] wobei sie jedoch stets eine enge Verknüpfung zu europarechtlichen Bezügen aufweisen.[213]
Wichtigste Form der außerhalb des Gemeinschafts- wie des Unionsrechts liegenden Rechtsakte *sui generis* sind die sogenannten „uneigentlichen Ratsbeschlüsse“. So werden die für die Mitgliedstaaten verbindlichen Beschlüsse der im Rat vereinigten Vertreter der Regierungen der Mitgliedstaaten genannt, die nicht vom Rat in seiner Eigenschaft als Organ, sondern von dessen Mitgliedern „anläßlich“ einer Ratssitzung gefaßt werden.[214] Die Beschlüsse sind damit gemeinsame Akte der Gesamtheit der Mitgliedstaaten und nicht den Gemeinschaften zuzurechnen.[215] Aus historischer Sicht wurden solche Beschlüsse insbesondere in den sechziger Jahren immer dort angewendet, wo die Rechtsgrundlage des Vertrages nach Ansicht der Ratsmitglieder nicht ausreichte, gleichwohl aber zur Verwirklichung der Vertragsziele eine Regelung notwendig erschien.[216]

Die Bandbreite uneigentlicher Ratsbeschlüsse umfaßt die verschiedensten Materien und reicht von Personalakten, wie etwa der Ernennung von Richtern oder Generalanwälten am EuGH nach Art. 223 I EGV, bis hin zu politischen Grundsatzentscheidungen, wie der Vereinbarung der beschleunigten Einführung der Zollunion 1960.[217] Hervorragendste Charakteristika dieser Beschlüsse sind ihre Annahme durch die mit dem Rat personell identischen Vertreter der Regierungen der Mitgliedstaaten, ihre Nähe zum Gemeinschaftsrecht und ihre Bindungswirkung für alle Beteiligten.

Zum Zwecke der Verabschiedung von uneigentlichen Ratsbeschlüssen wandelt sich die normale Tagung des RdEU für kurze Zeit zu einer internationalen Konferenz von Vertretern der souveränen Mitgliedstaaten. Die Vertreter der Mitgliedstaaten ändern ihre Handlungsidentität von „Teil des gemeinschaftsrechtlichen Organs Rat“ zu „bevollmächtigtem Vertreter“ (von Belgien, Dänemark,

---

212 Vgl. *Kaiser*, FS Ophüls, 1965, S. 107; *Bleckmann*, Europarecht, 1997, Rdnr. 478; im Ergebnis auch: *Schweitzer/Hummer*, Europarecht, 1996/1999, Rdnr. 183; *Oppermann*, Europarecht, 1999, Rdnr. 585.
213 Vgl. *Kaiser*, FS Ophüls, 1965, S. 119; *Bebr*, SEW 14 (1966), S. 545; *Meng*, Das Recht der Internationalen Organisationen, 1979, S. 95; *Bothe*, FS Schlochauer, 1981, S. 762.
214 *Mortelmans*, CMLRev XI (1974), S. 62; *Oppermann*, Europarecht, 1999, Rdnr. 584.
215 *Bothe*, FS Schlochauer, 1981, S. 762.
216 *Bebr*, SEW 14 (1966), S. 530; *Mortelmans*, CMLRev XI (1974), S. 62; *Everling*, GS Constantinesco, 1983, S. 135.
217 Vgl. die Kategorisierung bei *Bleckmann*, Europarecht 1997, Rdnr. 479, sowie die Beispiele bei *Schweitzer/Hummer*, Europarecht, 1996/1999, Rdnr. 182.

Deutschland usw.). Dies hat nicht nur Folgen für die rechtlichen Grundlagen, in deren Rahmen sich diese Konferenz bewegt, sondern insbesondere auch für die geltenden Beschlußmechanismen: Die Abstimmungsmodi des EGV oder EUV gelten in diesem Fall nicht. Als völkerrechtliche Konferenz gilt allein das Einstimmigkeitsprinzip des Art. 9 I WVK, so daß kein Staat gegen seinen Willen gebunden werden kann.[218]
Die Einordnung der Erklärung der XIV als „uneigentlicher Ratsbeschluß" scheitert bereits an diesen beiden Eigenschaften solcher Beschlüsse. Zum einen fehlt es an einem Beschluß im Rahmen – d.h. „anläßlich" – einer formellen Konferenz, bei der alle Vertreter präsent sind. Anders als in den in der GORat niedergelegten besonderen Beschlußverfahren für das Gemeinschafts- und Unionsrecht ist ein schriftliches Verfahren bei der Fassung eines Beschlusses der im Rat vereinigten Vertreter der Regierungen der Mitgliedstaaten nicht möglich. Dies resultiert daraus, daß die GORat nicht anwendbar ist, da es sich bei diesen Beschlüssen nicht um solche des RdEU handelt. Anstelle des Europarechts gelangt Völkerrecht zur Anwendung. Diesem sind aber schriftliche Verfahren bei der Annahme von Beschlüssen grundsätzlich fremd, da völkerrechtliche Abkommen regelmäßig das Ergebnis von Verhandlungen zwischen anwesenden Parteien sind.[219] Allenfalls internationale Organisationen können kraft ihrer festen Organisations- und Entscheidungsstrukturen vereinfachte Verfahren vorsehen; diese sind dann aber regelmäßig in ihren jeweiligen Statuten verankert.[220] Obwohl beispielsweise der EGV an verschiedenen Stellen uneigentliche Ratsbeschlüsse vorsieht oder doch zumindest voraussetzt,[221] ist eine besondere Regelung des Verfahrens uneigentlicher Ratsbeschlüsse in den europäischen Verträgen nicht enthalten. Daher können uneigentliche Ratsbeschlüsse nur unter Anwesenheit von Vertretern aller Mitgliedstaaten auf Konferenzen getroffen werden. Fehlt es – wie in diesem Fall – an einer solchen Zusammenkunft, ist die Fassung solcher Beschlüsse nicht möglich.

Zum anderen fehlt es dem der Erklärung der XIV zugrundeliegenden Beschluß an der notwendigen Einstimmigkeit. Wie aus der Darstellung der Ereignisse hervorgeht, hat der österreichische Bundespräsident in der Sache keine Stellungnahme abgegeben. Zwar kann dieses Schweigen mit guten Gründen als

[218] Anders etwa als durch die mit dem Vertrag von Amsterdam eingeführten Entscheidungen mit qualifizierter Mehrheit – vgl. zu diesen *Hilf/Pache*, NJW 1998, S. 710.
[219] Vgl. *Ipsen*, Völkerrecht, 1999, § 10, Rdnr. 8, S. 107.
[220] Vgl. *Seidl-Hohenveldern/Loibl*, Recht der IO, 2000, Rdnr. 1526.
[221] Beispielsweise in den Art. 214 II UAbs. 3 2 EGV, Art. 10 II UAbs. 3 2 EGKSV, Art. 127 II UAbs. 3 2 EAGV (Ernennung neuer Mitglieder der Kommission).

konkludente Billigung des Vorgehens der XIV interpretiert werden, es entspricht aber dennoch nur einer wohlwollenden Stimmenthaltung, die weniger ist, als eine – hier notwendige – ausdrückliche Zustimmung.

Insgesamt kann die Erklärung der XIV daher nicht als uneigentlicher Ratsbeschluß, als Beschluß der im Rat vereinigten Vertreter der Regierungen der Mitgliedstaaten, eingeordnet werden.

2. Europarechtliches „soft law"

Neben den uneigentlichen Ratsbeschlüssen, die als Rechtsakte aus dem Bereich des Völkerrechts zwar einen engen europarechtlichen Bezug aufweisen, sich aber dennoch insgesamt außerhalb des eigentlichen Europarechts befinden, existieren auch innerhalb des Europarechts aus dem Völkerrecht abgeleitete und gewohnheitsrechtlich anerkannte Akte *sui generis*, die unter dem Begriff des „soft law" zusammengefaßt werden.[222] Obwohl diese Akte ihrer Herkunft nach ebenfalls dem Völkervertragsrecht entstammen, sind sie „nahezu untrennbar mit dem System der Gemeinschaft und ihrer Rechtsordnung verbunden";[223] sie können daher als *atypisches Gemeinschaftsrecht* bezeichnet werden.[224]

Die Bezeichnung solcher Akte variiert erheblich. Sie „treten unter einer verwirrenden Fülle von Titulaturen auf", beispielsweise als „Kommuniqué", „(Aktions-)Programm", „Übereinkommen", „Feststellung", „Entschließung" oder „Erklärung".[225] Ebenso variantenreich sind die möglichen Urheber[226] und Inhalte[227] von Handlungsformen des „weichen" Europarechts.[228]

---

[222] Vgl. die verschiedenen Definitionsansätze bei *Bothe*, FS Schlochauer, 1981, S. 769; *Everling*, GS Constantinesco, 1983, S. 150; *Wellens/Borchardt*, ELRev 14 (1989), S. 274; *Heusel*, „Weiches" Völkerrecht, 1991, S. 42-45. Zur Herleitung und Geschichte des soft law im Völker- und Europarecht vgl. *Wellens/Borchardt*, ELRev 14 (1989), S. 267-285, 293-296.
[223] *Wuermeling*, EuR 1987, S. 237.
[224] *Everling*, Probleme atypischer Rechts- und Handlungsformen, in: Bieber/Ress, Die Dynamik des Europäischen Gemeinschaftsrechts, 1987, S. 421 [Hervorhebung vom Verf.]. Diese Bezeichnung dürfte auch auf das Unionsrecht auszudehnen sein, so daß es gerechtfertigt erscheint, nunmehr von *atypischem Europarecht* zu sprechen.
[225] *Oppermann*, Europarecht, 1999, Rdnr. 481.
[226] Bei ihnen handelt es sich aber stets um Vertreter der Mitgliedstaaten, die entweder als Teil der beiden Räte – des RdEU oder des Europäischen Rates bzw. ihrer jeweiligen historischen Vorläufer –, als Teil einer Regierungskonferenz oder in einer Doppelrolle, teils als Ratsmitglied, teils als Regierungsvertreter, handeln.

Zu prüfen ist daher, ob die Erklärung der XIV nach ihrer Entstehung, ihrem Inhalt, dem Maß an Verbindlichkeit, die sie für ihre Urheber hatte, und ihrer Wirkung für Österreich als soft law einzuordnen ist.

a. Voraussetzungen und Wirkungen des soft law

Gemeinsames Kennzeichen aller dieser, unter so verschiedenen Bezeichnungen auftretenden und von so unterschiedlichen Urhebern stammenden Handlungen des Gemeinschafts- und Unionsrechts sind ihre auf den politischen Bereich beschränkte Wirkung und das Fehlen jedweder rechtlichen Verbindlichkeit und Durchsetzbarkeit.[229] Dennoch sind die Handlungen nicht schlechthin unverbindlich. Sie erzeugen zwischen den Mitgliedstaaten je nach dem politischen Kontext mehr oder weniger starke „Verpflichtungen" durch Verhaltenserwartungen auf der politisch-moralischen Ebene.[230] Dies entspricht der Tradition internationaler Organisationen, durch pararechtliche Normen Verhaltenserwartungen in Form von "*gentlemen's agreements*", Konventionen o.ä. zu schaffen.[231]

Im Bereich des Europarechts manifestiert sich dies in Form der von den neuen Mitgliedstaaten jeweils eingegangenen Verpflichtung zur Beachtung der Grundsätze und Leitlinien, die sich aus den bisherigen Erklärungen, Entschließungen oder sonstigen Stellungnahmen der Union ergeben.[232] Mit dieser politischen Bindung an die prinzipiell rechtlich unverbindlichen Akte des europarechtlichen

---

[227] Die „schier unüberschaubare Vielfalt" (*Everling*, GS Constantinesco, 1983, S. 143) reicht hier von unmittelbar zum Gemeinschaftsrecht gehörenden Bereichen bis zu allgemein die Integrationsbemühungen fördernden Beschlüssen.

[228] Vgl. die Übersichten bei *Everling*, GS Constantinesco, 1983, S. 141-143.

[229] Vgl. *Bothe*, FS Schlochauer, 1981, S. 769: Er hält den Ausdruck insgesamt für unglücklich, da „er das mit ihm zu beschreibende Phänomen nur unvollkommen wiedergibt"; es handele sich eben gerade nicht um "law", sondern um Normen nicht-rechtlicher Art; ferner *Wellens/Borchardt*, ELRev 14 (1989), S. 296; *Oppermann*, Europarecht, 1999, Rdnr. 586.

[230] *Bothe*, FS Schlochauer, 1981, S. 768, 769.

[231] Vgl. *Bothe*, NYIL XI (1980), S. 75-85.

[232] Vgl. Art. 4 III der Beitrittsakte zur Aufnahme Finnlands, Österreichs und Schwedens (BGBl. II 1994, S. 2031): „(3) Die neuen Mitgliedstaaten befinden sich hinsichtlich der Erklärungen, Entschließungen oder sonstigen Stellungnahmen des Europäischen Rates oder des Rates sowie hinsichtlich der die Gemeinschaften oder die Union betreffenden Erklärungen, Entschließungen oder sonstigen Stellungnahmen, die von den Mitgliedstaaten im gegenseitigen Einvernehmen angenommen wurden, in derselben Lage wie die derzeitigen Mitgliedstaaten; sie werden demgemäß die sich daraus ergebenden Grundsätze und Leitlinien beachten und die gegebenenfalls zu ihrer Durchführung erforderlichen Maßnahmen treffen.".

soft law kommen die neuen Mitgliedstaaten der Verhaltenserwartung der alten Mitgliedstaaten entgegen, ohne diesen Akten rechtliche Verbindlichkeit über das bereits existierende Maß hinaus zu verleihen.[233] Ihre Grenze finden solche Regelungen, die wegen ihrer fehlenden rechtlichen Durchsetzbarkeit stets nur *praeter legem* aber niemals *contra legem* möglich sind, indessen in den verbindlichen Regelungen des Europarechts; es wäre unzulässig, wenn sich die Mitgliedstaaten politisch zu einem Verhalten verpflichteten, das gemeinschaftsrechtlich verboten ist.[234]

Ihre Ursache findet die Befolgung solcher an sich unverbindlichen Regelungen in zweierlei Gründen: erstens in der Internalisierung der Normen durch die verantwortlichen Akteure, zweitens in der Furcht vor nachteiligen, zumeist inoffiziellen politischen Konsequenzen.[235] In einem funktionierenden politischen System, wie dem der Europäischen Union, ist ein so ausgeprägtes gemeinsames Rechtsbewußtsein vorhanden, daß eine Nichtbefolgung von Normen – seien sie rechtlich verbindlich oder nicht – regelmäßig gar nicht erst zur Debatte steht. Von nicht geringerem Einfluß ist aber auch der zweite Grund. Die Gefahr, sich außerhalb der sicheren Mitte der Mehrheit wiederzufinden, und die Furcht vor den hiervon ausgehenden außen- und insbesondere innenpolitischen Folgen, etwa einer negativen öffentlichen Meinung, ist oftmals ein wesentliches Kriterium für die Entscheidung, sich an die vorgegebenen Regelungen zu halten und auf diese Weise den Verhaltenserwartungen nachzukommen.

Von dieser rechtlichen Unverbindlichkeit im Innenverhältnis muß jedoch die Wirkung im Außenverhältnis unterschieden werden. In der äußeren Wirkung ist eine Entfaltung von Rechtsfolgen bei Akten des soft law denklogisch möglich, wenn auch wegen der regelmäßig auf den Kreis der ursprünglich Beteiligten gerichteten Zielsetzung eher selten. Die Feststellung von Rechtsfolgen gegenüber Dritten steht einer Einordnung solcher Akte als soft law daher aber insgesamt nicht entgegen. Insbesondere gilt dies für jene Fälle, in denen die gewählte „weiche“ Handlungsform nur zur Umgehung der eigentlich zur Verfügung stehenden „harten“ dienen soll.

---

[233] Vgl. *Puissochet*, The Enlargement of the European Communities, 1975, S. 146; *Everling*, GS Constantinesco, 1983, S. 148; *Wellens/Borchardt*, ELRev 14 (1989), S. 297; EuGH, Rs. 44/84 (*Hurd ./. Jones*), Slg. 1986, 29 (79).
[234] *Bothe*, FS Schlochauer, 1981, S. 774.
[235] *Bothe*, ebd., S. 771.

b. Bindungswirkung der Erklärung für ihre Urheber

Für die Erklärung der XIV ist folglich zu untersuchen, ob die konstatierte Bindungswirkung der Erklärung im Innenverhältnis eine echte rechtliche Verpflichtung begründet hat oder lediglich die Erfüllung einer Verhaltenserwartung zwischen den XIV darstellte.

Die Primärebene – das Verhältnis der XIV zu Österreich – kann bei dieser Untersuchung außer Betracht bleiben: Mit der Erklärung sollte gerade die Trennung zwischen der Mehrheit und dem einzelnen „Abtrünnigen“ nach außen hin manifestiert werden. Eine gemeinsame politisch-moralische Verpflichtung, die alle 15 Mitgliedstaaten zu einem bestimmten Verhalten bewegen sollte und die eine gemeinsame Verhaltenserwartung aller gegenüber allen begründet haben könnte, ist somit von vornherein ausgeschlossen. Allein zwischen den XIV, d.h. auf der sekundären Wirkungsebene, kann die Erklärung überhaupt eine wie auch immer geartete Verhaltenserwartung geschaffen haben.

Ausgehend von formalen Gesichtspunkten liegt es nahe, das Dokument wegen seiner Bezeichnung als „Erklärung“ dem soft law zuzuordnen, da eine solche Titulierung – ebenso wie diejenige als „Empfehlung“ – regelmäßig Kennzeichen von unverbindlichen Akten ist.[236] Diese Beurteilung wird vom normativen Inhalt[237] sowie der durch die XIV dem Dokument subjektiv beigemessenen Verpflichtungswirkung[238] gestützt. Zwar wurde in der Erklärung ein verbindlicher Maßnahmenkatalog festgelegt, einhergehend mit dem ebenfalls verbindlichen Gebot, diesen bei Bedingungseintritt auch umzusetzen. Durch die Umgehung des speziellen unionsrechtlichen Sanktionsverfahrens i.S.d. Art. 7 EUV begab man sich jedoch bewußt aus dem Bereich des „harten“ Unionsrechts heraus und verlagerte seine Handlungen in das formell-rechtlich weniger strenge soft law. Wie beschrieben, stand der Annahme eines regulären Feststellungsbeschlusses die Notwendigkeit einer vorherigen Zustimmung des EP sowie die ebenfalls vorherige Anhörung des betroffenen Staates und die damit verbundene zeitliche Verzögerung entgegen. Gleichzeitig wurde der gewählte Verfahrensablauf und die behauptete materiellrechtliche Grundlage – eine Verletzung der gemeinsa-

---

236 Vgl. *Bothe*, FS Schlochauer, 1981, S. 766, für den diese Bezeichnungen eine Unverbindlichkeit „nahelegen“.
237 S.o. unter § 3 C.III., S. 45.
238 Insbesondere der Auffassung, eine Rücknahme der Maßnahmen sei nur gemeinsam durch alle Urheberstaaten möglich – vgl. dazu die Aussagen *Rasmussens*, *Lipponens* und *Guterres'* (s.o. S. 72, Fn. 86).

men Grundwerte i.S.d. Art. 6 I EUV – weitestgehend an dessen formelle Verfahrensvoraussetzungen angenähert.[239] Die mangelnde rechtliche Bindungswirkung wurde durch eine moralische ersetzt, indem gemeinsame Werte und Normen beschworen wurden, die es galt, gegen alle Anfeindungen zu verteidigen. Die verpflichtende Wirkung, die dem hinter der Erklärung stehenden Beschluß von den XIV subjektiv beigelegt wurde, wurzelte nicht in der formalrechtlichen Durchsetzbarkeit dieser Verpflichtung, sondern im Gefühl der meisten Mitgliedstaaten – beispielsweise der außerhalb des harten Kerns der Befürworter stehenden skandinavischen Staaten – eine Tat für die europäische Einigung zu vollbringen, bei der niemand abseits stehen wollte oder konnte.[240]

Dazu traten innenpolitische Gründe: Frankreich und Belgien hatten selbst große Probleme, dem wachsenden Zulauf rechtsextremer Parteien in ihren Ländern zu begegnen; Deutschland fürchtete, neben der immer wieder angeführten moralischen Verpflichtung aus der jüngeren Geschichte, vor allem den „Spill-over"-Effekt, den eine Regierungsbeteiligung national-konservativer Kräfte auf die (innen-)politische Landschaft haben konnte.[241]

Das Bewußtsein der regierenden Eliten, in der Europäischen Union einen gemeinsamen Wertekonsens erzielt zu haben, den es galt, unter allen Umständen zu bewahren, gepaart mit der Furcht vor nachteiligen außen- oder innenpolitischen Konsequenzen durch die übrigen Staaten der XIV, war zunächst Ende Januar 2000 die treibende Kraft hinter dem Beschluß, deren sichtbares Ergebnis die Erklärung der XIV war. Die gleichen Motive veranlaßten die XIV, die Maßnahmen nach ihrem Inkrafttreten am 4.02.2000 bis zum September 2000 aufrechtzuerhalten, obwohl sie nur politisch-moralisch gebunden waren.

Damit ist festzuhalten, daß die Erklärung der XIV als Ergebnis eines rein politischen Willensbildungsprozesses über keine rechtliche Bindungswirkung im Innenverhältnis verfügte. Wenn sich die XIV in der Folge an die Vorgaben ihres Beschlusses hielten, so kamen sie damit nur einer politisch-moralischen Verhaltenserwartung nach.[242]

---

[239] Unter Ausschluß der für eine schnelle Reaktion inopportunen Verfahrensschritte oder inhaltlichen Regelungen.
[240] Vgl. *Schneider*, integration 23 (2000), S. 139: Ein Handeln im „Dienst der Idee des besseren Europas".
[241] Ausführlich zu diesen Motiven *Schneider*, integration 23 (2000), S. 129-133, 135; *Gehler*, Präventivschlag als Fehlschlag, in: Loth, Das europäische Projekt, 2001, S. 333 f.; 335-338.
[242] So im Ergebnis auch *Leidenmühler*, ZÖR 55 (2000), S. 305 f., der die Erklärung als "*gentlemen's agreement*" einstuft.

c. Zwischenergebnis

Wegen der ferner hinsichtlich der Identität der Urheber und des europarechtlichen Bezuges gegebenen Übereinstimmung der Erklärung mit den üblichen Formen des europäischen soft law ist die Erklärung der XIV diesem insgesamt zuzuordnen. Die bei der Beschlußfassung tätigen Staats- und Regierungschefs der XIV, die als Vertreter ihrer Staaten handelten, hätten sich in dieser Zusammensetzung – nur ergänzt um einen Vertreter Österreichs – ebenso als Rat der Europäischen Union statuieren können. Die Grundlage, auf die sich die Erklärung stützte, waren die gemeinsamen Grundwerte des Art. 6 I EUV (Freiheit, Demokratie, Achtung der Menschenrechte und Grundfreiheiten, Rechtsstaatlichkeit). Die von den XIV als Grund ihres Beschlusses dienende Behauptung einer Verletzung dieser Werte, betraf daher unmittelbar den Kernbereich des Unions- und Gemeinschaftsrechts.

Bei der Erklärung der XIV handelt es sich somit um einen Akt des europäischen soft law.

IV. Ergebnis

Als Ergebnis der Versuche, die Erklärung in ihrem formellen und normativen Erscheinungsbild in die durch das Gemeinschafts- und Unionsrecht ausdrücklich oder gewohnheitsrechtlich definierten Handlungsformen einzuordnen, kann folgendes festgestellt werden:

1. Wegen der uneingeschränkten Geltung des Prinzips der begrenzten Ermächtigung existiert für das Gemeinschaftsrecht außerhalb der Rechtsaktsformen des Art. 249 EGV kein Typenerfindungsrecht. Die Erklärung wies jedoch in keinem Fall eine vollständige Übereinstimmung mit den Voraussetzungen der dort enthaltenen Handlungsformen auf, so daß Rechtsakte des Gemeinschaftsrechts für die Identität der Erklärung insgesamt nicht in Betracht kommen.

2. Auch die Handlungsformen des Unionsrechts passen nicht zu Form und Inhalt der Erklärung. Bei zwei Handlungsformen, dem Feststellungsbeschluß i.S.d. Art. 7 I EUV und der gemeinsamen Aktion im Rahmen der GASP i.S.d. Art. 15 EUV, bestehen jedoch auffällige Gemeinsamkeiten mit den von den XIV gewählten Verfahrensschritten sowie der Regelungsreichweite und -grundlage der Erklärung.

Diese Übereinstimmungen sind dabei keineswegs zufällig. Sie sind vielmehr direktes Ergebnis des Versuchs der XIV, sich an den einschlägigen Verfahren des Unionsrechts so weit wie möglich zu orientieren. Ihre Grenze erreichen die festgestellten Übereinstimmungen dort, wo die als Vorbild genutzten Verfahren entweder der Beteiligung Dritter, insbesondere des Europäischen Parlaments, bedurft hätten (Feststellungsbeschluß) oder die angenommenen Folgen und Maßnahmen näher begründet und ein zeitlicher Rahmen ihrer Geltung hätten festgelegt werden müssen (gemeinsame Aktion).

3. Eine Einordnung der Erklärung als uneigentlicher Ratsbeschluß scheitert an dem für die Beschlußfassung angewendeten Verfahren. Ein Beschluß der im Rat vereinigten Vertreter der Regierungen der Mitgliedstaaten bedarf zu seiner Annahme grundsätzlich der persönlichen Anwesenheit und gemeinsamen Abstimmung aller Vertreter. An diesen Voraussetzungen mangelt es der im Wege des Umlaufverfahrens angenommenen Erklärung.

4. Die Erklärung ist dem europäischen soft law zuzuordnen. Sie entspricht nach der Art und Weise ihres Inhalts, der Identität ihrer Urheber und der Reichweite ihrer nur politisch-moralischen Verbindlichkeit allen relevanten Voraussetzungen dieser Handlungsform. Allerdings entfaltet sie – trotz ihrer Unverbindlichkeit im Innenverhältnis – für ihren Primäradressaten, die Republik Österreich, im Außenverhältnis mannigfaltige rechtliche Wirkungen. Deren Rechtmäßigkeit ist in der Folge an den Normen des Europarechts zu messen.

5. Die oben festgestellten Widersprüche zwischen Form und Wirkung der Erklärung – auf der Primärebene findet sich ein sehr stark an formalisierte Verfahren angelehnter Inhalt bei nur politisch-moralischer Bindungswirkung der Urheber untereinander, auf der Sekundärebene eine rechtliche Verbindlichkeit bei gleichzeitiger Umgehung formeller Verfahrensvoraussetzungen – lassen auf eine absichtliche Umgehung an sich einschlägiger Verfahren schließen, die an rechtliche Willkür grenzt.

D. Einordnung der übrigen Verlautbarungen

I. Mitteilung der Europäischen Kommission

Die Mitteilung der Kommission könnte als rein politische Absichtserklärung oder als rechtliche Vorfeldmaßnahme[243] des Sanktionsverfahrens gemäß Art. 7 EUV zu qualifizieren sein.

1. Umfang der Aufsicht durch die Kommission

Die Kommission ist grundsätzlich zur Abgabe von allgemeinen politischen Erklärungen im Rahmen ihrer Kompetenzen als „Hüterin der Verträge" i.S.d. Art. 7 I EUV, Art. 211 1. Spstr. EGV[244] in den Grenzen des ihr nach Art. 226 UAbs. 1 EGV[245] zukommenden Ermessens befugt.[246]

Ursprünglich beschränkte sich die Rolle der Kommission als Überwachungsorgan bei der Einhaltung der Verträge nach dem Wortlaut des Art. 211 EGV und der parallelen Regelungen der beiden anderen Gemeinschaftsverträge nur auf das Gemeinschaftsrecht.[247] Durch die Einführung des besonderen Sanktionsverfahrens bei Verletzung der gemeinsamen Grundwerte (Art. 7, 6 I EUV) ist diese Funktion weiter ergänzt worden, so daß nunmehr auch das grundsätzlich intergouvernementale Unionsrecht bezüglich der Einhaltung seiner fundamentalen Prinzipien der Überwachung durch die Kommission unterliegt.[248]

---

[243] So etwa *Leidenmühler*, ZÖR 55 (2000), S. 317; *Hummer/Obwexer*, europa blätter 2000, S. 56.

[244] Ebenso Art. 8 EGKSV, Art. 124 1. Spstr. EAGV.

[245] Ebenso Art. 88 UAbs. 1 EGKSV, Art. 141 UAbs. 1 EAGV.

[246] Vgl. *Hummer/Obwexer*, europa blätter 2000, S. 56; *Schorkopf*, DVBl. 2000, S. 1041.

[247] Umfassend zur Kommissionsaufsicht nach dem EGV: *Gil Ibáñez*, Commission Tools for the Supervision and Enforcement of EC Law other than Art. 169 TEC, Harvard Jean Monnet Working Paper 12/98.

[248] Vgl. *Schorkopf*, DVBl. 2000, S. 1040.

2. Zulässigkeit von Vorfeldmaßnahmen

Einhergehend mit der Schaffung einer eigenen *Unionsaufsicht*,[249] die aus dem Initiativrecht der Kommission bei der Einleitung des Feststellungsverfahrens nach Art. 7 I EUV gefolgert werden kann, wird von Teilen der Literatur die Zulässigkeit eigener rechtlicher *Vorfeldmaßnahmen* im Rahmen des Art. 7 EUV vertreten.[250] Es sei nicht hinnehmbar, daß sich eine Verletzung der Grundwerte bereits als schwerwiegend und anhaltend herausgestellt haben muß, bevor die Kommission oder die Mitgliedstaaten – als zweiter Träger der Unionsaufsicht – eingreifen könnten.[251]

Dieser Ansicht, der zwar eine grundsätzliche Berechtigung nicht abzusprechen ist, begegnen jedoch Bedenken hinsichtlich der Einhaltung der Verhältnismässigkeit sowie des notwendigen rechtsstaatlichen Verfahrens solcher Maßnahmen. Wenn, wie auch die Befürworter von Vorfeldmaßnahmen fordern,[252] diese stets verhältnismäßig sein müssen, stellt sich die Frage, welcher Raum für rechtmäßige Vorfeldmaßnahmen überhaupt bleibt.[253]

Bei Bestehen eines bloßen Gefahrenverdachts werden sich angemessene Maßnahmen, analog der Beurteilung eines rechtmäßigen Eingriffs bei Vorliegen eines Gefahrenverdachts im Polizei- und Ordnungsrecht,[254] in der Erforschung der dem Verdacht zugrundeliegenden Tatsachen erschöpfen müssen, d.h. in Nachforschungen bei der Regierung des der Verletzung von Grundwerten verdächtigen Mitgliedstaates durch Vertreter der Kommission oder der anderen Mitglied-

---

[249] Anders als im Gemeinschaftsrecht, bei dem die Kommission alleiniger Träger der Überwachungsfunktion ist, stützt sich die Unionsaufsicht auf zwei Träger: die Kommission und die Mitgliedstaaten – vgl. neben *Schorkopf*, ebd., *Hummer/Obwexer*, EuZW 2000, S. 488.

[250] *Hummer/Obwexer*, europa blätter 2000, S. 101; *Pernthaler/Hilpold*, integration 23 (2000), S. 109; *Schorkopf*, DVBl. 2000, 1040 f.; a.A. Schwarze-*Stumpf* , EU-Komm., 2000, Art. 7 EUV, Rdnr. 4: Die Gefahr einer Verletzung, die sich noch nicht konkret realisiert hat, reicht nicht aus.

[251] *Schorkopf*, DVBl. 2000, 1040 f.; s.a. *Hummer/Obwexer*, EuZW 2000, S. 489 – diese begründen dies ausdrücklich mit dem „ ‚*effet utile*‘ der Bestimmung“. *Dies.*, europa blätter 2000, S. 101, gehen dabei noch weiter, wenn sie auch dem Rat und dem Europäischen Parlament als Entscheidungsträgern der im Rahmen des Art. 7 EUV zu treffenden Beschlüsse das Recht zur Ergreifung von Vorfeldmaßnahmen einräumen wollen.

[252] Vgl. *Hummer/Obwexer*, europa blätter 2000, S. 101; *Schorkopf*, DVBl. 2000, S. 1041.

[253] Ebenfalls zweifelnd *Stein*, Arbeitspapier der Konrad-Adenauer-Stiftung 7/2000, S. 13.

[254] Vgl. HdBPolR-*Denninger*, 1996, E (Polizeiaufgaben), Rdnr. 38; *Friauf*, in: Schmidt-Aßmann, Bes. VerwR, 1999, Rdnr. 52, 52a; *Gusy*, Polizeirecht, 2000, Rdnr. 186.

staaten unter vollständiger Wahrung seiner territorialen Souveränität.[255] Sollte sich die Gefahr jedoch bereits durch äußere Anzeichen manifestiert haben, liegt in der Regel bereits ein Verstoß vor, für den dann das Verfahren des Art. 7 I EUV selbst einschlägig ist. Nur in den allerwenigsten Fällen wird sich eine reine Gefährdung von Grundwerten konstruieren lassen, die – zum Zeitpunkt einer verifizierbaren Kenntnis der Kommission oder anderer Mitgliedstaaten – nicht bereits in eine Verletzung umgeschlagen ist und vordem bereits mehr als ein bloßer Gefahrenverdacht war.

Für „ ‚abschreckende' Maßnahmen"[256] *vor* einer nachprüfbaren Verletzung dürfte bei Beachtung des Grundsatzes der Verhältnismäßigkeit somit kein Raum sein.[257] Ebenso ist fraglich, wie die „ausschließlich" (*Schorkopf*) bzw. „in erster Linie" (*Hummer/Obwexer*) in Betracht kommenden „Mitteilungen, Warnungen und Initiierungen öffentlicher Debatten"[258], die kraft ihrer Natur stets in die (Welt-)Öffentlichkeit hineinragten und dadurch immer einen gewissen stigmatisierenden Effekt für den betreffenden Staat mit sich brächten, noch verhältnismäßig sein könnten, wenn die Verletzung nicht von gewisser Dauer und Schwere, d.h. „anhaltend" und „schwerwiegend" i.S.d. Art. 6 I EUV, ist. Zudem gebietet der Grundsatz der Rechtsstaatlichkeit, der im übrigen auch zu den gemeinsamen Grundwerten des Art. 6 I EUV gehört, daß vor der Ergreifung jedweder Maßnahmen, unabhängig von ihrem Umfang oder ihrem Intensitätsgrad, dem betroffenen Staat als Ausfluß des allgemeinen Rechtsgrundsatzes *audiatur et altera pars* die Möglichkeit gegeben werden muß, sich zu den gegen ihn erhobenen Verdächtigungen zu äußern.[259]

---

[255] So auch *Rotter*, Europäische Rundschau 2000, S. 30.

[256] *Hummer/Obwexer*, europa blätter 2000, S. 101; *dies.*, EuZW 2000, S. 489 („ ‚Abschreckungsmaßnahmen' ").

[257] So auch Schwarze-*Stumpf*, EU-Komm., 2000, Art. 7 EUV, Rdnr. 4: Eine „konkrete Verletzung [muß] feststellbar sein; bloß zu vermutende allgemeine nachteilige Veränderung in einem Mitgliedstaat sind kein hinreichend genauer Anknüpfungspunkt".

[258] Übereinstimmend *Hummer/Obwexer*, europa blätter 2000, S. 101, und *Schorkopf*, DVBl. 2000, S. 1041.

[259] So ist etwa für die Einleitung des Vertragsverletzungsverfahrens i.S.d. Art. 226 EGV sowohl der Schutz der Mitgliedstaaten vor einer öffentlichen Stigmatisierung als auch die Einhaltung des Grundsatzes *audiatur et altera pars* ausdrücklich anerkannt. Voraussetzung für ein Tätigwerden der Kommission ist daher unter anderem, daß dem Mitgliedstaat ausreichend Gelegenheit gegeben wurde, seine Verteidigung vorzubereiten – vgl. Grabitz/Hilf-*Karpenstein/Karpenstein*, Kommentar zur EU, Bd. II, Stand: 2001, Art. 226 EGV, Rdnr. 48 mit Nachweisen zur Rspr. des EuGH.

Vor diesem Hintergrund können sich Vorfeldmaßnahmen allenfalls im internen Bereich des normalen diplomatischen Verkehrs zwischen der Kommission und dem Mitgliedstaat bzw. den Mitgliedstaaten untereinander bewegen. Präventive Maßnahmen in der Öffentlichkeit sind dagegen regelmäßig unverhältnismäßig und verstoßen ihrerseits gegen die Grundwerte, die sie vorgeben zu schützen. Denkbare zulässige Vorfeldmaßnahmen könnten folglich etwa in der Befassung des Rates mit einem – substantiiert vorzubringenden – Verdacht sein, gegebenenfalls in der Folge ergänzt um eine Untersuchungsmission einer vom Rat mit dem Einverständnis des betroffenen Staates eingesetzten Kommission, wie sie als Präzedenzfall in Form der drei Weisen im vorliegenden Fall Anwendung gefunden hat.[260]

Diese Voraussetzungen – insbesondere die Notwendigkeit einer vorherigen Anhörung Österreichs – erfüllte die Mitteilung der Kommission nicht, so daß sie keine Vorfeldmaßnahme im Rahmen des Sanktionsverfahrens nach Art. 7 I EUV darstellt.

3. Ergebnis

Insgesamt bestätigt sich die Einordnung der Mitteilung der Kommission als rein politisch wirkende Absichtserklärung, wie sie sich bereits aus der Analyse ihres Textes ergeben hat. Durch die Mitteilung wiederholt die Kommission nur die ihr durch die europäischen Verträge eingeräumten Kompetenzen und versichert, die Situation – ihren Pflichten entsprechend – weiterhin aufmerksam zu prüfen. Rechtliche Wirkungen in irgendeiner Form gehen von ihr nicht aus.

II. Entschließung des Europäischen Parlaments

Ähnlich verhält es sich mit der Entschließung des Europäischen Parlaments. Bei seiner Entschließung handelt es sich um eine Äußerung des politischen Organs (in) der Europäischen Union.

---

[260] Ein solches Spektrum vorgelagerter Maßnahmen im Verdachtsfall hat inzwischen durch den Entwurf eines neuen Art. 7 I EUV im noch nicht ratifizierten *Vertrag von Nizza* Eingang in die unionsrechtlichen Beratungen gefunden – vgl. Vertrag von Nizza, ABl. Nr. C 80 vom 10.03.2001, S. 6.

Mit diesen Äußerungen bringt das Parlament seinen (politischen) Willen zum Ausdruck und übt seine aus Art. 189 EGV abgeleitete Beratungsfunktion aus. Im Rahmen dieser Befugnis steht es dem Parlament offen, sich mit allen Fragen auseinanderzusetzen, die einen Bezug zu den aktuellen oder zukünftigen Entwicklungen und Problemen der EU aufweisen.[261] Als nach außen sichtbares Zeichen und Ergebnis seiner Beratungen kann das Parlament Entschließungen verabschieden. Diese sind als politische Empfehlungen für die übrigen Organe zu verstehen,[262] haben darüber hinaus jedoch keine Rechtswirkungen.[263]

So verhält es sich auch mit der Entschließung des EP in diesem Fall. Allein dort, wo das Parlament eigene Rechte reklamiert, besitzt die Entschließung Ansätze rechtlicher Relevanz. So ist die an den Rat gerichtete Aufforderung, auf Verstösse gegen die gemeinsamen Grundwerte des Art. 6 I EUV mit dem vorgeschriebenen Verfahren zu reagieren,[264] zum einen als Einforderung der parlamentarischen Beteiligungsrechte nach Art. 7 I EUV zu verstehen. Zum anderen ist sie als bedingter Appell zur Betätigung des dem Rat zustehenden Entschließungsermessens zugunsten einer Einleitung des Feststellungsverfahrens zu werten, soweit eine Prüfung der österreichischen Verhältnisse das Vorliegen einer schwerwiegenden und anhaltenden Verletzung der gemeinsamen Grundwerte ergibt. In beiden Fällen geht die Entschließung jedoch weder auf den konkreten Inhalt der Erklärung der XIV noch auf ihre Entstehungsgeschichte ein, so daß eine direkte rechtliche Wirkung auf sie und den hinter ihr stehenden Beschluß der XIV sowie im Verhältnis zu Österreich hiervon nicht ausgeht.

III. Entschließung des Ausschusses der Regionen

Die Entschließung des AdR, die sich – anders als die anderen Verlautbarungen im Gefolge der Erklärung der XIV – nur am Rand mit der Regierungsbildung und den angedrohten Maßnahmen gegen Österreich beschäftigt, stellt eine zulässige *Initiativstellungnahme*[265] im Rahmen seines Selbstbefassungsrechts gemäß Art. 265 UAbs. 5 EGV dar.

---

[261] EuGH, Rs. 230/81 (*Luxemburg ./. Europäisches Parlament*), Slg. 1983, 255 (287).
[262] Vgl. GTE-*Haag/Bieber*, EUV/EGV, 1997, Art. 137 EGV, Rdnr. 11.
[263] Vgl. *Reich*, Rechte des Europäischen Parlaments, 1999, S. 118.
[264] Ziff. 8 der Entschließung des EP.
[265] So der gebräuchliche Ausdruck innerhalb des AdR – vgl. *Theissen*, Der Ausschuß der Regionen, 1996, S. 118.

Grundsätzlich ist der AdR bei der Ausübung dieses Selbstbefassungsrechts auf die Materien des EGV beschränkt, da ihm als Nebenorgan der EG allein dort Zuständigkeiten übertragen worden sind.[266] Gleichwohl dürften dem AdR vor dem Hintergrund des allgemein geltenden Subsidiaritätsprinzips[267] auch im Unionsrecht in begrenztem Umfang Befassungsrechte zustehen, jedenfalls soweit sie im Zusammenhang mit der „dritten Ebene" der Union stehen.[268] Unbegrenzt dagegen sind die Rechte des AdR, sich mit eigenen organisatorischen Fragen zu beschäftigen.[269]

Verfahrensrechtlich können Vorschläge für Initiativstellungnahmen gemäß Art. 10 I GOAdR[270] von einer Fachkommission, dem Präsidium oder auf Antrag von mindestens 32 Mitgliedern des AdR eingebracht werden. Die von den Mitgliedern eingebrachten Vorschläge für Initiativstellungnahmen müssen dem Präsidium mindestens 72 Stunden vor Eröffnung der Plenartagung vorliegen.[271]

Wegen der allgemeinen Wirkung der gemeinsamen Grundwerte auf allen Ebenen der Union konnte sich der AdR vorliegend mit Fragen der Beachtung dieser Werte auf der regionalen Ebene und exemplarisch mit der Lage in Österreich beschäftigen. Ebenso konnte der Ausschuß beschließen, auf die Einhaltung der Grundwerte innerhalb der eigenen Tätigkeit zu achten und darüber zu wachen, daß „in seiner Institution weder durch Worte noch durch Taten gegen die grundlegenden Werte der Europäischen Union verstoßen wird"[272].

---

[266] GTE-*Kaiser*, EUV/EGV, 1997, Art. 198c EGV, Rdnr. 11; Grabitz/Hilf-*Blanke*, Kommentar zur EU, Altbd. II, Stand: 1999, Art. 198c EGV, Rdnr. 13.

[267] Vgl. die Präambel des EUV sowie Art. 2 UAbs. 2 EUV.

[268] Vgl. *Theissen*, Der Ausschuß der Regionen, 1996, S. 118 f.; *Hummer/Obwexer*, europa blätter 2000, S. 58; i.E. wohl auch Grabitz/Hilf-*Blanke*, Kommentar zur EU, Altbd. II, Stand: 1999, Art. 198c EGV, Rdnr. 13.

[269] Dies ergibt sich aus der Kompetenz des AdR, sich gemäß Art. 264 UAbs. 2 EGV eine eigene Geschäftsordnung zu geben.

[270] In der Fassung vom 27.05.1994, ABl. Nr. L 132, S. 49-53, zuletzt geändert am 12.07.1999, ABl. Nr. L 188, S. 53.

[271] Art. 10 II GOAdR.

[272] Ziff. 7 der Entschließung des AdR.

Während die Entschließung insgesamt als rein politische Willensbekundung ohne rechtliche Bindungswirkung und Folgen zu werten ist, könnte in diesem Beschluß eine gewisse interne Verpflichtung des AdR liegen,[273] soweit dies wegen der allgemeinen Geltung der Grundwerte nicht ohnehin für alle Organe des Europarechts gilt. Für die Frage möglicher rechtlicher Folgen im Verhältnis zu Österreich ist dies aber unbeachtlich.

---

[273] *Hummer/Obwexer*, europa blätter 2000, S. 58.

§ 5 Vereinbarkeit der Rechtsfolgen der Erklärung der XIV mit materiellem Europarecht, insbesondere Art. 7 I EUV

A. Überblick

Nachdem nun feststeht, daß von allen Verlautbarungen europäischer Organe und Gremien allein die Erklärung der XIV substantielle rechtliche Folgen entfaltet, ist zu untersuchen, ob diese Folgen mit dem materiellen Europarecht zu vereinbaren sind.

Hierzu muß geprüft werden, ob die europarechtlichen Voraussetzungen eines Eingreifens der XIV bei der Regierungsbildung in Österreich gegeben waren. Im Rahmen einer solchen Prüfung bedarf es zunächst der Feststellung der (materiellen) Gründe, die zum Beschluß der XIV geführt haben, d.h. einer Identifizierung der Vorwürfe, welche Österreich im Zusammenhang mit der Regierungsbildung gemacht wurden und die ihrerseits die Ursache der verhängten Maßnahmen waren (B).

Die nachfolgende rechtliche Prüfung dieser Vorwürfe wird sich dann an den materiellen Tatbestandsvoraussetzungen des Feststellungsverfahrens i.S.d. Art. 7 I EUV zu orientieren haben, da sich die XIV bei ihrem Vorgehen weitestgehend an diese Sanktionsverfahren angelehnt haben. So wird nach einer Prüfung des Vorliegens möglicher Verletzungen der gemeinsamen europäischen Grundwerte i.S.d. Art. 6 I EUV zu untersuchen sein, ob solche Verstöße bereits die inhaltlich und zeitlich notwendige Intensitätsstufe erreicht hatten, die von Art. 7 I EUV gefordert wird, d.h. ob diese *schwerwiegend* und *anhaltend* waren (C).

Schließlich soll geklärt werden, ob bei mutmaßlichen Verstößen gegen die europäischen Grundwerte neben dem speziellen Sanktionsverfahren des Art. 7 EUV noch andere, in ihren Rechtsfolgen weniger gravierende europarechtliche Handlungsformen des Europarechts existieren und ob diese dann neben dem Sanktionsverfahren anwendbar sind (D).

B. Feststellung der (materiellen) Gründe für die Verhängung der Maßnahmen

Vor einer Prüfung möglicher Verletzungen der europäischen Grundwerte muß zunächst der Inhalt der der Republik Österreich im Zusammenhang mit der Regierungsbildung zwischen ÖVP und FPÖ gemachten Vorwürfe ermittelt werden, die letztendlich zur Verhängung der Maßnahmen aus der Erklärung der XIV geführt haben. Eine solche vorgelagerte Feststellung ist in diesem Fall notwendig, weil die XIV sowohl bei ihrer Entscheidung als auch bei der darauf beruhenden Erklärung vom 31.01.2000 auf jegliche Begründung für ihr Vorgehen verzichtet haben.[1]

Bei der Erforschung der Motive der XIV muß daher, in Ermangelung primärer Quellen – etwa einer originären Begründung der Maßnahmen oder Quellen zum Willensbildungsprozeß, die derzeit noch den amtlichen Verschlußfristen unterliegen –, auf sekundäre Quellen zurückgegriffen werden.[2]

Aussagen der XIV zur Notwendigkeit der Androhung und Verhängung des Maßnahmentripels der Erklärung kreisten stets um die „Lage in Österreich“[3] und die „drohende Entwicklung“[4]. Die „Lage“ bestand im Kern aus der Beteiligung der FPÖ am Regierungsbildungsprozeß und die „Entwicklung“ aus dem bevorstehenden Eintritt der FPÖ in die Regierungskoalition und – so offenbar die Befürchtung – ihres Vorsitzenden *Haider* in die österreichische Bundesregierung.[5]

---

[1] Dies beklagt auch *Leidenmühler*, ZÖR 55 (2000), S. 307. Einen Anhaltspunkt könnte allenfalls der Umfang des Mandates der Drei Weisen darstellen, die in ihrem Bericht auf die Punkte „Haltung der österreichischen Regierung gegenüber den gemeinsamen europäischen Werten, im besonderen hinsichtlich der Rechte von Minderheiten, Flüchtlingen und Einwanderern“ sowie „die Entwicklung und die politische Natur der FPÖ“ eingehen sollten – vgl. die Pressemitteilung der Europäischen Ratspräsidentschaft vom 29.06.2000 sowie die Einleitung des Berichts des Weisenrates vom 8.09.2000.

[2] Solche Quellen liegen beispielsweise in Form von Aussagen von Vertretern der beteiligten Regierungen vor, die diese kurz nach Inkrafttreten der Maßnahmen bzw. während der Dauer ihrer Gültigkeit gemacht haben – vgl. hierzu *Leidenmühler*, ebd.

[3] Vgl. *Judt*, „Taube Ohren und leere Rhetorik“, *Die Zeit* 13/2000 vom 23.03.2000.

[4] Vgl. „Österreich tut, was es will“, Interview mit dem portugiesischen Premierminister *Guterres*, *Der Spiegel* 7/2000 vom 14.02.2000.

[5] *Haider*, der Landeshauptmann von Kärnten ist, trat später vom FPÖ-Vorsitz zurück und wurde nicht Mitglied der österreichischen Regierung.

Im Zentrum der Bedenken der XIV stand der Vorsitzende der FPÖ. *Haider* war bereits seit längerer Zeit immer wieder mit umstrittenen Äußerungen[6] und Aktionen[7] an die Öffentlichkeit getreten. Hierdurch ist er seit Beginn seiner Amtszeit als FPÖ-Vorsitzender 1986 zweifellos zu einem der polarisierendsten Politiker Österreichs – vielleicht sogar Europas – geworden. Besonders in den Medien wurde er teils als Buhmann, teils als Politstar abwechselnd dämonisiert und gefeiert.[8]

In die „heiße Phase" des Willensbildungsprozesses der XIV fiel eine weitere verbale Attacke *Haiders*, der den französischen Staatspräsidenten *Chirac* und die belgische Regierung zum Ziel hatte.[9] Während die Zitate unstreitig sind, variiert die Einschätzung der Wirkungen dieser Äußerungen auf den Entscheidungsprozeß der XIV. Teilweise wird behauptet, sie seien für die Erklärung mitursächlich gewesen. Dies kann wegen des zeitlichen Ablaufs jedoch ausgeschlossen werden: Zum einen begann der Meinungsbildungsprozeß, der schließlich in die Erklärung der XIV einmündete, bereits am 27.01.2000 mit dem Schreiben des belgischen Premierministers *Verhofstadt* an die portugiesische Ratspräsidentschaft, zum anderen gab die Sprecherin des französische Staatspräsidenten bereits am Mittag des 29.01.2000 bekannt, daß Paris bereits „Vorschläge für gemeinsame Maßnahmen" gemacht habe, die Rede *Haiders* wurde jedoch erst am Abend gehalten.[10]

---

[6] Bekannte Beispiele hierfür sind das Lob für die Beschäftigungspolitik *Hitlers* im Kärntner Landtag 1991, die Verharmlosung der nationalsozialistischen Konzentrationslager als „Straflager" 1995 sowie die Ehrenerklärung für ehemalige Angehörige der Waffen-SS 1995 – vgl. jeweils *Scharsach/Kuch*, Haider, 2000, S. 38, 185 m.w.N., 25 m.w.N.

[7] Z.B. die Durchführung des – gescheiterten – Volksbegehrens „Österreich zuerst" 1993 – vgl. *Scharsach/Kuch*, Haider, 2000, S. 78-85.

[8] Vgl. „Ausschließungslogik", *Neue Zürcher Zeitung* vom 12.02.2000: „Kein Zweifel, indem man Jörg Haider jahrelang dämonisierte, hat man ihn auch zur magischen Figur gemacht.".

[9] In seiner Rede anläßlich der Feier seines fünfzigsten Geburtstages am 29.01.2000 sagte *Haider*, *Chirac* habe „in den vergangenen Jahren so ziemlich alles falsch gemacht ..., was man falsch machen kann", und fügte hinzu: „Natürlich ist es für einen französischen Staatslenker fürchterlich, wenn der Nationalheld Napoleon mit ihm verglichen wird und er nur ein Kleinformat davon ist." An die Adresse Belgiens gerichtet, sagte er: „Wir verlangen ja auch nicht die Ablösung einer korrupten belgischen Regierung, die Kinderschänder pardoniert und gegen die Eltern auf die Straße gehen, weil die Angst haben müssen, daß die Regierung mit Verbrechern konspiriert." – jeweils zitiert nach *Scharsach/Kuch*, Haider, 2000, S. 284 f. m.w.N.

[10] Vgl. *Kopeinig/Kotanko*, Eine europäische Affäre, 2000, S. 21; *Khol*, Die Wende, 2001, S. 145 f.

Neben der Person des Vorsitzenden stützten sich die Bedenken der XIV auf die Themenauswahl und die Darstellung der FPÖ als politischer Partei. In den neunziger Jahren hat sich die FPÖ in Wahlkämpfen stets mit besonders umstrittenen Themenkomplexen auseinandergesetzt, die zum einen die Proporzpolitik der SPÖ/ÖVP-Regierung,[11] zum anderen Fragen des Zusammenlebens und des Verhältnisses der verschiedenen Ethnien Österreichs zum Gegenstand hatten.[12] Insbesondere der FPÖ-Wahlkampf zu den Nationalratswahlen 1999, der zum Teil mit sehr kontroversen Thesen und Slogans geführt wurde,[13] dürfte bei der Entscheidung der XIV eine Rolle gespielt haben.[14] Dieser Wahlkampf, ergänzt um sehr fragwürdige Äußerungen führender Parteifunktionäre,[15] trug der FPÖ im Ausland – aber auch in Österreich – den Vorwurf ein, im wesentlichen eine Partei zu sein, „deren Wesen im Geschichtsrevisionismus und in einer ethnischen Grundierung ihrer Politik liegt“[16].

Summiert man die vorstehenden Gesichtspunkte und betrachtet damit die Grundlage, auf der die XIV ihre Entscheidung getroffen und die Erklärung verabschiedet haben, so ergeben sich insgesamt zwei konkrete materielle Vorwürfe: Einerseits den Rechtspopulismus des damaligen FPÖ-Vorsitzenden *Haider* und die sich daraus ergebenden Befürchtungen für die Einhaltung der europäischen Grundwerte bei seiner Berufung in die neue Bundesregierung. Andererseits die

---

[11] Vgl. etwa das Beispiel von *Auer*, Zum Umgang mit dem Populismus der FPÖ, in: Burkert-Dottolo/Moser, Die Regierungsbildung in Österreich, 2000, S. 63: *Haider* hielt dem damaligen sozialdemokratischen Parteivorsitzenden *Vranitzky* Schautafeln vor, auf denen Einkommensprivilegien sozialdemokratischer Funktionäre detailliert aufgeschlüsselt waren.

[12] Vom „Ausländervolksbegehren“ über die generalisierende Darstellung schwarzafrikanischer Asylsuchender als „Drogenhändler“ (vgl. *Scharsach/Kuch*, Haider, 2000, S. 97 f.) bis zum xenophobischen Wahlkampf 1999.

[13] U.a. plakatierte die FPÖ: „Wir garantieren: Stop der Überfremdung!“ und „Wir garantieren: Stop dem Asylmißbrauch!“. Daneben tauchten Parolen auf, wie etwa „Buschneger sind Drogendealer“ – vgl. *Scharsach/Kuch*, Haider, 2000, S. 76 f. m.w.N.

[14] So äußerte der portugiesische Premierminister *Guterres* auf dem Parteikongreß der niederländischen Sozialisten am 27.05.2000 im Zusammenhang mit den Maßnahmen, daß „die Toleranz“ die „Grundlage jeder Gesellschaft“ sei und daher die Verpflichtung bestehe, auf Parteien zu reagieren, „die negative Gefühle transportieren“ – zit. nach *ORF aktuell* vom 28./29.05.2000.

[15] So behauptete der FPÖ-Kandidat *Prinzhorn:* „Wenn ein Asylant in dieses Land [Österreich, Anm. des Verf.] kommt, kriegt er vom Sozialamt Medikation, die der Inländer nicht bekommt ... Er bekommt zum Beispiel Medikamente zur Hormonbehandlung, um die Fruchtbarkeit zu steigern, vom Sozialamt gratis. Das ist in Österreich chefarztpflichtig und wird ganz selten Inländern gewährt.“ – zitiert nach *Scharsach/Kuch*, Haider, 2000, S. 210 m.w.N.

[16] *Zöchling*, Haider, 2000, S. 12.

sehr stark polarisierenden Wahlkämpfe der FPÖ, mit demjenigen von 1999 als letztem Glied in einer Kette ähnlich geführter Auseinandersetzungen mit dem politischen Gegner. Aufgrund dieser Erfahrungen mit der FPÖ befürchteten die XIV für die Zukunft, daß freiheitliche Regierungsmitglieder bei ihrer Tätigkeit den demokratischen Umgang mit den Oppositionsparteien nicht immer einhalten und daraus gegebenenfalls Verletzungen europäischer Grundwerte resultieren könnten.

Entscheidend bleibt, daß dem Beschluß der XIV eine bloße Prognose zukünftigen Verhaltens der FPÖ und ihres damaligen Vorsitzenden zugrundegelegt wurde, indem das Verhalten eines – innerhalb seiner Partei allerdings sehr einflußreichen – Parteivorsitzenden sowie der in der Vergangenheit von starker Polarisierung gekennzeichnete Umgang der Partei mit dem politischen Gegner entsprechend auf eine zukünftige Regierungstätigkeit projiziert wurde.[17]

Fraglich ist, ob dieses Verhalten in der Vergangenheit sowie dessen Projektion auf die Zukunft genügend Anhaltspunkte bietet, um darauf den rechtlichen Vorwurf der Verletzung der europäischen Grundwerte zu stützen. Dies soll in der Folge anhand der vier in Art. 6 I EUV enthaltenen Grundwerte untersucht werden.

[17] Neben diesem materiellen (rechtlichen) Vorwurf einer zu erwartenden Rechtsverletzung durch FPÖ-Regierungsmitglieder werden in der Literatur noch zwei weitere (politische) Motive als Entscheidungsgrundlage genannt: Die Frage der *Stabilität*, d.h. die Befürchtung, der Erfolg einer rechtspopulistischen Partei könnte Vorbildwirkung in anderen Mitgliedstaaten entfalten, und die Sorge um die *Entscheidungsfähigkeit*, d.h. die Befürchtung, die traditionell europaskeptische FPÖ könnte zukünftige Entscheidungen zugunsten der europäischen Integration oder im Rahmen der Osterweiterung durch Einlegen eines österreichischen Vetos blockieren – vgl. *Karlhofer/Sickinger*, Der Anlaßfall, in: Karlhofer/Melchior/Sickinger, Anlaßfall Österreich, 2001, S. 20 f. Als rein politische Gründe, die allein zur Erhellung der Handlungsmotivation der XIV beitragen können, denen es aber an rechtlich überprüfbaren Vorwürfen fehlt, können sie für die Frage der Rechtmäßigkeit der Maßnahmen außer Betracht bleiben.

C. Vorliegen der materiellen Tatbestandsvoraussetzungen des Art. 7 I EUV

I. Verstoß gegen die gemeinsamen Grundwerte i.S.d. Art. 6 I EUV

1. Der Prüfung zugrundeliegende Prämissen

Bei der Prüfung eines Verstoßes gegen die gemeinsamen Grundwerte des Art. 6 I EUV durch den Prozeß der Regierungsbildung in Österreich nach der Nationalratswahl vom 3.10.1999 sowie der Regierungsbeteiligung der FPÖ sollen neben den festgestellten materiellen Gründen für die Verhängung der Maßnahmen ergänzend folgende Prämissen zugrundegelegt werden, die – soweit ersichtlich – von keinem Mitgliedstaat der Europäischen Union, weder von den XIV als Urhebern der Maßnahmen noch von Österreich als betroffenem Staat, in Frage gestellt werden:

1. Die Nationalratswahl erfüllte *alle Anforderungen* und entsprach *allen Wahlrechtsgrundsätzen*, die an eine allgemeine Wahl nach Art. 3 des 1. ZP EMRK zu stellen sind.[18] Die Wahl war allgemein, geheim, gleich, frei und unmittelbar.

2. *Alle* Parteien, die durch die Wahl im Oktober 1999 in den Nationalrat einzogen, erfüllen sämtliche Anforderungen, die an Parteigliederungen in einem demokratischen Rechtsstaat nach innen und außen gestellt werden. Insbesondere verfügen alle Parteien über ein den Rechtsstaat und die demokratische Staatsform ohne Einschränkungen bejahendes Programm.[19] Dies trifft auch auf die FPÖ zu: Bei ihr handelt es sich um eine demokratische Partei – wenngleich auch um eine nationalkonservative bzw. rechtspopulistische.

3. Der Prozeß der Regierungsbildung, einschließlich der Sondierungs- und Koalitionsgespräche zwischen den verschiedenen Parteien, entsprach *voll-*

[18] Vgl. zu den Grundsätzen *Frowein/Peukert*, EMRK-Komm., 1996, Art. 3 des 1. ZP, Rdnr. 4.
[19] In der österreichischen Politik (wie auch in der italienischen) ist dafür der Begriff des „Verfassungsbogens“ („*Arco Costituzionale*“) gebräuchlich – vgl. *Khol*, Die Wende, 2001, S. 59.

ständig den verfassungsrechtlichen Vorgaben des österreichischen B-VG sowie den demokratischen Spielregeln und Gepflogenheiten.

4. Als Maßstab für die Beurteilung der innerösterreichischen Rechtslage in bezug auf den Minderheitenschutz, die Bekämpfung von Rassismus und Fremdenfeindlichkeit sowie die politische Entwicklung der FPÖ zum Zeitpunkt der Regierungsbildung kann der Bericht der drei Weisen vom 8.09.2000 als repräsentativ zugrundegelegt werden. Dieser beruht neben den Nachforschungen der drei Weisen vor Ort insbesondere auf Aussagen eines weiten Spektrums von Vertretern sowohl staatlicher Stellen als auch von österreichischen Non-gouvernmental Organizations.[20]

2. Die einzelnen Grundwerte

Um die weiteren Verfahrensschritte des Feststellungsverfahrens nach Art. 7 I, IV EUV auslösen zu können, muß mindestens einer der Grundwerte des Art. 6 I EUV verletzt worden sein.[21] Taugliche Handlungssubjekte einer durch dieses Verfahren verfolgbaren Grundwerteverletzung sind ausschließlich die Mitgliedstaaten der Union. Verletzungshandlungen der Union oder von natürlichen oder juristischen Personen eines Mitgliedstaates werden dagegen durch Art. 7 EUV – auch infolge offenkundiger Nichteignung von Verfahren und Rechtsfolgen – nicht geahndet.[22]

---

[20] Vgl. die beiden Annexe (Programm der Gespräche in Wien/Programm der Gespräche in Heidelberg) des Weisenberichts.

[21] Entgegen dem Wortlaut des Art. 7 I EUV („...Verletzung von in Art. 6 I EUV *genannten Grundsätzen* ...") ist dies allg. Ansicht, vgl. *Thun-Hohenstein*, Der Vertrag von Amsterdam, 1997, S. 23, Fn. 9; Calliess/Ruffert-*Kluth*, EUV/EGV, 1999, Art. 7 EUV, Rdnr. 5; Schwarze-*Stumpf*, EU-Komm., 2000, Art. 7 EUV, Rdnr. 3; Grabitz/Hilf-*Schorkopf*, Kommentar zur EU, Bd. I, Stand: 2001, Art. 7 EUV, Rdnr. 10.

[22] Vgl. *Schorkopf*, Homogenität in der EU, 2000, Ziff. 232, S. 147; Schwarze-*Stumpf*, EU-Komm., 2000, Art. 7 EUV, Rdnr. 5.

a. Freiheit

aa. Inhalt und Reichweite des Grundwertes

Der erste in Art. 6 I EUV genannte Grundsatz ist die Freiheit. Sie findet sich bereits im dritten Erwägungsgrund der Präambel des EUV, die ihrerseits auf die Präambel der EEA zurückzuführen ist.[23] In dieser wird die Freiheit neben Gleichheit und sozialer Gerechtigkeit als Grundrecht begriffen, das allen mitgliedstaatlichen Verfassungen und Gesetzen, der EMRK sowie der Europäischen Sozialcharta eigen ist, und dient zusammen mit den beiden anderen Rechten als Grundlage für das gemeinsame Eintreten der Mitgliedstaaten für die Demokratie.

Durch die Staatsrechtslehre wird das Rechtsprinzip der Freiheit in das Begriffspaar der positiven und negativen Freiheit unterteilt.[24] „Positive Freiheit" kann zusammengefaßt werden als die kollektive Kontrolle über das gemeinsame Zusammenleben,[25] der Zwang zu staatstragendem Verhalten.[26] „Negative Freiheit" hingegen ist die Freiheit von Zwang,[27] die Abschirmung des Lebensbereichs des Einzelnen von staatlicher Beeinflussung und die Abwehr hoheitlicher Einmischung in die Individualsphäre.[28]

Auf der Grundlage der historischen Entwicklung ist es diese letztgenannte klassische Freiheitsidee, die der in der Europäischen Union vertretenen Konzeption von Freiheit am ehesten entspricht.[29] Hierfür sprechen drei Indizien: die Dominanz der Grundrechtsthematik in der Diskussion um den europäischen Einigungsprozeß, einschließlich des Versuchs der Übertragung der Freiheit als Abwehrrecht auf die Union,[30] das historische Motiv einer supranationalen Integration zur Sicherung von Frieden und Freiheit in Europa als Gegenkonzept zu den

---

[23] GTE-*Hilf/Pache*, EUV/EGV, 1997, EEA-Präambel, Rdnr. 26; Grabitz/Hilf-*Hilf/Pache*, Kommentar zur EU, Altbd. I, Stand: 1999, Präambel zum EUV, Rdnr. 18.
[24] Vgl. *Starck*, in: Isensee/Kirchhof, Handbuch des Staatsrechts, Bd. II, 1998, § 29, Rdnr. 6.
[25] Vgl. *Taylor*, Der Irrtum der negativen Freiheit, in: ders., Negative Freiheit?, 1999, S. 118 f.
[26] *Starck*, in: Isensee/Kirchhof, Handbuch des Staatsrechts, Bd. II, 1998, § 29, Rdnr. 6.
[27] Schwarze-*Stumpf*, EU-Komm., 2000, Art. 6 EUV, Rdnr. 7.
[28] *Jellinek*, System der subjektiven öffentlichen Rechte, 1905, S. 96, 105; *Starck*, in: Isensee/Kirchhof, Handbuch des Staatsrechts, Bd. II, 1998, § 29, Rdnr. 6.
[29] *Schorkopf*, Homogenität in der EU, 2000, Ziff. 112, S. 86; Schwarze-*Stumpf*, EU-Komm., 2000, Art. 6 EUV, Rdnr. 7.
[30] *Schorkopf*, ebd.

menschenverachtenden, chauvinistischen Diktaturen des 20. Jahrhunderts[31] sowie die Schaffung eines Raumes der Freiheit, der Sicherheit und des Rechts durch den Vertrag von Amsterdam mit der Personenfreizügigkeit als Ausdruck der Herstellung und Sicherung eines europäischen Freiheitsgrundrechts[32].

Der negative Freiheitsbegriff als Abwehrrecht staatlicher Einflüsse wirkt in zwei Richtungen: einerseits im Verhältnis zwischen Staat und Individuum,[33] andererseits zwischen den einzelnen Individuen.[34] Diese Auswirkungen sind dabei nicht auf den innerstaatlichen Bereich begrenzt, sondern gelten ebenso für die Beziehungen auf Gemeinschafts- und Unionsebene.[35]

bb. Verletzung durch die Regierungsbildung

Weder die Vorwürfe der XIV noch die späteren Feststellungen des Weisenrates deuten auf die Gefahr der Verletzung des Freiheitsgrundsatzes hin. Mit der Regierungsbildung war keine Gefährdung der individuellen Rechte der Bürger Österreichs durch Maßnahmen der zukünftigen Bundesregierung verbunden, auch stand eine Veränderung der Wirtschaftsordnung nicht zu befürchten.

b. Demokratie

aa. Inhalt und Reichweite des Grundwertes

Ausgangspunkt für die Bestimmung des Inhaltes des zweiten Grundsatzes, der Demokratie, ist die EMRK, einschließlich ihres 1. Zusatzprotokolls.[36] Weiter

---

[31] Vgl. *Everling*, EuR 1978, S. 2 f.

[32] *Thun-Hohenstein*, Der Vertrag von Amsterdam, 1997, S. 28-31.

[33] Als öffentlich-rechtlicher Kontext mit dem wesentlichen Ergebnis des Bestehens eines Gesetzesvorbehaltes, d.h. der allgemeinen Rechtswidrigkeit staatlicher Eingriffe ohne gesetzliche Grundlage.

[34] Als privatrechtlicher Kontext, mit der sichtbaren Folge der Gewährleistung der Privatautonomie und dem Bekenntnis zu einer auf Selbstbestimmung beruhenden Wirtschaftsordnung.

[35] Schwarze-*Stumpf*, EU-Komm., 2000, Art. 6 EUV, Rdnr. 8 f.

[36] In dem von allen Mitgliedstaaten der Europäischen Union ratifizierten Protokoll vom 20.03.1952 verpflichteten sich die Vertragsstaaten „in angemessenen Zeitabständen freie und geheime Wahlen unter Bedingungen abzuhalten, welche die freie Äußerung der Meinung des Volkes bei der Wahl der gesetzgebenden Körperschaft gewährleisten" (Art. 3) – zur Ratifika-

ausformuliert wurden die Inhalte des Demokratieprinzips in zwei Dokumenten der KSZE aus dem Jahre 1990: dem Kopenhagener Dokument über die menschliche Dimension der KSZE[37] und der Charta von Paris für ein neues Europa[38]. Beide Dokumente enthalten eine detaillierte Bestimmung der Inhalte einer demokratischen Ordnung durch die am KSZE-Prozeß beteiligten Staaten, unter ihnen alle heutigen Mitgliedstaaten der Europäischen Union. Zusammengefaßt ergeben sich daraus folgende Inhalte demokratischer Ordnung:

- eine auf dem Volkswillen beruhende, repräsentative Regierungsform,
- die Gewährleistung allgemeiner, freier, gleicher und geheimer Wahlen in angemessenen Zeitabständen,
- das Recht der Bürger auf Zugang zu politischen bzw. öffentlichen Ämtern,
- das Recht auf Gründung politischer Parteien und Organisationen sowie
- die Sorge für Fairneß in Wahlkämpfen und die Rechte der Mandatsträger.[39]

In der Charta von Paris haben sich die Staaten darüber hinaus verpflichtet, „die Demokratie als die einzige Regierungsform“ ihrer Nationen „aufzubauen, zu festigen und zu stärken“.[40]

Auch in Verlautbarungen der Europäischen Union wird der Inhalt des Demokratiegrundsatzes näher bestimmt. So kann aus einem Dokument der Kommission, das die Kriterien für die Mitgliedschaft in der Union umreißt, der wesentliche Inhalt indirekt abgeleitet werden.[41] Demzufolge beruht das allen Mitgliedstaaten der Europäischen Union gemeinsame Demokratieprinzip auf der durch die jeweilige Verfassung und Verfassungswirklichkeit garantierten *Existenz von politischer Pluralität, freien und geheimen Wahlen* sowie der *Ermöglichung von*

---

tion der EMRK und der Zusatzprotokolle vgl. die Übersicht bei *Frowein/Peukert*, EMRK-Komm., 1996, S. 988 f.

[37] Dokument des Kopenhagener Treffens der Konferenz über die menschliche Dimension der KSZE vom 29.06.1990, abgedruckt in: EuGRZ 1990, S. 239-247.

[38] Charta von Paris für ein neues Europa – Erklärung des Pariser KSZE-Treffens der Staats- und Regierungschefs vom 21.11.1990, abgedruckt in: BullBReg. vom 24.11.1990, Nr. 137, S. 1409-1415.

[39] Vgl. Kopenhagener Dokument, EuGRZ 1990, Ziff. 7, S. 240 f.; *Tretter*, EuGRZ 1990, S. 236.

[40] Charta von Paris, BullBReg. Nr. 137/90, S. 1409.

[41] Agenda 2000 – Eine stärkere und erweiterte Union, KOM (97) 2000, Bd. I, S. 47.

Machtwechseln im System. Letzteres wiederum setzt die Möglichkeit der Bildung einer wirksamen Opposition voraus.

Ein weiteres Dokument der Kommission aus dem Jahre 1998 präzisiert diese Vorstellungen weiter.[42] In der Mitteilung der Kommission über die Herausforderungen der Partnerschaft zwischen der Europäischen Union und den AKP-Staaten sind für die Kommission drei Aspekte von herausragender Bedeutung:

- die *Legitimation der Hoheitsgewalt* auf allen staatlichen Ebenen durch freie, allgemeine, unabhängige und gleiche Wahlen nach einem von den Bürgern anerkannten und akzeptierten Verfahren, d.h. nach den Kriterien der Regelmäßigkeit und Nichtdiskriminierung;[43]
- die *Rechtmäßigkeit* als Leitbegriff einer Verfassung sowie angemessener Rechts- und Verwaltungsvorschriften und die Anerkennung der Menschenrechte und des Persönlichkeitsrechts;
- die *Gewährleistung effektiver Verfahren* zur *Konsensbildung* und zur *friedlichen Lösung von Konflikten* zwischen verschiedenen Interessengruppen durch Schaffung unabhängiger Gerichte, politischen und institutionellen Pluralismus‘ sowie der Transparenz und Integrität der Staatsorgane.[44]

Aus diesen Grundsätzen ergeben sich allerdings nicht nur Rechte, sondern gleichzeitig auch Pflichten. So ergibt sich aus der Verpflichtung der Abhaltung von Wahlen, die den Anforderungen des Art. 3 1. ZP EMRK entsprechen, die spiegelbildliche Verpflichtung zur vollen Anerkennung der aus demokratischen Wahlen hervorgegangenen Regierungen anderer Mitgliedstaaten durch die Gemeinschaften, die Union sowie durch alle Mitgliedstaaten.[45] Ein Verstoß hiergegen wäre seinerseits eine Verletzung der Grundwerte des Art. 6 I EUV.

---

[42] Mitteilung der Kommission über Demokratisierung, Rechtsstaatlichkeit, Menschenrechte und verantwortungsvolle Staatsführung: die Herausforderungen der Partnerschaft zwischen der Europäischen Union und den AKP-Staaten, KOM (1998), 146 vom 12.03.1998.
[43] KOM (1998) 146, S. 7.
[44] KOM (1998) 146, S. 8.
[45] Schwarze-*Stumpf*, EU-Komm., 2000, Art. 6 EUV, Rdnr. 12.

bb. Verletzung durch die Regierungsbildung

Weder die Vorwürfe der XIV noch die späteren Feststellungen des Weisenrates deuten auf die Gefahr der Verletzung des Demokratiegrundsatzes hin. Ganz im Gegenteil ist davon auszugehen, daß es sich bei den Nationalratswahlen vom 3.10.1999 und der sich daran anschließenden Regierungsbildung um einen alle Voraussetzungen und Inhalte des Demokratieprinzips wahrenden Vorgang der demokratischen Willensbildung gehandelt hat. Als Resultat dieser Feststellung ist eher zu prüfen, ob nicht vielmehr die XIV durch die Verhängung der Maßnahmen und der darin zum Ausdruck gebrachten Nichtanerkennung der Regierungskoalition aus ÖVP und FPÖ ihrerseits gegen dieses Prinzip verstoßen haben.

c. Achtung der Menschenrechte und Grundfreiheiten

aa. Inhalt und Reichweite des Grundwertes

Der dritte Grundwert, die Achtung der Menschenrechte und Grundfreiheiten, ist, ebenso wie bereits der erste, eine Wiederaufnahme des dritten Erwägungsgrundes der Präambel des EUV. Der Begriff der Menschenrechte und Grundfreiheiten ist der EMRK entnommen und steht nicht im Zusammenhang mit den Grundfreiheiten des EGV.[46] Die begriffliche Unterscheidung in Menschenrechte und Grundfreiheiten rührt von einer historischen Betrachtung her, die ursprünglich die Menschenrechte als Basis für die Entwicklung der Grundfreiheiten angesehen hat.[47] Die Unterteilung ist inzwischen aber nicht mehr gerechtfertigt, da nach heutiger Anschauung alle Grundrechte dem Individuum aufgrund seines Menschseins zugeordnet sind. Sie ist daher wegen des Fehlens einer weiteren Differenzierung auf der Ebene der Letztbegründung dieser Rechte, als nur noch formelhafter Ausdruck zu begreifen.[48]

Obwohl eine Verweisung auf die EMRK oder die gemeinsamen Verfassungsüberlieferungen der Mitgliedstaaten, wie sie beispielsweise in Art. 6 II EUV enthalten ist, fehlt, kann der Begriff der Achtung der Menschenrechte und Grundfreiheiten als Oberbegriff der Einhaltung der aus diesen beiden Rechts-

[46] GTE-*Beutler*, EUV/EGV, 1997, Art. F EUV, Rdnr. 27; *Schorkopf*, Homogenität in der EU, 2000, Ziff. 124, S. 92.
[47] Vgl. *Frowein/Peukert*, EMRK-Komm., 1996, Präambel, Rdnr. 3.
[48] *Schorkopf*, Homogenität in der EU, 2000, Ziff. 124, S. 92.

quellen stammenden Rechte und Werte angesehen werden. Die Bindung der Grundrechte an die EMRK und die einzelnen Grundrechtskanons der Mitgliedstaaten in Art. 6 II EUV beinhaltet dann nur eine nähere Konkretisierung, während die Formulierung des Art. 6 I EUV in einem allgemeinen Sinn ohne Verweis auf eine konkrete Kodifizierung zu verstehen ist.[49]

Daher kann trotz der nur allgemein gehaltenen Fassung des Grundwertes die EMRK zu dessen inhaltlicher Präzisierung herangezogen werden, da das Begriffspaar eindeutig auf deren Präambel verweist.[50] Zu den in der EMRK und ihren Zusatzprotokollen enthaltenen Menschenrechte und Grundfreiheiten gehören unter anderem:[51]

- das Recht auf ein faires Verfahren (Art. 6),
- das Recht auf freie Meinungsäußerung (Art. 10),
- die Versammlungs- und Vereinigungsfreiheit (Art. 11),
- allgemeine, freie und geheime Wahlen (Art. 3 1. ZP),
- das Verbot der Kollektivausweisung von Ausländern (Art. 4 4. ZP)[52],
- der Schutz vor willkürlicher Ausweisung (Art. 1 7. ZP)[53].

Diese Rechte untergliedern sich ebenso wie im nationalen Verfassungsrecht in die Kategorien der Freiheits- und der Gleichheitsrechte.[54] Die Freiheitsrechte

---

[49] So *Geiger*, EUV/EGV, 2000, Art. 6 EUV, Rdnr. 6; *Schorkopf*, Homogenität in der EU, 2000, Ziff. 127, S. 93; Schwarze-*Stumpf*, EU-Komm., 2000, Art. 6 EUV, Rdnr. 13.

[50] A.A. Schwarze-*Stumpf*, EU-Komm., 2000, Art. 6 EUV, Rdnr. 13, der den Inhalt dieses Grundwertes im Rahmen einer wertenden Gesamtbetrachtung ermitteln möchte und in der allgemeinen Formulierung eine Absage des Vertrages an „eine rein positivistische Regelungsweise" sieht und sie vielmehr als eine „Ausrichtung auf die Person" versteht. – Im Ergebnis wird jedoch auch eine wertende Gesamtbetrachtung ihren Ausgang bei den kodifizierten Grundrechten nehmen müssen, die sich in der EMRK oder den Verfassungsüberlieferungen der Mitgliedstaaten finden.

[51] Vgl. die Übersicht aller Rechte bei *Schweitzer*, Staatsrecht III, 2000, Rdnr. 713.

[52] Das 4. Zusatzprotokoll ist von den EU-Mitgliedstaaten Spanien und dem Vereinigten Königreich zum Zeitpunkt des Inkrafttretens der Maßnahmen (4.02.2000) nicht ratifiziert, von Griechenland noch nicht unterzeichnet worden – vgl. Abruf der Internet-Datenbank des Europarates unter *www.conventions.coe.int/treaty/EN/cadreprincipal.htm* mit dem Stichtag 4.02.2000.

[53] Das 7. Zusatzprotokoll ist von den EU-Mitgliedstaaten Irland, Niederlande, Deutschland, Portugal und Spanien zum Zeitpunkt des Inkrafttretens der Maßnahmen (4.02.2000) nicht ratifiziert, von Belgien und dem Vereinigten Königreich noch nicht unterzeichnet worden – vgl. Abruf der Internet-Datenbank des Europarates unter *www.conventions.coe.int/treaty/EN/cadreprincipal.htm* mit dem Stichtag 4.02.2000.

wiederum teilen sich in ihrer Funktion hier wie dort in Abwehrrechte, Schützgewährs- und Teilhaberechte auf.[55]

Als von einer Regierungsbeteiligung bzw. der Umsetzung von Politikpositionen der FPÖ unmittelbar bzw. mittelbar betroffene Menschenrechte und Grundfreiheiten kommen vornehmlich Freiheitsrechte als Abwehrrechte in Betracht, beispielsweise das Recht auf freie Meinungsäußerung nach Art. 10 EMRK oder der Schutz vor willkürlicher Ausweisung nach Art. 1 7. ZP EMRK.[56] Dies beruht zum Teil auf der von FPÖ-Funktionären gepflegten Praxis, etwaige Gegner[57] sowie die Medien[58] mit Beleidigungsverfahren zu überziehen, sowie dem in Wahlkämpfen immer wieder thematisierten Verhältnis zu den in Österreich lebenden Ausländern.

bb. Verletzung durch die Regierungsbildung

Weder die Vorwürfe der XIV noch die späteren Feststellungen des Weisenrates deuten auf die Gefahr der Verletzung des Grundwertes der Achtung der Menschenrechte und Grundfreiheiten hin. Zwar hat der Weisenrat in den Bereichen des Umgangs mit dem politischen Gegner[59] sowie der von der FPÖ betriebenen Ausländerpolitik und deren Verbreitung im Wahlkampf von 1999[60] einzelne kritische Punkte angemerkt. Die kritisierten Verhaltensweisen reichen jedoch in keinem Fall bis zu einer Verletzung von Grundrechten oder auch nur in die Nähe dieses Vorwurfs.[61] Sie beziehen sich vielmehr nur auf das Verhalten Einzel-

---

[54] Vgl. zu dieser Kategorisierung allgemein *Stern*, in: Isensee/Kirchhof, Handbuch des Staatsrechts, Bd. V, 1992, § 109, Rdnr. 22-27; *Bleckmann*, Staatsrecht II, 1997, § 5, Rdnr. 7, S. 86 f.

[55] Vgl. für diese Grundrechtsfunktionen auf europäischer Ebene Calliess/Ruffert-*Kingreen*, EUV/EGV, 1999, Art. 6 EUV, Rdnr. 44-50.

[56] Vgl. zur Identität dieser Rechte als Abwehrrechte jeweils *Frowein/Peukert*, EMRK-Komm., 1996, Art. 10, Rdnr. 1, bzw. Art. 1 7. ZP, Rdnr. 1.

[57] Als letzter prominenter Fall sei der des Innsbrucker Politologen *Pelinka* genannt. Dieser wurde im Mai 2000 dazu verurteilt, seine Aussage, Jörg Haider habe „in seiner Karriere immer wieder Aussagen gemacht, die als Verharmlosung des Nationalsozialismus zu werten sind", zu widerrufen – zitiert nach *Scharsach/Kuch*, Haider, 2000, S. 249; vgl. auch Bericht des Weisenrates vom 8.09.2000, Ziff. 100.

[58] Vgl. *Scharsach/Kuch*, ebd., S. 159-161, 238-240.

[59] Vgl. Bericht des Weisenrates vom 8.09.2000, Ziff. 97-103.

[60] Vgl. ebd., Ziff. 81.

[61] Sie waren für den Weisenrat aber „Anlaß zu ernsthafter Sorge", vgl. Bericht des Weisenrates vom 8.09.2000, Ziff. 103.

ner und betrafen zu keinem Zeitpunkt die Rechtsordnung oder die staatlichen Organe Österreichs als Ganzes.

d. Rechtsstaatlichkeit

aa. Inhalt und Reichweite des Grundwertes

Alle von der Union auf ihren sämtlichen Ebenen ausgehenden Akte sind an das Recht gebunden.[62] In ihr gilt unstreitig das Primat des Rechts.[63] Aus diesem Grund kann das Postulat *Hallsteins*, bei der Europäischen Gemeinschaft handele es sich um eine Rechtsgemeinschaft,[64] das vom EuGH verschiedentlich aufgegriffen und bekräftigt worden ist,[65] uneingeschränkt auf die Europäische Union übertragen werden. Die Union ist eine Rechtsgemeinschaft.[66]

Mangels Staatsqualität – die Union ist lediglich ein IZoV – und der Kritik, die der Begriff der Rechts*staatlichkeit* daher im Schrifttum immer wieder hervorgerufen hat,[67] muß die Aufnahme dieses Grundwertes in Art. 6 I EUV interpretiert werden als Berufung auf einen der fundamentalen Werte, auf dem die Rechtsgemeinschaft Europäische Union beruht. Sie ist allen Mitgliedstaaten gemein und war notwendige Voraussetzung für die Schaffung von Gemeinschaften und Union.[68]

Sinn des Rechtsstaatsprinzips ist es, die Ausübung hoheitlicher Macht zu bändigen. Dies geschieht insbesondere durch die Bereitstellung geordneter Verfahren. Inhaltlich knüpft das Rechtsstaatsprinzip daher nicht an eine bestimmte Staat-

62 *Zuleeg*, Der rechtliche Zusammenhalt der Europäischen Gemeinschaft, in: Blomeyer/Schachtschneider, Die Europäische Union als Rechtsgemeinschaft, 1995, S. 23 f.
63 So *Schorkopf*, Homogenität in der EU, 2000, Ziff. 128, S. 93.
64 *Hallstein*, Die Europäische Gemeinschaft, 1979, S. 51.
65 In seiner Entscheidung der Rs. 294/83 (*Les Verts ./. Parlament*), Slg. 1986, S. 1339 (1365), erklärt der Gerichtshof die Wahrung des Prinzips der Rechtsstaatlichkeit zur „Grundlage der Verträge“.
66 *Schorkopf*, Homogenität in der EU, 2000, Ziff. 128, S. 94.
67 Vgl. etwa *Zuleeg*, FS Carstens, 1984, S. 299; *ders.*, GG-Alternativkommentar, 1989, Art. 24, Rdnr. 40; *Richter*, Die Erweiterung der Europäischen Union, 1997, S. 80, Fn. 434 m.w.N.; Schwarze-*Stumpf*, EU-Komm., 2000, Art. 6 EUV, Rdnr. 14. *Zuleeg* schlägt aus diesem Grund eine sprachliche Alternative vor: den Terminus „Rechtsprinzip“.
68 *Schorkopf*, Homogenität in der EU, 2000, Ziff. 130, S. 95, spricht in diesem Zusammenhang von der „horizontalen Homogenität der Mitgliedstaaten“.

lichkeit an, sondern setzt in der Sache lediglich das Handeln eines Hoheitsträgers voraus.[69]

Zu den näheren Ausformungen des Rechtsstaatsprinzips zählen:

- das Legalitätsprinzip,
- der Rechtsschutz durch unabhängige Gerichte,
- die Gewaltenteilung sowie
- die Staatshaftung.

Diese Kriterien sind alle den mitgliedstaatlichen Rechtsordnungen gemein.[70]

Auf der Gemeinschafts- und Unionsebene entspricht dem Legalitätsprinzip das Prinzip der Vertragsgemäßheit.[71] Hierdurch sind die Organe sowohl in der Art wie dem Umfang ihrer Handlungen an die durch die Verträge vorgegebenen Formen und Befugnisse gebunden.[72]

Die Unabhängigkeit des EuGH und des durch ihn erlangbaren Rechtsschutzes wird durch verschiedene Instrumente gewährleistet[73] und entspricht vollumfänglich den Ansprüchen, die rechtsstaatlich an die Unabhängigkeit der Gerichte zu stellen sind. Zudem werden durch Art. 292 i.V.m. 227, 239 EGV abschließend die den Mitgliedstaaten zur Verfügung stehenden Konfliktlösungsmöglichkeiten sowie das Rechtsfindungsmonopol des Gerichtshofes in gemeinschaftsrechtlichen Streitigkeiten geregelt. Gleichzeitig bestehen jedoch noch systematische Mängel im Rechtsschutzsystem des EuGH. Besonders deutlich wird dies bei der fehlenden Justitiabilität von Verletzungen der allgemeinen Grund-

---

[69] Schwarze-*Stumpf*, EU-Komm., 2000, Art. 6 EUV, Rdnr. 15.

[70] Vgl. etwa *Scholz*, FS Steindorff, 1990, S. 1413 f., sowie das Kopenhagener Dokument, EuGRZ 1990, S. 240 f., und die Charta von Paris, BullBReg. 1990, S. 1409 f.

[71] *Schorkopf*, Homogenität in der EU, 2000, Ziff. 134, S. 96.

[72] Für das Gemeinschaftsrecht ergibt sich dies unmittelbar aus der Anwendung des *Prinzips der begrenzten Ermächtigung* – vgl. etwa *Buchwald*, Der Staat 37 (1998), S. 194; *Oppermann*, Europarecht, 1999, Rdnr. 513. Im Unionsrecht, in dem das Prinzip keine unmittelbare Wirkung entfaltet, ist es mittelbar, in Form einer gegenseitigen Verpflichtung der Mitgliedstaaten, sich regelmäßig nur den im Unionsvertrag vorgegebenen Handlungsformen zu bedienen und deren Voraussetzungen restriktiv auszulegen, vorhanden – vgl. *Pechstein/Koenig*, Europäische Union, 2000, Rdnr. 153.

[73] Etwa durch Regelungen des Primärrechts (beispielsweise Art. 222 f. EGV), die Satzung des Gerichtshofes und das Protokoll über Vorrechte und Befreiungen der Europäischen Gemeinschaften vom 8.04.1965 (ABl. 1967, Nr. L 152, S. 13-16).

werte des Art. 6 I EUV sowie der in der Folge der Feststellung einer – tatsächlichen oder behaupteten – Verletzung dieser Werte nach Art. 7 EUV getroffenen Maßnahmen. Dieser Mangel kann zwar systemimmanent mit der Natur des Unionsrechts als völkerrechtlichem Vertrag souveräner, auf ihre Rechte bedachter Staaten erklärt werden, vermag aber aus rechtsstaatlichen Erwägungen, beispielsweise der Notwendigkeit einer umfassenden gerichtlichen Überprüfbarkeit aller Rechtsakte, nicht zu überzeugen. Dies um so mehr als Verletzungen konkreter Grundrechte i.S.d. Art. 6 II EUV der Jurisdiktion des EuGH bereits unterliegen.[74]

Zu den obengenannten Ausformungen des Rechtsstaatsprinzips treten die durch den EuGH gemeinschaftsrechtlich ausgeformten rechtsstaatlichen Garantien des Verwaltungsverfahrens und der Rechtssetzung, zu denen unter anderen das *Verhältnismäßigkeitsprinzip*, der *Vertrauensschutz*, der *Grundsatz des rechtlichen Gehörs*, das *Rückwirkungsverbot* sowie der *Bestimmtheitsgrundsatz* gehören.[75] Obwohl die Union derzeit aufgrund fehlender Kompetenzen noch nicht direkt in die rechtlich geschützten Positionen des Gemeinschaftsbürgers eingreifen kann, grenzen diese Elemente des Rechtsstaatsprinzips bereits zum jetzigen Zeitpunkt als objektiv geltende Prinzipien die Machtausübungsmechanismen der Union ein.[76]

bb. Verletzung durch die Regierungsbildung

Weder die Vorwürfe der XIV noch die späteren Feststellungen des Weisenrates deuten auf die Gefahr der Verletzung rechtsstaatlicher Prinzipien hin. Durch den Regierungswechsel in Österreich wurden weder rechtsstaatliche Garantien außer Kraft gesetzt noch die Unabhängigkeit der Gerichte beschnitten. Es ist vielmehr so, daß eine Rechtsverletzung durch die XIV eher im Bereich des Möglichen liegt, da der um wesentliche Teile der Mitwirkung europäischer Organe sowie des betroffenen Staates amputierte Verfahrensweg der Verhängung der Maßnahmen schwerlich mit den in der EMRK kodifizierten Rechten übereinzustimmen scheint.

---

[74] Vgl. Art. 46 lit. d) EUV.

[75] *Schweitzer/Hummer*, Europarecht, 1996/1999, Rdnr. 791; *Streinz*, Europarecht, 2001, Rdnr. 369.

[76] Schwarze-*Stumpf*, EU-Komm., 2000, Art. 6 EUV, Rdnr. 15, mit ausführlichen Rechtsprechungsnachweisen.

e. Zwischenergebnis

Nach der Überprüfung aller Grundwerte des Art. 6 I EUV kann somit festgestellt werden, daß die von den XIV gegenüber Österreich erhobenen Vorwürfe keine materielle Verletzung der europäischen Grundwerte begründet haben. Sie sind daher rechtlich völlig haltlos gewesen.

Allerdings haben sich im Rahmen der Prüfung der Grundwerte, insbesondere des Demokratie- und des Rechtsstaatsprinzips, Anhaltspunkte für eine Verletzung dieser, durch die Maßnahmen vorgeblich geschützten Werte durch die XIV, d.h. durch die Urheber der „schützenden“ Maßnahmen selbst, ergeben.

II. Intensität und Dauer der Grundwerteverletzung

Vorausgesetzt, die Vorwürfe der XIV hätten einen Verstoß gegen die europäischen Grundwerte beinhaltet, hätte diese Verletzung zudem eine bestimmte Qualität und Quantität erreicht haben müssen, um den Tatbestandsvoraussetzungen des Art. 7 I EUV zu genügen und damit die Verhängung von Maßnahmen zu ermöglichen.[77] Zur Erfüllung der Tatbestandsvoraussetzungen müssen stets beide Voraussetzungen kumulativ vorliegen.[78]

1. Schwerwiegende Verletzung

Jede „einfache“ Vertragsverletzung enthält in der Regel gleichzeitig auch eine Beeinträchtigung der in Art. 6 I EUV enthaltenen Grundsätze.[79] Aus diesem Grund ist die Qualität einer spezifischen Werteverletzung für die Beurteilung möglicher rechtlicher Folgen von entscheidender Bedeutung.

---

[77] Zur Entstehungsgeschichte des Begriffspaars „schwerwiegend und anhaltend“ im Europarecht und den Parallelen in anderen internationalen Verträgen, vgl. *Schorkopf*, Homogenität in der EU, 2000, Ziff. 237, S. 149 m.w.N.

[78] Calliess/Ruffert-*Kluth*, EUV/EGV, 1999, Art. 7 EUV, Rdnr. 7; Schwarze-*Stumpf*, EU-Komm., 2000, Art. 7 EUV, Rdnr. 6.

[79] *Schorkopf*, Homogenität in der EU, 2000, Ziff. 239, S. 150.

Für einfache Vertragsverletzungen sehen die Gemeinschaftsverträge verschiedene Verfahren und Rechtsschutzmöglichkeiten vor.[80] Wann die Grenze zu einer schwerwiegenden Verletzung überschritten ist, läßt sich aber weder aus Art. 7 EUV selbst noch aus dem systematischen Zusammenhang dieser Vorschrift entnehmen.[81] Es ist daher notwendig, auf die Vorarbeiten des Art. 7 EUV zurückzugreifen. Hierdurch lassen sich mittelbar einige konkretisierende Aussagen zu dieser Frage gewinnen.[82]

In der Literatur zum Parlamentsentwurf eines Vertrages zur Gründung einer Europäischen Union vom 14.02.1984 (EUGV-E), aus dessen Art. 4 IV und 44 die Formulierung einer *„schwerwiegenden und anhaltenden Verletzung“* stammt und der damit zu den direkten Vorläufern des Art. 7 EUV gehört, wird der dort verwendete Begriff der „schwerwiegenden Verletzung“ in einen doppelten Kontext gestellt: Zum einen mit der Terminologie der Vereinten Nationen, nach der eine *flagrante und systematische Verletzung der Menschenrechte* Voraussetzung für die Befassung der Menschenrechtskommission mit Individualbeschwerden ist.[83] Zum anderen mit dem Entwurf der ILC für eine Konvention zur Staatenverantwortlichkeit,[84] in der in Art. 19 ein Katalog völkerrechtlicher Verbrechen als Ausfluß schwerwiegender Verletzungen (“*serious breach*“) von *erga omnes*-Verpflichtungen und anderer fundamentaler Normen enthalten ist.[85]

Vor diesem Hintergrund ist eine schwerwiegende Verletzung der europäischen Grundwerte anzunehmen, wenn der Wert als solcher *final* beeinträchtigt wird,

---

[80] Etwa das Vertragsverletzungsverfahren nach Art. 226, 227 EGV. Zu den Konkurrenzen der übrigen Verfahren bei Vertragsverstößen mit dem Verfahren nach Art. 7 EUV sogleich unten § 5 D.I-III, S. 138-145.

[81] *Barents*, MJ 4 (1997), S. 335; *Langrish*, ELRev 23 (1998), S. 15.

[82] *Schorkopf*, Homogenität in der EU, 2000, Ziff. 238, S. 150.

[83] Capotorti/Hilf/Jacobs/Jaqué-*Capotorti*, Kommentar zum EUGV-E, 1986, Art. 4, S. 55. Auf Vorschlag des Unterausschusses zur Vorbeugung von Diskriminierungen und zum Schutz von Minderheiten werden der Menschenrechtskommission der VN Individualbeschwerden vorgelegt. Grundlage dieses Verfahrens sind die Resolutionen 728 F/XXVIII und 1503/XLVIII (vgl. *Simma/Fastenrath*, Menschenrechte, 1998, S. 15 f. bzw. S. 19-21) des Wirtschafts- und Sozialrates.

[84] Die vollständige Entwurfsfassung ist abgedruckt in: ILM 1998, S. 442-467.

[85] Capotorti/Hilf/Jacobs/Jaqué-*Capotorti*, Kommentar zum EUGV-E, 1986, Art. 4, S. 55. Zum ILC-Enwurf, insbesondere dem Begriff der internationalen „Verbrechen“, vgl. *Frowein*, FS Mosler, 1983, S. 48 f.; *Schröder*, in: Graf Vitzthum, Völkerrecht, 2001, Rdnr. 17. Beispiele für solche, in der Regel auf der Judikatur des IGH aufbauende völkerrechtliche Verbrechen sind das Verbot des Angriffskrieges, der Völkermord oder die Rassendiskriminierung.

d.h. die Verwirklichung des Grundsatzes insgesamt in Frage gestellt wird.[86] Wegen der aus der Feststellung eines Verstoßes resultierenden schwerwiegenden Folgen für den betroffenen Staat muß sich die Verletzung bereits konkret manifestiert haben; die bloße Gefahr einer Verletzung reicht nicht aus.[87]

Selbst wenn die von den XIV erhobenen Vorwürfe eine Verletzung der Grundwerte ergeben hätten, so wären die Maßnahmen zum Zeitpunkt ihres Inkrafttretens materiell rechtswidrig gewesen. Am 4.02.2000 hätte maximal nur eine aus dem zurückliegenden Verhalten der FPÖ-Funktionäre resultierende Gefahr weiterer Verletzungen bestanden. Zur Erfüllung der notwendigen qualitativen Anforderungen an eine Verletzung hätte es mindestens einiger Handlungen der Bundesregierung in dieser Hinsicht bedurft. Wegen ihrer erst an diesem Tag erfolgten Vereidigung und der nach Art. 74 I B-VG notwendigen Bestätigung der neuen Regierung im Nationalrat konnten solche Handlungen jedoch frühestens nach diesem Zeitpunkt, d.h. einen Tag nach dem 4.02.2000, erfolgen. Bis dahin hätten die XIV – die sonstige Rechtmäßigkeit ihres Verhaltens bis zu diesem Zeitpunkt unterstellt – nicht einmal einen materiell rechtmäßigen Feststellungsbeschluß i.S.d. Art. 7 I EUV treffen, geschweige denn bereits Maßnahmen verhängen können.[88]

2. Anhaltende Verletzung

Neben dem qualitativen Merkmal einer schwerwiegenden Verletzung muß zusätzlich das zeitlich-quantitative Kriterium einer *anhaltenden Verletzung* erfüllt sein.

Der Begriff des „Anhaltens" in seiner temporalen Bedeutung bezeichnet die Notwendigkeit einer über einen einmaligen, punktuellen Verstoß hinausgehen-

---

86 Calliess/Ruffert-*Kluth*, EUV/EGV, 1999, Art. 7 EUV, Rdnr. 9; Grabitz/Hilf-*Schorkopf*, Kommentar zur EU, Bd. I, Stand: 2001, Art. 7 EUV, Rdnr. 11.

87 Schwarze-*Stumpf*, EU-Komm., 2000, Art. 7 EUV, Rdnr. 4; so auch *Pernthaler/Hilpold*, integration 23 (2000), S. 108, die allerdings in einem solchen Fall – trotz Überwiegen des „spekulativen Elements" (ebd., S. 108) – die Überwachung des betreffenden Staates als Ausfluß eines „Frühwarnmechanismus' " für zulässig erachten (ebd., S. 109).

88 *Schorkopf*, Homogenität in der EU, 2000, Ziff. 241, S. 151, geht sogar so weit, den Mitgliedstaaten selbst bei Vorliegen aller Voraussetzungen die Pflicht aufzuerlegen, den Verletzer mindestens einmal zur Rückkehr zu vertragsgemäßem Verhalten aufzufordern, bevor das Feststellungsverfahren eingeleitet werden kann.

den Verletzung.[89] Es bedarf daher der Aufrechterhaltung des durch die Verletzung ursprünglich geschaffenen vertragswidrigen Zustandes über einen längeren Zeitraum, um die tatbestandlichen Voraussetzungen zu erfüllen.[90] Wie lange dieser Zeitraum absolut bemessen sein muß, kann nur konkret für jeden einzelnen verletzten Grundwert bestimmt werden[91] und steht im übrigen im Rahmen des Ermessens der vertragstreuen Mitgliedstaaten.[92]

Auch aus temporal-quantitativer Sicht lagen daher zum Zeitpunkt der Verhängung der Maßnahmen die Tatbestandsvoraussetzungen nicht vor. Selbst bei Annahme eines Verstoßes gegen europäische Grundwerte, fehlte es zum Zeitpunkt des Inkrafttretens der Maßnahmen an der notwendigen Dauer einer solchen Verletzung. Die oben im Rahmen der Prüfung der notwendigen Qualität einer Grundwerteverletzung angeführten Argumente sind dabei entsprechend anwendbar.

III. Erneut: Die Möglichkeit von Vorfeldmaßnahmen im Rahmen des Art. 7 EUV

Wegen der hohen Anforderungen, die das Sanktionsverfahren nach Art. 7, 6 I EUV an eine tatbestandliche Grundwerteverletzung stellt, und der damit notwendigerweise einhergehenden recht hohen Intensität eines solchen Verstoßes, wird in Teilen des Schrifttums vertreten, daß es der Kommission oder den Mitgliedstaaten möglich sein müsse, bereits vor der Realisierung einer schwerwiegenden und anhaltenden Verletzung der Grundwerte eingreifen zu können.[93]

Für die Möglichkeit der Ergreifung von Vorfeldmaßnahmen durch die Kommission ist diesem Ansatz bereits unter sehr restriktiven Voraussetzungen zugestimmt worden.[94]

---

[89] Calliess/Ruffert-*Kluth*, EUV/EGV, 1999, Art. 7 EUV, Rdnr. 8.
[90] *Schorkopf*, Homogenität in der EU, 2000, Ziff. 240, S. 151.
[91] Calliess/Ruffert-*Kluth*, ebd.
[92] *Schorkopf*, Homogenität in der EU, ebd., mit Hinweis auf die im Schrifttum vertretene Ansicht zu der ähnlichen Formulierung des Art. 6 UN-Charta.
[93] *Hummer/Obwexer*, europa blätter 2000, S. 101; *Pernthaler/Hilpold*, integration 23 (2000), S. 109 („Frühwarnmechanismus"); *Schorkopf*, DVBl. 2000, 1040 f.; a.A. Schwarze-*Stumpf*, EU-Komm., 2000, Art. 7 EUV, Rdnr. 4: Die Gefahr einer Verletzung, die sich noch nicht konkret realisiert habe, reicht nicht aus.
[94] S.o. unter § 4 D.I.2, S. 110.

Gleiches gilt sinngemäß auch für das Ergreifen von Vorfeldmaßnahmen durch die Mitgliedstaaten: Es bestand zum Zeitpunkt der Verhängung der Maßnahmen der aus dem Wortlaut des Art. 7 EUV ersichtliche Wille der Vertragsstaaten, nur bei solchen Verstößen korrigierend einzugreifen, durch die die Existenz der Grundwerte in einem Staat final beeinträchtigt wurden und die über einen längeren Zeitraum anhielten.[95] Wenn man daher mit dem Argument, eine Verletzung von fundamentalen Werten dürfe sich nicht erst verfestigt haben, bevor ein Eingreifen möglich ist, gegen den Wortlaut des Art. 7 EUV das Ergreifen von Vorfeldmaßnahmen abstrakt für möglich hält, so muß man diese nach Art und Umfang äußerst restriktiv ausgestalten. Dies bedeutet, daß sich Vorfeldmaßnahmen im internen Verhältnis zwischen den Mitgliedstaaten halten müssen und diese – allein wegen des diskriminierenden Charakters eines solchen Vorwurfes – nicht in die Öffentlichkeit dringen dürfen, wollten sie nicht ihrerseits die Rechte des betreffenden Mitgliedstaates verletzen oder unverhältnismäßig sein. Grundlage von Vorfeldmaßnahmen können ferner ausschließlich Tatsachen sein. Bloße Vermutungen oder Verdächtigungen sind dagegen nicht ausreichend. Auch ist der Mitgliedstaat vorher stets anzuhören. Sind diese Parameter *kumulativ* eingehalten, wären zulässige Vorfeldmaßnahmen denkbar.

Im vorliegenden Fall bestanden jedoch weder tatsächliche Anhaltspunkte für eine Verletzung der Grundwerte durch die Regierungsbildung noch war das Verhalten der XIV, insbesondere die durch Art. 7, 6 I EUV nicht gedeckte Verhängung der Maßnahmen, von den Grundsätzen der Verhältnismäßigkeit noch der notwendigen, solidarischen Zurückhaltung geprägt. Um es deutlich auszusprechen: *Zu keinem Zeitpunkt* entsprach das Verhalten der XIV gegenüber Österreich den Anforderungen des Sanktionsverfahrens, weder als Haupt- noch als Vorfeldmaßnahme.[96]

D. Sonstige Sanktionsverfahren im Europarecht

Das Europarecht kennt neben dem Verfahren des Art. 7 EUV noch weitere Verfahren, um das Fehlverhalten von Mitgliedstaaten oder um Verstöße gegen die

[95] Inzwischen ist durch den Vertrag von Nizza ein Monitoringverfahren im Vorfeld von Grundwerteverletzungen durch einen neuen Abs. 1 des Art. 7 im EUV verankert worden. Der Vertrag von Nizza bedarf allerdings noch der Ratifizierung durch die Mitgliedstaaten.

[96] I.E. zustimmend *Hummer/Obwexer*, europa blätter 2000, S. 101.

Verträge zu sanktionieren: das Vertragsverletzungsverfahren (Art. 226, 227 EGV und Art. 141, 142 EAGV), das davon durch die erweiterten Kompetenzen der Kommission abweichende Verfahren des Art. 88 EGKSV sowie das Verfahren zum Schutz des gemeinsamen Marktes nach Art. 297, 298 EGV.

Diese Verfahren sollen im folgenden darauf untersucht werden, ob sie auch bei Verletzungen der politischen Grundwerte der Union Anwendung finden, und bejahendenfalls in welchem Verhältnis sie zu dem Verfahren nach Art. 7 EUV stehen.

I. Vertragsverletzungsverfahren

Das Vertragsverletzungsverfahren, das im EGV wie im EAGV durch gleichlautende Normen geregelt ist,[97] ermächtigt die Kommission in ihrer Rolle als „Hüterin der Verträge" i.S.d. Art. 211 1. Spstr. EGV[98], bei objektiven Verstößen gegen das Gemeinschaftsrecht einzuschreiten[99] und gegen den betroffenen Mitgliedstaat ein förmliches Vertragsverletzungsverfahren einzuleiten.[100] Dieses Verfahren gliedert sich in ein Vorverfahren, in dem dem betroffenen Staat die

---

[97] In den Art. 226, 227 EGV und Art. 141, 142 EAGV.

[98] Ebenso Art. 8 EGKSV, Art. 124 1. Spstr. EAGV.

[99] Die Kontrollfunktion umfaßt nach allg. Ansicht neben dem primären auch das sekundäre Gemeinschaftsrecht – vgl. *Schweitzer/Hummer*, Europarecht, 1996/1999, Rdnr. 468; *Oppermann*, Europarecht, 1999, Rdnr. 734; *Koenig/Haratsch*, Europarecht, 2000, Rdnr. 331.

[100] Nach der h.L. trifft die Kommission bei Vorliegen einer Vertragsverletzung die Verpflichtung, das Vorverfahren einzuleiten, dies folge aus dem Wortlaut des Art. 226 I EGV und der imperativ formulierten „Hüterfunktion" in Art. 211 EGV („... für die Anwendung dieses Verfahrens ... Sorge zu tragen") – vgl. *Däubler*, NJW 1968, S. 329; *Ortlepp*, Das Vertragsverletzungsverfahren, 1987, S. 77; GTE-*Krück*, EUV/EGV, 1997, Art. 169 EGV, Rdnr. 67; Grabitz/Hilf-*Karpenstein/Karpenstein*, Kommentar zur EU, Bd. II, Stand: 2001, Art. 226 EGV, Rdnr. 40. A.A. EuGH in st. Rspr. (grundlegend Rs. 247/87 (*Star Fruit ./. Kommission*), Slg. 1989, 291 (301)); *Rengeling/Middeke/Gellermann*, Rechtsschutz in der EU, 1994, Rdnr. 88; *Oppermann*, Europarecht, 1999, Rdnr. 735, die der Kommission zur Vermeidung von Bagatellverfahren bereits ein Entschließungsermessen hinsichtlich der Einleitung des Vorverfahrens zubilligen. – Unstreitig steht der Kommission jedoch wegen des Wortlautes des Art. 227 UAbs. 1 EGV („... *kann* den Gerichtshof anrufen..." [Hervorhebung vom Verf.]) hinsichtlich der Einleitung des gerichtlichen Hauptverfahrens ein Ermessensspielraum zu.

Gelegenheit zur Anhörung gegeben werden muß, und ein gerichtliches Hauptverfahren.[101]

Die Kommission übt in diesem Verfahren eine dreigeteilte Funktion aus. Als *Wächterin des Gemeinschaftsrechts* wacht sie über die Einhaltung des Gemeinschaftsrechts, als *Statthalterin der Mitgliedstaaten* verfolgt sie mögliche Verletzungen und als *Sachwalterin der Gemeinschaftsinteressen* vertritt sie die Gemeinschaft im Falle eines Rechtsstreits mit dem betroffenen Mitgliedstaat vor dem EuGH. Durch diese Funktionen ist die Kommission zentrale Akteurin des Verfahrens; die Mitgliedstaaten selbst spielen nur eine untergeordnete Rolle. Ihnen steht zwar die Möglichkeit offen, bei Verstößen anderer Mitgliedstaaten gegen die Verträge den Gerichtshof anzurufen.[102] Jedoch muß vor diesem Schritt die Kommission mit dem Fall befaßt werden,[103] so daß sie auch hier die eigentliche Trägerin des Verfahrens ist.

Gegen eine Anwendbarkeit des Vertragsverletzungsverfahrens im Falle einer Verletzung der europäischen Grundwerte spricht im wesentlichen die grundsätzliche Beschränkung dieses Verfahrens auf Vertragsverstöße gegen das primäre und sekundäre Gemeinschaftsrecht[104] sowie die Rollenverteilung im Unionsrecht. Wegen seines intergouvernementalen Charakters liegen die wesentlichen unionsrechtlichen Entscheidungskompetenzen beim Europäischen Rat sowie dem Rat der Europäischen Union; als Konsequenz verfügt die Kommission hier nicht über die gleiche herausgehobene Stellung, wie sie sie im Gemeinschaftsrecht einnimmt.

Durch die Schaffung des besonderen Sanktionsverfahrens nach Art. 7 i.V.m. Art. 6 I EUV sind die Kontrollrechte der Kommission auf die Überwachung der Einhaltung der fundamentalen Prinzipien des Unionsrechts ausgeweitet worden. Neben die Gemeinschaftsaufsicht ist eine Unionsaufsicht getreten, die die „Konformität mitgliedstaatlichen Handelns in Bezug auf unionsrechtliche Pflichten“

---

[101] Zu den Einzelheiten des Verfahrens vgl. *Rengeling/Middeke/Gellermann*, Rechtsschutz in der EU, 1994, Rdnr. 62-118; *Oppermann*, Europarecht, 1999, Rdnr. 735-739; *Koenig/Haratsch*, Europarecht, 2000, Rdnr. 326-333.

[102] Art. 227 UAbs. 1 EGV bzw. Art. 142 UAbs. 1 EAGV.

[103] Art. 227 UAbs. 2 EGV bzw. Art. 142 UAbs. 2 EAGV.

[104] Vgl. den Wortlaut des Art. 226 UAbs. 1 EGV (Art. 141 UAbs. 1 EAGV ist identisch): „... gegen eine Verpflichtung aus *diesem Vertrag* ...“.

zum Gegenstand hat.[105] Wegen der universellen Wirkung der europäischen Grundwerte in allen Bereichen des Europarechts läßt sich ein Verstoß gegen die Verträge regelmäßig auch auf einen Verstoß gegen diese Werte zurückführen. Damit ist zugleich eine Anwendbarkeit des Vertragsverletzungsverfahrens eröffnet.

Allerdings ist die Kommission bei reinen Verstößen gegen die Grundwerte bzw. bei Verstößen, deren Schwergewicht auf solchen Verletzungen liegt, auf eine reine „Beobachterfunktion" beschränkt. Die erweiterte Hüterfunktion, einschließlich der Möglichkeit zur Verhängung von Maßnahmen gegen den betroffenen Staat bleibt den Mitgliedstaaten in Gestalt des RdEU vorbehalten.

Hiernach lassen sich die Aufgaben der Kommission im Rahmen des Vertragsverletzungsverfahrens unterteilen in eine uneingeschränkte Gemeinschaftsaufsicht nach den Vorgaben in EGV/EAGV und eine zwar direkte, aber auf eine reine Überwachung reduzierte Anwendung des Art. 226 UAbs. 1 EGV bei der Unionsaufsicht. Bei der Feststellung von Verstößen kann die Kommission allenfalls von ihrem Initiativrecht zur Einleitung des Feststellungsverfahrens gemäß Art. 7 I EUV Gebrauch machen. Liegt die Intensität des Verstoßes unterhalb der Schwelle einer schwerwiegenden und anhaltenden Verletzung und beschränkt sich dieser auf das Unionsrecht, so bleibt eine Anwendung des Vertragsverletzungsverfahrens insgesamt ausgeschlossen.

Ob es zur Erfüllung dieser eng umgrenzten Aufgaben einer Unionsaufsicht durch die Kommission eines Rückgriffs auf ein streng gemeinschaftsrechtlich ausgerichtetes Verfahren bedarf, erscheint sehr fraglich. Es entspricht eher der Natur des Unionsrechts als intergouvernementalem Vertragssystem, die Kontrolle über dessen Einhaltung den Vertragsparteien, d.h. den Mitgliedstaaten selbst, zu überlassen. Die Nennung der Kommission als Initiativberechtigte neben einem Quorum der Mitgliedstaaten in Art. 7 EUV ist denn auch eher dem Kohärenzgebot des Art. 3 II EUV geschuldet, als Ausfluß einer echten Überwachungsrolle.[106]

---

[105] Vgl. *Schorkopf*, DVBl. 2000, S. 1040, der in der Beobachtung durch die Kommission zudem die „notwendige Voraussetzung" für die Möglichkeit der Berichtigung von Vertragsverletzungen durch das Verfahren nach Art. 7 EUV sieht.

[106] Es erscheint ebenfalls fraglich, ob die prinzipiell zur Neutralität verpflichtete Kommission (vgl. Art. 213 II EGV) so weitreichende Entscheidungen wie die Einleitung eines Feststellungsverfahrens im Rahmen des EUV *in praxi* allein in eigener Verantwortlichkeit treffen wird oder ob bei so brisanten Entscheidungen nicht vielmehr stets den Mitgliedstaaten der Vortritt gelassen werden wird. Denn angesichts der notwendigen Qualität und Quantität der

Als Indiz für eine *in praxi* nur sehr zögerlich ausgeübte Aufsichtsfunktion der Kommission im Unionsrecht kann ihr Verhalten während und nach der Verhängung der Maßnahmen gegen Österreich dienen. Hätte die Kommission ihre unionsrechtlichen Überwachungspflichten bis zur letzten Konsequenz wahrnehmen wollen, hätte sie entweder das Verhalten der XIV unterstützen oder aber diesem aus unionsrechtlicher Sicht – bei offensichtlichem Nichtvorliegen der Voraussetzungen des Sanktionsverfahrens – entschieden Einhalt gebieten müssen. Beides ist nicht geschehen.

Sinngemäß gilt dies ebenso für die Möglichkeit der Einleitung eines Vertragsverletzungsverfahrens durch einen Mitgliedstaat,[107] da auch in diesem Fall die Kommission mit der Materie befaßt worden sein muß, bevor der EuGH angerufen werden kann.[108]

Insgesamt läßt sich folglich feststellen, daß das Vertragsverletzungsverfahren in einer verkürzten, analogen Form neben Art. 7 EUV grundsätzlich anwendbar ist. Bei gravierenden Verstößen gegen die Grundwerte verdrängen jedoch das besondere Sanktionsverfahren und seine Protagonisten, die Mitgliedstaaten, das Vertragsverletzungsverfahren und die Kommission. Allein der RdEU kann den Feststellungsbeschluß fassen und Maßnahmen verhängen, der Kommission dagegen bleibt nur die Zuschauerrolle, da die dominierende Rolle der Kommission als „Hüterin der Verträge" nicht vom Gemeinschafts- auf das Unionsrecht übertragbar ist.

II. Verfahren nach Art. 88 EGKSV analog

Im Vergleich zu den Vertragsverletzungsverfahren des EGV und EAGV weist das Verfahren des Art. 88 EGKSV Besonderheiten auf, die es rechtfertigen, es gesondert zu behandeln. Anders als in Art. 226 EGV/Art. 141 EAGV kann die Kommission nach Durchführung von Vor- und Hauptverfahren mit Zustimmung des Rates selbst sanktionierende Maßnahmen verhängen.[109] Zudem fehlt es an

Vertragsverletzungen beinhaltet bereits ein solcher Beschluß zugleich mittelbar den diskriminierenden Vorwurf gravierender Vertragsbrüche.

[107] Art. 227 UAbs. 1 EGV bzw. Art. 142 UAbs. 1 EAGV.

[108] Art. 227 UAbs. 2 EGV bzw. Art. 142 UAbs. 2 EAGV. Die weiteren Verfahrensschritte sind im übrigen mit denjenigen nach Art. 226 EGV/Art. 141 EAGV identisch, so daß in diesem Fall nur die Identität des Antragstellers vom Normalfall abweicht.

[109] Art. 88 UAbs. 3 EGKSV.

der Möglichkeit eines Mitgliedstaates, dieses Verfahren, wie in Art. 227 UAbs. 1 EGV/Art. 142 UAbs. 1 EAGV möglich, in Gang zu setzen.

Zwar ist auch hier die Regelungsmaterie grundsätzlich auf den Inhalt des EGKSV beschränkt; die universelle Geltung der Grundwerte macht aber eine entsprechende Anwendung im Rahmen einer Unionsaufsicht möglich. Früher wurde eine solche auch aus dem Gesichtspunkt der „Einheit der Verträge" in Betracht gezogen.[110]

Einer solchen entsprechenden Anwendung von Sanktionsbefugnissen der Kommission auf Vertragsverletzungen des Unionsrechts stehen jedoch mehrere Bedenken entgegen.

Zunächst stößt die Notwendigkeit einer Lückenfüllung im Unionsrecht auf Zweifel. Mit Art. 7 EUV steht ein Verfahren zur Verfügung, mit dem Vertragsverstöße – wenn auch erst auf einem hohen Intensitätsniveau – abgewehrt werden können. Eine Lücke besteht daher allenfalls unterhalb der Schwelle einer schwerwiegenden und anhaltenden Verletzung. Die Vertragsstaaten aber, die das Vorliegen dieser Kriterien zu den notwendigen Voraussetzungen des unionsrechtlichen Sanktionsverfahrens gemacht haben, haben sich bewußt dafür entschieden, Vertragsverletzungen unterhalb dieser Schwelle sanktionsfrei zu stellen. Insofern fehlt es an einer unbewußten Regelungslücke als Voraussetzung für eine Analogie.

Im gleichen Sinne wurde bereits vor Gründung der Europäischen Union und der Schaffung des besonderen Verfahrens das Bestehen einer Regelungslücke und damit die Möglichkeit der analogen Anwendbarkeit des Art. 88 UAbs. 3 EGKSV auf das übrige Gemeinschaftsrecht verneint. Wenn die ursprünglichen Verträge als Werk eines „einheitlichen Gesetzgebers" anzusehen sind, dann hat dieser die Unterschiede in den drei Gemeinschaften bewußt herbeigeführt.[111] An diesem Ergebnis haben weder die Schaffung der Europäischen Union noch die zunehmenden Integrationsbemühungen innerhalb der Gemeinschaften etwas ge-

[110] Vgl. *Jakob*, Sanktionen gegen vertragsbrüchige Mitgliedstaaten, 1988, S. 104. Für die Europäischen Gemeinschaften hat insbesondere *Bleckmann*, EuR 1978, S. 102, das Modell einer „Europäischen Gemeinschaft im weiteren Sinn" mit einheitlicher Rechtsordnung bejaht. Übertragen auf den jetzigen Zustand, d.h. erweitert um die Europäische Union, entstünde eine „Europäische Union im weiteren Sinn" unter Einschluß der Europäischen Gemeinschaft(en).

[111] Vgl. *Schwarze*, EuR 1983, S. 29; *Jakob*, Sanktionen gegen vertragsbrüchige Mitgliedstaaten, 1988, S. 107.

ändert: Nach wie vor sind die Besonderheiten des Verfahrens nach Art. 88 EGKSV nur in diesem Vertrag enthalten.

Schließlich ist die Union aufgrund ihrer Rechtsnatur gegenüber den supranationalen, mit eigenen Rechtspersönlichkeiten ausgestatteten und zueinander sehr homogenen Gemeinschaften ein rechtliches *aliud*.[112] Mangels entsprechend großer Übereinstimmungen zu den Gemeinschaften, wie sie diese untereinander aufweisen,[113] besteht daher keine Möglichkeit der Lückenfüllung des EUV durch Rechtsinstitute oder Verfahren der Gemeinschaftsverträge. Auch die der Kommission durch die umfassende Geltung der europäischen Grundwerte zukommende Unionsaufsicht ändert daran nichts. Aus ihr resultiert allenfalls eine Beobachtungskompetenz ohne eigene Eingriffs- und Sanktionierungsmöglichkeit.

Eine analoge Anwendung des Art. 88 UAbs. 3 EGKSV im Rahmen von Grundwerteverletzungen scheidet damit insgesamt aus. Es bleibt allenfalls, wie auch bei den anderen beiden Vertragsverletzungsverfahren, bei einer verkürzten Anwendung des allgemeinen Teils des Verfahrens.[114] Dieses wird aber ebenso wie die Verfahren nach den Art. 226 f. EGV, Art. 141 f. EAGV regelmäßig von demjenigen nach Art. 7, 6 I EUV als *lex specialis* verdrängt.

III. Verfahren nach Art. 297, 298 EGV analog

Neben den Möglichkeiten der Kommission, Vertragsverletzungen zu begegnen, könnte auch die Möglichkeit in Betracht kommen, daß die Mitgliedstaaten bei Verstößen gegen die Verträge selbst korrigierend eingreifen.

Ursprünglich für eine Verletzung des gemeinsamen Marktes und der Grundfreiheiten geschaffen, ermächtigt Art. 297 EGV die Mitgliedstaaten dazu, im Falle einer Beeinträchtigung dieser Rechte bei einer „schwerwiegenden innerstaatlichen Störung der öffentlichen Ordnung, im Kriegsfall, bei einer ernsten, eine Kriegsgefahr darstellenden internationalen Spannung oder in Erfüllung der Verpflichtungen, die [der Staat] im Hinblick auf die Aufrechterhaltung des Friedens oder der internationalen Sicherheiten übernommen hat“, diese Störung durch ein gemeinsames Vorgehen zu beseitigen.

---

[112] Zur derzeitigen Einordnung der EU als IZoV vgl. oben unter § 4 A.II.1.c, S. 63.
[113] Vgl. hierzu die Nachweise in der Untersuchung von *Bleckmann*, EuR 1978, S. 95-104.
[114] D.h. der UAbs. 1, 2.

Insbesondere aus dem ersten Eingriffsgrund, der „schwerwiegenden innerstaatlichen Störung der öffentlichen Ordnung", ist von *Frowein* eine analoge Anwendung dieses Verfahrens auf innerstaatliche Umstürze, d.h. auf einen Putsch oder eine anderweitige Beseitigung der demokratischen Staatsform, vorgeschlagen worden.[115]

Zwar sei das Verfahren vorrangig zum Schutz des gemeinsamen Marktes und der Grundfreiheiten in den Vertrag aufgenommen worden. Durch Art. 224 EGV a.F. (Art. 297 EGV n.F.) sei den Mitgliedstaaten die rechtliche Möglichkeit gegeben worden, sich bei Maßnahmen eines Mitgliedstaates in den in Art. 224 EGV a.F. genannten Krisensituationen „miteinander ins Benehmen" zu setzen und gemeinsam mit dem betroffenen Staat Maßnahmen zu vereinbaren, die den Fortbestand des Gemeinsamen Marktes gewährleisteten.[116] Zu einem Funktionieren des Gemeinsamen Marktes gehöre aber untrennbar das Funktionieren der Institutionen, da die Freiheiten des gemeinsamen Marktes erst durch diese teils konkret verwirklicht, teils geschützt und erhalten werden. Deshalb gefährde die Verletzung der von allen Gemeinschaftsinstitutionen anerkannten Mindesthomogenität[117] durch die Veränderung einer Verfassungsordnung hin zur Diktatur notwendigerweise auch das Funktionieren des Gemeinsamen Marktes i.S.d. Art. 224 EGV a.F. (Art. 297 EGV n.F.).[118] In einem solchen Fall, in dem die einseitigen Maßnahmen eines Mitgliedstaates nicht nur zur Abwehr, sondern auch als Ergebnis einer Krisensituation auftreten, seien dann auch ohne Zustimmung des betreffenden Mitgliedstaates Reaktionen mit „Störungsabwehrcharakter" durch die übrigen Mitgliedstaaten, etwa eine Suspendierung von Gemeinschaftsrecht, möglich. Diese könnten solange andauern, wie der betroffene Mitgliedstaat den Zustand der Homogenitätsverletzung aufrechterhalte.[119]

Fiel es bereits vor der Einführung des besonderen Sanktionsverfahrens des Art. 7 EUV schwer, die Notwendigkeit einer analogen Anwendung dieses Verfahrens[120] und die daraus resultierenden Rechtsfolgen[121] mit dem geltenden Ge-

---

[115] *Frowein*, EuR 1983, S. 312-314; *ders.*, FS Stein, 1987, S. 181 f.
[116] Vgl. *Frowein*, EuR 1983, S. 313.
[117] D.h. von freien Wahlen und der Bildung nationaler Regierungen auf der Grundlage dieser Wahlen.
[118] *Frowein*, EuR 1983, S. 312 f.
[119] Vgl. *Frowein*, ebd., S. 313.
[120] *Ehlermann*, EuR 1984, S. 121, nennt die Konstruktion „äußerst kühn"; *Klein*, RIW 1985, S. 294, lehnt sie als „sachlich-rechtliche Überdehnung" ab.
[121] Vgl. *Jakob*, Sanktionen gegen vertragsbrüchige Mitgliedstaaten, 1988, S. 121.

meinschaftsrecht in Einklang zu bringen,[122] so besteht nun insgesamt keine Notwendigkeit für eine analoge Anwendung des Verfahrens mehr. Die von *Frowein*[123] reklamierte Lücke in den Reaktionsmöglichkeiten der Gemeinschaften bei Veränderung der Verfassungsverhältnisse oder der Staatsform ist durch die Einführung des Art. 7 EUV vollständig geschlossen worden.[124]

Das Verfahren nach Art. 296, 297 EGV analog stellt daher keine taugliche Grundlage für ein Sanktionsverfahren von Mitgliedstaaten gegen einen anderen Mitgliedstaat dar.

E. Ergebnis

Die Ergebnisse dieses Kapitels lassen sich wie folgt zusammenfassen:

1. Die materiellen Voraussetzungen des Sanktionsverfahrens nach Art. 7, 6 I EUV lagen insgesamt nicht vor. Die von den XIV vorgebrachten Gründe für die Verhängung der Maßnahmen, eine Regierungsbeteiligung der FPÖ gefährde die europäischen Grundwerte des Art. 6 I EUV, waren rechtlich völlig gegenstandslos. *Eine Gefährdung dieser Grundwerte hat weder vor, während, noch nach der Regierungsbildung in Österreich am 4.02.2000 vorgelegen.*

2. Im Vorfeld von tatbestandlichen, d.h. von schwerwiegenden und anhaltenden, Grundwerteverletzungen sind vorbeugende Maßnahmen durch die Kommission oder die Mitgliedstaaten zwar abstrakt denkbar. Diese erfordern aber besondere Sorgfalt und Zurückhaltung und dürfen nur auf Tatsachen gestützt werden, die eine Verletzung belegen. Im vorliegenden Fall sind diese Voraussetzungen durch die XIV jedoch *allesamt nicht eingehalten* worden.

---

[122] Vgl. die ausführliche Kritik dieses Ansatzes bei *Schorkopf*, Homogenität in der EU, 2000, Ziff. 161-164, S. 110 f.

[123] Vgl. *Frowein*, EuR 1983, S. 310.

[124] So auch *Schorkopf*, Homogenität in der EU, 2000, Ziff. 162, S. 110, mit Verweis auf Ziff. 156, S. 107 f.

3. Neben dem besonderen Sanktionsverfahren ist in einer eingeschränkten, verkürzten Form das Vertragsverletzungsverfahren nach Art. 226, 227 EGV[125] anwendbar. Dieses wird aber regelmäßig von dem Verfahren nach Art. 7, 6 I EUV verdrängt. Der Ableitung einer Sanktionskompetenz aus einer entsprechenden Anwendung von Art. 297, 298 EGV ist durch die Einführung des speziellen Verfahrens im EUV die notwendige Regelungslücke entzogen worden.

Zusammengenommen mit den Ergebnissen aus den vorangegangenen Kapiteln ist daher festzustellen, *daß das Verhalten der XIV, das als Handlung des Europäischen Rates zu werten, daher dem Rechtskreis des Europarechts zuzurechnen und folglich auf dessen Grundlage zu beurteilen ist, weder formell noch materiell rechtmäßig gewesen ist.*

Zudem besteht die noch näher zu untersuchende Möglichkeit, daß die XIV durch ihr Verhalten die von ihnen durch die Verhängung der Maßnahmen vorgeblich geschützten europäischen Grundwerte selbst verletzt haben.

---

[125] Sowie Art. 141, 142 EAGV und Art. 88 UAbs. 1, 2 EGKSV.

§ 6 Die Erklärung der XIV und ihre Rechtsfolgen als völkerrechtliche Sanktion

Neben den Handlungsformen des Europarechts, denen die Maßnahmen der XIV nur in einer atypischen Form – als soft law – entsprochen haben, kommt für die Erklärung der XIV und ihre Rechtsfolgen auch eine Einordnung als völkerrechtliche Sanktion in Betracht. Einer solchen könnten sich die XIV bedient haben, um ihre Ziele gegen die Republik Österreich durchzusetzen.[1]

Im Rahmen einer solchen Prüfung bedarf es zunächst der Erörterung, ob das allgemeine Völkerrecht und insbesondere seine Zwangsmittel neben dem Europarecht prinzipiell noch Anwendung findet und ob die XIV im Ergebnis nicht insgesamt gehindert waren, zu völkerrechtlichen Sanktionen zu greifen.

A. Rückgriff auf Grundsätze des allgemeinem Völkerrechts im Rahmen des Europarechts

Die Frage nach der Möglichkeit eines Rückgriffs auf völkerrechtliche Grundsätze und damit auf das Völkerrecht als Rechtsgrundlage für mitgliedstaatliche Sanktionsmaßnahmen ist eng verknüpft mit der Frage nach der Rechtsnatur von Gemeinschaften und Union sowie der Qualität der europäischen Rechtsordnung(en).[2] Aufgrund der bereits konstatierten unterschiedlichen Rechtsnatur sowie des derzeit noch erheblich voneinander abweichenden Integrationsstandes von Gemeinschafts- und Unionsrecht erfolgt die Prüfung der Rechtsnatur der beiden Rechtsordnungen getrennt.

---

[1] In diese Richtung gehen die Überlegungen von *Hummer/Obwexer*, europa blätter 2000, S. 55, die aber bereits zu Beginn ihrer Erörterungen den europarechtlichen Charakter der Maßnahmen ausschließen (ebd., S. 54), so daß für sie hiernach allenfalls noch eine völkerrechtliche Einordnung dieser Handlungen in Betracht kommt. *Dies.*, ZÖR 55 (2000), S. 275, werden noch deutlicher: „völkerrechtliche Übereinkunft von 14 Staats- und Regierungschefs".
[2] Vgl. *Jakob*, Sanktionen gegen vertragsbrüchige Mitgliedstaaten, 1988, S. 126.

I. Rechtsnatur des Gemeinschaftsrechts

Bei der Darstellung des Meinungsstandes für den Bereich des Gemeinschaftsrechts ist vor einer Auseinandersetzung mit den Ansichten im Schrifttum zunächst die Rechtsprechung des EuGH auf Äußerungen über das Verhältnis zwischen Völkerrecht und Europarecht hin zu untersuchen.

1. Rechtsprechung des EuGH

Bereits recht früh nach der Gründung der Europäischen Wirtschaftsgemeinschaft hatte der EuGH Gelegenheit, sich mit der Frage der Reichweite der neuen Rechtsordnung und ihrem Verhältnis zu den Regeln und Institutionen des allgemeinen Völkerrechts zu beschäftigen.

In seiner ersten Äußerung zu dieser Frage stellte der Gerichtshof fest, daß es sich beim Recht der Europäischen Wirtschaftsgemeinschaft um eine *„neue Rechtsordnung des Völkerrechts"* handele.[3] In der Folge revidierte der Gerichtshof jedoch seine Rechtsprechung und bezeichnete das Gemeinschaftsrecht fortan als *„eigenständige Rechtsordnung"*.[4] In seiner im gleichen Jahr ergangenen, als „leading case" bezeichneten[5] Entscheidung Kommission ./. Belgien und Luxemburg[6] bestätigte der EuGH diese Grundauffassung. Zudem machte der Gerichtshof bei dieser Gelegenheit Ausführungen zu der im Rahmen der vorliegenden Untersuchung besonders interessierenden Frage einer Anwendbarkeit einseitiger Maßnahmen durch die Mitgliedstaaten. Er führte hierzu aus:

> „Ein solcher Zusammenhang zwischen den Verpflichtungen der Rechtsunterworfenen kann jedoch für das Gemeinschaftsrecht nicht anerkannt werden, denn der Vertrag schafft nicht nur wechselseitige Verpflichtungen zwischen den verschiedenen Rechtssubjekten, für die er gilt, sondern er stellt eine neue Rechtsordnung auf, nach der sich die Befugnisse, Rechte und Pflichten der Rechtssubjekte sowie die zur Feststellung und Ahndung etwaiger Rechtsverletzungen erforderlichen Verfah-

---

[3] EuGH, Rs. 26/62 (*Van Gend & Loos ./. Niederländische Finanzverwaltung*), Slg. 1962, 1 (25).

[4] EuGH, Rs. 6/64 (*Costa ./. E.N.E.L.*), Slg. 1964, 1251 (1269). Der Gerichtshof begründete die Änderung seiner Auffassung vor allem mit dem supranationalen Charakter des Gemeinschaftsrechts.

[5] Vgl. *Schwarze*, EuR 1983, S. 21; *Jakob*, Sanktionen gegen vertragsbrüchige Mitgliedstaaten, 1988, S. 126.

[6] EuGH, verb. Rs. 90-91/63 (*Kommission ./. Belgien und Luxemburg*), Slg. 1964, 1329-1350.

> ren bestimmen. Soweit nicht ausdrücklich etwas anderes vorgesehen ist, ergibt sich daher aus der dem Vertrag zugrunde liegenden Gesamtauffassung, daß es den Mitgliedstaaten verboten ist, sich selbst ihr Recht zu verschaffen."[7]

Mit dieser Entscheidung ersetzte der Gerichtshof mithin den allgemeinen Völkerrechtsgrundsatz der Reziprozität – den „Zusammenhang zwischen den Verpflichtungen der Rechtsunterworfenen" – durch die mit den Verträgen geschaffenen Verfahren der „neuen Rechtsordnung".

Diese Rechtsprechung, die sich ursprünglich nur auf die Reaktionsmöglichkeiten der Mitgliedstaaten gegen vermeintliche Rechtsverstöße der Kommission erstreckte, wurde in der Folge in entsprechender Form auf Maßnahmen der Mitgliedstaaten untereinander ausgedehnt.

Nach dieser ständigen Rechtsprechung des EuGH ist es den Mitgliedstaaten durch die Gemeinschaftsverträge generell verwehrt, bei Vertragsverletzungen gegen den sich vertragswidrig verhaltenden Mitgliedstaat zu einseitigen Maßnahmen zu greifen[8] und sich durch Rückgriff auf völkerrechtliche Prinzipien selbst ihr Recht zu verschaffen.[9] Für eine Anwendbarkeit von Sanktionsformen des Völkerrechts bleibt daher nach der Rechtsprechung des EuGH im Gemeinschaftsrecht insgesamt kein Raum mehr. Eine Anwendung sanktionsrechtlicher Maßnahmen der Mitgliedstaaten auf völkerrechtlicher Grundlage ist damit ebenfalls ausgeschlossen.

2. Literatur

In der Literatur stehen sich in der Frage der Rechtsnatur des Gemeinschaftsrechts zwei Auffassungen gegenüber: die „Traditionalisten" und die „Autonomisten".[10]

---

[7] EuGH, verb. Rs. 90-91/63 (*Kommission ./. Belgien und Luxemburg*), Slg. 1964, 1329 (1344).

[8] Aus der Vielzahl der Entscheidungen sei insbesondere das sogenannte „Schaffleisch-Urteil", EuGH Rs. 232/78 (*Kommission ./. Frankreich*), Slg. 1979, 2729 (2739), genannt. Vgl. im übrigen die ausführlichen Rechtsprechungsnachweise bei *Jakob*, Sanktionen gegen vertragsbrüchige Mitgliedstaaten, 1988, S. 127, Fn. 4.

[9] Vgl. *Everling*, FS Mosler, 1983, S. 182 f.; *Schwarze*, EuR 1983, S. 22; *Jakob*, Sanktionen gegen vertragsbrüchige Mitgliedstaaten, 1988, S. 127.

[10] Terminologie von *Schweitzer/Hummer*, Europarecht, 1996/1999, Rdnr. 74 f.

a. Autonomistische/integrationsfreundliche Auffassung

Die Autonomisten bzw. die Vertreter einer integrationsfreundlichen Auffassung[11] sehen das Gemeinschaftsrecht als vollständig eigene Rechtsordnung an. Infolgedessen lehnen sie eine Anwendbarkeit des Völkerrechts neben dem Gemeinschaftsrecht – auch zur Lückenfüllung – grundsätzlich ab.[12] Im wesentlichen stützen diese Autoren ihre Ablehnung auf fünf Argumente:

- die Eigenständigkeit der Gemeinschaften und ihres Rechts,
- die strukturellen Unterschiede zwischen Völkerrecht und Gemeinschaftsrecht,
- die Gefahr einer Desintegration,
- die Geschlossenheit des gemeinschaftlichen Rechtssystems sowie
- die individuellen Rechte der Marktbürger.[13]

Bezüglich der Eigenständigkeit der Gemeinschaften und ihrer Rechtsordnung wird insbesondere von *Ipsen* argumentiert, es handele sich bei der Grundlage der Gemeinschaft nicht um einen völkerrechtlichen Vertrag, sondern um einen lediglich Vertragsformen verwendenden Gesamtakt staatlicher Integrationsgewalt. Die Gründung der Gemeinschaft sei Verfassungsgebung gewesen, so daß die Mitgliedstaaten nun nicht mehr nach völkerrechtlichen Regeln beliebig über die Gemeinschaft disponieren könnten.[14] Ergebnis dieses Gesamtaktes der Mitgliedstaaten sei eine „nach Herkunft und Geltungsgrund originäre" Rechtsordnung.[15] Daraus leitet *Ipsen* den Ausschluß der allgemeinen Grundsätze des Völkerrechts ab, so daß sich Sanktionen bei Vertragsverletzungen allein nach dem Gemeinschaftsrecht bestimmen sollen.[16]

[11] Terminologie von *Jakob*, Sanktionen gegen vertragsbrüchige Mitgliedstaaten, 1988, S. 130.
[12] Vgl. *Ipsen*, Gemeinschaftsrecht, 1972, S. 7, 100; *Bernhardt*, FS Bindschedler, 1980, S. 232; *Nöll*, Die Völkerrechtssubjektivität der Europäischen Gemeinschaften, 1986, S. 31; *Pescatore*, CMLRev VII (1970), S. 169; *Schwarze*, EuR 1983, S. 23; *Everling*, FS Kutscher, 1981, S. 160 f.; i.E. auch *Schweitzer/Hummer*, Europarecht, 1996/1999, Rdnr. 82; gegen eine Anwendbarkeit von Repressalien sowie der Einrede des nichterfüllten Vertrages, jedoch ohne Aussagen zu sonstigen Zwangsmaßnahmen des allgemeinen Völkerrechts: *Steinhauer*, Auslegung, Kontrolle und Durchsetzung mitgliedstaatlicher Pflichten, 1997, S. 245, 247 f.
[13] Vgl. *Jakob*, Sanktionen gegen vertragsbrüchige Mitgliedstaaten, 1988, S. 131.
[14] *Ipsen*, Gemeinschaftsrecht, 1972, S. 100.
[15] *Ipsen*, Gemeinschaftsrecht, 1972, S. 7.
[16] *Ipsen*, Gemeinschaftsrecht, 1972, S. 531; die Eigenständigkeit der Gemeinschaftsrechtsordnung betonen auch: *Hoffmann*, DÖV 1967, S. 435; *Everling*, FS Kutscher, 1981, S. 173-175;

Auf die Besonderheiten der Gemeinschaftsrechtsordnung stellt auch *Pescatore* ab. Während die Völkerrechtsordnung auf der Grundlage von Kooperation und Konsensprinzip errichtet sei, wird die Gemeinschaftsordnung eher durch die Charakteristika der Solidarität und Integration gekennzeichnet.[17] Der Rückgriff auf die allgemeinen Grundsätze des Völkerrechts wäre daher mit der Einführung eines zu einem Desintegrationsprozeß führenden „Trojanischen Pferdes“ in die Gemeinschaftsrechtsordnung zu vergleichen, die es zu vermeiden gelte.[18]

Everling schließlich stellt bei seiner Ablehnung der Anwendbarkeit völkerrechtlicher Sanktionsmöglichkeiten das Argument eines eigenständigen und vervollständigten Normensystems in den Vordergrund.[19] Durch die quantitative und qualitative Ausgestaltung der Rechtsordnung, die zudem durch die Rechtsprechung des EuGH ständig näher ausgeformt und vervollständigt werde, sei es in der tatsächlichen Entwicklung zur Ausbildung eines nicht mehr abstreifbaren Geflechts von Bindungen sowie vielfältigen wechselseitigen Beziehungen und Abhängigkeiten gekommen. Insgesamt verfüge das Gemeinschaftsrecht daher bereits über so umfassende Wirkungen und Regelungen wie ein eigenständiges Verfassungssystem.[20] Ferner weist *Everling* darauf hin, daß auch die Bürger der Mitgliedstaaten inzwischen Inhaber unmittelbarer, ihnen durch andere Mitgliedstaaten nicht mehr entziehbarer Rechte aus dem Gemeinschaftsrecht geworden seien. Wenn aber ein Mitgliedstaat einem anderen Staat gegenüber, der seiner Ansicht nach gegen Gemeinschaftsrecht verstoßen habe, im Wege der Retorsion gemeinschaftsrechtliche Bestimmungen nicht mehr anwende, beeinträchtige dies zugleich auch jene nicht disponiblen Rechte der Bürger des von der Zwangsmaßnahme betroffenen Mitgliedstaates. Solche Zwangsmaßnahmen könnten daher nicht mehr auf völkerrechtlicher Grundlage in der Hand einzelner Mitgliedstaaten liegen.[21]

Kutscher, EuR 1981, S. 400; *Nöll*, Die Völkerrechtssubjektivität der Europäischen Gemeinschaften, 1986, S. 25 f., 28 f.; *Beutler*, in: B/B/P/S, Europäische Union, 2001, Rdnr. 116.

[17] *Pescatore*, CMLRev VII (1970), S. 169.

[18] *Pescatore*, L'Ordre juridique, 1973, S. 165; *ders.*, FS Mosler, 1983, S. 663, Fn. 5.

[19] *Everling*, FS Mosler, 1983, S. 180, 182 f.; ebenso auch *Constantinesco*, Recht der EGen I, 1977, S. 180-182; *Steinhauer*, Auslegung, Kontrolle und Durchsetzung mitgliedstaatlicher Pflichten, 1997, S. 248; im konkreten Zusammenhang mit den Maßnahmen der XIV: *Stein*, Arbeitspapier der Konrad-Adenauer-Stiftung 7/2000, S. 14.

[20] *Everling*, FS Mosler, 1983, S. 180.

[21] *Everling*, FS Mosler, 1983, S.182 f.; *ders.*, FS Bernhardt, 1995, S. 1166 f., zustimmend *Schwarze*, EuR 1983, S. 23.

b. Traditionalistische/völkerrechtsfreundliche Auffassung

Demgegenüber finden sich im Schrifttum eine Reihe von Autoren, die eine subsidiäre Anwendbarkeit des Völkerrechts befürworten, soweit eventuell bestehende Verfahren des Gemeinschaftsrechts zuvor erfolglos ausgeschöpft wurden.[22] Diese Traditionalisten bzw. Vertreter einer völkerrechtsfreundlichen Auffassung[23] halten den Autonomisten im wesentlichen folgende drei Argumente entgegen:

- die Völkerrechtsnatur des Gründungsvertrages,
- das Fehlen eines abgeschlossenen Systems von Rechtsfolgenormen sowie
- die Gefahr für die Gemeinschaften durch den Verzicht auf jegliche Möglichkeit zur Ausübung von Zwang.[24]

Das erste Argument gründet sich auf eine Typisierung der äußeren Rechtsform der Gemeinschaften. Die ursprünglich unstreitig aus einem völkerrechtlichen Vertrag entstandenen Gemeinschaften hätten sich seit ihrer Gründung zwar fortentwickelt;[25] damit sich aber an der ursprünglichen Qualifikation der Gemeinschaften als internationaler Organisationen mit völkervertragsrechtlich geprägtem System etwas ändere, müßten die Gemeinschaften bereits die Grenze zum Bundesstaat überschritten haben und über eine daraus resultierende eigene, vom Völkerrecht unabhängige Rechtsordnung verfügen. Dies sei aber gerade nicht der Fall, solange die Rechtsgrundlage von einem völkerrechtlichen Vertrag gebildet werde, der von allen Mitgliedstaaten als in den, möglicherweise vielleicht erschwerten, aber dennoch üblichen Formen des völkerrechtlichen Vertragsrechts aufhebbar erachtet werde.[26] Die Mitgliedstaaten seien im völkerrechtli-

---

[22] Vgl. *Bothe*, ZaöRV 37 (1977), S. 123; *Bleckmann*, DÖV 1978, S. 392; *Meng*, Das Recht der Internationalen Organisationen, 1979, S. 167 f., 211; *Simma*, NYIL XVI (1985), S. 128 f.; *Jakob*, Sanktionen gegen vertragsbrüchige Mitgliedstaaten, 1988, S. 154 f.; *Bleckmann*, Europarecht, 1997, Rdnr. 628; *Oppermann*, Europarecht, 1999, Rdnr. 598 f.; BK-*Tomuschat*, Stand: 2001, Art. 24, Rdnr. 42; *Streinz*, Europarecht, 2001, Rdnr. 112 f.; i.E. wohl auch *Seidl-Hohenveldern/Loibl*, Recht der IO, 2000, Rdnr. 1512.

[23] Terminologie von *Jakob*, Sanktionen gegen vertragsbrüchige Mitgliedstaaten, 1988, S. 131.

[24] Vgl. *Jakob*, Sanktionen gegen vertragsbrüchige Mitgliedstaaten, 1988, S. 134.

[25] *Streinz*, Europarecht, 2001, Rdnr. 112, weist in diesem Zusammenhang darauf hin, daß diese Entwicklung nicht allein nur in Richtung einer Supranationalität und der Loslösung von den völkerrechtlichen Wurzeln der Gemeinschaften erfolgt sei, sondern daß es auch Rükkentwicklungen gegeben habe – etwa durch die „Institutionalisierung des Europäischen Rates in der EEA und im Unionsvertrag“.

[26] BK-*Tomuschat*, Stand: 2001, Art. 24, Rdnr. 48.

chen Sinne nach wie vor „Herren der Verträge“, da sich die Gemeinschaften bisher nicht von ihrer völkerrechtlichen Grundlage gelöst hätten.[27] Zudem fehle es an einschlägigen Indizien, die der ursprünglichen Qualifikation widersprächen.[28] Neben *Tomuschat* und *Bleckmann*, als Vertretern der klassischen völkerrechtlichen Auffassung, gelangt auch *Meng* zu derselben Auffassung. Dieser betrachtet das Gemeinschaftsrecht als Teil des Rechts der internationalen Organisationen, welches er wiederum als Entwicklungsstufe des Völkerrechts einordnet. Daraus folgt für ihn zwangsläufig, daß auch das Gemeinschaftsrecht grundsätzlich Teil des Völkerrechts sei.[29]

Das zweite Argument, dem Gemeinschaftsrecht fehle ein System von Rechtsfolgenormen mit der Folge der Anwendbarkeit völkerrechtlicher Normen, wird vornehmlich von *Simma* vertreten.[30] Ausgehend des von *Riphagen* im Rahmen seiner Arbeiten in der ILC zu Fragen der Staatenverantwortlichkeit entwickelten Konzepts[31] stelle das Völkerrecht keine einheitliche Rechtsordnung dar. Vielmehr müsse es als eine Vielzahl miteinander verknüpfter Subsysteme begriffen werden. Manche dieser Subsysteme enthielten Sekundärnormen, die Verletzungen von völkerrechtlichen Primärnormen, d.h. von Normen, die eine materielle Verpflichtung enthalten, regelten. Sobald ein Subsystem über ein solches, spezielles Rechtsfolgenregime verfüge, sei der Rückgriff auf generelle Sekundärnormen sowohl des allgemeinen Völkerrechts als auch anderer Subsysteme grundsätzlich ausgeschlossen.[32] Allenfalls dann, wenn das Subsystem für einen Verstoß keine spezielle Sekundärnorm enthalte oder insgesamt „versage“, könnten die generellen Sekundärnormen subsidiär zur Anwendung gelangen.[33] Für Systeme, in denen eigene Sekundärnormen existieren, ist verschiedentlich die Bezeichnung des “*self-contained régime*“ benutzt worden. Nach Auffassung von *Simma*, dessen Definition dem nachfolgenden Teil der Arbeit zugrundegelegt

[27] BK-*Tomuschat*, Stand: 2001, Art. 24, Rdnr. 48, 99.
[28] Vgl. *Breitenmoser*, ZaöRV 55 (1995), S. 990; *Bleckmann*, Europarecht, 1997, Rdnr. 641; vgl. auch *Streinz*, Europarecht, 2001, Rdnr. 112, der darauf hinweist, daß zur Ausweitung der Gemeinschaftskompetenzen nach wie vor völkerrechtliche Verträge erforderlich sind.
[29] Vgl. *Meng*, Das Recht der Internationalen Organisationen, 1979, S. 167 f. Wörtlich bemerkt er dazu: „Die These von der Autonomie [der Rechtsordnung, Anmerkung des Verf.] ist ein Idealbild, kein normativer Befund“.
[30] *Simma*, NYIL XVI (1985), S. 111-136.
[31] Vgl. *Riphagen*, 3rd Report, YBILC 1982 II 1, Ziff. 54 f., S. 30 f.; *ders.*, 4th Report, YBILC 1983 II 1, Ziff. 33-39, S. 8 f.; s. auch *Zemanek*, ZaöRV 47 (1987), S. 32 f.
[32] Vgl. *Zemanek*, Völkerrechtliche Verantwortlichkeit und Sanktionen, ÖHVR I, 1997, Rdnr. 2541.
[33] Vgl. *Simma*, NYIL XVI (1985), S. 116.

wird, kann ein Subsystem aber nur dann als *self-contained régime* bezeichnet werden, wenn das Geflecht von Sekundärnormen alle Rechtsfolgen einer Rechtsverletzung vollständig und lückenlos erfasse und ein Rückgriff auf andere Rechtsfolgeregeln damit ausgeschlossen sei.[34] Auf die Gemeinschaften übertragen, stellt sich daher die Frage, ob es sich bei diesen um *self-contained régimes* *Simma*scher Definition handelt. Dies hätte zur Folge, daß eine Anwendung des allgemeinen Völkerrechts insgesamt ausgeschlossen wäre. Da aber mindestens für den Fall der (endgültigen) Nichtbeachtung von Urteilen des EuGH keine spezielle Rechtsfolgenregelung in den Verträgen getroffen sei, handele es sich bei der Gemeinschaftsrechtsordnung mangels eines vollumfänglichen Rechtsfolgensystems nicht um ein solches Regime. Demzufolge sei ein Rückgriff auf allgemeine Sekundärnormen im Rahmen des Gemeinschaftsrechts, wenn auch mit bestimmten Einschränkungen, zulässig.[35]

Eine weitere Gruppe von Autoren bejaht die Anwendbarkeit von Völkerrecht (auch) wegen des ansonsten entstehenden Vakuums zwischen Rechtsverstößen auf der einen und den nur lückenhaften Möglichkeiten einer Ahndung dieser Verletzungen auf der anderen Seite.[36] Hieraus erwüchsen der Gemeinschaftsrechtsordnung nicht tolerierbare Gefahren, da das Gemeinschaftsrecht auf diese Weise zur Disposition eines vertragsbrüchigen Staates stünde, ohne daß die übrigen Mitgliedstaaten hierauf reagieren könnten.[37]

3. Eigene Stellungnahme

Zum Teil fehlt es einigen der von den Autonomisten vorgebrachten Argumenten an einem selbständigen rechtlichen Bedeutungsgehalt; diese gehen vielmehr in ihrem Sinngehalt über einen rein postulatorischen Charakter nicht hinaus.

---

[34] *Simma*, NYIL XVI (1985), S. 117 f.

[35] *Simma*, NYIL XVI (1985), S. 128 f.; *Jakob*, Sanktionen gegen vertragsbrüchige Mitgliedstaaten, 1988, S. 141; vgl. auch *Bleckmann*, RIW/AWD 1978, S. 92; *Klein*, RIW 1985, S. 295 f.; Grabitz/Hilf-*Karpenstein/Karpenstein*, Kommentar zur EU, Bd. II, Stand: 2001, Art. 228 EGV, Rdnr. 47. – Dies gilt unverändert auch noch heute, da die mit dem Vertrag von Amsterdam eingefügten Regelungen der Art. 309 EGV, Art. 96 EGKSV und Art. 204 EAGV nur unselbständige Rechtsfolgesynchronisationen des Sanktionsverfahrens im EUV darstellen, die jeweils ohne ein selbständiges eigenes Verfahren den Ergebnissen des Feststellungsverfahrens nach Art. 7 I EUV folgen. Es handelt sich bei ihnen daher nicht um Sekundärnormen im Sinne des Konzepts von *Riphagen*.

[36] *Däubler*, NJW 1968, S. 331; *Jacobs*, European Community Law, 1983, S. 31.

[37] Vgl. *Jakob*, Sanktionen gegen vertragsbrüchige Mitgliedstaaten, 1988, S. 155.

So fehlt der These *Ipsens*, die Gemeinschaftsrechtsordnung sei wegen ihres, einer Verfassungsgebung gleichkommenden Entstehungsaktes autonom, jedwede normative Untermauerung.[38] Eng verknüpft mit der Frage der Autonomie der Gemeinschaftsrechtsordnung ist die Stellung der Mitgliedstaaten in diesem System. Träfe die obige These zu, wären die Mitgliedstaaten nicht mehr „Herren der Verträge", d.h. des von ihnen ursprünglich durch völkerrechtlichen Vertrag geschaffenen Systems, sondern könnten sich nur in dem vom Gemeinschaftsrecht vorgegebenen Grenzen bewegen. Dem widerspricht jedoch der normative Befund des Verhaltens der Mitgliedstaaten. Diese nehmen bei ihrem Verhalten auf die Gemeinschaftsrechtsordnung keinerlei Rücksicht. Sie lassen – beeinflußt von nationalen Egoismen oder Sachzwängen – die Integration innerhalb der Gemeinschaften mal schneller, mal langsamer voranschreiten, weichen – sofern es ihnen opportun erscheint – auf im Gemeinschaftsrecht nicht vorgesehene Gremien aus und schließen außerhalb des Gemeinschaftsrechtes miteinander und sogar mit Dritten klassische völkerrechtliche Verträge ab.[39] Ebenso hält auch die These von der Eigenständigkeit der Gemeinschaftsrechtsordnung aufgrund der Originarität und Effektivität des Gemeinschaftsrechts sowie des Vorliegens einer eigenen Grundnorm[40] einer rechtlichen Überprüfung in der Wirklichkeit nicht stand. Wäre das Gemeinschaftsrecht bereits eine originäre Rechtsordnung, so müßte deren Bestand vom Verhalten der Mitgliedstaaten völlig unabhängig sein. Da jedoch nach der Auffassung *Nölls*[41] und dem soeben konstatierten normativen Befund die Mitgliedstaaten nach wie vor die „Herren der Verträge" sind, hängt der Bestand des Gemeinschaftsrechts wesentlich vom Willen der Mitgliedstaaten ab. Mit dem Beschluß einer Vertragsauflösung der Gründungsverträge durch die Mitgliedstaaten entfielen gleichzeitig alle Grundlagen für die rechtliche Existenz der Gemeinschaftsorgane. Damit einhergehend wäre dann auch die gesamte Rechtsordnung hinfällig geworden.[42] Die Originarität der Rechtsordnung erweist sich somit als reine Chimäre. Es bleibt somit bei der ursprünglichen Qualifizierung des Gemeinschaftsrechts: Es ist aus dem allgemeinen Völkerrecht hervorgegangenes, partikulares Völkerrecht.

---

[38] Vgl. *Meng*, Das Recht der Internationalen Organisationen, 1979, S. 167.

[39] Vgl. *Meng*, ebd. An diesem Befund aus dem Jahre 1979 hat sich in den letzten 20 Jahren nichts entscheidendes geändert, wie gerade der Untersuchungsgegenstand dieser Arbeit wieder prägnant vor Augen führt.

[40] *Nöll*, Die Völkerrechtssubjektivität der Europäischen Gemeinschaften, 1986, S. 23-28.

[41] *Nöll*, Die Völkerrechtssubjektivität der Europäischen Gemeinschaften, 1986, S. 27 f.

[42] Vgl. *Jakob*, Sanktionen gegen vertragsbrüchige Mitgliedstaaten, 1988, S. 137.

Ebenfalls ohne eigenen rechtlichen Gehalt ist das Argument einer drohenden Desintegration des Gemeinschaftsrechts bei Anwendung völkerrechtlicher Sanktionsmaßnahmen. Es ist insgesamt eher „als moralischer Appell zu verstehen", dem „augenfällige Wertungen zugrunde liegen".[43] Dem Postulat einer „Gefahr der Desintegration durch die Anwendung von Völkerrecht" kann mit guten Gründen das gleichwertige Postulat einer „Desintegration durch Machtlosigkeit" entgegengehalten werden. Ebenso wie die Anwendung von Zwang zwischen den Mitgliedstaaten zu einer Stagnation oder Rückläufigkeit der Integration führen könnte, könnte dies auch bei einer Nichtanwendung der Fall sein. Indem nämlich die Mitgliedstaaten bei Nichtbeachtung des Gemeinschaftsrechts nur mit letztlich nicht durchsetzbaren Maßnahmen der Gemeinschaftsorgane rechnen müßten, könnten sie sich durch gemeinschaftswidriges Verhalten Vorteile auf Kosten der übrigen Staaten verschaffen. Diese wären dann ihrerseits nicht mehr zu weiteren Integrationsschritten bereit; mindestens jedoch wäre hierdurch der *acquis communautaire* ernstlich gefährdet.[44]

Beide Argumente skizzieren mithin eher den Soll- als den Ist-Zustand der rechtlichen Verfassung der Gemeinschaftsrechtsordnung. Sie werden so zu einer – moralisch respektablen – Beschreibung des Ideals der europäischen Integration, ohne eine Grundlage in der rechtlichen Wirklichkeit zu finden.[45] Zu einer rechtlichen Beurteilung des Zustandes der Gemeinschaftsrechtsordnung können sie folglich nichts beitragen.

Im Zentrum der Argumentation beider Ansichten steht die Frage nach der Geschlossenheit des Rechtssystems. Während *Everling* die Gemeinschaftsrechtsordnung im Ergebnis als *self-contained régime* im Sinne des Ansatzes von *Riphagen* betrachtet und daher folgerichtig die Anwendung ergänzender Regelungen des allgemeinen Völkerrechts ausschließt,[46] verneint *Simma* gerade eine solche Charakterisierung.[47]

Ausschlaggebend für eine Entscheidung zugunsten der einen oder der anderen Ansicht ist die Beurteilung der Dichte des Systems sekundärer Normen, über die das Gemeinschaftsrecht verfügt. Sollte auch nur ein Fall denkbar sein, in dem

[43] *Jakob*, Sanktionen gegen vertragsbrüchige Mitgliedstaaten, 1988, S. 134.
[44] Vgl. *Jakob*, Sanktionen gegen vertragsbrüchige Mitgliedstaaten, 1988, S. 135.
[45] *Meng*, Das Recht der Internationalen Organisationen, 1979, S. 167, spricht von der „finalen Anfertigung" eines „juristischen ‚Maßanzuges' für die europäische Integration".
[46] *Everling*, FS Mosler, 1983, S. 190 f.
[47] *Simma*, NYIL XVI (1985), S. 128 f.

das Gemeinschaftsrecht für eine gegebene Primärnorm über keine eigene Sekundärnorm verfügt, bedarf es also zur Ahndung eines Verstoßes gegen eine materielle Verpflichtung des Rückgriffs auf eine Sekundärnorm des übergeordneten allgemeinen Völkerrechts, so handelt es sich beim Gemeinschaftsrecht *per definitionem* nicht um ein *self-contained régime*. Zwar verfügt das Gemeinschaftsrecht in weiten Teilen über ein geschlossenes System von Primär- und Sekundärnormen, so daß eine Anwendbarkeit des allgemeinen Völkerrechts in diesen Bereichen ausgeschlossen ist.[48] Allerdings stellt das Gemeinschaftsrecht, wie gezeigt, für den Fall der endgültigen Nichtbefolgung eines Urteils des EuGH, d.h. für die willentliche Obstruktion durch einen Mitgliedstaat, kein Rechtsfolgenregime bereit – es mangelt folglich mindestens in diesem Fall an einer einschlägigen Sekundärnorm. Damit stellt die Gemeinschaftsrechtsordnung noch kein vollständiges Subsystem des Völkerrechts dar, in dem die Anwendung von Sekundärnormen des allgemeinen Völkerrechts prinzipiell ausgeschlossen ist. Im Ergebnis ist hierin folglich der Auffassung der Traditionalisten zu folgen.

Fraglich ist aber, ob die von *Pescatore* behaupteten strukturellen Unterschiede zwischen Gemeinschafts- und Völkerrecht eine Anwendung des letzteren auch in solchen Fällen ausschließen, in denen keine gemeinschaftsrechtlichen Normen existieren. Zu den wesentlichen Kennzeichen der Völkerrechtsordnung gehören die Gleichheit der Völkerrechtssubjekte[49] sowie die Rechtserzeugung und Entscheidungsfindung im Konsens[50], mithin Elemente der Koordination und Merkmale der Kooperation. Demgegenüber beinhaltet das Gemeinschaftsrecht eine Fülle von subordinationsrechtlichen Zügen[51] sowie – in zunehmendem Maße – Entscheidungsmechanismen mit Hilfe von Mehrheitsentscheidungen.[52] Dennoch sind diese Gegensätze allein nicht ausreichend, um die Anwendbarkeit des allgemeinen Völkerrechts insgesamt zu verneinen. Trotz seiner Bestrebungen sich in den wesentlichen Handlungsgrundlagen von den völkerrechtlichen

[48] Vgl. hierzu die Nachweise bei *Everling*, FS Mosler, 1983, S. 176-182. Soweit dieses Ergebnis auf die Einordnung des Gemeinschaftsrechts durch den EuGH gestützt wird, ist mit *Meng*, Das Recht der Internationalen Organisationen, 1979, S. 169, jedoch darauf hinzuweisen, daß es dem EuGH an einer Entscheidungskompetenz hierzu fehlt, da ein Gerichtshof prinzipiell nicht über die Zuordnung des Rechts entscheiden kann, von dem er selber abhängt, sondern nur über dessen Auslegung und Gültigkeit gemessen am Maßstab der jeweiligen Rechtsordnung.
[49] *Graf Vitzthum*, in: ders., Völkerrecht, 2001, 1. Abschn., Rdnr. 74.
[50] *Ipsen*, Völkerrecht, 1999, § 1, Rdnr. 44, 48, S. 15 f.
[51] *Jakob*, Sanktionen gegen vertragsbrüchige Mitgliedstaaten, 1988, S. 141.
[52] Vgl. *Streinz*, Europarecht, 2001, Rdnr. 23.

Wurzeln zu emanzipieren, verfügt das Gemeinschaftsrecht noch nicht über ein vollständiges System von Streitschlichtungsmechanismen und Durchsetzungsmodalitäten, das es ihm erlaubte, sich vollständig vom Völkerrecht zu trennen. Zudem haben subordinationsrechtliche und koordinationsrechtliche (vertragsrechtliche) Regeln nicht notwendigerweise einen anderen normativen Zusammenhang;[53] wesentlich ist in diesem Zusammenhang letztlich nur der Geltungsgrund.[54] Wenn aber das Gemeinschaftsrecht nach dem oben Gesagten seinen Geltungsgrund im Völkerrecht hat, gehört das Gemeinschaftsrecht letztlich noch zur Völkerrechtsordnung. Folglich ist allein die Andersartigkeit des Gemeinschaftsrechts kein ausreichender Grund, die subsidiäre Anwendung des allgemeinen Völkerrechts auszuschließen.[55]

Ähnlich verhält es sich mit dem Einwand, die individuellen, nicht mehr einzelstaatlich disponiblen Rechte der Marktbürger verhinderten grundsätzlich die Anwendung völkerrechtlicher Zwangsmaßnahmen. Hiergegen ist einzuwenden, daß wegen des völkerrechtlichen Geltungsgrundes des Gemeinschaftsrechts die Mitgliedstaaten nicht nur über die Rechte der Organe und den Bestand der Gemeinschaft als solche verfügen können, sondern nach allgemeinem Völkerrecht auch über die durch diese Rechtsordnung an Individuen verliehenen Rechte. Es besteht folglich keine fehlende Disponibilität individueller Rechte der Marktbürger,[56] denn mit der Existenz der Gemeinschaftsrechtsordnung stehen und fallen auch deren Rechte.[57] Des weiteren muß ein Mitgliedstaat, der vorsätzlich das Gemeinschaftsrecht bricht und damit zugleich die Rechte von Bürgern der übrigen Mitgliedstaaten beeinträchtigt, in Kauf nehmen, daß als Reaktion auf dieses Verhalten auch die Rechte seiner eigenen Bürger in Mitleidenschaft gezogen werden. Entscheidend ist dabei, daß nach den Regeln des allgemeinen Völkerrechts das Schicksal der Bürger eines Staates stets vom Schicksal dieses Staates abhängig ist, jene durch diesen also mediatisiert werden.[58] Sofern also

---

[53] *Meng*, Das Recht der Internationalen Organisationen, 1979, S. 172.

[54] *Meng*, ebd., S. 173 f.

[55] So auch *Jakob*, Sanktionen gegen vertragsbrüchige Mitgliedstaaten, 1988, S. 142.

[56] Allerdings sind die Mitgliedstaaten verpflichtet, Vereinbarungen über die Einhaltung bestimmter Menschenrechte – beispielsweise die EMRK – zu beachten. Diese Verpflichtungen sind aber allein das Resultat der Ratifizierung völkerrechtlicher Verträge oder Vereinbarungen durch die Mitgliedstaaten und stehen in keinem Zusammenhang mit der Existenz der Gemeinschaftsrechts.

[57] Vgl. *Ipsen*, Völkerrecht, 1999, § 7, Rdnr. 10, S. 82; *Seidl-Hohenveldern/Stein*, Völkerrecht, 2000, Rdnr. 951, S. 180.

[58] *Ipsen*, Völkerrecht, 1999, § 7, Rdnr. 1, S. 80; *Seidl-Hohenveldern/Stein*, Völkerrecht, 2000, Rdnr. 927, S. 177 f.

die Voraussetzungen für die Verhängung von Zwangsmaßnahmen vorliegen, ist ein Staat berechtigt, Maßnahmen zu ergreifen, die eingegangene völkerrechtliche Verpflichtungen eventuell verletzen und die neben dem Staat auch dessen Bürger betreffen.[59] Als Ergebnis ist folglich festzuhalten, daß auch die individuellen Rechte der Marktbürger kein ausreichender Grund dafür sind, von vornherein die Zulässigkeit völkerrechtlicher Zwangsmaßnahmen auszuschließen.

Insgesamt bleibt es daher bei der Zuordnung des Gemeinschaftsrechts zum Völkerrecht. Die Regeln des allgemeinen Völkerrechts, einschließlich denjenigen über Zwangsmaßnahmen, bleiben daher subsidiär neben den Regeln des Gemeinschaftsrechts anwendbar und können immer dann zur Lückenfüllung herangezogen werden, wenn gemeinschaftsrechtliche Verfahren entweder nicht zur Verfügung stehen oder „versagen".

II. Rechtsnatur des Unionsrechts

Grundsätzlich anders verhält es sich dagegen im Unionsrecht. Wie bereits festgestellt, handelt es sich bei diesem mangels eigener Verbandskompetenz nach wie vor um ein Normensystem des Völkerrechts, das die Entwicklungsstufe einer internationalen Organisation noch nicht erreicht hat.[60] In entsprechender Anwendung der bereits im Rahmen der Ansichten zum Gemeinschaftsrecht vorgetragenen Argumente begründet dies zunächst die prinzipielle Anwendbarkeit der allgemeinen völkerrechtlichen Regeln und Prinzipien.[61] Allerdings gilt dies wegen des Status' des Unionsrechts, der demjenigen des Gemeinschaftsrechts insoweit vergleichbar ist, nur in denjenigen Fällen, in denen das Unionsrecht selbst über keine eigenständigen, einschlägigen Verfahren verfügt.

Einer Anwendbarkeit des Völkerrechts bei der hier interessierenden Frage einer Anwendung allgemeiner völkerrechtlicher Zwangsmittel könnten daher die Regelungen des besonderen Sanktionsverfahrens nach Art. 7 EUV entgegenstehen.

---

[59] Zu den Details der einzelnen Zwangsmittel s.u. unter § 6 B.II.2, S. 171.

[60] Zu den Einzelheiten s.o. unter § 4 A.II.1.b, S. 56.

[61] A.A. Grabitz/Hilf-*Schorkopf*, Kommentar zur EU, Bd. I, Stand: 2001, Art. 7 EUV, Rdnr. 31, der aufgrund des Integrationsstandes innerhalb der EU generell an der noch bestehenden Möglichkeit lediglich bilateraler (völkerrechtlicher) Beziehungen zwischen den Mitgliedstaaten der EU zweifelt.

Grundsätzlich ist dies auch der Fall. Neben dem speziellen Sanktionsverfahren ist für die Verletzung der Grundwerte des Europarechts kein anderes Verfahren statthaft.[62] Jedoch gilt diese Sperrwirkung nur hinsichtlich des Vorliegens der qualitativen und quantitativen Voraussetzungen, d.h. bei einer schwerwiegenden und anhaltenden Verletzung.[63] Gleichzeitig ragt das Vertragsverletzungsverfahren der Art. 226, 227 EGV[64] in den Bereich von Grundwerteverletzungen hinein[65] und schließt so den Rückgriff auf das allgemeine Völkerrecht teilweise aus.

Für eine Anwendung völkerrechtlicher Zwangsmaßnahmen bleibt folglich allenfalls der Bereich von Verletzungshandlungen übrig, bei denen zwar die Eingriffsschwelle der Tatbestandsvoraussetzungen des Art. 7 I EUV noch nicht erreicht ist, das Schwergewicht der Verletzungen jedoch in einer Verletzung der Grundwerte liegt. Vorstellbar sind etwa Fälle, in denen sich die Handlungen eines Mitgliedstaates gegen seine eigenen Bürger richtet, ohne ihre Rechte aus dem Gemeinschaftsrecht, beispielsweise im Zusammenhang mit den Grundfreiheiten, zu beeinträchtigen. Für solche Fälle weist das Europarecht eine Regelungslücke auf, die durch völkerrechtliche Zwangsmaßnahmen gefüllt werden kann.[66]

Die angewandten Maßnahmen müssen in ihrer Intensität jedoch unterhalb der Schwelle der Rechtsfolgen eines Sanktionsbeschlusses nach Art. 7 II EUV bleiben. Sie dürfen nicht zu einer *de facto* Aussetzung mitgliedstaatlicher Rechte führen. Anderenfalls könnten die Mitgliedstaaten das Verfahren des Art. 7 EUV mit seinen strengen formalen und materiellen Voraussetzungen unterlaufen, obwohl es als spezielle Sekundärnorm die allgemeinen Regelungen des Völkerrechts grundsätzlich verdrängt.

---

[62] *Hummer/Obwexer*, europa blätter 2000, S. 56; *Hummer*, Europäische Rundschau 2000, S. 19; *Leidenmühler*, ZÖR 55 (2000), S. 309; *Pernthaler/Hilpold*, integration 23 (2000), S. 108; Grabitz/Hilf-*Schorkopf*, Kommentar zur EU, Bd. I, Stand: 2001, Art. 7 EUV, Rdnr. 31.
[63] Zu den Einzelheiten s.o. unter § 5 C.II, S. 133.
[64] Ebenso Art. 141, 142 EAGV und Art. 88 UAbs. 1, 2 EGKSV.
[65] Vgl. hierzu die Ausführungen oben unter § 5 D.I-II, S. 138-143.
[66] Weitergehend *Hummer/Obwexer*, EuZW 2000, S. 489, und *Leidenmühler*, ZÖR 55 (2000), S. 312. Diese gehen unterhalb der Eingriffsschwelle des Art. 7 I EUV grundsätzlich von einer (völkerrechtlichen) Eingriffskompetenz der Mitgliedstaaten aus. Insgesamt a.A. *Regan*, ZÖR 55 (2000), S. 328.

III. Zwischenergebnis

Das Gemeinschafts- und das Unionsrecht haben ihren Geltungsgrund nach wie vor im Völkerrecht. Die Mitgliedstaaten sind nach wie vor die „Herren der Verträge". Insgesamt bleiben daher im gesamten Europarecht die Regeln des allgemeinen Völkerrechts anwendbar. Auf sie dürfen die Mitgliedstaaten allerdings nur dann zurückgreifen, wenn entweder entsprechende Verfahren im Europarecht nicht zur Verfügung stehen oder die bestehenden Verfahren in letzter Konsequenz objektiv nicht geeignet erscheinen, Verstöße zu ahnden. Dies gilt auch bei Verletzungen der Grundwerte des Art. 6 I EUV. Zur Ahndung solcher Verstöße sind die Mitgliedstaaten jedoch nur dann befugt, wenn die Eingriffsschwelle des Art. 7 I EUV noch nicht erreicht wurde und der Verstoß sein Schwergewicht in einer Verletzung der Grundwerte hat. Die angewandten völkerrechtlichen Zwangsmaßnahmen dürfen in diesen Fällen aber insgesamt nicht wirkungsgleich mit den Rechtsfolgen eines Sanktionsbeschlusses nach Art. 7 II EUV sein.

In bezug auf die Frage nach einer Einordnung der Maßnahmen der XIV ist daher festzustellen, daß die XIV prinzipiell auf völkerrechtliche Sanktionen zurückgreifen konnten und diese daher völkerrechtlichen Ursprungs gewesen sein könnten. Nach einem Exkurs zur Darstellung des Systems völkerrechtlicher Sanktionen sowie deren wesentlicher Merkmale ist daher im Anschluß zu überprüfen, ob die Maßnahmen der XIV den Voraussetzungen völkerrechtlicher Zwangsmaßnahmen in formeller und materieller Hinsicht entsprochen haben.

B. *Exkurs*: Das System der Sanktionen im Völkerrecht

I. Definition und Abgrenzung der Sanktion

Der Begriff der völkerrechtlichen Sanktion hat seinen Ursprung in dem lateinischen Wort *sanctio*, das in etwa „das Heiligen", „die Weihe", „die feierliche Bestätigung" oder „die Unverletzlichkeitserklärung" bedeutete.[67] Die heute allgemein unter diesem *terminus technicus* verstandene Bedeutung hat die Sanktion

[67] *Klein*, Art. Sanktion, in: Strupp/Schlochauer, WVR III, 1962, S. 158.

jedoch erst seit Beginn dieses Jahrhunderts, unter anderem durch die Klassifikation von *J. Dumas*[68], erhalten.[69]

Eine neue Wandlung erfuhr der Begriff unmittelbar nach Ende des Zweiten Weltkriegs. Mit der vollkommenen Ächtung nicht nur des Krieges, sondern der Gewalt insgesamt, beschränken sich die zulässigen Sanktionsformen des Völkerrechts seither auf die Zwangsmittel unterhalb der Stufe des Krieges.[70] Die Erörterung des Kriegsrechts (*ius in bellum*) und seiner Zwangsmittel sowie die im Krieg zulässigen Formen der Repressalie können daher hier unberücksichtigt bleiben.

Mit der Einführung des Begriffs der Gegenmaßnahme (*countermeasure*) ist ein weiterer Versuch unternommen worden, das klassische Institut der Sanktion zu modifizieren und an die Verhältnisse der gewaltfreien kollektiven Sanktionssysteme anzugleichen. Anlehnend an den Entwurf zur Staatenverantwortlichkeit der ILC[71], setzt sich im Schrifttum zunehmend eine geänderte Terminologie durch: Während der Begriff der Gegenmaßnahme die Maßnahmen einzelner Staaten im bilateralen Verkehr kennzeichnet, wird der Begriff der Sanktion nunmehr überwiegend für staatliche Reaktionen internationaler Organisationen verwendet.[72]

Es bleibt allerdings fraglich, ob diese neue Terminologie imstande ist, mehr Klarheit in die Unterscheidung und die Klassifizierung der völkerrechtlichen Institute der „klassischen" Sanktionsmittel[73] zu bringen. In dieser Darstellung soll daher der Begriff der „Sanktion" in seiner ursprünglichen, vom Konzept der Gegenmaßnahmen abzugrenzenden Bedeutung verwendet werden.

Es ist daher zunächst zu untersuchen, wie sich die Sanktion nach heutigem Verständnis definieren läßt, um sie danach vom Begriff der Gegenmaßnahme abgrenzen zu können.

---

[68] Les sanctions de l'arbitrage international, 1905. Er unterscheidet *sanctions morales, sanctions matérielles, sanctions civiles, sanctions pénales* und *sanctions politiques* (zitiert nach *Klein*, Art. Sanktion, in: Strupp/Schlochauer, WVR III, 1962, S. 160).

[69] *Klein*, ebd., S. 160.

[70] Vgl. *Kimminich/Hobe*, Einf. in das Völkerrecht, 2000, S. 228.

[71] Vgl. ILM 1998, S. 442-467.

[72] Vgl. *Detter*, International Law, 1991, S. 603 f.; *Linsi*, Gegenmaßnahmen, 1994, S. 22.

[73] Zu diesen vgl. unten § 6 B.II.2, S. 171.

1. Definitionsansatz zum Begriff der Sanktion

Eine einheitliche Definition des Begriffs der Sanktion ist in der Literatur, auch aufgrund des Fehlens einer positivrechtlichen Normierung, nicht vorhanden.[74]

Insgesamt lassen sich jedoch in der Literatur fünf wesentliche Merkmale herausarbeiten, die für die völkerrechtliche Sanktion modernen Verständnisses[75] konstitutiv sind.[76] Zu diesen zählen: die zeitliche Nachrangigkeit, die äußere Erscheinungsform als Zwangsmaßnahme, die Zielgerichtetheit gegen den Rechtsbrecher, der Zweck der Wiederherstellung des ursprünglichen Zustandes sowie die Völkerrechtssubjektivität des oder der Handelnden.

a. Nachrangigkeit

Ein wesentliches und allgemein anerkanntes Kriterium der Sanktion ist ihre zeitliche Nachrangigkeit. Sanktionsmaßnahmen sind stets Reaktion auf die Handlung eines anderen Völkerrechtssubjekts.[77] Obwohl auch präventive Handlungsformen denkbar sind, berechtigt nur eine bereits eingetretene Völkerrechtsverletzung zur Ergreifung von Sanktionsmaßnahmen.[78]

b. Zwangsmaßnahme

Weiteres allgemeines Merkmal der Sanktion ist ihre spezifische Erscheinungsform. Sanktionen sind stets Zwangsmaßnahmen, deren wesentliches Merkmal die Zufügung von Nachteilen ist. Diese können dabei jede denkbare Form an-

[74] *Combacau*, Art. Sanctions, EPIL 9, 1986, S. 337.
[75] Die Neuorientierung des Schrifttums ist direkte Folge des nach Ende des Zweiten Weltkrieges in Art. 2 Ziff. 4 UN-Charta verankerten Gewaltverbotes.
[76] Vgl. *Kunz*, AJIL 54 (1960), S. 325, 329; *Klein*, Art. Sanktion, in: Strupp/Schlochauer, WVR III, 1962, S. 160 f.; *Petersmann*, ZVglRWiss 80 (1981), S. 10; *Combacau*, Art. Sanctions, EPIL 9, 1986, S. 337-339; *Dahm/Delbrück/Wolfrum*, Völkerrecht I/1, 1989, § 8 II 1, S. 91; *Schröder*, in: Graf Vitzthum, Völkerrecht, 2001, Rdnr. 99; *Zemanek*, Völkerrechtliche Verantwortlichkeit und Sanktionen, ÖHVR I, 1997, Rdnr. 2533, 2543; *Kimminich/Hobe*, Einf. in das Völkerrecht, 2000, S. 228; *Seidl-Hohenveldern/Loibl*, Recht der IO, 2000, Rdnr. 2003.
[77] Vgl. statt aller *Zemanek*, Völkerrechtliche Verantwortlichkeit und Sanktionen, ÖHVR I, 1997, Rdnr. 2533.
[78] *Combacau*, Art. Sanctions, EPIL 9, 1986, S. 337.

nehmen, d.h. sie können sowohl tatsächlich als auch rein rechtlich sein. Wegen des in Art. 2 Ziff. 4 UN-Charta verankerten Gewaltverbotes sind jedoch nur solche Maßnahmen zulässig, die diesem Verbot nicht zuwiderlaufen.

Der völkerrechtswidrig Handelnde soll durch mehr oder minder starke Ausübung von Druck zur Aufgabe seines Handelns veranlaßt werden. Im Vordergrund steht dabei nicht so sehr die Bestrafung als vielmehr die Aufgabe seines Tuns.[79] Dieser Zweck bedingt wiederum die prinzipielle Reversibilität der ursprünglichen Verletzung.[80] Teilweise wird eine Aufhebbarkeit ebenso für die Ausübung des Zwanges bzw. die verhängten Maßnahmen gefordert, die insoweit eine weitere Schranke der zur Auswahl stehenden Mittel bildet.[81]

c. Wiederherstellung des ursprünglichen Zustandes

Der dargestellte mögliche Inhalt der Sanktion wird von ihrer *ratio legis* vorgegeben. Diese besteht in der Wiederherstellung des vor dem schädigenden Verhalten ursprünglich bestehenden Zustandes. Dies kann entweder durch bloße Aufgabe des Verhaltens oder aber, sofern bereits eine nachteilige Änderung der ursprünglichen Verhältnisse eingetreten ist, durch Leistung von Schadensersatz geschehen.[82]

Die den alten Zustand wiederherstellende Handlung ist vom Verletzer selbst vorzunehmen. Hierin unterscheidet sich die Sanktion von einzelstaatlichen Maßnahmen der Selbsthilfe[83] im Sinne des einseitigen Schutzes oder der einseitigen Durchsetzung von Rechtspositionen.[84]

---

79 *Combacau*, Art. Sanctions, EPIL 9, 1986, S. 339.
80 *Schröder*, in: Graf Vitzthum, Völkerrecht, 2001, Rdnr. 100.
81 *Combacau*, Art. Sanctions, EPIL 9, 1986, S. 339.
82 Vgl. *Zemanek*, Völkerrechtliche Verantwortlichkeit und Sanktionen, ÖHVR I, 1997, Rdnr. 2533.
83 Zu den verschiedenen Formen der Selbsthilfe vgl. *Bryde*, Art. Self-help, EPIL 4, 1982, S. 215-217.
84 *Combacau*, Art. Sanctions, EPIL 9, 1986, S. 339; *Schröder*, in: Graf Vitzthum, Völkerrecht, 2001, Rdnr. 100.

d. Zielgerichtetheit der Maßnahme

Die Maßnahme muß zielgerichtet auf den Verursacher wirken. Unbeteiligte Dritte – sowohl mit als auch ohne Völkerrechtssubjektivität – dürfen von den Maßnahmen nicht betroffen werden.[85] Etwas anderes gilt aber für die Staatsangehörigen des für die völkerrechtliche Störung Verantwortlichen. Sanktionen sind insoweit kollektiv wirkende Maßnahmen, die nicht nur direkt auf den betreffenden Staat und seine Einrichtungen wirken, sondern auch auf seine Angehörigen und deren Eigentum.[86]

e. Völkerrechtssubjektivität des Handelnden

Schließlich muß es sich bei der die Sanktion verhängenden Autorität um ein eigenständiges Völkerrechtssubjekt handeln. Neben den einzelnen souveränen Staaten gehören hierzu insbesondere die internationalen Organisationen, wie beispielsweise die Vereinten Nationen.[87]

Wie die Entwicklung kollektiver Sanktionsmechanismen zeigt, ist das Monopol für gewaltsame Sanktionen inzwischen völlig auf die Vereinten Nationen übergegangen, so daß den einzelnen Staaten nur noch solche Maßnahmen zur Verfügung stehen, die ohne Gewalt auskommen. Teilweise wird hieraus unzutreffend eine generelle Nachrangigkeit dezentralisierter Zwangsmittel im Verhältnis zu Kollektivzwangsmaßnahmen abgeleitet.[88] Dies dürfte in dieser Form jedoch nur für solche Zwangsmaßnahmen gelten, die zur Durchsetzung auf militärische Gewalt zurückgreifen.[89]

---

[85] Dies gilt in besonderem Maße für die Repressalie als stärkstem, nominell gewaltfreiem Zwangsmittel des Völkerrechts – allg. Ansicht seit dem „*Cysne*"-Fall vom 30.6.1930, RIAA II, 1035; vgl. auch *Partsch*, Art. Reprisals, EPIL 9, 1986, S. 332; *Klein*, Gegenmaßnahmen, BDGVR 37, 1998, S. 52.

[86] *Klein*, Art. Sanktion, in: Strupp/Schlochauer, WVR III, 1962, S. 161.

[87] *Combacau*, Art. Sanctions, EPIL 9, 1986, S. 338.

[88] So *Bleckmann*, RIW/AWD 1978, S. 92, der dies als „im allgemeinen Völkerrecht anerkannt" darstellt.

[89] Vgl. *Klein*, in: Graf Vitzthum, Völkerrecht, 2001, Rdnr. 202.

f. Definition der Sanktion

Nach dem vorstehend Gesagten kann die völkerrechtliche Sanktion definiert werden als *Oberbegriff für Maßnahmen eines oder mehrerer Völkerrechtssubjekte, durch die auf eine Völkerrechtsverletzung eines anderen Völkerrechtssubjektes reagiert wird und die darauf gerichtet ist, dieses Völkerrechtssubjekt mittels Zufügung von Nachteilen zur Aufgabe seines Verhaltens und gegebenenfalls zur Wiedergutmachung der materiellen Folgen dieses Verhaltens zu bewegen.*

2. Abgrenzung zum Konzept der Gegenmaßnahmen

Das klassische Konzept der Sanktion in Form der vorstehenden Definition ist in den letzten Dekaden nicht unumstritten geblieben.

Besondere Kritik erfuhr der Umstand, daß völkerrechtliche Sanktionen im Vergleich zu solchen innerstaatlicher Rechtsordnungen nicht von einer unabhängigen Instanz bestimmt, sondern daß – in der unvollkommenen Ordnung des Völkerrechts[90] – die Maßnahmen von dem Betroffenen selbst verhängt werden. Dieser handele mangels universellem Normgaranten stets als *iudex in causa sua.*[91] Dies und die fehlende Effizienz, die die Rolle des (Schieds-)Richters in eigener Sache stets in sich trage, führe im Ergebnis zu einem solch erheblichen Auseinanderfallen mit den Merkmalen einer Sanktion im innerstaatlichen Recht, daß von einer solchen nicht mehr gesprochen werden könne.[92]

Zudem wurde versucht, die den klassischen Erscheinungsformen der Sanktion (Repressalie und Krieg) anhaftenden geschichtlichen Erinnerungen an Vergeltung und Gewalt einen neutraleren Begriff entgegenzusetzen.[93]

Erstmals führte das Schiedsgericht im *Air-Service*-Fall[94] den Begriff der Gegenmaßnahme (*countermeasure*) 1978 als feststehenden Begriff in das Völker-

---

[90] Vgl. *Graf Vitzthum*, in: ders., Völkerrecht, 2001, 1. Abschn., Rdnr. 51, 57; *Ipsen*, Völkerrecht, 1999, § 3, Rdnr. 13, S. 46.
[91] *Kunz*, AJIL 54 (1960), S. 325.
[92] *Combacau*, Art. Sanctions, EPIL 9, 1986, S. 340.
[93] *Zoller*, Peacetime Unilateral Remedies, 1984, S. xvi.
[94] *Case Concerning the Air Service Agreement of March 27, 1946 (Frankreich ./. USA)* vom 9.12.1978, RIAA XVIII (1980), 416 (443).

recht ein.[95] Auch im *Teheraner-Geiseln*-Fall[96] wurde 1980 vom Internationalen Gerichtshof der Begriff der Gegenmaßnahme verwendet. Die ILC hat sich dem angeschlossen und sich in ihrem Entwurf zur Staatenverantwortlichkeit bewußt für die Verwendung des Begriffs *countermeasure* anstelle von *sanctions* entschieden.

Dennoch ist der Inhalt des Konzepts der Gegenmaßnahme im Schrifttum ähnlich unscharf umrissen, wie derjenige der Sanktion, und insgesamt höchst umstritten.[97] Die Bandbreite der Vorstellungen über die Reichweite des Konzepts der Gegenmaßnahmen, die auf Grundlage dieser Definition vertreten werden, reicht von der Gleichsetzung von Gegenmaßnahme und Repressalie[98] über eine Erstreckung auf alle klassischen Institute, die bisher unter dem Begriff der Sanktion zusammengefaßt wurden (u.a. Repressalie, Retorsion und Einrede des nichterfüllten Vertrages)[99], bis hin zu eigenständigen Erklärungsversuchen[100].

Bereits diese Begriffsverwirrung ist einer der Hauptkritikpunkte gegen dieses Konzept. Eine einheitliche Anwendung des Begriffs ist durch sie fast unmöglich.[101] Aber auch die gegen den Begriff der Sanktion geäußerte Kritik verfängt nicht. Das Konzept der Gegenmaßnahme ist wegen konzeptbedingter Umstände, insbesondere der Einbeziehung der Reziprozität, nicht in der Lage derartige Maßnahmen zu erfassen, die definitionsbedingt über eine solche Wechselbezüglichkeit von Pflichten nicht verfügen. Hervorragendstes Beispiel hierfür ist die Retorsion, die begrifflich stets nur unfreundliche Akte darstellen kann.[102] Obwohl diese Akte erhebliche Auswirkungen auf den betroffenen Staat haben können, bleiben sie stets rechtmäßig und folglich im Rahmen der völkerrechtlichen Ordnung. Eine Pflichtverletzung ist daher ausgeschlossen, das Konzept der Ge-

---

95 *Zoller*, Peacetime Unilateral Remedies, 1984, S. xvi m. Fn. 8.

96 *Case Concerning United States Diplomatic and Consular Staff in Teheran*, Urteil vom 24.5.1980, ICJ Reports 1980, 3 (27).

97 Vgl. die Nachweise zu Umfang und Kritik des Begriffs bei *Dzida*, Recht der Repressalie, 1997, S. 37-39.

98 *Malanczuk*, ZaöRV 43 (1983), S. 719; *Schachter*, AJIL 88 (1994), S. 471; *Zemanek*, Völkerrechtliche Verantwortlichkeit und Sanktionen, ÖHVR I, 1997, Rdnr. 2540.

99 *Leben*, AFDI 28 (1982), S. 17; *Boisson de Chazournes*, Les contre-mesures, 1991, S. 22 f.; *Nguyen/Daillier/Pellet*, Droit international public, 1999, Ziff. 572, S. 914.

100 Vgl. *Zoller*, Peacetime Unilateral Remedies, 1984, S. 15-19, die in diesem Zusammenhang von einem "*autonomous legal concept*" spricht.

101 *Dzida*, Recht der Repressalie, 1997, S. 39, schlägt daher fast resignativ vor, „wenn möglich weiterhin die präzisen Begriffe der ‚Repressalie', ‚Retorsion' usw. zu verwenden".

102 Allg. Ansicht, vgl. statt aller *Partsch*, Art. Retorsion, EPIL 9, 1986, S. 335.

genmaßnahme kann sie nicht erreichen. Dies wäre für die Bedeutung des gesamten Konzepts nicht entscheidend, handelte es sich bei der Retorsion nicht um das am häufigsten genutzte Institut völkerrechtlicher Zwangsmaßnahmen.[103] Die Kodifizierung des Begriffs der *countermeasures* durch die ILC, deren Aufgabe neben der Kodifizierung bisher nur gewohnheitsrechtlich anerkannter Rechtsinstitute auch die Fortentwicklung des Völkerrechts ist,[104] läßt so das für die Praxis relevanteste Institut in diesem Segment des Völkerrechts völlig außer Betracht.

Die ferner erhobene rechtsdogmatische Kritik, die auf dem Vergleich zwischen Art und Bedeutung der Sanktion in innerstaatlichem Recht und Völkerrecht abhebt, greift zu kurz. Sie beruht auf einem ausschließlich eindimensionalen innerstaatlichen Verständnis des Begriffes der Sanktion. Dies scheint methodisch und sachlich nicht gerechtfertigt, da gerade die Spezifika des Völkerrechts zum Teil die Anwendung besonderer Begrifflichkeiten verlangen.[105]

Im Ergebnis ist die Gegenmaßnahme deshalb nur eine besondere Sanktionsform, die dadurch gekennzeichnet wird, „daß sie nicht in ein beliebiges Rechtsgut des Verletzers eingreift, sondern dessen Unrecht mit der Verletzung einer ‚spiegelgleichen Pflicht' beantwortet".[106]

II. Erscheinungsformen der Sanktion

Anknüpfend an die oben gegebene Definition, sind die verschiedenen Reaktionsmöglichkeiten von Staaten auf ihnen zugefügte Nachteile äußerst vielfältig.[107] Es bietet sich daher an, die Erscheinungsformen anhand bestimmter typologischer Unterschiede zu klassifizieren, auch wenn dabei Überschneidungen nicht ganz vermieden werden können.[108]

---

[103] Vgl. *Malanczuk*, ZaöRV 45 (1985), S. 300; *Schröder*, in: Graf Vitzthum, Völkerrecht, 2001, Rdnr. 104.

[104] Vgl. *Ipsen*, Völkerrecht, 1999, § 16, Rdnr. 50, S. 197.

[105] So richtig *Schröder*, in: Graf Vitzthum, Völkerrecht, 2001, Rdnr. 101.

[106] *Schröder*, in: Graf Vitzthum, Völkerrecht, 2001, Rdnr. 102.

[107] *Schröder*, in: Graf Vitzthum, Völkerrecht, 2001, Rdnr. 103.

[108] Vgl. *Schröder*, ebd.; ähnlich *Valkysers*, Einsatz von Sanktionen, 1999, S. 17 f., für eine Klassifizierung nach politischen Merkmalen.

1. Klassifikationskriterien

Erstes wesentliches Unterscheidungsmerkmal ist die *Art und Weise der Reaktion* auf die erlittene Verletzung. Hierbei muß zwischen solchen Reaktionen unterschieden werden, die grundsätzlich keinen Verstoß gegen das Völkerrecht darstellen, und solchen, die zwar *per se* rechtswidrig sind, durch die vorangegangene Verletzung aber gerechtfertigt sein sollen. Die erste Variante ist klassischerweise eine Retorsion, die zweite eine Repressalie. Bei der Retorsion ist dabei umstritten, ob sie in jedem Fall den Sanktionen zuzuordnen ist. Teilweise wird dies nur für Reaktionen auf ein völkerrechtswidriges Verhalten angenommen,[109] teilweise gänzlich bestritten.[110]

Ein weiteres Unterscheidungskriterium ist die *Identität des oder der Urheber* der Sanktion. Für die Repressalie ist allgemein anerkannt, daß direkte Eingriffe in die völkerrechtlich geschützten Rechtspositionen des Verletzers grundsätzlich nur dem Betroffenen selbst zustehen.[111] Etwas anderes soll gelten, wenn das ursprünglich betroffene Rechtsgut zu den *erga omnes*-Verpflichtungen[112] des Völkerrechts gehört. In diesem Fall eines Eingriffs in absolut geschützte Rechte oder Normen des Völkerrechts soll eine Erweiterung des Kreises der Handlungsbefugten erfolgen.[113]

Einer solchen Einschränkung der Aktivlegitimation unterliegen die schwächeren Formen der Sanktion nicht. Diese greifen aufgrund ihrer geringeren Intensität nicht in völkerrechtlich geschützte Rechte des Verletzers ein. So handelt es sich beispielsweise bei Retorsionen lediglich um die Ausübung zulässigen Drucks auf den betroffenen Staat durch Schädigung seiner Interessen.[114]

---

[109] *Zemanek*, Völkerrechtliche Verantwortlichkeit und Sanktionen, ÖHVR I, 1997, Rdnr. 2536.

[110] *Kelsen/Tucker*, Principles in International Law, 1967, S. 22; *Kalshoven*, Belligerent Reprisals, 1971, S. 28.

[111] Vgl. statt aller *Ipsen*, Völkerrecht, 1999, § 59, Rdnr. 46, S. 954, sowie Art. 47 ILC-E zur Staatenverantwortlichkeit.

[112] Zu diesem Begriff vgl. *Frowein*, FS Mosler, 1983, S. 241-246.

[113] *Wengler*, Völkerrecht I, 1964, S. 580; *Zoller*, Peacetime Unilateral Remedies, 1984, S. 113 f.; *Delbrück*, Impact, in: ders., Allocation of International Law Enforcement Authority, 1995, S. 152 f.; *Klein*, Gegenmaßnahmen, BDGVR 37, 1998, S. 51.

[114] Vgl. *Malanczuk*, ZaöRV 45 (1985), S. 301; *Kimminich/Hobe*, Einf. in das Völkerrecht, 2000, S. 229.

Auch der *Wirkungsbereich* von Sanktionen ist Anhaltspunkt einer Klassifizierung. Denkbar sind Maßnahmen auf rechtlichem, politischem, ökonomischem oder psychologischem Gebiet (z.B. die Isolierung von Mitgliedstaaten in internationalen Organisationen[115]) sowie jede Art von Mischformen dieser vier Bereiche.

Zu den Zwangsmaßnahmen auf rechtlichem Gebiet gehören vornehmlich die einseitige Auflösung und Beendigung von völkerrechtlichen Verträgen, wie sie in Art. 60 WVK enthalten sind. Ob es sich bei einer solchen Maßnahme um einen Unterfall der Repressalie oder nur um eine Retorsion handelt, ist stark umstritten.[116] Bei Maßnahmen, die dem politischen Bereich entstammen, handelt es sich vor allem um Änderungen in den diplomatischen oder konsularischen Beziehungen, beispielsweise der Ausweisung von Botschaftsangehörigen oder die Einschränkung ihrer Bewegungsfreiheit, oder Verletzungen der Courtoisie.

Ein zunehmend wichtigerer Bereich sind wirtschaftliche Zwangsmaßnahmen. Infolge des Gewaltverbots hat die Zahl und das Gewicht von Wirtschaftssanktionen zugenommen.[117] Die meisten Staaten der Welt sind auf ein reibungsloses Funktionieren ihres Handels- und Wirtschaftsverkehrs angewiesen, ohne sich in den Zeiten globaler Interdependenzen von der übrigen Staatengemeinschaft autark halten zu können. Direkte Folge dieser Abhängigkeiten ist der hohe Wirkungsgrad, den Wirtschaftssanktionen zu erreichen vermögen.[118] Zum Arsenal wirtschaftlich wirkender Zwangsmaßnahmen zählen Embargo, Boykott, die Beschlagnahme ausländischen Staatsvermögens, Kreditsperren sowie die Verweigerung oder Verlängerung wirtschaftlicher Hilfe, insbesondere von Entwicklungshilfe.[119]

---

[115] Auf die Reichweite dieses Mittels weist besonders *Schröder*, in: Graf Vitzthum, Völkerrecht, 2001, Rdnr. 107, hin.

[116] Zu den Einzelheiten s.u. unter § 6 B.II.2.c, S. 178.

[117] *Petersmann*, ZVglRWiss 80 (1981), S. 1, mit Beispielen zur Staatenpraxis nach dem Zweiten Weltkrieg.

[118] Es verwundert daher nicht, daß die wirtschaftlich unterentwickelten Staaten der Dritten Welt und des COMECON zeitweilig Vorstöße unternahmen, das Gewaltverbot des Art. 2 Ziff. 4 UN-Charta auch auf Wirtschaftssanktionen als „wirtschaftlichem Zwang" auszudehnen – vgl. *Kewenig*, Wirtschaftliche Zwangsmaßnahmen, BDGVR 22, 1982, S. 11 f.

[119] *Fukatsu*, Theory of Sanctions, in: MacDonald/Johnston, Structure and Process of International Law, 1983, S. 1196; *Kausch*, Art. Boycott, EPIL I, 1992, S. 485-488; *Kausch/Langenfeld*, Art. Embargo, EPIL II, 1995, S. 58-61; *Schröder*, in: Graf Vitzthum, Völkerrecht, 2001, Rdnr. 112.

In den meisten Fällen ist eine genaue Abgrenzung zwischen den einzelnen Wirkungsbereichen nicht durchführbar. Kein anderer Wirkungsbereich von Sanktionen strahlt jedoch so in andere Bereiche aus wie der ökonomische. Besonders häufig vermischen sich dabei die wirtschaftlichen Wirkungen mit den politischen: Wirtschaftliche Diskriminierung bedeutet zumeist auch politische und soziale Isolierung. Die Nichtverlängerung von Hilfsmaßnahmen hat genauso Auswirkungen auf die Wirtschaft des betroffenen Staates wie auf die zukünftigen politischen Beziehungen. Die Nichtberücksichtigung von Bewerbern einiger Mitgliedstaaten für Ämter in bestimmten internationalen Organisationen setzt ein politisches Signal und führt gleichermaßen zu deren Isolierung innerhalb der Organisationen.

Schließlich ist auch der *Umfang der ergriffenen Maßnahme* geeignete Grundlage einer Klassifizierung. Die Beurteilung, auf welche Weise bestimmte Maßnahmen wirken, ob umfassend oder selektiv, läßt Rückschlüsse auf deren Effektivität und Verhältnismäßigkeit zu. Der Wirkungsgrad von Maßnahmen läßt sich an ihrem Ergebnis unschwer ablesen.

Besondere Bedeutung hat dies für die Einordnung von Wirtschaftssanktionen, bei denen bereits kleine Maßnahmen zu riesigen Auswirkungen, teilweise auch für Dritte, führen können. Dies ist insbesondere dann der Fall, wenn wirtschaftlich sehr stark abhängige oder bedürftige Staaten betroffen sind. Die bereits erwähnte Einstellung oder Nichtverlängerung von Entwicklungshilfe kann beispielsweise schnell zu Folgen führen, die ganze Regionen destabilisieren und unmittelbare Auswirkungen auf unbeteiligte Nachbarstaaten entfalten, etwa durch Hungerkatastrophen und sich anschließende Flüchtlingsströme.

2. Wichtige Unterformen der Sanktion

In der Folge sollen die beiden klassischen Institute der *Retorsion* und der *Repressalie*[120] sowie die für die einseitige Beendigung von vertraglichen Beziehungen wichtige Maxime des *inadimpleti non est adimplendum* näher beschrieben und vor dem Hintergrund der obigen Typisierungskriterien untersucht werden.

[120] Unter diesem Begriff soll in diesem Zusammenhang allein die *Friedens*repressalie verstanden werden. Für eine Darstellung der *Kriegs*repressalie und ihre Abgrenzung zur Friedensrepressalie s. *Kalshoven*, Belligerent Reprisals, 1971; *Malanczuk*, ZaöRV 45 (1985), S. 297 f.

a. Retorsion

Die Retorsion wird in der völkerrechtlichen Literatur übereinstimmend als unfreundlicher, unbilliger, aber nicht völkerrechtswidriger Akt beschrieben, mit dem auf das vorangehende Verhalten eines anderen Staates geantwortet wird.[121]

Umstritten ist jedoch, ob damit nur solche Reaktionen umfaßt werden sollen, die eine Reaktion auf völkerrechtskonforme Handlungen darstellen, oder alle, *per se* rechtmäßigen Reaktionen.[122] Für die richtige, umfassende Auslegung spricht vor allem, die Einheitlichkeit in der Terminologie, da auf diese Weise alle Reaktionsformen innerhalb des Spektrums der Sanktionen klar voneinander abgegrenzt werden. Anderenfalls werden jene völkerrechtskonformen Reaktionen nicht erfaßt, die auf völkerrechtswidrige Handlungen antworten. Für eine Retorsion fehlte es diesen dann an der Völkerrechtskonformität der Ausgangshandlung, für eine Repressalie an der Völkerrechtswidrigkeit der Reaktion.

Die Frage der Rechtmäßigkeit der Reaktionshandlung wird so zum wesentlichen Typisierungs- und Abgrenzungsmerkmal zwischen zulässiger Retorsions- und grundsätzlich unzulässiger, nur in Ausnahmefällen erlaubter Repressalienhandlung.

Innerhalb der Rangliste der Selbsthilfemaßnahmen wird die Retorsion wegen dieser prinzipiellen Rechtmäßigkeit regelmäßig als mildeste Form bzw. an un-

[121] Vgl. *Tomuschat*, ZaöRV 33 (1973), S. 184; *Verdross/Simma*, Universelles Völkerrecht, 1984, § 1335, S. 902; *Malanczuk*, ZaöRV 45 (1985), S. 300; *Zoller*, Peacetime Unilateral Remedies, 1984, S. 5; *Partsch*, Art. Retorsion, EPIL 9, 1986, S. 335; *Dahm/Delbrück/Wolfrum*, Völkerrecht I/1, 1989, § 8 II 1 a, S. 91; *Dicke*, Art. Retorsion, in: Seidl-Hohenveldern, LdR/VR, 1992, S. 261; *Schröder*, in: Graf Vitzthum, Völkerrecht, 2001, Rdnr. 104; *Zemanek*, Völkerrechtliche Verantwortlichkeit und Sanktionen, ÖHVR I, 1997, Rdnr. 2536; *Doehring*, Völkerrecht, 1999, § 21, Rdnr. 1025, S. 442; *Ipsen*, Völkerrecht, 1999, § 59, Rdnr. 44, S. 953; *Kimminich/Hobe*, Einf. in das Völkerrecht, 2000, S. 229; *Seidl-Hohenveldern/Stein*, Völker-recht, 2000, S. 347, Rdnr. 1775.

[122] Für eine umfassende Interpretation des Begriffs: *Berber*, Lehrbuch des Völkerrechts III, 1977, S. 94; *Malanczuk*, ZaöRV 45 (1985), S. 300; *Partsch*, Art. Retorsion, EPIL 9, 1986, S. 335; *Schröder*, in: Graf Vitzthum, Völkerrecht, 2001, Rdnr. 104; *Doehring*, Völkerrecht, 1999, § 21, Rdnr. 1025, S. 442; *Ipsen*, Völkerrecht, 1999, § 59, Rdnr. 44, S. 953; *Seidl-Hohenveldern/Stein*, Völkerrecht, 2000, S. 347, Rdnr. 1775. A.A. *Oppenheim/Lauterpacht*, International Law II, 1952, S. 134; *Wengler*, Völkerrecht I, 1964, S. 553 f.; *Fenwick*, International Law, 1965, S. 635; *Kelsen/Tucker*, Principles in International Law, 1967, S. 22; *Skubiszewski*, Use of Force, in: Sørensen, Manual of Public International Law, 1968, S. 753; *Schlochauer*, AVR 16 (1974/75), S. 269.

terster Stelle in der Rangordnung der völkerrechtlichen Sanktionsmaßnahmen stehend angesehen.[123] Dies ist in einem „spezifisch juristischen Sinn"[124] sicherlich richtig, bedarf aber der Einschränkung insoweit, als völkerrechtskonforme, unfreundliche Akte *in praxi* teilweise gravierende Folgen nach sich ziehen, die die Auswirkungen von Repressalien bei weitem hinter sich lassen.[125]

Um diesen Auswirkungen gerecht zu werden, wird daher zum Teil vertreten, den Grundsatz der Verhältnismäßigkeit auch auf Retorsionen anzuwenden oder aber diese nach Zweckerreichung zwingend zu beenden. Begründet wird dies mit der Notwendigkeit der Wahrung des Reziprozitätsgrundsatzes.[126] Der überwiegende Teil des Schrifttums lehnt dies richtigerweise jedoch ab, da sich die Retorsion definitionsgemäß stets im Rahmen des Völkerrechts hält und es eine Begrenzung für rechtmäßige Akte grundsätzlich nicht gibt.[127]

Ungeachtet dieser Problembereiche stellt die Retorsion in der heutigen Zeit wohl das gebräuchlichste Zwangsmittel des Völkerrechts dar.[128] Dies liegt zum einen an der relativ niedrigen Eingriffsschwelle und zum anderen an der großen Bandbreite von Reaktionsmöglichkeiten. Zu den wesentlichen Erscheinungsformen der Retorsion gehören neben allen Formen von Wirtschaftssanktionen (ohne Verletzung vertraglicher Verpflichtungen)[129] das Diplomatenrecht, beispielsweise durch den Abbruch oder die Reduzierung diplomatischer Beziehungen.[130]

---

[123] *Tomuschat*, ZaöRV 33 (1973), S. 184; *Berber*, Lehrbuch des Völkerrechts III, 1977, S. 94; *Partsch*, Art. Retorsion, EPIL 9, 1986, S. 335.

[124] *Malanczuk*, ZaöRV 45 (1985), S. 301.

[125] Vgl. neben *Malanczuk*, ebd., die Beispiele bei *Schröder*, in: Graf Vitzthum, Völkerrecht, 2001, Rdnr. 104.

[126] *Berber*, Lehrbuch des Völkerrechts III, 1977, S. 95; *Kimminich/Hobe*, Einf. in das Völkerrecht, 2000, S. 230.

[127] *Malanczuk*, ZaöRV 45 (1985), S. 302; *Partsch*, Art. Retorsion, EPIL 9, 1986, S. 336; *Dikke*, Art. Retorsion, in: Seidl-Hohenveldern, LdR/VR, 1992, S. 261; *Klein*, Gegenmaßnahmen, BDGVR 37, 1998, S. 44.

[128] Vgl. *Malanczuk*, ZaöRV 45 (1985), S. 300; *Dahm/Delbrück/Wolfrum*, Völkerrecht I/1, 1989, § 8 II 1 a, S. 91; *Schröder*, in: Graf Vitzthum, Völkerrecht, 2001, Rdnr. 104; *Klein*, Gegenmaßnahmen, BDGVR 37, 1998, S. 44.

[129] Z.B. Embargos, staatlich unterstützte Boykotte, Nichtabschluß oder -verlängerung von Verträgen, Verweigerung von Entwicklungshilfe, Importbeschränkungen, etc.

[130] *Tomuschat*, ZaöRV 33 (1973), S. 184 f.; *Malanczuk*, ZaöRV 45 (1985), S. 300; *Partsch*, Art. Retorsion, EPIL 9, 1986, S. 336; *McKinnon*, LJIL 4 (1991), S. 229; *Dicke*, Art. Retorsion, in: Seidl-Hohenveldern, LdR/VR, 1992, S. 262.

b. Repressalie

Die Repressalie gehört ihrer Ursprungsgeschichte nach zu den ältesten Instituten des Völkerrechts. Unbestritten ist ihre Relevanz seit der Ächtung von Gewalt zurückgegangen. Sie aber zum „internationalen Recht von gestern“[131] zu zählen, wäre voreilig.[132] Die Bedeutung, die ihr auch heute noch zukommt, zeigt unter anderem der Stellenwert, den die bereits erwähnten Arbeiten der ILC zur Staatenverantwortlichkeit der Repressalie einräumen: In dieser nimmt sie eine zentrale Rolle ein.[133]

Am Ausgangspunkt der Bestimmung von Art und Umfang der Repressalie nach heutigem Verständnis soll die „klassische“ Definition des Institut de Droit International von 1934 stehen, in der es heißt:

> „Repressalien sind von den an sich sonst geltenden Völkerrechtsregeln untersagte Zwangsmaßnahmen, welche ein Staat in Erwiderung rechtswidriger Akte, die ein anderer Staat gegen ihn begangen hat, verhängt, um den Verletzer durch Schadenszufügung zur Achtung des Rechts zu zwingen.“[134]

Diese Definition enthält bereits fünf wichtige Elemente der Repressalie: Es handelt sich um eine von dem verletzten Staat selbst ausgehende Zwangsmaßnahme, die an sich rechtswidrig und zeitlich nachrangig ist und deren Zweck in der Wiederherstellung des ursprünglichen rechtmäßigen Zustandes liegt. Unbeantwortet bleiben aber wichtige Fragen, wie insbesondere diejenigen nach der Chronologie des Verfahrens, nach Ausmaß und Intensität des Zwanges sowie nach der eventuellen Erweiterbarkeit des Kreises der handelnden Völkerrechtssubjekte.

---

[131] *Tomuschat*, EJIL 5 (1994), S. 78.

[132] *Arrangio-Ruiz*, EJIL 5 (1994), S. 49, etwa nennt sie ein „gegenwärtig unverzichtbares Instrument zur Durchsetzung des internationalen Rechts“.

[133] Vgl. *Dzida*, Recht der Repressalie, 1997; *Fiedler*, Gegenmaßnahmen, BDGVR 37, 1998, S. 9-14; *Klein*, Gegenmaßnahmen, BDGVR 37, 1998, S. 42 f.

[134] "Les représailles sont des mesures de contrainte, dérogatoires aux règles ordinaires du droit des gens, prises par un Etat à la suite d'actes illicites commis à son prejudice par un autre Etat et ayant pour but d'imposer à celui-ci, au moyen d'un dommage, le respect du droit." AIDI 38 (1934), S. 708; dieser Definition folgen *Partsch*, Art. Repressalie, in: Strupp/Schlochauer, WVR III, 1962, S. 104; *Tomuschat*, ZaöRV 33 (1973), S. 186; *Dominicé*, Observations sur les droits de l'Etat victime d'un fait internationalement illicite, in: Weil, Droit international 2, 1982, S. 32, Fn. 60; *Zoller*, Peacetime Unilateral Remedies, 1984, S. 42 f.; *Rousseau*, Droit international public, 1987, Ziff. 360, S. 347; *Boisson de Chazournes*, Les contre-mesures, 1991, S. 22; *Nguyen/Daillier/Pellet*, Droit international public, 1999, Ziff. 572, S. 913.

Bereits kurz nach Abschluß der Drago-Porter-Konvention (1907) bestand in der Staatengemeinschaft Einigkeit darüber, daß Repressalien nur letzte und äußere Mittel sein durften, die erst zum Einsatz kommen sollten, nachdem alle anderen Versuche fehlgeschlagen waren, den Streitfall friedlich beizulegen.[135] Um dem *ultima ratio*-Charakter der Repressalie Rechnung zu tragen, muß folglich dem Rechtsbrecher vor der Anwendung von Zwangsmaßnahmen die Möglichkeit gegeben werden, den rechtmäßigen Zustand wieder herzustellen.[136] Diese Verpflichtung zur Wiederherstellung des ursprünglichen Zustandes bedingt zugleich die Kenntnis des Verletzers, welche Ansprüche gegen ihn insgesamt erhoben werden. Der betroffene Staat hat den Verletzer vor dem Ergreifen eigener Maßnahmen daher substantiiert – etwa in Form eines Ultimatums – aufzufordern, die Völkerrechtsverletzung zu beenden.[137]

Gleichfalls Resultat dieser Auffassung war die Einordnung der Repressalie als Beugemittel.[138] Dieses noch heute herrschende Verständnis[139] hat verschiedene weitere Konsequenzen für die Anwendbarkeit der Repressalie; insbesondere aber verankert sie den Grundsatz der Verhältnismäßigkeit im Repressalienrecht. Anders als die Retorsion muß die Repressalie im Verhältnis zu der für sie Anlaß gebenden Verletzungshandlung stets verhältnismäßig sein.[140] Dies gilt sowohl für die Intensität der ergriffenen Maßnahme als auch für deren zeitliche Dauer.

Auch wenn Repressalien nicht notwendigerweise spiegelbildlich zu der Ausgangshandlung sein müssen, d.h. das im Rahmen einer Reaktion durchaus auch andere Rechtsgüter des betreffenden Völkerrechtssubjekts Ziel der Repressalie sein können,[141] finden zulässige Repressalienhandlungen ihre Grenze in jedem

[135] *Partsch*, Art. Repressalie, in: Strupp/Schlochauer, WVR III, 1962, S. 103.

[136] Vgl. *Grewe*, Epochen der Völkerrechtsgeschichte, 1988, S. 734.

[137] *Oppenheim/Lauterpacht*, International Law II, 1952, S. 142; *Bleckmann*, FS Schlochauer, 1981, S. 194; *Partsch*, Art. Reprisals, EPIL 9, 1986, S. 331; *Schachter*, International Law, 1991, S. 186 f.; *Steinkamm*, Art. Repressalie, in: Seidl-Hohenveldern, LdR/VR, 1992, S. 260. A.A. für den Fall einer Ineffektivität der Maßnahme bei vorheriger Warnung: *Doehring*, ZaöRV 47 (1987), S. 51; *ders.*, Völkerrecht, 1999, § 21, Rdnr. 1036, S. 447.

[138] Dies geschah vor allem in Anknüpfung an die Entscheidung im *Naulilaa*-Fall, RIAA II, 1012 – vgl. hierzu *Partsch*, Art. Naulilaa-Fall, in: Strupp/Schlochauer, WVR II, 1961, S. 577 f.

[139] Vgl. *Klein*, Gegenmaßnahmen, BDGVR 37, 1998, S. 48.

[140] Allg. Ansicht, vgl. *Oppenheim/Lauterpacht*, International Law II, 1952, S. 141; *Skubiszewski*, Use of Force by States, in: Sørensen, Manual of Public International Law, 1968, S. 753; *Partsch*, Art. Reprisals, EPIL 9, 1986, S. 332; *Seidl-Hohenveldern/Stein*, Völkerrecht, 2000, Rdnr. 1779, S. 348.

[141] *Ipsen*, Völkerrecht, 1999, § 59, Rdnr. 45, S. 954.

Fall im völkerrechtlichen Kernbereich des *ius cogens*. Insbesondere besteht ein absolutes Repressalienverbot hinsichtlich der Anwendung von Gewalt sowie der Verletzung der Menschenrechte.[142] Zudem müssen die im Rahmen von Repressalien ergriffenen Maßnahmen umkehrbar sein, da sich nur eine temporäre Erfüllungsverweigerung nicht jedoch die dauerhafte Umgestaltung der Rechtsbeziehungen auf das Repressalienrecht stützen läßt.[143] Deshalb kann der Ausschluß aus einer internationalen Organisation niemals Inhalt einer Repressalie sein, da es einem solchen *per se* am Merkmal der Reversibilität mangelt.

Allgemein anerkannt ist ferner, daß sich wegen der Völkerrechtswidrigkeit von Repressalienhandlungen zeitliche Schranken ergeben. Eine solche Maßnahme darf trotz ihrer Rechtfertigung durch die erlittene Verletzung nicht unbegrenzt aufrecht erhalten werden, sondern nur solange bis der angestrebte Zweck – entweder die Aufgabe des völkerrechtswidrigen Verhaltens durch den Rechtsbrecher oder die Erlangung von Reparationen für aus diesem Verhalten entstandene Schäden – erreicht worden ist.[144]

Streitig ist dagegen, ob Repressalien erst nach Ausschöpfung der zur Verfügung stehenden Gerichtsbarkeiten verhängt werden dürfen.[145] Dies dürfte aber in Hinblick auf die notwendige Einhaltung der Verhältnismäßigkeit zu bejahen sein, da die Anrufung eines (Schieds-)Gerichtes gegenüber sonstigen Maßnahmen stets ein milderes Mittel darstellt.

Waren Repressalienhandlungen ursprünglich nur auf den originären Rechtsbrecher und den betroffenen, hierauf in Form einer Repressalie reagierenden Staat beschränkt,[146] so hat sich diese Auffassung im Schrifttum im Laufe der Zeit gewandelt. Zwar ist es nach wie vor allgemeine Ansicht, daß unmittelbar nur in

---

[142] Vgl. *Starke*, Introduction to International Law, 1989, S. 521; *Schröder*, in: Graf Vitzthum, Völkerrecht, 2001, Rdnr. 109; *Zemanek*, Völkerrechtliche Verantwortlichkeit und Sanktionen, ÖHVR I, 1997, Rdnr. 2541; *Ipsen*, Völkerrecht, 1999, § 59, Rdnr. 48, S. 955.

[143] *Tomuschat*, ZaöRV 33 (1973), S. 188; *Seidl-Hohenveldern/Stein*, Völkerrecht, 2000, Rdnr. 1779, S. 348.

[144] *Verdross/Simma*, Universelles Völkerrecht, 1984, § 1343, S. 910; *Partsch*, Art. Reprisals, EPIL 9, 1986, S. 331; *Zemanek*, Völkerrechtliche Verantwortlichkeit und Sanktionen, ÖHVR I, 1997, Rdnr. 2541.

[145] So *Bleckmann*, RIW/AWD 1978, S. 92; *Partsch*, Art. Reprisals, EPIL 9, 1986, S. 331; *Zemanek*, Völkerrechtliche Verantwortlichkeit und Sanktionen, ÖHVR I, 1997, Rdnr. 2540.

[146] *Schröder*, in: Graf Vitzthum, Völkerrecht, 2001, Rdnr. 110. Vgl. in diesem Zusammenhang beispielsweise *Grewe*, Epochen der Völkerrechtsgeschichte, 1988, S. 622, zu den im Jahre 1887 vom Institut de Droit International festgelegten Regeln für die Friedensblockade.

Rechtsgüter des Rechtsbrechers eingegriffen werden darf.[147] Allerdings sollen unter bestimmten Voraussetzungen auch ursprünglich unbeteiligte Dritte, entweder als Teil der Staatengemeinschaft oder als Mitglied internationaler Organisationen, rechtmäßig an der Verhängung von Repressalien teilnehmen können:[148] Wenn die Handlung sogenannte *erga omnes*-Verpflichtungen[149] verletze, richte sich der Angriff nicht allein nur gegen den unmittelbar betroffenen Staat, sondern gleichzeitig gegen die Staatengemeinschaft als Ganzes. Zudem seien kollektive Zwangsmaßnahmen grundsätzlich der Verhängung einzelstaatlicher Maßnahmen vorzuziehen, da diese eher dazu geeignet seien, die Rechtssicherheit innerhalb der Staatengemeinschaft zu sichern, als die von einzelnen Staaten vorgenommene Beurteilung eines Sachverhaltes und die Durchsetzung völkerrechtlicher Pflichten.[150]

Insgesamt ist die obige Definition der Repressalie um diese Punkte zu erweitern. Nach heutigem Verständnis kann die Repressalie folglich definiert werden, als *an sich völkerrechtswidrige, jedoch das* ius cogens *wahrende und grundsätzlich reversible Zwangsmaßnahme, die ein Völkerrechtssubjekt – im Falle der Verletzung von* erga ommes-*Verpflichtungen auch mehrere – in Erwiderung rechtswidriger Akte gegen ein anderes Völkerrechtssubjekt nach deren vorheriger Androhung verhängt, um den Rechtsbrecher durch Zufügung von verhältnismäßigen Nachteilen zur Aufgabe seines völkerrechtswidrigen Tuns zu bewegen.*

---

147 *Verdross/Simma*, Universelles Völkerrecht, 1984, § 1343, S. 907; *Dahm/Delbrück/Wolfrum*, Völkerrecht I/1, 1989, § 8, S. 92; *Zemanek*, Völkerrechtliche Verantwortlichkeit und Sanktionen, ÖHVR I, 1997, Rdnr. 2541.

148 Vgl. *Frowein*, FS Mosler, 1983, S. 258 f.; so auch *Klein*, Gegenmaßnahmen, BDGVR 37, 1998, S. 51 f., mit der Einschränkung, daß zumindest eine mittelbare Verletzung vorliegen muß.

149 Obwohl die Existenz solcher Pflichten grundsätzlich anerkannt ist, besteht über deren genauen Umfang noch keine Einigkeit; man wird aber zumindest fundamentale Werte des Völkerrechts, wie beispielsweise das Verbot der Aggression, des Völkermordes, der Sklaverei und der Rassendiskriminierung sowie die Achtung der Menschenrechte, hierunter subsumieren können – vgl. *Schröder*, in: Graf Vitzthum, Völkerrecht, 2001, Rdnr. 16.

150 Vgl. *Dahm/Delbrück/Wolfrum*, Völkerrecht I/1, 1989, § 8, S. 92 f. Insoweit scheint hier die Problematik des *iudex in causa sua* wieder auf, vgl. oben unter § 6 B.I.2, S. 166 m. Fn. 91 f.

c. Exceptio non adimpleti contractus – Art. 60 WVK

Gemäß Art. 60 WVK berechtigt eine erhebliche Verletzung eines völkerrechtlichen Vertrages die vertragstreue Partei, diesen Vertrag entweder zu beenden oder zu suspendieren. Mit diesem auf der Maxime des *inadimpleti non est adimplendum* beruhenden Recht soll gewährleistet werden, daß nach dem einseitigen Bruch von Verpflichtungen aus dem Gegenseitigkeitsverhältnis eines völkerrechtlichen Vertrages wieder Waffengleichheit zwischen den Vertragsparteien hergestellt wird. Zugleich wird damit auch dem Umstand Rechnung getragen, daß es in einer solchen Situation dem vertragstreuen Vertragspartner nicht zugemutet werden kann, einseitig an dem gebrochenen Vertrag festhalten zu müssen.[151]

Streitig ist, ob es sich bei dieser Form einseitiger Zwangsmittel um eine Sonderform der Repressalie oder um ein Mittel *sui generis* handelt. Die Befürworter derjenigen Ansicht, die die *exceptio* für eine spezielle Form der Repressalie halten,[152] begründen dies mit den Gemeinsamkeiten, die beide Maßnahmen aufweisen. So stellen sie darauf ab, daß beide eine Reaktion auf rechtswidriges Vorverhalten der anderen Seite seien, beide sich in den Details ihrer Zulässigkeit (Drittreaktion, Verfahrensfragen) und Grenzen (*ius cogens*, Menschenrechte) entsprächen und daß beiden der Grundsatz der Verhältnismäßigkeit eigen sei.[153]

Die Vertreter der ablehnenden Ansicht sehen in der Repressalie und der Möglichkeit einer vorzeitigen Vertragsbeendigung nach Art. 60 WVK zwei eigenständige Institute des Völkerrechts.[154] Vor allem *Simma*[155] weist auf die folgenden Unterschiede hin: Erstens handele es sich bei der vorzeitigen Vertragsauflösung nicht um ein Beugemittel; vielmehr sei sie ein Instrument, mit dem das Gleichgewicht zwischen den Parteien wiederhergestellt werden soll. Zweitens

---

[151] *Ipsen*, Völkerrecht, 1999, § 15, Rdnr. 76 f., S. 168.

[152] *Oppenheim/Lauterpacht*, International Law II, 1952, S. 136 f.; *Akehurst*, BYIL 44 (1970), S. 6; *Bleckmann*, RIW/AWD 1978, S. 93 f.; *Doehring*, ZaöRV 47 (1987), S. 47; *Sicilianos*, EJIL 4 (1993), S. 342; ebenso das Schiedsgericht im *Air Service-Fall*, RIAA XVIII (1980), 416 (443).

[153] Vgl. die Darstellung der Argumente bei *Sicilianos*, EJIL 4 (1993), S. 343-358.

[154] *Simma*, ÖZöffR 20 (1970), S. 20; *ders.*, FS v. d. Heydte, Band 1/1. Halbbd., 1977, S. 618; *Riphagen*, 1st Report, YILC 1980 II 1, Ziff. 58-65, S. 118-120; *Malanczuk*, ZaöRV 45 (1985), S. 311; *Partsch*, Art. Reprisals, EPIL 9, 1986, S. 334; *Dzida*, Recht der Repressalie, 1997, S. 49; *Klein*, Gegenmaßnahmen, BDGVR 37, 1998, S. 43; *Ipsen*, Völkerrecht, 1999, § 15, Rdnr. 77, S. 168 f.

[155] *Simma*, ÖZöffR 20 (1970), S. 20-22.

seien die Ziele beider Maßnahmen unterschiedlich. Während die Repressalie den Verletzer durch eine vorübergehende Suspendierung der bestehenden Verpflichtungen zur Rückkehr zu rechtmäßigem Verhalten bewegen soll, um danach das Rechtsverhältnis fortzusetzen, bestehe bei der Vertragsbeendigung ein solches Interesse an einer Fortsetzung des betreffenden Rechtsverhältnisses regelmäßig nicht. Ergebnis der Anwendung des Art. 60 WVK sei mithin die dauerhafte Vertragsbeendigung, im Rahmen von Repressalien ergriffene Maßnahmen müßten dagegen stets reversibel sein.[156] Der dritte Unterschied, auf den *Simma* verweist, ist die Reichweite der beiden Zwangsmittel. Aufgrund ihrer engen Verknüpfung mit dem Vertragsrecht könne mit der *exceptio* auf eine Verletzung nur mit der Auflösung des verletzten Vertrages selbst geantwortet werden. Repressalien hingegen seien nicht auf den Bereich beschränkt, in dem die ursprüngliche Verletzung stattgefunden habe, vielmehr sei der Geschädigte bei der Wahl seiner Reaktion frei, solange die Verhältnismäßigkeit gewahrt bleibe; die Einschränkung sei daher keine *qualitative*, sondern nur eine *quantitative.*

Insgesamt überwiegen die materiellen Unterschiede die formellen Gemeinsamkeiten. Letztere lassen sich ohne weiteres mit der Nähe der beiden Rechtsinstitute zueinander erklären. Aus der Natur der Sache folgt, daß beide als Reaktionen auf Völkerrechtsverletzungen denselben Schranken unterworfen sind, da diese ausnahmslos für den gesamten Bereich völkerrechtlicher Zwangsmaßnahmen gelten. Dagegen ergeben sich die materiellen Unterschiede, insbesondere in Dauer und Intensität, sowie die unterschiedliche Interessenlage der Beteiligten – vorübergehender Beugezwang und Interesse des Fortbestandes der Beziehungen bei der Repressalie, dauerhafte Vertragsbeendigung ohne Interesse an der Aufrechterhaltung der Beziehungen bei der *exceptio* – nicht zwingend aus der Natur der Sache. Zudem ist auch die Eingriffsschwelle bei Art. 60 WVK höher als im Repressalienrecht: Nur eine „erhebliche Verletzung“ – “*material breach*“ – i.S.d. Art. 60 III WVK[157] berechtigt den vertragstreuen Vertragspartner, sich vom Vertrag zu lösen oder diesen zu suspendieren, und auch dies nicht sofort, sondern erst nach Durchführung der dafür in Art. 65-68 WVK vorgesehenen Verfahrensschritte. Im Repressalienrecht dagegen genügt bereits jede, auch eine nur leichte Völkerrechtsverletzung, um ohne zeitliche Verzögerung Gegenmaßnahmen zu verhängen.

[156] Vgl. *Tomuschat*, ZaöRV 33 (1973), S. 188.
[157] Für eine Definition dieses Begriffs vgl. *Simma*, ÖZöffR 20 (1970), S. 60-63.

Es ist daher gerechtfertigt die *exceptio* als eigenständige Reaktionsform bei Verstößen gegen Verletzungen aus mehrseitigen völkerrechtlichen Verträgen anzusehen.

Die Voraussetzungen sind in formeller Hinsicht weitgehend mit denjenigen der Repressalie identisch. Es bedarf zusätzlich jedoch eines bi- oder multilateralen völkerrechtlichen Vertrages[158] sowie einer erheblichen Verletzung desselben[159]. Liegen diese Voraussetzungen kumulativ vor, so können sich die vertragstreuen Parteien vom Vertrag dauerhaft ganz oder teilweise lösen, nachdem das hierfür vorgesehene Verfahren durchlaufen worden ist.[160]

C. Die Maßnahmen der XIV als rechtmäßige völkerrechtliche Sanktion

Die Maßnahmen der XIV sind nach der Darstellung der verschiedenen Erscheinungsformen völkerrechtlicher Sanktionen nunmehr daraufhin zu überprüfen, ob sie die Voraussetzungen einer dieser Formen erfüllen.

I. Die Maßnahmen als Repressalie

Als Identität der Maßnahmen kommt zunächst die Möglichkeit der Repressalie als eingriffsintensivste Form einer friedlichen völkerrechtlichen Reaktion in Betracht.

Auf der Grundlage der entwickelten Definition der Repressalie ist festzustellen, daß die Maßnahmen der XIV auf den ersten Blick viele der tatbestandlichen Voraussetzungen einer Repressalie erfüllen: Nach dem Wortlaut der Erklärung vom 1.02.2000 waren sich die XIV darin einig, die Maßnahmen von der Regierungsbeteiligung der FPÖ an bis zu einem nicht näher bezeichneten Zeitpunkt in

[158] Art. 60 I, II WVK.
[159] Art. 60 III WVK.
[160] Vgl. *Simma*, ÖZöffR 20 (1970), S. 79-82; *Ipsen*, Völkerrecht, 1999, § 15, Rdnr. 79, 80, S. 169 f.

der Zukunft aufrechtzuerhalten. Der letzte Satz der Erklärung,[161] ihre Entstehungsgeschichte[162] sowie die die Veröffentlichung der Erklärung begleitenden Verlautbarungen und Meinungsäußerungen europäischer Politiker sprechen jedoch dafür, daß die Maßnahmen vorrangig das Ziel hatten, eine Änderung des Prozesses der Regierungsbildung bzw. eine Änderung der Regierungskoalition herbeizuführen. Hieraus ergibt sich, daß die Maßnahmen als Beugezwang angelegt waren, die die Republik Österreich und vor allem ihre Regierung wieder auf die gewünschte politische Linie, gleichsam auf den moralischen „Pfad der Tugend", zurückführen sollte. Bei Befolgung, d.h. einer Änderung der Regierungskoalition, wären die Maßnahmen, so ist anzunehmen, sofort aufgehoben und der Ausgangszustand wiederhergestellt worden; sie waren mithin reversibel. Des weiteren waren die Maßnahmen bereits am 31.01.2000, d.h. einige Tage vor ihrer Verhängung, der österreichischen Regierung bekannt gemacht worden.[163]

Es wird jedoch zugleich deutlich, daß die Maßnahmen antizipativ waren. Sie warteten die Regierungsbeteiligung und damit eventuell einhergehende Verstöße gegen völkerrechtliche Verpflichtungen nicht ab, sondern traten mit dem Zeitpunkt der Vereidigung bereits in Kraft. Zu diesem Zeitpunkt konnten von der neuen Regierung jedoch noch keine völkerrechtswidrigen Akte begangen worden sein. Folglich war die Verhängung der Maßnahmen nicht zeitlich nachrangig zu einem völkerrechtswidrigen Verhalten der Republik Österreich, sondern allenfalls gleichzeitig. Da die zeitliche Nachrangigkeit aber eine der wesentlichen Tatbestandsvoraussetzungen aller völkerrechtlichen Sanktionen ist,[164] scheitert hieran die Einordnung der Maßnahmen als zulässige Repressalie.

Weiterhin waren die Maßnahmen der XIV unverhältnismäßig. Wie gezeigt,[165] waren die materiellen Vorwürfe, die der Regierung Österreichs gemacht wurden, äußerst fadenscheinig und beruhten letztlich auf reinen, aus dem Verhalten einiger Funktionäre der FPÖ in der Vergangenheit abgeleiteten Prognosen über deren zukünftiges Verhalten in einer ÖVP/FPÖ-Koalition. Demgegenüber hatten die Maßnahmen erhebliche Folgen für Österreich, sowohl in bezug auf seine rechtliche Stellung innerhalb der EU als auch – durch die „Begleitsanktionen" – in finanzieller Hinsicht für seine Bürger. Vergleicht man daher den Vorwurf mit

---

161 "... that there would be no business as usual in the bilateral relations with a Government integrating the FPÖ".

162 Vgl. oben unter § 3 C.II.1.a, S. 33.

163 Dies ergibt sich aus dem Einleitungssatz der Erklärung.

164 S.o. unter § 6 B.I.1.a, S. 163.

165 S.o. unter § 5 B, S. 117.

der Reaktion, insbesondere das Ausmaß der Maßnahmen, so ist festzustellen, daß diese zwar geeignet gewesen sein könnten, die behauptete Gefahr für die Grundwerte zu beseitigen. Sie sind jedoch weder erforderlich noch angemessen gewesen.

Die Maßnahmen der XIV waren somit keine völkerrechtlich zulässige Repressalie.

II. Die Maßnahmen als *exceptio non adimpleti contractus*

Aus denselben Gründen scheitert auch die Einordnung der Maßnahmen als *exceptio non adimpleti contractus*, der mit der Repressalie eng verwandten, zweiten in Frage kommenden Reaktionsform.

Zwar sind alle beteiligten Staaten durch mehrere multilaterale völkerrechtliche Verträge – den EUV sowie die Gemeinschaftsverträge – miteinander verbunden. Für eine Anwendbarkeit des Art. 60 II WVK fehlt es jedoch ebenso wie bei der Repressalie offenkundig an einer zeitlichen Nachrangigkeit sowie der Beachtung des Grundsatzes der Verhältnismäßigkeit.

Da die *exceptio* sich von der Repressalie zudem durch die Endgültigkeit ihrer Rechtsfolgen unterscheidet und solche endgültigen Folgen gerade nicht beabsichtigt waren,[166] stimmen die Intention der Urheber der Maßnahmen und das mögliche rechtliche Ergebnis nicht überein. Ferner ist von keiner Seite eine erhebliche Verletzung der europäischen Verträge behauptet worden. Schließlich wurde auch das nach der WVK zur Vertragssuspension oder -aufhebung vorgeschriebene Verfahren[167] nicht eingeleitet. Insgesamt fehlt es damit zusätzlich an einer Vielzahl der weiteren, notwendigen Tatbestandsvoraussetzungen.

Die Maßnahmen der XIV waren somit kein Fall der *exceptio non adimpleti contractus* i.S.d. Art. 60 WVK.

[166] Die Frage der Möglichkeit des Ausschlusses bzw. Austritts aus den Gemeinschaftsverträgen ist stark umstritten, kann hier jedoch wegen der fehlenden Intention der XIV in diese Richtung offenbleiben.
[167] Art. 65-68 WVK.

III. Die Maßnahmen als Retorsion

Die Maßnahmen könnten des weiteren eine Retorsion der XIV gegen Österreich gewesen sein.

Obwohl sich die Retorsion von der Repressalie durch die Qualität der Reaktionshandlung unterscheidet, ist auch sie eine zeitlich nachgeordnete Maßnahme. Ihr muß daher zwingend eine spezifische, völkerrechtswidrige Handlung eines anderen Staates vorausgegangen sein. Eine solche Handlung Österreichs gegenüber den Urhebern der Erklärung ist jedoch weder vor noch nach ihrer Veröffentlichung ersichtlich. Die Maßnahmen waren insgesamt rechtlich unprovozierte Akte, die dem Erfordernis der Nachrangigkeit völkerrechtlicher Zwangsmaßnahmen nicht entsprochen haben.

Ferner waren die Maßnahmen mit dem Europarecht nicht vereinbar und haben zumindest teilweise die Rechte Österreichs verletzt. Sie sind folglich selbst nicht rechtmäßig gewesen. Da die Rechtmäßigkeit der Reaktionshandlung aber neben der Nachrangigkeit der Handlung das zweite wesentliche Merkmal solcher Zwangsmaßnahmen ist, scheitert eine Einordnung der Maßnahmen der XIV als Retorsion am Vorliegen beider wesentlichen Tatbestandsvoraussetzungen.

Die Maßnahmen der XIV waren somit keine völkerrechtlich zulässige Retorsion.

IV. Die Maßnahme als bloße Verletzung der Courtoisie

Zu erörtern bleibt, ob die Maßnahmen statt einer völkerrechtlichen Zwangsmaßnahme nur ein Verstoß gegen die Völkerrechtssitten über den gemeinsamen Umgang miteinander, die sogenannte Courtoisie (*comitas gentium*, Völkerrechtssitte), waren.[168]

Die völkerrechtliche Courtoisie umfaßt alle Formen von Sitten, Regeln und Gebräuchen, die von den Staaten bei ihrem Umgang miteinander aus Gewohnheit beachtet werden. Gemein ist allen diesen Erscheinungsformen, daß ihnen nach allseitigem Verständnis keinerlei rechtliche Verpflichtungen beigemessen werden oder aus diesen erwachsen sollen. Die Courtoisie stellt damit die Vorstufe

[168] So i.E. *Hummer/Obwexer*, europa blätter 2000, S. 55; *dies.*, EuZW 2000, S. 490.

völkerrechtlichen Gewohnheitsrechts dar, bei der sich dieses noch nicht zu einer rechtlichen Verpflichtung verfestigt hat, deren Qualität aber dennoch bereits über die bloß gelegentliche Ausübung spezifischer Verhaltensweisen hinausgeht. Sie verfügt insoweit über teilweise fließende Grenzen, einerseits zu den Bereichen der international gebräuchlichen moralischen Standards und Vereinbarungen – dem soft law –, andererseits den bloßen Gepflogenheiten.[169] Auch heute noch wichtige Anwendungsbereiche der Völkerrechtssitte betreffen Fragen innerhalb des Diplomatenrechts, etwa über die Rangfolge innerhalb des diplomatischen Corps', der Umgangsformen sowie der zwischenstaatlichen Kommunikation.[170]

Mangels rechtlicher Verpflichtungen zur Einhaltung der Courtoisie kann aus einer Verletzung dieser Regeln jedoch niemals ein Recht zur Verhängung von völkerrechtlichen Zwangsmaßnahmen abgeleitet werden. Solche Verletzungen sind allenfalls als unfreundliche Akte zu betrachten, die ihrerseits nur zur Verhängung von Retorsionen berechtigen.[171]

Im vorliegenden Fall scheiterte die Anwendbarkeit völkerrechtlicher Zwangsmaßnahmen durch die XIV nicht an der Qualität der gegen Österreich verhängten Maßnahmen. Vielmehr fehlte es ihnen an der grundsätzlich notwendigen zeitlichen Nachrangigkeit; mithin an der wesentlichen zeitlich-quantitativen Voraussetzung. Allein in der von den XIV – rechtsmißbräuchlich – gewählten äußeren Form ihrer Handlungsweise, dem europarechtlichen soft law, erinnern die Maßnahmen an Formen der Courtoisie. Aus dieser rein äußerlichen Wirkungsverschiebung der Maßnahmen von der rechtlichen auf die moralische Ebene sowie dem damit verfolgten subjektiven Ziel einer Umgehung des Typenzwanges des Europarechts durch die Herstellung rechtlicher Unverbindlichkeit folgt jedoch weder eine Änderung der formellen Einordnung noch der rechtlichen Wirkungen. Diese sind nicht vom subjektiven Willen der Rechtsausübenden abhängig, sondern allein an objektive Faktoren gebunden.

---

[169] Vgl. *Stoerk*, FS Laband, Bd. 1, 1908, S. 154 f.; *Lauterpacht*, International Law, 1970, S. 43 f.; *Heusel*, „Weiches" Völkerrecht, 1991, S. 270; *Macalister-Smith*, Art. Comity, EPIL I, 1992, S. 671 f. – Vom soft law trennt die Courtoisie die fehlende Möglichkeit der Entfaltung von Rechtswirkungen im Verhältnis zu Dritten – da sie stets nur im Verhältnis zwischen den sie beachtenden Völkerrechtssubjekten wirkt, ist eine Drittwirkung ausgeschlossen; von den bloßen Gepflogenheiten unterscheidet sie sich durch den höheren Grad an Verfestigung, der ihren Regeln im zwischenstaatlichen Verkehr bereits zukommt.

[170] *Macalister-Smith*, ebd., S. 673.

[171] *Macalister-Smith*, ebd., S. 672 f.

Diese Faktoren weisen bei den Maßnahmen der XIV insgesamt auf Handlungen hin, die dem Europarecht unterliegen und umfassende rechtliche Wirkungen entfalten. Sie reichen damit im Ergebnis weit über eine Verletzung nur gewohnheitsrechtlich geübter Sitten und Gebräuche ohne rechtliche Verpflichtungen hinaus.

Die Maßnahmen der XIV waren somit keine bloße Verletzung der völkerrechtlichen Courtoisie.

D. Ergebnis

Als Ergebnis auf die eingangs gestellte Frage nach der Vereinbarkeit der Maßnahmen mit dem allgemeinen Völkerrecht kann insgesamt folgendes festgehalten werden:

1. Die Formen völkerrechtlicher Sanktionen sind prinzipiell neben den Regelungen sowohl des Gemeinschafts- als auch des Unionsrechts anwendbar geblieben. Der Geltungsgrund des Europarechts ist noch immer das allgemeine Völkerrecht, für eine anderweitige Beurteilung fehlt es zum jetzigen Zeitpunkt (noch) an entsprechenden Indizien. Sanktionsmaßnahmen können jedoch nur in solchen Fällen subsidiär zur Anwendung gelangen, in denen die Verfahren des Europarechts entweder versagen oder aber in denen das Europarecht über keine eigenen Verfahren verfügt.

2. Im Fall einer Verletzung der europäischen Grundwerte, die die Eingriffsschwelle des Verfahrens nach Art. 7 I EUV noch nicht erreicht hat, d.h. bei der insbesondere die Tatbestandsvoraussetzungen einer schwerwiegenden und anhaltenden Verletzung noch nicht vorliegen, besteht eine Regelungslücke innerhalb des Europarechts, die die Mitgliedstaaten durch einen Rückgriff auf völkerrechtliche Zwangsmaßnahmen schließen dürfen.

3. Wegen der prinzipiellen zeitlichen Nachrangigkeit völkerrechtlicher Sanktionen fehlte es im vorliegenden Fall einer (lediglich behaupteten) Gefährdung der europäischen Grundwerte durch Österreich an wesentlichen tatbestandlichen Voraussetzungen zum Einsatz solcher Mittel. Zum Teil mangelte es den ergriffenen Maßnahmen darüber hinaus an der notwendigen eigenen Rechtmäßigkeit.

4. Schließlich liegt in der Verhängung der Maßnahmen auch keine Verletzung der völkerrechtlichen Courtoisie. Die Maßnahmen haben in ihrer Wirkung erheblich in Rechtspositionen Österreichs eingegriffen und gingen mithin weit über den Bereich der Einhaltung von lediglich unverbindlichen Sitten und Gebräuchen hinaus.

§ 7 Verletzung der Rechte Österreichs durch die Maßnahmen der XIV

A. Überblick

Aufgrund der Ergebnisse der vorstehenden Erörterungen zur Einordnung und Rechtmäßigkeit der Erklärung und Maßnahmen der XIV sowohl in bezug auf europarechtliche als auch auf völkerrechtliche Normen und Verfahren ist nun ein Perspektivenwechsel angezeigt.

Wurden Erklärung und Maßnahmen bisher vor dem Hintergrund der Hypothese einer grundsätzlich möglichen Rechtmäßigkeit des (nachrangigen) Handelns der XIV und unter dem Blickwinkel eines (vorangehenden) Verstoßes der Republik Österreich gegen Europa- und/oder Völkerrecht betrachtet, so kann dies nach den festgestellten Ergebnissen nicht länger aufrechterhalten werden. Vielmehr rechtfertigen es diese Ergebnisse, nunmehr die Rolle der XIV als Verletzer europarechtlicher und völkerrechtlicher Pflichten gegenüber der Republik Österreich zu untersuchen.

In Betracht kommen eine Verletzung der europäischen Grundwerte, wie sie in Art. 6 EUV verankert sind, der Grundsätze der Kohärenz, Solidarität und Loyalität sowie ein Verstoß gegen das Diskriminierungsverbot. In Frage kommen ferner auch Verstöße gegen das Völkerrecht, etwa in Gestalt des Völkervertragsrechts oder des Diplomatenrechts. Um der Verschiedenartigkeit und Vielzahl der in Frage kommenden materiellen Verletzungen Rechnung zu tragen, sollen die einzelnen Maßnahmen getrennt untersucht werden (C-E), nachdem zuvor die Erklärung der XIV als Ganzes betrachtet worden ist (B).

Ferner ist zu klären, ob die mittelbaren Folgen der Maßnahmen, die sogenannten „Begleitsanktionen", mit dem Europa- und Völkerrecht vereinbar waren (F). Schließlich bleibt zu erörtern, ob die Verantwortlichkeit der XIV für mögliche Verletzungen durch eine Einwilligung Österreichs (G) oder durch das Vorliegen eines übergesetzlichen Notstands (H) ausgeschlossen wird.

B. Die Erklärung der XIV als Ganzes

I. Verstoß gegen die Grundsätze der Kohärenz und Solidarität – Art. 1 III 2, 3 I EUV

Die XIV könnten mit der Erklärung gegen die Grundsätze der Kohärenz und der Solidarität verstoßen haben, indem sie versucht haben, die Regierungsbildung in Österreich anzufechten und/oder rückgängig zu machen.

Gemäß Art. 1 III 2, 3 EUV sind die Mitgliedstaaten in ihrer Gesamtheit verpflichtet, bei der Verwirklichung ihrer unions- und außenpolitischen Ziele den Grundsatz der Kohärenz zu wahren. Der Begriff der Kohärenz kann in diesem Zusammenhang definiert werden als *das einheitliche, zusammenhängende, die gleiche Zielsetzung verfolgende, widerspruchsfreie Verhalten der Mitgliedstaaten bei allem Unionshandeln.*[1]

Die von den Mitgliedstaaten nach dieser Definition verlangte Übereinstimmung in ihrem Verhalten erfährt in den verschiedenen Bereichen gemeinsamer Handlungen unterschiedliche Ausprägungen: So erstreckt sich die aus Art. 1 III EUV folgende Pflicht zu kohärentem Verhalten auf den Bereich der Beziehungen der Mitgliedstaaten und ihrer Völker untereinander (*innere Kohärenz*);[2] diese ist dabei zugleich Ausdruck der unter den Mitgliedstaaten zu beachtenden Solidarität. Art. 3 II EUV regelt die Pflicht zu einheitlichem Handeln für den Außenbereich der Union, d.h. für den Bereich, der Beziehungen zu Dritten betrifft, sowie Maßnahmen, die in irgendeiner Weise außenpolitische Bezüge aufweisen (*äußere Kohärenz*).[3] Überwölbt werden beide Kohärenzbereiche durch die in Art. 3 I EUV zum Ausdruck kommende Verpflichtung der Mitgliedstaaten zu zielorientiertem und widerspruchsfreiem Verhalten (*inhaltliche Kohärenz*).[4]

---

[1] *Ress*, JuS 1992, S. 987; *Krenzler/Schneider*, EuR 1994, S. 145; Schwarze-*Stumpf*, EU-Komm., 2000, Art. 3 EUV, Rdnr. 8.

[2] *Müller-Graff*, integration 16 (1993), S. 147; Calliess/Ruffert-*Calliess*, EUV/EGV, 1999, Art. 1 EUV, Rdnr. 41-43; *Pechstein/Koenig*, Europäische Union, 2000, Rdnr. 133.

[3] Calliess/Ruffert-*Blanke*, EUV/EGV, 1999, Art. 3 EUV, Rdnr. 14; Schwarze-*Stumpf*, EU-Komm., 2000, Art. 3 EUV, Rdnr. 12.

[4] *Müller-Graff*, integration 16 (1993), S. 147; Grabitz/Hilf-*Hilf/Pache*, Kommentar zur EU, Altbd. I, Stand: 1999, Art. C EUV, Rdnr. 9; Calliess/Ruffert-*Blanke*, EUV/EGV, 1999, Art. 3 EUV, Rdnr. 5; Schwarze-*Stumpf*, EU-Komm., 2000, Art. 3 EUV, Rdnr. 8. A.A. *Pechstein/Koenig*, Europäische Union, 2000, Rdnr. 133, die lediglich die innere Kohärenz, nicht jedoch eine inhaltliche Kohärenz zu den von den Vertragsstaaten mit den vorliegenden Be-

Wenn, wie im vorliegenden Fall der Bildung einer aus demokratischen Wahlen hervorgegangenen Regierung, einzelstaatliche Entscheidungen, die auf den gemeinsamen europäischen Werten des Art. 6 I EUV beruhen, von anderen Mitgliedstaaten nicht anerkannt werden, so verletzt dies das Gebot der inneren Kohärenz i.S.d. Art. 1 III 2 EUV.[5] Durch ihr Verhalten haben die XIV den Pfad einer einheitlichen, kooperativen und die europäische Integration voranbringenden, d.h. kohärenten, Zusammenarbeit verlassen, um Österreich durch ihr einseitiges, sanktionsbewehrtes und die Europäische Union im Verhältnis 14 zu eins spaltendes Vorgehen für Verstöße zur Verantwortung zu ziehen, die objektiv nicht vorlagen.

Zugleich wird durch den Versuch, mit Zwang eine Abkehr von der beanstandeten Entscheidung herbeizuführen, die mit der inneren Kohärenz verbundene Solidaritätspflicht verletzt. Indem also die XIV die Regierungsbildung in Österreich nicht anerkannten und sie in Form der Erklärung nicht nur beanstandeten, sondern durch die Verhängung der Maßnahmen umzukehren suchten, verstießen sie gleichzeitig gegen die beiden Grundsätze der (inneren) Kohärenz und der Solidarität i.S.d. Art. 1 III 2 EUV.

Ein Verstoß gegen die äußere Kohärenz liegt dagegen nicht vor, da die Mitgliedstaaten in ihrem außenpolitischen Verhalten nur insoweit gebunden werden, als außenpolitische Maßnahmen der Union, d.h. der Gesamtheit der Mitgliedstaaten, vorliegen. Für das sonstige eigene außenpolitische Handeln gilt das Gebot aus Art. 3 II EUV nicht. Die Erklärung war jedoch kein den Handlungsformen der GASP entsprechender Akt,[6] so daß es an einer Maßnahme der Union fehlt und eine ausdrückliche Bindung der Mitgliedstaaten daher nicht in Betracht kommt. Gleichwohl sind die Staaten in ihrem Handeln nicht völlig frei, sondern durch das im Gemeinschafts- wie im Unionsrecht geltende Loyalitätsgebot i.S.d. Art. 10 EGV, Art. 11 II EUV gebunden.[7]

---

stimmungen des EUV beabsichtigten Zielen zählen; „die Forderung nach innerer Widerspruchsfreiheit von Einzelregelungen“ sei hingegen „allenfalls ein rechtsstaatliches Anliegen“ (*Pechstein/Koenig*, ebd.).

[5] Vgl. Schwarze-*Stumpf*, EU-Komm., 2000, Art. 6 EUV, Rdnr. 12.

[6] Zu den Details s.o. unter § 4 C.II.2, S. 85-99.

[7] Vgl. Schwarze-*Stumpf*, EU-Komm., 2000, Art. 6 EUV, Rdnr. 13. Hierzu sogleich unten.

II. Verstoß gegen das Loyalitätsgebot – Art. 10 EGV, Art. 11 II EUV

Mit der Veröffentlichung der Erklärung könnten die XIV weiterhin gegen das Loyalitätsgebot i.S.d. Art. 10 EGV, Art. 11 II EUV verstoßen haben, indem sie hierdurch öffentlich kundtaten, mit einem anderen Mitglied der Europäischen Union nicht mehr oder nur noch eingeschränkt zusammenarbeiten zu wollen, und sie zudem für das Prozedere dieser Kundgabe sowie die spätere Durchsetzung ihrer Haltung gegenüber Österreich ein vollständig rechtswidriges Verfahren wählten.

Zentraler Inhalt des Art. 10 EGV ist der allgemeine Rechtsgrundsatz, „daß den Mitgliedstaaten und den Gemeinschaftsorganen gegenseitige Pflichten zur loyalen Zusammenarbeit obliegen".[8] Ähnliche Vorschriften über eine solche „Loyalitätspflicht" finden sich auch in den anderen beiden Gemeinschaftsverträgen[9] sowie mit Art. 11 II EUV im Unionsrecht.

Auf der Grundlage dieser allgemeinen Loyalitätspflicht unterscheidet Art. 10 EGV drei verschiedene Tatbestände: zwei Handlungspflichten in UAbs. 1 sowie eine Unterlassungspflicht in UAbs. 2.[10] Von besonderem Interesse in dem hier untersuchten Zusammenhang ist die letztgenannte Pflicht zur Unterlassung aller „Maßnahmen, welche die Verwirklichung der Ziele [des EGV] gefährden könnten". Aus diesem Wortlaut des Art. 10 UAbs. 2 EGV wird nicht nur ein Verbot der Beeinträchtigung der Arbeit der Gemeinschaftsorgane abgeleitet,[11] sondern auch, als Ausfluß des Grundsatzes von Treu und Glauben, ein Verbot jedweder Formen von Rechtsmißbrauch.[12] So ist es den Mitgliedstaaten insbesondere untersagt, gemeinschaftsweite, völkerrechtliche Übereinkünfte zu treffen, mit denen Fragen geregelt werden sollen, die unter Berücksichtigung des Subsidiaritätsprinzips der Regelungskompetenz der Gemeinschaft unterfallen

[8] EuGH, Rs. 54/81 (*Luxemburg ./. Parlament*), Slg. 1983, 255 (287) (st. Rspr.).

[9] Dem wortgleichen Art. 192 EAGV sowie – in leicht abgewandelter Form – dem Art. 86 UAbs. 1, 2 EGKSV. Soweit daher hier und in der Folge Aussagen über die aus Art. 10 EGV resultierenden Verpflichtungen gemacht werden, beziehen sich diese sinngemäß und in gleichem Umfang auch auf diejenigen aus den anderen Verträgen.

[10] Grabitz/Hilf-*von Bogdandy*, Kommentar zur EU, Altbd. I, Stand: 1999, Art. 5 EGV, Rdnr. 10; *Streinz*, Europarecht, 2001, Rdnr. 140.

[11] EuGH, Rs. C-333/88 (*Tither ./. Commissioners of Inland Revenue*), Slg. 1990, I-1133 (1158 f.).

[12] GTE-*Zuleeg*, EUV/EGV, 1997, Art. 5 EGV, Rdnr. 10.

können.[13] Auf diese Weise soll einer Flucht in die intergouvernementale Zusammenarbeit vorgebeugt werden, der die supranationale, europäische Zusammenarbeit im Gemeinschaftsrecht stets vorzuziehen ist.[14] Gleiches gilt sinngemäß für das Unionsrecht, in dem die koordinierte, alle Mitgliedstaaten einbeziehende intergouvernementale Zusammenarbeit in der zweiten und dritten Säule einer unkoordinierten, jeweils nur einzelne Mitgliedstaaten umfassenden zwischenstaatlichen Zusammenarbeit generell vorzuziehen ist.[15]

Ferner schulden sich die Union und die Mitgliedstaaten sowie die Mitgliedstaaten untereinander über den Buchstaben der Verträge hinaus allseitige Loyalität in Form einer Gemeinschafts- bzw. Unionstreue.[16] Anders als die Gemeinschaftstreue fehlt es der Unionstreue an einer gerichtlichen Durchsetzbarkeit, so daß sie nur deklaratorische Wirkungen entfaltet;[17] dies ändert jedoch nichts an ihrer Existenz.

Die von den XIV in ihrer Erklärung vom 31.01.2000 angekündigten und mit der Vereidigung der neuen österreichischen Bundesregierung am 4.02.2000 in Kraft gesetzten Maßnahmen waren wegen schwerer Verstöße gegen das Europarecht rechtswidrig. Zudem sind die XIV durch die Erklärung vorsätzlich auf Rechtsformen des soft law ausgewichen, um wesentliche, im EUV vorgesehene Beteiligungs- und Überwachungsrechte europäischer Organe unterlaufen und Beschlüsse in einem, von der Union mutmaßlich unabhängigen, zwischenstaatlichen Rahmen treffen zu können.[18] Gleichzeitig haben sie den Maßnahmen den Anschein gegeben, die Werte der europäischen Verträge vor angeblichen Verletzungen Österreichs schützen zu wollen; diese Vorwürfe waren jedoch bei näherer Überprüfung als gänzlich haltlos zu verwerfen.[19]

---

[13] EuGH, Rs. 20/70 (*AETR*), Slg. 1971, 263 (275); *Wuermeling*, Kooperatives Gemeinschaftsrecht, 1987, S. 205.
[14] Grabitz/Hilf-*von Bogdandy*, Kommentar zur EU, Altbd. I, Stand: 1999, Art. 5 EGV, Rdnr. 33.
[15] Dem steht im übrigen auch Art. 40 EUV nicht entgegen, da dessen Abs. 1 nur einzelne Ausnahmefälle regeln soll, die zudem in Abs. 2 unter dem Genehmigungsvorbehalt des RdEU stehen.
[16] Vgl. GTE-*Burghardt/Tebbe*, EUV/EGV, 1997, Art. J.1 EUV, Rdnr. 12, 14; *Oppermann*, Europarecht, 1999, Rdnr. 486; *Geiger*, EUV/EGV, 2000, Art. 10 EGV, Rdnr. 5/Art. 11 EUV, Rdnr. 7.
[17] Hierauf weisen GTE-*Burghardt/Tebbe*, EUV/EGV, 1997, Art. J.1 EUV, Rdnr. 16, hin.
[18] Zu den Details s.o. unter § 4 C.IV, S. 107.
[19] S.o. unter § 5 C.I.2.e, S. 133.

Eine solche Vorgehensweise, deren vorrangiges Ziel in der Ausgrenzung und Brandmarkung eines einzelnen Mitgliedstaates bestand und deren Mittel rechtswidrige Methoden waren, verstößt in mehrfacher Hinsicht und in erheblichem Maße gegen den Geist der europäischen Verträge und den Grundsatz von Treu und Glauben.

Die Erklärung der XIV stellt damit einen schwerwiegenden Bruch des Loyalitätsgebotes i.S.d. Art. 10 UAbs. 2 EGV, Art. 11 II EUV dar.

III. Verstoß gegen die europäischen Grundwerte – Art. 6 I EUV

Mit ihrer oben beschriebenen Vorgehensweise und durch das in der Erklärung zum Ausdruck gebrachte Werteverständnis könnten die XIV ferner gegen eine Vielzahl der Grundwerte verstoßen haben, die das Fundament der Union als „Rechtsgemeinschaft“ bildet und die vor Verletzungen zu schützen, die XIV stets als Motiv ihres Tätigwerdens benannten.

1. Grundsatz der Demokratie

Die XIV könnten den Grundsatz der Demokratie i.S.d. Art. 6 I EUV verletzt haben, indem sie die Regierungsbildung in Österreich mindestens mittelbar nicht anerkannt haben.

Die Bildung der Koalitionsregierung zwischen der ÖVP und der FPÖ war direktes Ergebnis der durch die Nationalratswahlen vom 3.10.1999 entstandenen Mehrheitsverhältnisse im Nationalrat. Diese Wahlen entsprachen dabei unstreitig allen Voraussetzungen, die nach Art. 3 1. ZP EMRK an demokratische Wahlen zu stellen sind: Sie waren allgemein, frei, geheim, gleich und unmittelbar.

Mit dem „Recht auf freie Wahlen“[20] korrespondiert spiegelbildlich die Pflicht, die aus solchen Wahlen hervorgegangenen Mehrheitsverhältnisse sowie die aus diesen – falls nötig – gebildeten Regierungskoalitionen zu akzeptieren und uneingeschränkt anzuerkennen. Geschieht dies nicht, wird der betreffende Staat

[20] So die offizielle Überschrift des Art. 3 1. ZP EMRK.

dagegen sogar in koordinierter Weise rechtlich, diplomatisch oder politisch-faktisch isoliert, so liegt hierin ein Verstoß gegen das Demokratieprinzip.[21]

Ein weiteres Kennzeichen des Demokratieprinzips innerhalb der Europäischen Union ist die Ermöglichung von Machtwechseln im System.[22] Dies umfaßt vor allem den reibungslosen Wechsel zwischen Regierungsverantwortung und parlamentarischer Opposition. Statthaft sind dabei sämtliche Mehrheitskonstellationen, die mit den im Parlament befindlichen Parteien geformt werden können. Zugunsten von Parteien, die zu Wahlen in den Staaten der EU zugelassen worden sind und damit ein mehr oder weniger eingehendes Verfahren vor den nationalen Wahlkommissionen durchlaufen haben, muß zunächst von der – widerlegbaren – Vermutung einer nationalen Verfassungskonformität ausgegangen werden. Werden daher spezifische Regierungskonstellationen durch die Mitgliedstaaten nicht anerkannt – unabhängig davon, ob dies direkt oder nur faktisch geschieht –, ist auch dies mit dem Demokratieprinzip i.S.d. Art. 6 I EUV nicht vereinbar.

Gegen beide Ausformungen des Demokratieprinzips haben die XIV durch ihr Verhalten verstoßen: zum einen indem sie versucht haben, die Regierungsbildung zwischen zwei aus freien Wahlen hervorgegangenen Parlamentsparteien zu hintertreiben, und zum anderen indem sie den uneingeschränkten Wechsel von Regierungsverantwortung und Opposition zum Nachteil der FPÖ zu verhindern suchten und mittelbar für einen Machterhalt der SPÖ eintraten.

Die XIV haben damit durch die Veröffentlichung der Erklärung gegen das Demokratieprinzip i.S.d. Art. 6 I EUV verstoßen.

2. Grundsatz der Achtung der Menschenrechte und Grundfreiheiten

Des weiteren könnten die XIV mit ihrem Vorgehen den Grundsatz der Achtung der Menschenrechte und Grundfreiheiten verletzt haben, indem sie im Verlauf ihrer Entscheidungsfindung elementare Verfahrensrechte Österreichs mißachteten.

[21] Schwarze-*Stumpf*, EU-Komm., 2000, Art. 6 EUV, Rdnr. 12.
[22] Vgl. Agenda 2000 – Eine stärkere und erweiterte Union, KOM (97) 2000, Bd. I, S. 47, aus dem indirekt die wesentlichen Inhalte des Demokratieprinzips hervorgehen.

Wie gezeigt, stellt der in Art. 6 I EUV genannte Grundsatz der Achtung der Menschenrechte und Grundfreiheiten das allgemeine Gebot dar, die Werte, wie sie sich aus den Verfassungsüberlieferungen der Mitgliedstaaten sowie der EMRK ergeben, zu wahren und unionsrechtlichen Entscheidungen und Handlungen zugrunde zu legen.[23] In diesen Grundrechten ist neben dem Recht auf freie Wahlen nach Art. 3 1. ZP EMRK auch das Recht auf ein faires Verfahren enthalten.[24]

Ob dieses Recht im Rahmen des Art. 6 EMRK nur natürlichen Personen zusteht oder ob sich auch Staaten hierauf berufen können,[25] kann vorliegend dahingestellt bleiben. Im Rahmen des Art. 6 I EUV ist nicht das spezifische Recht – einschließlich der daraus resultierenden Verfahrensrechte in der EMRK – als solches zu beachten, sondern allein der hinter dieser Norm stehende abstrakte Rechtsgrundsatz. Dieser aber ist auf die Mitgliedstaaten der Union ohne weiteres anwendbar, da sie alle Mitglied in der EMRK sind und sich folglich verpflichtet haben, deren Werte einzuhalten.[26] Damit haben auch die Staaten untereinander einen Anspruch darauf, in Verfahren der Europäischen Union von ihr und ihren Mitgliedstaaten fair behandelt zu werden.

Seinen Ausdruck findet der moderne Begriff des *fair trial* unter anderem im althergebrachten Rechtsgrundsatz des *audiatur et altera pars*. Dieser Verpflichtung, den Beschuldigten zumindest einmal während des Verfahrens anzuhören, um auf diese Weise eine umfassende Würdigung des Sachverhaltes zu ermöglichen, sind die XIV während des gesamten Zeitraums, in dem die Maßnahmen in Kraft waren, nicht nachgekommen. Weder vor der Veröffentlichung der Erklärung noch nach der Verhängung der Maßnahmen ist der österreichischen Bundesregierung die Möglichkeit eröffnet worden, sich zu den Vorwürfen im Rat oder in sonstigen Gremien der Europäischen Union zu äußern.

Die XIV haben damit durch die Veröffentlichung der Erklärung gegen den Grundsatz der Achtung der Menschenrechte und Grundfreiheiten i.S.d. Art. 6 I EUV verstoßen.

---

[23] Zu den Details sowie einer Aufzählung der in Betracht kommenden Grundrechte s.o. unter § 5 C.I.2.c.aa, S. 127.

[24] Art. 6 EMRK. Dieses Recht ist unabhängig von der spezifischen Ausformung in der EMRK durch den EuGH (Rs. 98/79 (*Pecastaing ./. Belgien*), Slg. 1980, 691) ebenfalls verfahrensrechtlich anerkannt worden.

[25] Vgl. *Frowein/Peukert*, EMRK-Komm., 1996, Art. 6, Rdnr. 4.

[26] Vgl. *Seidl-Hohenveldern/Loibl*, Recht der IO, 2000, Rdnr. 1613.

3. Grundsatz der Rechtsstaatlichkeit

Des weiteren könnten die XIV auch gegen den Grundsatz der Rechtsstaatlichkeit i.S.d. Art. 6 I EUV verstoßen haben, indem sie im Prozeß der Entstehung der Maßnahmen wesentliche Formvorschriften der europäischen Verträge vorsätzlich mißachteten, Österreich vor, während und nach der Verhängung der Maßnahmen zu keinen Zeitpunkt die Möglichkeit einräumten, sich zu den Vorwürfen zu äußern, und schließlich die verhängten Maßnahmen in ihrer Wirkung und Reichweite in einem groben Mißverhältnis zu den gegen Österreich erhobenen Vorwürfen standen.

Zum Grundsatz der Rechtsstaatlichkeit gehört an vorderster Stelle das Legalitätsprinzip mit seiner im Unions- wie im Gemeinschaftsrecht geltenden Ausprägung in Form des Prinzips der Vertragsgemäßheit.[27] Ausfluß dieses Prinzips, durch das alle europäischen Organe gebunden werden, ist die Einhaltung der durch die Verträge vorgegebenen Handlungsformen und Befugnisse. Neben das Prinzip der begrenzten Ermächtigung, das die Eingriffskompetenzen der europäischen Organe regelt und im Unionsrecht nur sehr begrenzt zur Anwendung gelangt,[28] tritt das vom EuGH in ständiger Rechtsprechung entwickelte „Rechtmäßigkeitsprinzip".[29] Dies ist im deutschen Recht in etwa mit dem „Vorrang des Gesetzes" vergleichbar.[30] Die vorsätzliche Umgehung bestimmter Verfahren und ihrer Voraussetzungen verstößt daher auch im Unionsrecht gegen das Rechtsstaatsprinzip. Wenn also die XIV einen Verstoß gegen die gemeinsamen Grundwerte durch Österreich reklamierten, so waren sie bei dessen Ahndung an das einschlägige unionsrechtliche Verfahren gebunden.

Ebendies aber taten die XIV ausweislich ihres Vorgehens nicht. Statt eines geordneten Verfahrens unter Beteiligung des EP und nach einer Anhörung der mutmaßlichen Rechtsbrecherin, der Republik Österreich, wurde mittels geheimer Ferndiplomatie eine Erklärung vorbereitet und veröffentlicht, die in jedem Detail einem geordneten, an den Vorschriften der Verträge orientierten Verfah-

[27] Vgl. *Schorkopf*, Homogenität in der EU, 2000, Ziff. 134, S. 96.
[28] In Betracht kommt allenfalls eine sinngemäße Anwendung in der zweiten und dritten Säule des Unionsrechts, d.h. in GASP und PJZS. Zu den Details s.o. unter § 4 A.II.2, S. 63.
[29] Vgl. *Lecheler*, Der Europäische Gerichtshof und die allgemeinen Rechtsgrundsätze, 1971, S. 82, sowie EuGH, Rs. 113/77 (*NTN Toyo Bearing u.a. ./. Rat*), Slg. 1979, 1185 (1209); Rs. 117/83 (*Karl Könecke GmbH & Co. KG ./. Bundesanstalt für landwirtschaftliche Marktordnung*), Slg. 1984, 3291 (3302).
[30] *Lecheler*, Der Europäische Gerichtshof und die allgemeinen Rechtsgrundsätze, 1971, S. 60.

ren zuwiderlief. Selbst das Ausweichen auf die „weichere" Rechtsform der „Erklärung", in die die Entscheidung eingebettet wurde,[31] kann hieran nichts ändern: Entweder lag im Verhalten Österreichs eine Grundwerteverletzung – dann hätte dieser mit dem Verfahren des Art. 7 EUV begegnet werden müssen – oder es gab keinen Verstoß Österreichs gegen das Europarecht – dann entfällt jedwede rechtliche Grundlage für das Handeln der XIV. In beiden Fällen war das Vorgehen der XIV rechtsmißbräuchlich und mit dem Rechtsstaatsprinzip des Europarechts nicht vereinbar.

Ebensowenig kann ein Wechsel der Rechtsgrundlage – vom Europa- zum Völkerrecht – an dem gefundenen Ergebnis etwas ändern: Für völkerrechtliche Sanktionen, um die es sich bei den Maßnahmen dann handelte, und ihre Ankündigung, die in der Erklärung läge, fehlt es nämlich unabhängig von der Intensität und Einordnung der ergriffenen Maßnahmen an wesentlichen Voraussetzungen, insbesondere der zwingenden zeitlichen Nachrangigkeit. Rechtmäßige völkerrechtliche Maßnahmen und damit die Rechtmäßigkeit des gesamten Vorgehens sind auf diesem Wege daher ebenfalls nicht zu erlangen.

Auch die Einhaltung der fundamentalen Verfahrensrechte, wie etwa die Einräumung des rechtlichen Gehörs, ist Bestandteil des Grundsatzes der Rechtsstaatlichkeit.[32] Für den Grundsatz des rechtlichen Gehörs ergibt sich dies zum einen aus dem Grundsatz des *fair trial*, wie er in Art. 6 EMRK verankert ist, zum anderen aus den rechtsstaatlich gebotenen Garantien des Verwaltungsverfahrens, die der EuGH in ständiger Rechtsprechung[33] zu den allgemeinen Rechtsgrundsätzen des Europarechts zählt.[34] Durch die ständige Verweigerung einer Anhö-

[31] Zu den Details s.o. unter § 4 C.III.2.c, S. 106.

[32] Vgl. die Übersicht sowohl materieller als auch prozeduraler Rechtsstaatsgrundsätze bei *Hummer*, Grundrechte und grundrechtsähnliche Verbürgungen, in: Schwind, Aktuelle Fragen zum Europarecht, 1986, S. 71.

[33] Vgl. etwa EuGH, Rs. 85/76 (*Hoffmann-La Roche ./. Kommission*), Slg. 1979, 461 (511). Dieser führt hierzu wörtlich aus: „Die Gewährung des rechtlichen Gehörs stellt *in allen Verfahren, die zu Sanktionen*, namentlich zu Geldbußen oder zu Zwangsgeldern *führen können*, einen *fundamentalen Grundsatz des Gemeinschaftsrechts* dar ..." [Hervorhebung vom Verf.]. Zum Recht auf Abgabe einer Stellungnahme vor Ergehen einer Entscheidung vgl. auch EuGH, Rs. 17/74 (*Transocean Marine Paint Association ./. Kommission*), Slg. 1974, 1063 (1081); verb. Rs. C-48/90 und C-66/90 (*Niederlande u.a. ./. Kommission*), Slg. 1992, I-565 (639).

[34] Vgl. *Schweitzer/Hummer*, Europarecht, 1996/1999, Rdnr. 791; *Streinz*, Europarecht, 2001, Rdnr. 354, 369.

rung Österreichs verstießen die XIV fortgesetzt gegen diesen Grundsatz und damit gegen ein weiteres Element des Rechtsstaatsprinzips.

Schließlich standen die Maßnahmen in einem auffälligen Mißverhältnis zu den der Republik Österreich gemachten Vorwürfen. Hierdurch wurde der Grundsatz der Verhältnismäßigkeit, ebenfalls ein Teil der fundamentalen Verfahrensrechte[35] und durch Art. 5 UAbs. 3 EGV unmittelbar im Gemeinschaftsrecht verankert, verletzt. Besonderer Bedeutung kommt im Rahmen der Verhältnismäßigkeitsprüfung nach der Rechtsprechung des EuGH dem Aspekt der Erforderlichkeit zu. Danach ist, „wenn mehrere geeignete Maßnahmen zur Auswahl stehen, die am wenigsten belastende zu wählen.“[36] Dieser Anforderung genügten die Maßnahmen nicht. Wie bereits ein kursorischer Vergleich der Eingriffsintensität der Maßnahmen mit sonstigen Mitteln zeigt, standen den XIV eine Fülle von milderen Vorgehensweisen zur Verfügung, die den Verdacht gegen die Republik Österreich weitaus schonender – und mutmaßlich schneller – hätten aufklären können. Als Beispiel sei nur die recht banale Möglichkeit der Aufnahme von Gesprächen mit der neuen Regierung genannt.

Die XIV haben folglich durch den Entscheidungsfindungsprozeß, die fehlende Rechtsgrundlage ihres Handelns, die Versagung einer Anhörung der Beschuldigten sowie die Nichtbeachtung der Verhältnismäßigkeit mehrfach gegen den Grundsatz der Rechtsstaatlichkeit i.S.d. Art. 6 I EUV verstoßen.

4. Zwischenergebnis

Die Erklärung der XIV verstieß damit insgesamt gegen drei der vier in Art. 6 I EUV genannten europäischen Grundwerte.

---

[35] Vgl. *Hummer*, Grundrechte und grundrechtsähnliche Verbürgungen, in: Schwind, Aktuelle Fragen zum Europarecht, 1986, S. 71; EuGH, Rs. 5/73 (*Balkan-Import-Export ./. Hauptzollamt Berlin-Packhof*), Slg. 1973, 1091 (1110); Rs. 181/84 (*Man (Sugar) ./. IBAP*), Slg. 1985, 2889 (2903); Rs. C-331/88 (*Fedesa u.a.*), Slg. 1990, I-4023 (4063).

[36] EuGH, Rs. C-331/88 (*Fedesa u.a.*), Slg. 1990, I-4023 (4063).

IV. Verbotene Intervention in die inneren Angelegenheiten Österreichs – Art. 2 Ziff. 1 UN-Charta i.V.m. der FRD

Zuletzt könnte die Erklärung in unzulässiger Weise in innere Angelegenheiten der Republik Österreich eingegriffen und damit gegen das völkerrechtliche Interventionsverbot aus Art. 2 Ziff. 1 UN-Charta i.V.m. der *FRD*[37] verstoßen haben.

Die genaue Eingrenzung des Interventionsverbotes ist in weiten Teilen umstritten, insbesondere hinsichtlich des Begriffs der Intervention und der Abgrenzung zwischen verbotener Intervention und erlaubter politischer Einflußnahme.

Der Begriff der Intervention hat in den letzten Jahrzehnten eine erhebliche Erweiterung erfahren. Er umfaßt nunmehr neben dem Einsatz oder der Androhung militärischer Gewalt i.S.d. „*klassischen Interventionsbegriffs*" auch andere Formen des Zwanges, etwa durch wirtschaftliche, politische oder propagandistische Mittel (sogenannter „*erweiterter Interventionsbegriff*"). Vom Interventionsverbot erfaßt sind folglich alle Versuche, einen Staat unterhalb der Schwelle bewaffneter Gewalt Zwang auszusetzen, um zu erreichen, daß er die Ausübung seiner souveränen Rechte einem fremden Willen unterordnet.[38]

Schwer fällt ferner auch die Abgrenzung der verbotenen Intervention nach unten zu den Mitteln der politischen Einflußnahme. Als Abgrenzungskriterien wurden

---

[37] Erklärung über völkerrechtliche Grundsätze für freundschaftliche Beziehungen und Zusammenarbeit zwischen den Staaten im Sinne der Charta der Vereinten Nationen, Anhang der Resolution der VN-Generalversammlung Nr. 2625 (XXV) vom 24.10.1970. In der *FRD* heißt es unter der Überschrift „Der Grundsatz betreffend die Pflicht, sich im Einklang mit der Charta nicht in Angelegenheiten einzumischen, die zur inneren Zuständigkeit eines Staates gehören" unter anderem:

> „*Kein Staat und keine Staatengruppe hat das Recht, sich aus irgendeinem Grund unmittelbar oder mittelbar in die inneren und äußeren Angelegenheiten eines anderen Staates einzumischen. Folglich sind die bewaffnete Intervention und alle anderen Formen von Einmischung oder Drohversuchen gegen die Rechtspersönlichkeit eines Staates oder gegen seine politischen, wirtschaftlichen und kulturellen Bestandteile völkerrechtswidrig. ... Jeder Staat hat ein unveräußerliches Recht, sein politisches, wirtschaftliches, soziales und kulturelles System ohne irgendeine Form der Einmischung von seiten eines anderen Staates zu wählen.*"

[38] Vgl. *Graf zu Dohna*, Grundprinzipien des Völkerrechts über die freundschaftlichen Beziehungen und die Zusammenarbeit zwischen den Staaten, 1973, S. 112; *Scheuner*, VN 1980, S. 149; *Graf Vitzthum*, in: ders., Völkerrecht, 2001, 1. Abschn., Rdnr. 76; *Ipsen*, Völkerrecht, 1999, § 59, Rdnr. 55, 57, S. 958; zweifelnd noch *Oppermann*, AVR 14 (1969/70), S. 341.

unter anderem die Intensität der Maßnahme, die Zweck-Mittel-Relation oder der tatsächlich erreichte Erfolg diskutiert,[39] ohne daß sich jedoch feste Abgrenzungsmaßstäbe durchgesetzt hätten.[40] Als wesentliche Anforderung einer verbotenen Einmischung wird teilweise die Ausübung eines zwingenden (diktatorischen) Drucks auf die Entschlußfreiheit eines Staates durch einen Staat oder eine Staatengruppe angesehen.[41] Dies dürfte allerdings zu weit gehen, da ansonsten die (erlaubte) politische Einflußnahme bis zum Rand einer objektiven Fremdsteuerung reichte und den Staaten mithin kaum ein Bereich verbliebe, in dem sie aufgrund ihrer Souveränität Einmischungen von außen rechtmäßig zurückweisen könnten.

Unabhängig hiervon gestaltet sich die abstrakte Ermittlung des den Staaten ausschließlich zustehenden Zuständigkeitsbereichs (*domestic jurisdiction, domaine reservé*), der von einer verbotenen Intervention betroffen sein könnte, ohnehin als recht schwierig. Pauschale Aussagen verbieten sich in diesem Zusammenhang, da der *domaine reservé* sehr stark von äußeren Faktoren, beispielsweise der Mitgliedschaft in internationalen Organisation oder dem Abschluß völkerrechtlicher Verträge, abhängig ist.[42] So büßen etwa Mitglieder internationaler Organisationen mit ihrem Beitritt stets einen Teil ihrer Souveränitätsrechte ein, indem sie der internationalen Organisation Mitsprache in Bereichen einräumen, die zuvor in den ausschließlichen Zuständigkeitsbereich der einzelnen Staaten fielen.[43]

Vor dem Hintergrund dieser Eingrenzungs- und Abgrenzungsprobleme kann für die Handlungen der XIV gegenüber Österreich festgestellt werden, daß die Mitgliedstaaten der Europäischen Union, die ja zugleich alle Mitglieder der zu den internationalen Organisationen zählenden europäischen Gemeinschaften sind, zwar einen Teil ihrer Souveränität an die Gemeinschaften abgetreten haben.[44] Im

---

[39] *Scheuner*, VN 1980, S. 151; *Kewenig*, Wirtschaftliche Zwangsmaßnahmen, BDGVR 22, 1982, S. 16.

[40] Vgl. *Neuhold*, Internationale Konflikte, 1977, S. 290; *Graf Vitzthum*, in: ders., Völkerrecht, 2001, 1. Abschn., Rdnr. 76; *Ipsen*, Völkerrecht, 1999, § 59, Rdnr. 63, S. 960.

[41] So beispielsweise *Scheuner*, VN 1980, S. 151, 153.

[42] Vgl. *Ipsen*, Völkerrecht, 1999, § 59, Rdnr. 53, S. 957.

[43] *Klein*, in: Graf Vitzthum, Völkerrecht, 2001, Rdnr. 195; *Kimminich/Hobe*, Einf. in das Völkerrecht, 2000, S. 302; *Seidl-Hohenveldern/Stein*, Völkerrecht, 2000, Rdnr. 1447, S. 266.

[44] Galt diese Einschränkung der mitgliedstaatlichen Souveränität innerhalb der Europäischen Gemeinschaften ursprünglich vor allem im wirtschaftlichen Bereich (vgl. *Oppermann*, AVR 14 (1969/70), S. 336), so weitet sich diese mit dem Abschluß des Unionsvertrages in zunehmendem Maße auch auf politische Bereiche aus – etwa auf die GASP oder die PJZS.

Umkehrschluß bleiben jedoch alle Bereiche, die keine ausdrückliche Erwähnung in den Verträgen finden und vorbehaltlich sonstiger völkerrechtlicher Abkommen der einzelnen Mitgliedstaaten mit sonstigen Dritten, in ihrem alleinigen Zuständigkeitsbereich.

Als Grenze zulässiger Einmischung in den *domaine reservé*, der den Mitgliedstaaten insoweit unverändert erhalten geblieben ist, können die in Art. 6 I EUV verankerten europäischen Grundwerte herangezogen werden. Diese setzen nicht nur Mindeststandards für die Mitgliedschaft in der Europäischen Union,[45] sie umschreiben zugleich auch Eingriffsschranken in den Kernbereich mitgliedstaatlicher Souveränität. Solange ein Staat den anerkannten Rahmen der Grundwerte nicht verletzt, ist es den anderen Mitgliedstaaten untersagt, auf die nähere Ausgestaltung der Grundwerte einzuwirken, da sie dadurch zum einen ihrerseits die Grundwerte verletzten und zum anderen die nationale Identität des betreffenden Mitgliedstaates mißachteten.[46]

Eine verbotene Einmischung in den *domaine reservé* eines Mitgliedstaates der Europäischen Union beginnt folglich dort, wo die anderen Mitgliedstaaten die Ausfüllung des durch die Begriffe Freiheit, Demokratie, Menschenrechte und Rechtsstaatlichkeit umgrenzten Bereichs europarechtlicher Mindeststandards zu lenken oder zu begrenzen versuchen.

Dem widerspricht das von den XIV in diesem Zusammenhang häufig gebrauchte Bild einer „europäischen Innenpolitik“.[47] Diese Formulierung, mit der offenbar impliziert werden soll, daß fortan ein exklusiver *domaine reservé* für keinen Mitgliedstaat mehr bestehe und sich daher kein Mitgliedstaat mehr hinter seiner völkerrechtlichen Souveränität verstecken könne, wenn er in seinem Verhalten von dem der Mehrheit abweicht, kann jedoch nicht darüber hinwegtäuschen, daß es sich bei den Mitgliedstaaten der Europäischen Union eben nicht um unselbständige Teile der Europäischen Union, sondern noch immer um souveräne Völkerrechtssubjekte handelt. Insofern ist das Schlagwort von der „euro-

[45] Vgl. Art. 49 UAbs. 1 1 i.V.m. Art. 6 I EUV.

[46] Dies wiederum wäre ein Verstoß gegen den Grundsatz der Achtung der nationalen Identität der Mitgliedstaaten i.S.d. Art. 6 III EUV. Zum Umfang dieses Achtungsgebotes vgl. Schwarze-*Stumpf*, EU-Komm., 2000, Art. 6 EUV, Rdnr. 44.

[47] Manche Autoren sehen hierin überspitzt schon den Beginn einer neuen „Breschnew-Doktrin“ im Europarecht – vgl. etwa *Hummer*, JuristenBlatt 2000, S. 9, der diese neue Doktrin polemisch „Chirac-Doktrin“ nennt.

päischen Innenpolitik" nur ein politisches Postulat, das rechtlich ohne jede normative Wirkung bleibt.[48]

Die Einmischung der XIV in den Regierungsbildungsprozeß durch die in der Erklärung enthaltene Kundgabe nicht genehmer Koalitionskonstellationen griff vor allem in den Bereich des Demokratiegrundwertes und damit in den ausschließlichen Souveränitätsbereich Österreichs ein. Verbunden mit dieser Einmischung war der Versuch, Österreich in der Ausübung seiner Souveränitätsrechte dem Willen der XIV unterzuordnen, indem für den Fall der Nichtbefolgung des Ansinnens der XIV die Verhängung von nachteiligen Maßnahmen angedroht wurde.

Es liegen damit alle Voraussetzungen einer rechtswidrigen Intervention in die inneren Angelegenheiten Österreichs vor: Ein Eingriff in den *domaine reservé* sowie die Ausübung von Zwang zur Unterwerfung unter den Willen dritter Staaten mit klarer Nachteilszufügungsabsicht.[49] Wegen der Schwere der Nachteile, die nicht abstrakt, sondern vor dem Hintergrund der besonderen Pflichten innerhalb der Europäischen Union beurteilt werden muß, scheidet die Möglichkeit einer bloßen (erlaubten) politischen Einflußnahme von vornherein aus.

Gleiches gilt für eine mögliche Rechtfertigung der Intervention. Eine solche kann abstrakt nur dann vorliegen, wenn die Intervention selbst eine erlaubte Repressalie auf vorangegangenes völkerrechtswidriges Verhalten Österreichs darstellte. Ebendies scheitert aber, wie gezeigt,[50] bereits am Fehlen der Nachrangigkeit des Verhaltens der XIV, vom Vorliegen eines europa- oder völkerrechtswidrigen Verhaltens Österreichs ganz zu schweigen.

Die Erklärung der XIV verstieß damit gegen das Interventionsverbot des Art. 2 Ziff. 1 UN-Charta i.V.m. der *FRD*.

---

[48] Wäre es anders, bliebe im übrigen von dem Postulat der „bilateralen Maßnahmen" nichts übrig. Es läge dann vielleicht kein Verstoß gegen das Interventionsverbot vor, die Handlungen der XIV müßten sich dann aber erst recht an den Grundsätzen des Europarechts messen lassen. So i.E. auch *Stein*, Arbeitspapier der Konrad-Adenauer-Stiftung 7/2000, S. 11.
[49] So auch *Stein*, Arbeitspapier der Konrad-Adenauer-Stiftung 7/2000, S. 11.
[50] S.o. unter § 6 C.I, S. 180.

V. Zwischenergebnis

Insgesamt verstieß die Erklärung der XIV folglich gegen die Grundsätze der Kohärenz und Solidarität i.S.d. Art. 1 III 2, 3 I EUV, das Loyalitätsgebot i.S.d. Art. 10 EGV, Art. 11 EUV, die europäischen Grundwerte der Demokratie, der Achtung der Menschenrechte und Grundfreiheiten und der Rechtsstaatlichkeit i.S.d. Art. 6 I EUV sowie das völkerrechtliche Interventionsverbot aus Art. 2 Ziff. 1 UN-Charta i.V.m. der *FRD.* Sie ist damit insgesamt rechtswidrig gewesen.

C. Maßnahme I – Verweigerung (bilateraler) politischer Kontakte

I. Verstoß gegen das Loyalitätsgebot – Art. 10 UAbs. 1 EGV, Art. 11 II EUV

Mit der ersten Maßnahme des Katalogs aus der Erklärung könnten die XIV gegen das Gebot zur loyalen Zusammenarbeit verstoßen haben, indem sie Österreich die bislang in der Europäischen Union gebräuchlichen politischen Kontakte unter den Mitgliedstaaten verwehrt haben. Neben den oben bereits erwähnten Unterlassungspflichten trifft die Mitgliedstaaten im Rahmen des Art. 10 UAbs. 1 EGV, Art. 11 II EUV auch eine (positive) *Pflicht zur Zusammenarbeit.*[51] Hiergegen könnten die XIV verstoßen haben, indem sie ankündigten, sämtliche bilateralen Kontakte zur neuen österreichischen Bundesregierung einzustellen.

Zwar ist jenen Stimmen im Schrifttum prinzipiell zuzustimmen, die betonen, daß sich aus dem allgemeinen Völkerrecht kein Anspruch auf Aufrechterhaltung einer bestimmten Qualität bilateraler Beziehungen ableiten läßt.[52] Im Rahmen des Gemeinschaftsrechts werden die Vorschriften des allgemeinen Völkerrechts jedoch um die sich aus den Verträgen ergebenen Rechte und Pflichten ergänzt und teilweise überlagert. Hieraus folgt, daß die allgemeine, auf der Grundlage

[51] EuGH, Rs. C-65/93 (*Parlament ./. Rat*), Slg. 1995, I-643 (668); GTE-*Zuleeg*, EUV/EGV, 1997, Art. 5 EGV, Rdnr. 12; *Schweitzer/Hummer*, Europarecht, 1996/1999, Rdnr. 1050.
[52] Vgl. *Hummer/Obwexer*, ZÖR 55 (2000), S. 280; *Rotter*, Europäische Rundschau 2000, S. 24.

des Völkerrechts getroffene Aussage im vorliegenden Fall um die aus Art. 10 UAbs. 1 EGV folgende Pflicht zur Zusammenarbeit erweitert werden muß.
Eine solche Pflicht beinhaltet nicht notwendigerweise die Verpflichtung, stets *einvernehmlich* zusammenzuarbeiten; eine gewisse Intensität müssen diese Kontakte jedoch gleichwohl aufweisen. Dies betrifft neben der Qualität vor allem die Quantität, so daß den Mitgliedstaaten eine vollständige oder fast vollständige Einstellung bilateraler Kontakte mit den Regierungen anderer Mitgliedstaaten durch die Gemeinschaftsverträge untersagt ist.[53] Eines Rückgriffs auf die rechtliche Konstruktion einer inzwischen erfolgten Institutionalisierung bestimmter informeller, nicht in den Verträgen verankerter Rundreisen der jeweiligen Ratspräsidentschaft und der Ableitung von bestimmten Beteiligungsrechten hieraus, die im Falle einer Übergehung Österreichs möglicherweise verletzt worden wären,[54] bedarf es für die Begründung der Verletzung des Loyalitätsgebotes aus Art. 10 UAbs. 1 EGV, Art. 11 II EUV daher nicht.

Die XIV haben bereits recht früh nach der Verhängung der Maßnahmen die fehlende Umsetzbarkeit dieser Maßnahme erkannt und die bilateralen Beziehungen zur neuen österreichischen Bundesregierung nicht eingestellt. Auswirkungen hatte die Maßnahme nur insoweit, als daß es auf Tagungen verschiedener Gremien der Europäischen Union bei der Sitzordnung und der Aufnahme der traditionellen Erinnerungsfotos zu einigen grotesken Szenen kam sowie daß der österreichische Bundeskanzler den Ratspräsidenten auf dessen *tour de capitales* zur Vorbereitung des Gipfels in Lissabon nicht in Wien empfangen konnte, sondern dieses Treffen auf „neutralem Boden“ in Brüssel stattfand.[55]

Allerdings verstieß bereits die Ankündigung einer solchen Beschränkung gegen den Geist der Verträge und war damit geeignet, die Verwirklichung der Vertragsziele zu gefährden, indem sie einen Kontakt auf gleicher Ebene zwischen den Mitgliedstaaten und Österreich zumindest erschwerte. Gleiches gilt für die von einigen Fachministern öffentlichkeitswirksam in Szene gesetzten Auszüge auf Konferenzen sowie die Verweigerung eines Mindestmaßes an höflichem Verhalten gegenüber Vertretern der österreichischen Bundesregierung.

Damit verstieß die Begrenzung der bilateralen Kontakte zwischen den XIV und Österreich gegen das Loyalitätsprinzip i.S.d. Art. 10 UAbs. 1 EGV, Art. 11 II EUV.

---

[53] So auch *Wilhelm*, ecolex 2000, S. 181.
[54] *Hummer/Obwexer*, europa blätter 2000, S. 95; *dies.*, ZÖR 55 (2000), S. 277.
[55] Zu den Details s.o. unter § 2 C.I, S. 13.

II. Zwischenergebnis

Die erste Maßnahme aus der Erklärung der XIV verstieß gegen das Europarecht und war somit rechtswidrig.

D. Maßnahme II – Versagung der Unterstützung österreichischer Bewerber

I. Verstoß gegen das Diskriminierungsverbot – Art. 12 UAbs. 1 EGV

Die zweite Maßnahme aus der Erklärung der XIV könnte gegen das Diskriminierungsverbot des Art. 12 UAbs. 1 EGV verstoßen haben, indem die XIV den österreichischen Kandidaten bei der Bewerbung um Positionen in internationalen Organisationen allein deshalb ihre Unterstützung versagen wollten, weil diese Österreicher waren, d.h. die österreichische Staatsangehörigkeit besaßen.

Art. 12 UAbs. 1 EGV normiert, daß „jede Diskriminierung aus Gründen der Staatsangehörigkeit" im Anwendungsbereich des Gemeinschaftsrechts verboten ist. Dieser Grundsatz konkretisiert für den Bereich der rechtlichen Zugehörigkeit zu einem Mitgliedstaat den allgemeinen Gleichheitssatz, nach dem etwas gleiches nicht willkürlich ungleich behandelt werden darf.[56] Dieses „Diskriminierungsverbot aus bestimmtem Grund", dessen Vorliegen ungeachtet der Schwere der Diskriminierung bereits ausreichend ist, um das Verbot auszulösen,[57] ist das „Leitmotiv" der europäischen Integration und Interpretationsmaxime für alle Vorschriften der europäischen Verträge.[58] Es gilt unmittelbar, bedarf keines ge-

[56] Vgl. *Schwarze*, EVR I, 1988, S. 545; Grabitz/Hilf-*von Bogdandy*, Kommentar zur EU, Altbd. I, Stand: 1999, Art. 6 EGV, Rdnr. 7; Schwarze-*Holoubek*, EU-Komm., 2000, Art. 12 EGV, Rdnr. 6.

[57] GTE-*Zuleeg*, EUV/EGV, 1997, Art. 6 EGV, Rdnr. 2.

[58] *Ipsen*, Gemeinschaftsrecht, 1972, S. 594; Grabitz/Hilf-*von Bogdandy*, Kommentar zur EU, Altbd. I, Stand: 1999, Art. 6 EGV, Rdnr. 1; Schwarze-*Holoubek*, EU-Komm., 2000, Art. 12 EGV, Rdnr. 5.

meinschaftsrechtlichen Vollzugsaktes und beläßt den Adressaten keinen Ermessensspielraum in seiner Anwendung.[59]

Die Anwendungsgebiete des Diskriminierungsverbotes aus Gründen der Staatsangehörigkeit sind daher recht weit gefaßt. Zwar unterfallen nicht alle denkbaren Fälle einer Benachteiligung dem Verbot; die Wirkung reicht jedoch dennoch sehr weit und ist nicht auf quantifizierbare Schäden beschränkt. Ausreichend für das Vorliegen einer Diskriminierung ist etwa die Gefahr einer finanziellen Einbuße oder eines erheblichen Zeitverlustes.[60] Die Voraussetzungen des Diskriminierungsverbotes sind ferner ebenfalls erfüllt, wenn die unerlaubte Differenzierung einen die Würde des Einzelnen berührenden Charakter aufweist.[61]

Berechtigte des speziellen Diskriminierungsverbotes des Art. 12 UAbs. 1 EGV sind in erster Linie die Staatsangehörigen der Mitgliedstaaten, die ihnen gleichgestellten juristischen Personen sowie Personenzusammenschlüsse.[62] Diesen verleiht das Diskriminierungsverbot ein subjektives Recht auf Durchsetzung der Verpflichtung gegenüber seinen Adressaten.[63] Zu diesen gehören neben der Gemeinschaft selbst insbesondere die Mitgliedstaaten.[64] Dies ergibt sich aus ihrer allgemeinen Unterwerfung unter den Vertrag. Zudem wird dies durch die Existenz des Art. 12 UAbs. 2 EGV bestätigt, der keinen Sinn hätte, wäre nur die Gemeinschaft selbst an das Verbot gebunden.[65] Auf die Rechtsform des Handelns der Gemeinschaft oder der Mitgliedstaaten kommt es hingegen nicht an.[66]

---

[59] *Schweitzer/Hummer*, Europarecht, 1996/1999, Rdnr. 1053; Grabitz/Hilf-*von Bogdandy*, Kommentar zur EU, Altbd. I, Stand: 1999, Art. 6 EGV, Rdnr. 2; *Geiger*, EUV/EGV, 2000, Art. 12 EGV, Rdnr. 15; *Rossi*, EuR 2000, S. 197.

[60] Grabitz/Hilf-*von Bogdandy*, Kommentar zur EU, Altbd. I, Stand: 1999, Art. 6 EGV, Rdnr. 9, unter Hinweis auf EuGH, verb. Rs. 3-18, 25 und 26/58 (*Barbara Erzbergbau ./. Hohe Behörde*), Slg. 1960, 373 (411 f.).

[61] *Sundberg-Weitman*, Discrimination on Grounds of Nationality, 1977, S. 45, in Anlehnung an die Segregationsrechtsprechung des U.S. Supreme Court.

[62] GTE-*Zuleeg*, EUV/EGV, 1997, Art. 6 EGV, Rdnr. 15; Grabitz/Hilf-*von Bogdandy*, Kommentar zur EU, Altbd. I, Stand: 1999, Art. 6 EGV, Rdnr. 32.

[63] Schwarze-*Holoubek*, EU-Komm., 2000, Art. 12 EGV, Rdnr. 14.

[64] St. Rspr. des EuGH seit der Rs. 14/68 (*Walt Wilhelm u.a. ./. Bundeskartellamt*), Slg. 1969, 1 (16); vgl. ferner *Sundberg-Weitman*, CMLRev X (1973), S. 72; *Mohn*, Der Gleichheitssatz im Gemeinschaftsrecht, 1990, S. 41-43; GTE-*Zuleeg*, EUV/EGV, 1997, Art. 6 EGV, Rdnr. 17; *Rossi*, EuR 2000, S. 215.

[65] Grabitz/Hilf-*von Bogdandy*, Kommentar zur EU, Altbd. I, Stand: 1999, Art. 6 EGV, Rdnr. 28.

[66] Schwarze-*Holoubek*, EU-Komm., 2000, Art. 12 EGV, Rdnr. 22.

Vorliegend haben die XIV – als Mitgliedstaaten ohne Einschränkung zur Einhaltung des Diskriminierungsverbotes verpflichtet – angekündigt, österreichischen Kandidaten, die als Staatsangehörige eines Mitgliedstaates der Union zu den Begünstigten des Diskriminierungsverbotes zählen, allein deshalb ihre Unterstützung zu versagen, weil es sich um Österreicher handelte. Sonstige Einschränkungen, die eine Versagung im übrigen hätten begründen können – wie etwa fehlende Eignung oder Befähigung –, wurden dagegen nicht gemacht. Folglich liegt hier ein offensichtlicher Fall der stärksten denkbaren Benachteiligung, eine sogenannte „direkte Diskriminierung“, vor.[67] In solchen Fällen scheidet jede Rechtfertigung der Diskriminierung von vornherein aus, das Diskriminierungsverbot ist insoweit absolut.[68]

Gemeinschaftsrechtlich sind ausweislich des Wortlautes des Art. 12 UAbs. 1 EGV allerdings nur solche Fälle relevant, in denen sich österreichische Bewerber auf Stellen hätten bewerben können, die durch die Gemeinschaft aufgrund einer eigenen Mitgliedschaft in einer internationalen Organisation[69] zu besetzen gewesen wäre, in denen also der Rat einen formalen Beschluß zur Besetzung der Stelle hätte fassen müssen.[70] Sonstige Bewerbungen österreichischer Kandidaten auf Stellen internationaler Organisationen, die diese nicht als Vertreter der Gemeinschaft angestrebt hätten, bei denen diese also in erster Linie Vertreter ihres Heimatlandes gewesen wären, unterfallen dagegen nicht dem Diskriminierungsverbot des Art. 12 EGV, da ein unmittelbarer Zusammenhang mit dem Gemeinschaftsrecht fehlt. Die Versagung der Unterstützung durch die XIV könnte in diesen Fällen allenfalls als Verstoß gegen das Unionsrecht aufzufassen sein. In Betracht kämen etwa ein Verstoß gegen das allgemeine Loyalitätsgebot nach Art. 11 II EUV sowie ein Verstoß gegen die Verpflichtung zur Koordinierung des Handelns in internationalen Organisationen aus Art. 19 I UAbs. 1 1 EUV.[71]

---

[67] Vgl. den Kategorien-Trias zu Intensität und Form der Diskriminierung bei Grabitz/Hilf-*von Bogdandy*, Kommentar zur EU, Altbd. I, Stand: 1999, Art. 6 EGV, Rdnr. 12 – bei der Form der unmittelbaren Diskriminierung ist das Differenzierungskriterium der Staatsangehörigkeit Tatbestandsmerkmal.

[68] Grabitz/Hilf-*von Bogdandy*, Kommentar zur EU, Altbd. I, Stand: 1999, Art. 6 EGV, Rdnr. 23.

[69] U.a. ist die Europäische Gemeinschaft selbst Mitglied im Internationalen Zinnrat, dem Internationalen Olivenabkommen von 1963/69/73 (vgl. *Seidl-Hohenveldern/Loibl*, Recht der IO, 2000, Rdnr. 0110 bzw. 0825a) sowie der WTO (lt. Mitgliederliste der WTO auf *www.wto.org/english/thewto_e/whatis_e/tif_e/org6_e.htm* (Stand: Februar 2000)).

[70] Vgl. *Hummer/Obwexer*, ecolex 2000, S. 252; *Rotter*, Europäische Rundschau 2000, S. 24.

[71] Hierzu sogleich unten.

Daß es einen solchen Fall offiziell weder in der einen noch in der anderen Form gegeben hat, ändert dagegen nichts an dem Verstoß gegen Art. 12 UAbs. 1 EGV und damit der Rechtswidrigkeit der Maßnahme, da bereits die Gefahr einer Beeinträchtigung der Interessen von Unionsbürgern ausreicht.

Damit verletzte die Versagung der Unterstützung österreichischer Kandidaten bei der Bewerbung um Positionen in internationalen Organisationen das Diskriminierungsverbot i.S.d. Art. 12 UAbs. 1 EGV.

II. Verstoß gegen das Loyalitätsgebot – Art. 11 II EUV

Die Versagung der Unterstützung österreichischer Kandidaten bei der Bewerbung um Position in internationalen Organisationen könnte hinsichtlich der Besetzung von Stellen in Organisationen, in denen die Europäischen Gemeinschaften selbst nicht Mitglied sind, gegen das Loyalitätsgebot gemäß Art. 11 II EUV verstoßen haben.

Die Zusammenarbeit in der gemeinsamen Außen- und Sicherheitspolitik bedingt ein einheitliches Auftreten nach außen. Hierzu stimmen sich die Mitgliedstaaten gem. Art. 3 II EUV untereinander ab.[72] Eingeschlossen in dieses einheitliche Auftreten ist auch die gegenseitige Unterstützung der Bewerbung europäischer Kandidaten in internationalen Organisationen.[73] Hierdurch soll die Rolle der Europäischen Union nach außen gestärkt werden, da ein Kandidat aus einem Mitgliedstaat der Union regelmäßig nicht nur die Interessen seines unmittelbaren Heimatlandes berücksichtigen wird, sondern auch diejenigen der Union. Weiterhin umfaßt das Loyalitätsgebot innerhalb der GASP die Verpflichtung der Mitgliedstaaten, jedes Verhalten zu unterlassen, daß geeignet ist, die Interessen der Union zu beeinträchtigen, oder ihrer Fähigkeit schadet, als kohärente Kraft aufzutreten.[74]

Eine Aufspaltung der Union in die XIV auf der einen und Österreich als ausgegrenztem Staat auf der anderen Seite ist kaum geeignet, die Interessen der Union zu fördern oder diese im internationalen Machtgefüge als geschlossene Kraft erscheinen zu lassen. Insofern wäre die Versagung der Unterstützung österreichischer Kandidaten bei Bewerbungen um Positionen in internationalen Organi-

[72] Dies ist ebenfalls Ausfluß der *äußeren Kohärenz*. Zu dieser s.o. unter § 7 B.I, S. 188.
[73] Vgl. Calliess/Ruffert-*Cremer*, EUV/EGV, 1999, Art. 19 EUV, Rdnr. 1.
[74] Vgl. Art. 11 II UAbs. 2 2 i.V.m. Art. 3 II EUV.

sationen ein Verstoß gegen das Loyalitätsgebot des Unionsrechts i.S.d. Art. 11 II EUV, sofern eine solche Bewerbung im Zeitraum der Dauer der Aufrechterhaltung der Maßnahmen vorgelegen hätte.

III. Verstoß gegen die Verpflichtung zur Koordinierung des Handelns in internationalen Organisationen – Art. 19 I UAbs. 1 1 EUV

Gleichzeitig mit einem Verstoß gegen die Loyalitätspflicht i.S.d. Art. 11 II EUV könnten die XIV mit der Versagung der Unterstützung österreichischer Bewerber ihre Verpflichtung zur Koordinierung des Handelns in internationalen Organisationen i.S.d. Art. 19 I UAbs. 1 1 EUV verletzt haben.

Wie auch schon in Art. 11 II EUV trifft die Mitgliedstaaten im Rahmen des Art. 19 I UAbs. 1 1 EUV die Verpflichtung, nach außen geschlossen aufzutreten. Zur Erreichung dieses Zwecks koordinieren die Mitgliedstaaten ihr Handeln in internationalen Organisationen und auf internationalen Konferenzen. Hierin wird die Verpflichtung der Mitgliedstaaten erkennbar, sich auch in internationalen Organisationen für die in Art. 11 I EUV definierten Ziele der Union einzusetzen und diese nach außen wirksam zu vertreten. Die von ihnen zu beachtenden Verpflichtungen bleiben dabei unverändert bestehen, unabhängig davon, ob sie sich in einem anderen organisatorischen Rahmen als der GASP bewegen.[75] Während durch die fehlende Unterstützung österreichischer Kandidaten im Rahmen des Art. 11 II EUV die Pflichten *innerhalb* der Union verletzt worden wären, hätte das Verhalten der XIV im Rahmen des Art. 19 I UAbs. 1 1 EUV gegen die Pflichten zur Vertretung der Union *nach außen* verstoßen.

Folglich stellte die fehlende Unterstützung österreichischer Bewerber einen Verstoß gegen die mitgliedstaatlichen Pflichten zu einem kohärenten Auftreten i.S.d. Art. 19 I UAbs. 1 1 EUV dar, hätte es, solange die Maßnahmen in Kraft waren, eine Bewerbung eines Österreichers um einen Posten in einer internationalen Organisation gegeben.[76]

[75] Calliess/Ruffert-*Cremer*, EUV/EGV, 1999, Art. 19 EUV, Rdnr. 1. Innerhalb der GASP läge zudem dann auch ein Verstoß gegen das (äußere) Kohärenzgebot i.S.d. Art. 3 II EUV vor.
[76] Ebenso *Stein*, Arbeitspapier der Konrad-Adenauer-Stiftung 7/2000, S. 14.

IV. Zwischenergebnis

Die zweite Maßnahme aus der Erklärung der XIV verstieß gegen das Europarecht und war somit rechtswidrig.

E. Maßnahme III – Herabstufung der diplomatischen Kontakte

I. Verstoß gegen das Loyalitätsgebot – Art. 10 UAbs. 1 EGV, Art. 11 II EUV

Die XIV könnten gegen das Loyalitätsgebot i.S.d. Art. 10 UAbs. 1 EGV, Art. 11 II EUV verstoßen haben, indem sie einseitig die diplomatischen Kontakte zur Republik Österreich auf ein niedrigeres Niveau herunterstuften.

In diesem Zusammenhang kann auf das oben zu Maßnahme I Gesagte sinngemäß verwiesen werden: Die Mitgliedstaaten schulden sich untereinander die Pflicht zur Zusammenarbeit, ohne einzelne Staaten zu benachteiligen. Bei einer Ungleichgewichtung der diplomatischen Kontakte innerhalb der Union wird die Pflicht zur Zusammenarbeit dahingehend verletzt, daß der Staat mit der niedrigeren Rangstufe bei den diplomatischen Kontakten benachteiligt wird. Es findet daher keine Zusammenarbeit aller mit allen auf demselben Niveau statt. Gerade dies verlangt aber das Loyalitätsgebot von allen Mitgliedstaaten. Etwaige abweichende Regelungen des allgemeinen Völkerrechts werden insoweit wieder von Gemeinschafts- und Unionsrecht überlagert.

Damit verstieß die Herabstufung der diplomatischen Beziehungen durch die XIV gegen das Loyalitätsprinzip i.S.d. Art. 10 UAbs. 1 EGV, Art. 11 II EUV.

II. Verstoß gegen den Grundsatz von Treu und Glauben bei der Erfüllung bestehender Verträge – Art. 26 WVK

Die Herabstufung der diplomatischen Kontakte zwischen den XIV einerseits und Österreich andererseits könnte ferner den Grundsatz von Treu und Glauben bei der Erfüllung bestehender völkerrechtlicher Verträge gemäß Art. 26 WVK verletzt haben, indem die XIV gegen wesentliche Inhalte der europäischen Verträge verstießen.

Aus Art. 26 WVK geht hervor, daß Vertragsstaaten völkerrechtlicher Verträge grundsätzlich dazu verpflichtet sind, diese Verträge für die Dauer ihrer Gültigkeit einzuhalten und inhaltlich zu befolgen. Diese aus dem Rechtsgrundsatz des *pacta sunt servanda* resultierenden Pflichten gelten wegen der nach wie vor bestehenden Verwurzelung aller europarechtlichen Verträge im Völkerrecht[77] dem Grunde nach auch für das Europarecht und dessen Beachtung durch die Mitgliedstaaten. Allerdings wird dieser allgemeine Grundsatz durch die spezielleren Regelungen im Europarecht, etwa das Loyalitätsgebot i.S.d. Art. 10 EGV, Art. 11 II EUV, näher bestimmt, so daß Regelungen der WVK als Ausfluß des allgemeinen Völkerrechts nur noch in den Außenbeziehungen der Union zu Dritten anwendbar sind.[78] Die speziellen Regelungen der europäischen Verträge verdrängen daher im Verhältnis der Mitgliedstaaten untereinander eine mögliche Verletzung des Art. 26 WVK.

III. Verstoß gegen den Grundsatz des Ausschlusses diskriminierender Maßnahmen von Diplomaten – Art. 47 WÜD

Die XIV könnten gegen das Verbot der diskriminierenden Behandlung von Staaten im Rahmen des Diplomatenrechts i.S.d. Art. 47 WÜD verstoßen haben, indem sie allein die diplomatischen Kontakte zur Republik Österreich auf ein niedrigeres Niveau herunterstuften, die anderen diplomatischen Beziehungen davon jedoch unberührt ließen.

Nach Art. 47 I WÜD, die von allen Mitgliedstaaten der Europäischen Union ratifiziert worden ist,[79] ist den Vertragsstaaten jede diskriminierende Behandlung von Staaten bei der Anwendung der Konvention untersagt. Dies gebietet die gleiche Anwendung aller Regeln der Konvention auf alle diplomatischen Missionen in einem Vertragsstaat.[80]

Nicht umfaßt von diesem Verbot ist jedoch die Frage des Status' der diplomatischen Beziehungen überhaupt. Kein Staat hat ein aus dem Völkerrecht ableitbares Anrecht darauf, daß andere Staaten mit ihm diplomatische Beziehungen unterhalten. Solange es sich um das freiwillige Verhalten eines

[77] S.o. unter § 6 A.III, S. 161.

[78] Vgl. *Oppermann*, Europarecht, 1999, Rdnr. 1719; *Geiger*, EUV/EGV, 2000, Art. 300 EGV, Rdnr. 7.

[79] Vgl. *Denza*, Diplomatic Law, 1998, Anhang 2, S. 436-440.

[80] *Denza*, Diplomatic Law, 1998, Art. 47, S. 403.

Staates handelt, kann dieser jederzeit aus einem ihm angemessen erscheinenden Grund seine bisherige Haltung ändern, beispielsweise diplomatische Beziehungen zu anderen Staaten vollständig beenden.[81] Hieraus folgt *a maiore ad minus*, daß ein Staat seine diplomatischen Beziehungen ebenso jederzeit auf eine höhere Ebene anheben, sie aber auch ebenso auf eine niedrigere Ebene reduzieren kann, ohne daß er hierdurch seine diplomatenrechtlichen Verpflichtungen, etwa aus Art. 47 I WÜD, verletzt.

Etwas anderes gilt nur, wenn der betreffende Staat sich durch völkerrechtliche Verträge, beispielsweise dem Beitritt in eine internationalen Organisation zu einem erhöhten Maß der Zusammenarbeit verpflichtet hat. Diese besonderen Verpflichtungen verdrängen dann als *lex specialis* die Rechte und Pflichten aus dem sonstigen Völkerrecht. Die XIV haben daher zwar gegen die ihnen aufgrund des Europarechts, d.h. aufgrund des speziellen Völkerrechts der Europäischen Gemeinschaften und der Europäischen Union, obliegenden Pflichten gegenüber Österreich verstoßen, als sie ihre diplomatischen Beziehungen auf die technische Ebene reduzierten. Ein Verstoß gegen Art. 47 I WÜD liegt hierin – sowohl aus inhaltlichen als auch aus systematischen Gründen – dagegen nicht.[82]

Die einseitige Reduzierung der diplomatischen Beziehungen zu Österreich durch die XIV begründet damit keinen Verstoß gegen das Verbot der diskriminierenden Behandlung von Staaten im Rahmen des Diplomatenrechts i.S.d. Art. 47 WÜD.

IV. Zwischenergebnis

Die dritte Maßnahme aus der Erklärung der XIV verstieß gegen das Europarecht, jedoch nicht gegen sonstiges Völkerrecht. Sie war somit aber dennoch insgesamt rechtswidrig.

---

[81] *Ipsen*, Völkerrecht, 1999, § 35, Rdnr. 10, S. 480; *Seidl-Hohenveldern/Stein*, Völkerrecht, 2000, Rdnr. 662, 1454, S. 141, 268.
[82] A.A. *Winkler*, ZÖR 55 (2000), S. 253.

F. „Begleitsanktionen“

Durch die verschiedenen Ausprägungen der sogenannten „Begleitsanktionen“ gegen österreichische Bürger, Unternehmen und Einrichtungen, etwa in Form von Boykotten oder Boykottaufrufen, Ausladungen und Nichtbeteiligungen, könnten die XIV – direkt oder durch das ihnen zurechenbare Verhalten ihrer Staatsbürger oder Organisationen – ebenfalls wiederholt gegen europäisches Recht verstoßen haben. In Betracht kommen neben den bereits hinsichtlich der Erklärung und den verschiedenen Maßnahmen geprüften Verletzungen des Loyalitätsgebotes (Art. 10 EGV) und des Diskriminierungsverbots (Art. 12 I EGV) insbesondere auch Verstöße gegen die Grundfreiheiten des EG-Binnenmarktes (Art. 14 II EGV).

I. Boykotte/Boykottaufrufe

Im Zusammenhang mit der Verhängung der Maßnahmen gegen die Republik Österreich hat es insbesondere zu Beginn verschiedentlich Boykottaufrufe – u.a. durch den belgischen Außenminister *Michel* und den italienischen Abgeordneten *Cente* – gegen österreichische Waren und Dienstleistungen gegeben. In Brüssel blieb es nicht nur bei Aufrufen: Dort kam es zu einem Beförderungsboykott belgischer Taxifahrer gegen österreichische Bürger.

1. Verstoß gegen die Warenverkehrsfreiheit – Art. 28 i.V.m. Art. 10 UAbs. 2 EGV

Die von dem italienischen Abgeordneten *Cente* sowie privaten Dritten – etwa dem niederländischen Knabenchor „De Buddy's“ durch sein Lied „Kauft nicht bei Österreichern!“ – getätigten Boykottaufrufe gegen österreichische Produkte, könnten gegen die Warenverkehrsfreiheit i.S.d. Art. 28 i.V.m. Art. 10 UAbs. 2 EGV verstoßen haben.

a. Vorliegen der Tatbestandsvoraussetzungen des Art. 28 EGV

Bei den zu boykottierenden Produkten aus Österreich handelte es sich um Waren i.S.d. Art. 28 EGV, d.h. um bewegliche Sachen, die einen Geldwert haben und Gegenstand von Handelsgeschäften sein können.[83]

Eine weitere Voraussetzung für die Anwendbarkeit der Warenverkehrsfreiheit, die ebenso wie die anderen Grundfreiheiten des Gemeinschaftsrechts unmittelbar anwendbar ist und Individualrechte begründet,[84] ist, daß die Boykottaufrufe „mengenmäßige Einfuhrbeschränkungen“ oder „Maßnahmen gleicher Wirkung“ dargestellt haben müssen, um in den Anwendungsbereich des Art. 28 EGV zu fallen.

Eine mengenmäßige Einfuhrbeschränkung, die vom EuGH definiert wurde als *„sämtliche Maßnahmen, die sich, ..., als eine gänzliche oder teilweise Untersagung der Ausfuhr, Einfuhr oder Durchfuhr darstellen“*,[85] liegt erkennbar nicht vor, da durch die Boykotte nicht der Warenfluß abstrakt beschränkt, sondern vielmehr auf das Verhalten der Endverbraucher eingewirkt wurde.

Es könnte sich aber um Maßnahmen gleicher Wirkung gehandelt haben. Nach der sogenannten *„Dassonville-Formel“* versteht der EuGH unter „Maßnahmen gleicher Wirkung“ *„jede Handelsregelung der Mitgliedstaaten, die geeignet ist, den innergemeinschaftlichen Handel unmittelbar oder mittelbar, tatsächlich oder potentiell zu behindern“*.[86] Folglich fallen auch Aufrufe zur Warenboykotten in den Anwendungsbereich des Art. 28 EGV, da sie geeignet sind, den innergemeinschaftlichen Handel zumindest mittelbar zu behindern, indem Kunden den Aufrufen Folge leisten könnten und keine boykottierten Produkte mehr kauften.

---

[83] EuGH, Rs. 7/68 (*Kommission ./. Italien*), Slg. 1968, 633 (642); *Geiger*, EUV/EGV, 2000, Art. 23 EGV, Rdnr. 16; *Epiney*, in: B/B/P/S, Europäische Union, 2001, Rdnr. 731.

[84] *Streinz*, Europarecht, 2001, Rdnr. 705; st. Rspr. des EuGH, in bezug auf die Warenverkehrsfreiheit seit Rs. 74/76 (*Ianelli & Volpi S.p.A. ./. Fa. Paolo Meroni*), Slg. 1977, 557 (576); Rs. 83/78 (*Pigs Marketing Board ./. Raymond Redmond*), Slg. 1978, 2347 (2374); in bezug auf die Dienstleistungsfreiheit seit Rs. 33/74 (*van Binsbergen ./. Bestuur van de Bedrijfsvereiniging voor de Metaalnijverheid*), Slg. 1974, 1299 (1310-1312).

[85] EuGH, Rs. 2/73 (*Riseria Luigi Geddo ./. Ente Nazionale Risi*), Slg. 1973, 865 (879).

[86] EuGH, Rs. 8/74 (*Staatsanwaltschaft ./. Benoît und Gustave Dassonville*), Slg. 1974, 837 (852) (st. Rspr.).

Zugleich geht aus der Formel des EuGH hervor, daß eine weitere Voraussetzung für die Verletzung der Warenverkehrsfreiheit das Vorliegen einer Regelung durch die Mitgliedstaaten ist, d.h. das Vorliegen *staatlicher* Maßnahmen überhaupt. Private Dritte werden vom Anwendungsbereich des Art. 28 EGV dagegen grundsätzlich nicht erfaßt.[87]

Eine unmittelbare staatliche Maßnahme ist in den beiden Boykottaufrufen nicht zu sehen. Allerdings könnte die Maßnahme den beiden Mitgliedstaaten, Italien und den Niederlanden, mittelbar zurechenbar sein und damit eine – den Anforderungen der „*Dassonville-Formel*" genügende – faktische staatliche Maßnahme darstellen. Anders als in Fällen patriotischer Werbung für einheimische Produkte, bei der eine faktische Beeinträchtigung dem Mitgliedstaat bereits wegen deren Eignung zur Beeinflussung des Käuferverhaltens zuzurechnen ist,[88] ist bei Boykottaufrufen Privater eine Rückführung der Verletzung auf den Staat nicht ohne weiteres möglich.[89]

Im Rahmen seiner Entscheidung zu Protesten französischer Bauern, mit denen seinerzeit die Einfuhr von Agrarprodukten aus anderen Mitgliedstaaten behindert und teilweise sogar verhindert wurde,[90] hat der Gerichtshof festgestellt, daß

[87] So die h.L., vgl. GTE-*Müller-Graff*, EUV/EGV, 1997, Art. 30 EGV, Rdnr. 303; *Jaensch*, Die unmittelbare Drittwirkung der Grundfreiheiten, 1997, S. 152, 252; *Burgi*, EWS 1999, S. 330 f.; Schwarze-*Becker*, EU-Komm., 2000, Art. 28 EGV, Rdnr. 89; *Streinz/Leible*, EuZW 2000, S. 464; Grabitz/Hilf-*Leible*, Kommentar zur EU, Bd. I, Stand: 2001, Art. 28 EGV, Rdnr. 44; dies.-*Randelzhofer/Forsthoff*, ebd., vor Art. 39-55 EGV, Rdnr. 65-67, 69. Als wesentliche Argumente gegen eine unmittelbare Drittwirkung der Warenverkehrsfreiheit – und aller anderen Grundfreiheiten – werden im Schrifttum die *rationalisierende und egalisierende Funktion des Binnenmarktes* und der *Schutz der Privatautonomie* genannt. Erstere mache eine Drittwirkung unnötig, da derjenige, der am europäischen Markt bestehen wolle, sich ohnehin an die Vorgaben der Grundfreiheiten halten müsse, während letzterem, verglichen mit den Grundfreiheiten, ein höherer Stellenwert zukomme (Grabitz/Hilf-*Randelzhofer/Forsthoff*, ebd., Rdnr. 67). Ferner wird das systematische Argument der Existenz spezieller Regelungen in den Art. 81 f., 86 II EGV angeführt; solcherlei besondere Regelungen wären unnötig, entfalteten die Grundfreiheiten ein unmittelbare Drittwirkung (*Jaensch*, ebd., S. 252; *Streinz/ Leible*, ebd.).

[88] Vgl. EuGH, Rs. 249/81 (*Kommission ./. Irland*), Slg. 1982, 4005 (4018) – *"Buy Irish"*. Anlaß dieses Rechtsstreits war eine Werbekampagne der irischen Regierung, die ihre Bürger dazu aufrief, bevorzugt irische Produkte zu kaufen.

[89] Auch wenn der italienische Urheber des Aufrufes Abgeordneter des italienischen Parlaments war, ist sein Verhalten nicht der italienischen Regierung zuzurechnen.

[90] EuGH, Rs. C-265/95 (*Kommission ./. Frankreich*), Slg. 1997, I-6959 (6998 f.). Die Proteste der Bauern richteten sich insbesondere gegen spanische Erdbeeren und belgische Tomaten.

Art. 28 EGV jedoch auch dann Anwendung findet, wenn der Staat die Beeinträchtigungen des innerstaatlichen Warenverkehrs zwar nicht unmittelbar zu vertreten hat, dieser aber auch keine Maßnahmen zu deren Verhinderung ergreift. Durch eine derartige Untätigkeit wird der innerstaatliche Handel ebenso behindert, wie durch positive staatliche Maßnahmen. Daher folgt in solchen Fällen aus Art. 28 EGV i.V.m. Art. 10 UAbs. 2 EGV die Verpflichtung des Mitgliedstaates, alle erforderlichen und geeigneten Maßnahmen zu ergreifen, um die Beachtung der Warenverkehrsfreiheit sicherzustellen und der Störung abzuhelfen.[91] Die Mitgliedstaaten trifft folglich insgesamt eine Garantenpflicht in Form einer „ergebnisbezogenen Handlungsverpflichtung“ für den Schutz der Grundfreiheiten vor Beeinträchtigungen durch Handlungen von Privatpersonen.[92] Die Art und Weise, mit der die Mitgliedstaaten die Störung der Warenverkehrsfreiheit beseitigen, steht dabei vollkommen in ihrem Ermessen. Der Gerichtshof überprüft diese – unter Berücksichtigung des mitgliedstaatlichen Ermessensspielraumes – nur auf ihre Geeignetheit.[93]

Hieraus folgt, daß die beiden betroffenen Mitgliedstaaten nach Bekanntwerden der mehr oder minder subtilen Boykottaufrufe dazu verpflichtet gewesen wären, durch entsprechende geeignete Gegenmaßnahmen der Verletzung der Warenverkehrsfreiheit zu begegnen.[94] Beide Mitgliedstaaten unterließen es jedoch gleichermaßen, gegen die Verstöße vorzugehen.

b. Rechtfertigung für das Unterlassen des Einschreitens

Das Vorliegen eines direkten Rechtfertigungsgrundes für dieses Verhalten der beiden Staaten ist nicht ersichtlich. Ein solcher Grund hätte im Rahmen der Wa-

[91] Zustimmend *Kingreen*, Die Struktur der Grundfreiheiten des Europäischen Gemeinschaftsrechts, 1999, S. 199; *Streinz/Leible*, EuZW 2000, S. 466; *Epiney*, in: B/B/P/S, Europäische Union, 2001, Rdnr. 740.
[92] *Streinz/Leible*, EuZW 2000, S. 466.
[93] Vgl. EuGH, Rs. C-265/95 (*Kommission ./. Frankreich*), Slg. 1997, I-6959 (6999); GTE-*Zuleeg*, EUV/EGV, 1997, Art. 5 EGV, Rdnr. 8; *Hintersteininger*, Binnenmarkt und Diskriminierungsverbot, 1999, S. 234; *Streinz*, Europarecht, 2001, Rdnr. 710.
[94] In Betracht gekommen wären etwa die Verpflichtung des italienischen Abgeordneten, seine Äußerung zurückzunehmen oder eine offizielle Erklärung der italienischen Regierung, in der deutlich zum Ausdruck gekommen wäre, daß sie die Ansichten des Abgeordneten nicht teilt und diese ablehnt. Bei „De Buddy's“ wäre ein Verkaufsverbot/Vertriebsverbot denkbar und ohne weiteres durchführbar gewesen.

renverkehrsfreiheit allein aus Art. 30 EGV entnommen werden können.[95] Als einzig denkbare Grundlage einer Rechtfertigung wäre nur der Schutz der öffentlichen Ordnung und Sicherheit gemäß Art. 30 1 EGV in Frage gekommen. Der Begriff der *öffentlichen Ordnung und Sicherheit* erfaßt unverzichtbare, hoheitlich festgelegte Grundregeln, die wesentliche Interessen des Staates berühren, deren Gefährdung vorgebeugt werden soll.[96] Eine solche Zielsetzung ist dem Nichteinschreiten gegen die Boykottaufrufe jedoch nicht zu entnehmen. Vielmehr entsprachen diese Aufrufe mehr oder minder der offiziellen politischen Meinung über die Behandlung Österreichs während der Dauer der Verhängung der Maßnahmen, so daß hierin und nicht im beabsichtigten Schutz der öffentlichen Sicherheit der Grund für das Unterlassen jedweden Einschreitens zu suchen ist.

Ungeachtet des Vorliegens eines der in Art. 30 EGV aufgeführten Rechtfertigungsgründe darf eine Einschränkung der Warenverkehrsfreiheit nach Art. 30 2 EGV auch niemals ein Mittel zur willkürlichen Diskriminierung sein.[97] Um eine ebensolche handelte es sich aber bei den Boykottaufrufen, da Österreich keinerlei Verstöße gegen das Europarecht vorzuwerfen waren.

Ebensowenig konnte die Meinungsfreiheit als immanente Schranke aller Grundfreiheiten[98] ein tauglicher Rechtfertigungsgrund für die Aufrufe und damit indirekt für die Untätigkeit der Mitgliedstaaten sein. Zwar garantiert die Meinungsfreiheit, die auf europäischer Ebene durch Art. 10 EMRK gewährleistet und nach ständiger Rechtsprechung des EuGH anerkannt ist,[99] jedem EU-Bürger das

---

[95] Art. 30 EGV ist als Ausnahmevorschrift restriktiv auszulegen; die in ihr enthaltenen Rechtfertigungsgründe sind daher abschließend – vgl. EuGH, Rs. 229/83 (*Association des centres distributeur Édouard Leclerc ./. Sàrl Au Blé Vert u.a.*), Slg. 1985, 1 (35); *Geiger*, EUV/EGV, 2000, Art. 30 EGV, Rdnr. 1.

[96] GTE-*Müller-Graff*, EUV/EGV, 1997, Art. 36 EGV, Rdnr. 50; *Schweitzer/Hummer*, Europarecht, 1996/1999, Rdnr. 1129.

[97] Damit wird einerseits eine einheitliche Anwendung der Rechtfertigungsgründe gewährleistet, andererseits werden die Diskriminierungsgründe auf diese Weise unter den Vorbehalt ihrer Verhältnismäßigkeit gestellt – vgl. *Epiney*, in: B/B/P/S, Europäische Union, 2001, Rdnr. 752.

[98] Vgl. zur Bedeutung der Meinungsfreiheit im Europarecht *Kühling*, EuGRZ 1997, S. 300-302.

[99] Vgl. EuGH, Rs. C-260/89 (*Elliniki Radiophonia Tileorassi AE ./. Dimotiki Etairia Pliroforisis und Sotirios Kouvelas*), Slg. 1991, I-2925 (2964); Rs. C-288/89 (*Stichting Collectieve Antennevoorziening Gouda u.a. ./. Commissariaat voor de Media*), Slg. 1991, I-4007 (4043); Rs. C-353/89 (*Kommission ./. Niederlande*), Slg. 1991, I-4069 (4097); Rs. C-219/91 (*Strafverfahren ./. Johannes Stephanus Wilhelmus Ter Voort*), Slg. 1992, I-5485 (5513); zuletzt Rs.

Recht auf freie Meinungsäußerung.[100] Dies gilt prinzipiell auch dann noch, wenn die geäußerte Meinung geeignet ist, den zwischenstaatlichen Wirtschaftsverkehr zu beeinträchtigen. Allerdings können die Grundrechte gegenüber Beeinträchtigungen der Grundfreiheiten, insbesondere dem speziellen Diskriminierungsverbot, zurücktreten.[101] Inwieweit in diesen Fällen das einschlägige Grundrecht oder das Diskriminierungsverbot Vorrang genießt, ist im Wege einer Abwägung des Einzelfalles zu ermitteln.[102]

Für den vorliegenden Fall ergibt eine solche Abwägung den Vorrang des Diskriminierungsverbotes: Durch den Boykott österreichischer Waren sollte auf die Politik der österreichischen Bundesregierung eingewirkt werden. Auf diese hatten die betroffenen österreichischen Händler und Unternehmer jedoch weder direkten Einfluß noch hatten sie jemals eine allgemeine und mehrheitliche Unterstützung der Politik ihrer Bundesregierung erkennen lassen. Die Einschränkung ihrer Grundfreiheiten erscheint daher willkürlich und steht in keinem direkten Zusammenhang mit der Ausübung der Meinungsfreiheit, so daß eine Beschränkung der Grundfreiheit aus diesem Grund nicht gerechtfertigt war.[103] Die Mitgliedstaaten blieben daher in der Folge verpflichtet, gegen die Boykottaufrufe einzuschreiten.

Folglich waren weder die Boykottaufrufe noch deren Ignorierung durch die Mitgliedstaaten gerechtfertigt.

c. Zwischenergebnis

Mit dem pflichtwidrigen Unterlassen eines Einschreitens gegen die Boykottaufrufe haben Italien und die Niederlande gegen ihre Garantenpflicht zur Gewähr-

C-368/95 (*Vereinigte Familiapress Zeitungsverlags und -vertriebs GmbH ./. Heinrich Bauer Verlag*), Slg. 1997, I-3689 (3715, 3717).

[100] Vgl. *Frowein/Peukert*, EMRK-Komm., 1996, Art. 10, Rdnr. 5.

[101] So läßt beispielsweise Art. 10 II EMRK eine Einschränkung der Meinungsfreiheit zum Schutze der Rechte Dritter zu, da die Ausübung der Meinungsfreiheit zugleich mit Pflichten und Verantwortung verbunden ist.

[102] Vgl. *Hintersteininger*, Binnenmarkt und Diskriminierungsverbot, 1999, S. 277 f.

[103] Vgl. auch *Ganten*, Die Drittwirkung der Grundfreiheiten, 2000, S. 190 f., der in dem ähnlich gelagerten Fall des (erfolglosen) „*Mururoa-Boykotts*“ französischer Waren, durch den die französische Regierung zur Aufgabe weiterer Atomwaffentests veranlaßt werden sollte, zum selben Ergebnis gelangt.

leistung der Warenverkehrsfreiheit i.S.d. Art. 28 i.V.m. Art. 10 UAbs. 2 EGV und damit gegen die Warenverkehrsfreiheit insgesamt verstoßen.

2. Verstoß gegen die Dienstleistungsfreiheit – Art. 49, 50 i.V.m. Art. 10 UAbs. 2 EGV

Der von der Union der Taxigewerkschaft in Brüssel verhängte Beförderungsboykott gegen österreichische Fahrgäste sowie die verschiedenen Boykottaufrufe könnten gegen die Dienstleistungsfreiheit i.S.d. Art. 49, 50 i.V.m. Art. 10 UAbs. 2 EGV verstoßen haben.

a. Vorliegen der Voraussetzungen

Im Zusammenhang mit dem Beförderungsboykott und den Boykottaufrufen gegen den österreichischen Tourismus kommt eine Verletzung der *passiven Dienstleistungsfreiheit* in Betracht.

Seit einer Entscheidung des EuGH aus dem Jahre 1984[104] ist anerkannt, daß in den Bereich der Dienstleistungsfreiheit nicht nur die Erbringung (*aktive Dienstleistungsfreiheit*), sondern auch der Empfang von Dienstleistungen in den Schutzbereich der Art. 49, 50 EGV fallen.[105] Die Dienstleistungsfreiheit gewährleistet damit neben der Erbringung von entgeltlichen Dienstleistungen in einem anderen Mitgliedstaat durch Gewerbetreibende anderer Mitgliedstaaten auch die Entgegennahme einer entgeltlichen Dienstleistung in einem anderen Mitgliedstaat von einem dort ansässigen Gewerbetreibenden. Zu den einschlägigen Fallkonstellationen der passiven Dienstleistungsfreiheit zählen unter anderem die Inanspruchnahme von Leistungen, die typischerweise von Touristen oder Geschäftsreisenden nachgefragt werden, beispielsweise Beherbergungs- und Fremdenführerleistungen.[106]

---

[104] Verb. Rs. 286/82 und 26/83 (*Graziana Luisi und Giuseppe Carbone ./. Ministro del Tesoro*), Slg. 1984, 377 (401).

[105] Allg. Ansicht, vgl. nur Calliess/Ruffert-*Kluth*, EUV/EGV, 1999, Art. 50 EGV, Rdnr. 28; *Oppermann*, Europarecht, 1999, Rdnr. 1594. Zum Meinungsstand in Rechtsprechung und Literatur vor diesem Urteil vgl. *Völker*, Passive Dienstleistungsfreiheit, 1990, S. 62-69.

[106] EuGH, Rs. 186/87 (*Ian William Cowan ./. Trésor public*), Slg. 1989, 195 (220 f.); Rs. C-348/96 (*Strafverfahren ./. Donatella Calfa*), Slg. 1999, I-11 (28 f.). Zur Rolle und Bedeutung von Touristen und Geschäftsreisenden im Rahmen der passiven Dienstleistungsfreiheit vgl. ferner *Völker*, Passive Dienstleistungsfreiheit, 1990, S. 202-208.

Gleiches gilt – nur mit umgekehrten Nationalitäten – für die Aufrufe zum Boykott des österreichischen Tourismus‘ durch die Politiker *Michel* und *Cente*. Auch in diesen Fällen wäre eine Verletzung der passiven Dienstleistungsfreiheit gegeben, da Inhalt des Boykotts die Nichtinanspruchnahme von Dienstleistungen österreichischer Fremdenverkehrsbetriebe und -einrichtungen durch Belgier und Italiener gewesen wäre, d.h. der Empfang von entgeltlichen Dienstleistungen in einem anderen Mitgliedstaat.

Mangels Sacheigenschaft handelt es sich sowohl bei den von den Mitgliedern der Taxifahrergewerkschaft angebotenen Diensten als auch den betroffenen Bereichen des österreichischen Tourismus‘ ohne weiteres um Leistungen, die nicht den Bestimmungen der Warenverkehrsfreiheit unterfallen,[107] so daß grundsätzlich der Anwendungsbereich der Dienstleistungsfreiheit als „Auffangfreiheit“ eröffnet ist.[108] Bei den Leistungen der Taxifahrer handelt es sich um Dienstleistungen i.S.d. Art. 50 UAbs. 2 lit. a) EGV, im Falle derjenigen des Tourismus‘ um solche i.S.d. Art. 50 UAbs. 2 lit. a) oder b) EGV.

Begünstigte der Dienstleistungsfreiheit sind nach Art. 49 UAbs. 1 EGV in erster Linie die Staatsangehörigen der Mitgliedstaaten, d.h. die Unionsbürger i.S.d. Art. 17 I EGV. Durch Art. 55 i.V.m. Art. 48 EGV werden diesen die Gesellschaften gleichgestellt, die ihren Sitz, ihre Hauptverwaltung oder ihre Hauptniederlassung innerhalb der Gemeinschaft haben.[109] Sofern der Rat eine dementsprechende Regelung erläßt, können nach Maßgabe des Art. 49 UAbs. 2 EGV auch Angehörige dritter Staaten – jedoch nur als Erbringer von Dienstleistungen – in den Schutzbereich der Dienstleistungsfreiheit einbezogen werden.[110]

Nach dem Wortlaut des Art. 49 UAbs. 1 EGV sind die Regelungen über die Dienstleistungsfreiheit ferner nur in den Fällen anwendbar, in denen der Leistungsempfänger oder – wie im Fall der passiven Dienstleistungsfreiheit – der Leistungsgeber in einem anderen Staat der Union als sein Vertragspartner ansässig ist. Zweite Voraussetzung für die Anwendbarkeit der Regelungen ist demzufolge der grenzüberschreitende Charakter der Leistungserbringung in die eine oder die andere Richtung.[111]

---

[107] Zum Begriff der *Ware* s.o. § 7 F.I.1, S. 214.
[108] Vgl. Schwarze-*Holoubek*, EU-Komm., 2000, Art. 49 EGV, Rdnr. 6.
[109] Vgl. Calliess/Ruffert-*Kluth*, EUV/EGV, 1999, Art. 50 EGV, Rdnr. 33.
[110] Eine solche Regelung bestand jedoch zumindest bis zum Zeitpunkt der Aufhebung der Maßnahmen und damit für den hier relevanten Zeitabschnitt nicht.
[111] Vgl. Schwarze-*Holoubek*, EU-Komm., 2000, Art. 49 EGV, Rdnr. 21.

Beide Voraussetzungen liegen hier in Person der nicht mehr beförderten österreichischen Touristen oder Geschäftsreisenden sowie der von einem Boykott betroffenen österreichischen Betriebe vor: Die einen beabsichtigten, als Staatsangehörige eines Mitgliedstaates der Europäischen Union in einem anderem als ihrem Heimatland Leistungen in Form der Beförderung in einem Taxi in Anspruch zu nehmen, die anderen boten im Mitgliedstaat Österreich Dienstleistungen an, die von Bürgern zweier anderer Mitgliedstaaten nicht mehr nachgefragt werden sollten. Die Regeln über die Dienstleistungsfreiheit sind folglich auf beide Fallgruppen anwendbar.

Auch im Rahmen der Dienstleistungsfreiheit ist anerkannt, daß Handlungen von Privatpersonen grundsätzlich nicht deren Schutzbereich unterfallen. Die vom EuGH im Rahmen der Warenverkehrsfreiheit entwickelten Grundsätze einer Garantenpflicht der Mitgliedstaaten bei grundfreiheiteneinschränkendem privatem Handeln sind jedoch ohne weiteres auf die übrigen Grundfreiheiten übertragbar.[112] Es gilt daher das oben im Rahmen der Prüfung einer Verletzung der Warenverkehrsfreiheit Gesagte entsprechend: Die Mitgliedstaaten, in diesem Fall wiederum Italien sowie zusätzlich Belgien, haben die ihnen obliegenden Garantenpflichten zur Gewährleistung der Dienstleistungsfreiheit aus Art. 49, 50 i.V.m. Art. 10 UAbs. 2 EGV verletzt, indem sie gegen den Boykott bzw. die Aufrufe hierzu nicht eingeschritten sind.

Daneben verbietet Art. 50 UAbs. 3 EGV zusätzlich jede Diskriminierung aus Gründen der Staatsangehörigkeit. Diese Unterlassenspflicht ist dabei anders als die sonstigen aus den Grundfreiheiten resultierenden Pflichten unmittelbar drittschützend und damit auch auf das Handeln von Privatpersonen anwendbar.[113] Die in den Regelungen der Personenfreiheiten enthaltenen Diskriminierungsverbote stellen ihrerseits eine Konkretisierung des allgemeinen Diskriminierungsverbotes des Art. 12 EGV dar, das selbst unmittelbar drittschützend ist.[114] Dar-

---

[112] Vgl. *Epiney*, in: B/B/P/S, Europäische Union, 2001, Rdnr. 740.

[113] Grabitz/Hilf-*Randelzhofer/Forsthoff*, Kommentar zur EU, Bd. I, Stand: 2001, vor Art. 39-55 EGV, Rdnr. 68.

[114] So die st. Rspr. des EuGH (vgl. aus jüngerer Zeit die Entscheidungen EuGH, Rs. C-415/93 (*Union royale belge des sociétés de football association ASBL u.a. ./. Jean-Marc Bosman*), Slg. 1995, I-4921 (5068); verb. Rs. C-51/96 und C-191/97 (*Christelle Deliège ./. Ligue francophone de judo et disciplines associées ASBL u.a.*), Slg. 2000, I-2549 (2614); Rs. C-176/96 (*Jyri Lehtonen und Castors Canada Dry Namur-Braine ASBL ./. Fédération royale belge des sociétés des basket-ball ASBL (FRBSB)*), Slg. 2000, I-2681 (2730); Rs. C-281/98 (*Roman Angonese ./. Cassa di Risparmio di Bolzano S.p.A.*), Slg. 2000, I-4139 (4173)) und die h.L., vgl. *Roth*, FS Everling, Bd. 2, 1995, S. 1240 f.; *Jaensch*, Die unmittelbare Drittwirkung der

aus folgt die Notwendigkeit, im Rahmen einer einheitlichen Auslegung der Verträge die Verpflichteten des Verbotes nach Art. 12 EGV mit denjenigen der speziellen Diskriminierungsverbote der Personenfreiheiten gleichzustellen.[115] Für die fraglichen Handlungen bedeutet dies, daß sie auch gegen das spezielle Diskriminierungsverbot des Art. 50 UAbs. 3 EGV verstoßen haben könnten.

In Fällen, in denen die negative Folge allein an das Vorliegen oder Nichtvorliegen einer bestimmten Staatsangehörigkeit oder der geographischen Herkunft einer Dienstleistung anknüpft, handelt es sich um Fälle einer direkten Diskriminierung, die regelmäßig unzulässig sind.[116] Um solche direkten Diskriminierungen handelte es sich beim Boykott der Taxifahrergewerkschaft sowie den Boykottaufrufen gegen den österreichischen Tourismus. Alleiniger Grund für die Maßnahmen war in beiden Fällen die österreichische Nationalität der Empfänger bzw. der potentiellen Erbringer der jeweiligen Dienstleistung. Mithin haben die Urheber von Boykott und Boykottaufrufen auch gegen das spezielle Diskriminierungsverbot des Art. 50 UAbs. 3 EGV verstoßen.

b. Rechtfertigung für das Unterlassen des Einschreitens

Direkte Diskriminierungen können ebenso wie Verstöße gegen die Garantenpflicht der Mitgliedstaaten nur unter sehr begrenzten Voraussetzungen gerechtfertigt sein.

Ein Verstoß gegen die Garantenpflichten der Mitgliedstaaten bedarf ebenso wie ein Verstoß gegen das spezielle Diskriminierungsverbot des Art. 50 UAbs. 3 EGV zu seiner Rechtfertigung des Vorliegens eines der in Art. 46 EGV enthaltenen Gründe, die über Art. 55 EGV auch auf die Dienstleistungsfreiheit An-

Grundfreiheiten, 1997, S. 253-259; *Hintersteininger*, Binnenmarkt und Diskriminierungsverbot, 1999, S. 289 f.; *Ganten*, Die Drittwirkung der Grundfreiheiten, 2000, S. 98; Grabitz/Hilf-*Randelzhofer/Forsthoff*, Kommentar zur EU, Bd. I, Stand: 2001, vor Art. 39-55 EGV, Rdnr. 67; wohl auch Calliess/Ruffert-*Epiney*, EUV/EGV, 1999, Art. 12 EGV, Rdnr. 23; a.A. *Weiß*, Personenverkehrsfreiheiten, 1998, S. 110 (m. Fn. 440), 111 f.

[115] *Ganten*, Die Drittwirkung der Grundfreiheiten, 2000, S. 98-102; Grabitz/Hilf-*Randelzhofer/Forsthoff*, Kommentar zur EU, Bd. I, Stand: 2001, vor Art. 39-55 EGV, Rdnr. 67; a.A. *Jaensch*, Die unmittelbare Drittwirkung der Grundfreiheiten, 1997, S. 261; *Streinz/Leible*, EuZW 2000, S. 462.

[116] Vgl. *Hintersteininger*, Binnenmarkt und Diskriminierungsverbot, 1999, S. 26; *Gundel*, Jura 2001, S. 80; Grabitz/Hilf-*Randelzhofer/Forsthoff*, Kommentar zur EU, Bd. I, Stand: 2001, Art. 49/50 EGV, Rdnr. 81, 83.

wendung finden. Als Ausnahmevorschrift ist Art. 46 EGV dabei eng auszulegen.[117]

In Betracht kommt vorliegend allein eine Rechtfertigung aus Gründen der öffentlichen Ordnung und Sicherheit. Vom EuGH werden diese Begriffe grundsätzlich als gemeinschaftsrechtliche Rahmenbegriffe betrachtet, die im wesentlichen nach den nationalen Bedürfnissen der Mitgliedstaaten bestimmt werden können.[118] Um dennoch dem Interesse der Gemeinschaft an der Gewährleistung einer einheitlichen Anwendung solcher Regelungen Rechnung zu tragen, unterliegt die jeweilige Auslegung der Begriffe in einer zweiten Stufe der Überprüfung durch den EuGH.[119] Nach dessen Rechtsprechung ist für eine Einschränkung der Dienstleistungsfreiheit erforderlich, daß „eine tatsächliche und hinreichend schwere Gefährdung vorliegt, die ein Grundinteresse der Gesellschaft berührt."[120]

Von den jeweiligen Mitgliedstaaten sind keine Gründe geltend gemacht worden, aufgrund derer eine Beförderung österreichischer Staatsbürger in Brüsseler Taxis oder aber die Nutzung österreichischer Hotels durch Belgier oder Italiener eine Beeinträchtigung der öffentlichen Ordnung oder Sicherheit zur Folge haben könnten. Es sind ferner auch keine tatsächlichen und schweren Gefährdungen von Grundinteressen der belgischen respektive der italienischen Gesellschaft erkennbar, die solcherlei Beschränkungen rechtfertigen könnten. Ein Rechtfertigungsgrund i.S.d. Art. 46 i.V.m. Art. 55 EGV hat damit weder für den Boykott noch die Boykottaufrufe vorgelegen. Ein Unterlassen des Einschreitens durch die Mitgliedstaaten Belgien und Italien war folglich ebenfalls nicht gerechtfertigt.

Auch das Recht auf Ausübung der Meinungsfreiheit kommt als Rechtfertigungsgrund für die Boykottaufrufe nicht in Betracht, da es ihnen, wie bereits im Rahmen der Verletzung der Warenverkehrsfreiheit gezeigt, an einem direkten Zusammenhang mit dem verfolgten Ziel mangelte.[121]

---

[117] Allg. Ansicht, vgl. nur GTE-*Troberg*, EUV/EGV, 1997, Art. 56 EGV, Rdnr. 3; Schwarze-*Schlag*, EU-Komm., 2000, Art. 46 EGV, Rdnr. 6.
[118] Vgl. EuGH, Rs. 41/74 (*Yvonne van Duyn ./. Home Office*), Slg. 1974, 1337 (1350); Rs. 36/75 (*Roland Rutili ./. Minister des Innern*), Slg. 1975, 1219 (1231).
[119] Vgl. *Völker*, Passive Dienstleistungsfreiheit, 1990, S. 194; Schwarze-*Schlag*, EU-Komm., 2000, Art. 46 EGV, Rdnr. 7.
[120] EuGH, Rs. 30/77 (*Pierre Bouchereau*), Slg. 1977, 1999 (2013); Rs. C-348/96 (*Strafverfahren ./. Donatella Calfa*), Slg. 1999, I-11 (30).
[121] Zu den Details vgl. oben unter § 7 F.I.1.b, S. 217.

Folglich war die Verletzung der Dienstleistungsfreiheit weder durch den Boykott und die Boykottaufrufe noch deren Ignorierung durch die Mitgliedstaaten gerechtfertigt.

c. Zwischenergebnis

Durch das pflichtwidrige Unterlassen des Einschreitens gegen den Beförderungsboykott der Union der Taxigewerkschaft in Brüssel sowie die verschiedenen Boykottaufrufe haben Italien und Belgien gegen ihre Garantenpflicht zur Gewährleistung der Dienstleistungsfreiheit i.S.d. Art. 49, 50 i.V.m. Art. 10 UAbs. 2 EGV und folglich gegen die Dienstleistungsfreiheit insgesamt verstossen.

3. Verstoß gegen das Diskriminierungsverbot – Art. 12 UAbs. 1 EGV

Der Boykott sowie die verschiedenen Boykottaufrufe könnten ferner gegen das allgemeine Diskriminierungsverbot des Art. 12 UAbs. 1 EGV verstoßen haben.

Das allgemeine Diskriminierungsverbot ist gegenüber den spezielleren Regelungen des Gemeinschaftsvertrages grundsätzlich subsidiär.[122] Es bleibt nur dann neben den besonderen Regelungen des Diskriminierungsverbotes anwendbar, wenn die Diskriminierung nicht unmittelbar mit der von den spezielleren Regelungen umfaßten Materie – beispielsweise den Grundfreiheiten – in Zusammenhang steht, sondern sie nur mittelbar, als Randerscheinung, berührt.[123] Vorliegend standen sowohl der Boykott als auch die Boykottaufrufe in engem Zusammenhang mit der nationalen Herkunft der Waren bzw. der Dienstleistungsempfänger oder -erbringer. Es handelt sich daher grundsätzlich um Fälle, bei denen eine Anwendbarkeit des Diskriminierungsverbotes i.S.d. Art. 12

[122] *Schweitzer/Hummer*, Europarecht, 1996/1999, Rdnr. 1055; *Jaensch*, Die unmittelbare Drittwirkung der Grundfreiheiten, 1997, S. 260; *Rossi*, EuR 2000, S. 206; Grabitz/Hilf-*Randelzhofer/Forsthoff*, Kommentar zur EU, Bd. I, Stand: 2001, Art. 49/50 EGV, Rdnr. 132, mit umfangreichen Nachweisen zur Rspr. des EuGH.

[123] Die Rspr. des EuGH hierzu ist uneinheitlich: Teilweise wendet er auch hier die speziellen Vorschriften direkt an, teilweise bejaht er eine Anwendbarkeit des Art. 12 EGV neben den spezielleren Ausprägungen des Diskriminierungsverbotes, s. dazu *Rossi*, EuR 2000, S. 205-208.

UAbs. 1 EGV in Betracht kommt. Allerdings verstießen die Aufrufe zum Boykott des österreichischen Tourismus' wegen der in der Nationalität der Dienstleistungsempfänger bzw. -erbringer liegenden Ursache der Aufrufe unter anderem gegen das spezielle Diskriminierungsverbot im Rahmen der Dienstleistungsfreiheit nach Art. 50 EGV, so daß das allgemeine Diskriminierungsverbot von diesen als subsidiär verdrängt wird.

Gleiches gilt für die Verstöße gegen die Warenverkehrsfreiheit. Zwar erübrigte sich aufgrund des weiten Anwendungsbereichs der „*Dassonville-Formel*" vorliegend die unmittelbare Rückführung der Verstöße auf das spezielle Diskriminierungsverbot; gleichwohl ist ersichtlich, daß die Maßnahmen ursächlich auf die nationale Herkunft der Waren zurückgehen, so daß das spezielle Diskriminierungsverbot Anwendung fände.

Mithin liegt mit dem Boykott und den verschiedenen Boykottaufrufen zwar ein Verstoß gegen das allgemeine Diskriminierungsverbot des Art. 12 UAbs. 1 EGV vor; dieser wird jedoch auf dem Wege der Konkurrenz von den spezielleren Diskriminierungsverboten der Warenverkehrs- sowie der Dienstleistungsfreiheit verdrängt.

II. Ausladungen/Nichtbeteiligungen

Neben den Boykottmaßnahmen in Brüssel und den verschiedenen Boykottaufrufen kam es ferner zu verschiedenen Ausladungen und Nichtbeteiligungen von österreichischen Unternehmen, Institutionen und Einzelpersonen. Betroffen waren davon unter anderem Aussteller auf einer Tourismusmesse in Brüssel, verschiedene Schüler- und Studentenaustausche sowie Wissenschaftler, die am Forschungsprojekt Area II teilnehmen wollten. Zum Teil wurden die ausgesprochenen Ausladungen später zurückgenommen, größtenteils blieben sie jedoch bestehen.

1. Verstoß gegen die Dienstleistungsfreiheit – Art. 49, 50 EGV

Die anfängliche Ausladung österreichischer Aussteller von der Tourismusmesse "*Salon des Vacances*" durch den Brüsseler Oberbürgermeister könnte gegen die Dienstleistungsfreiheit i.S.d. Art. 49, 50 EGV verstoßen haben, indem den ausstellenden Unternehmen hierdurch die Möglichkeit verwehrt wurde, mit Interessenten Geschäfte – etwa Buchungen durch Reiseveranstalter, etc. – zu tätigen.

a. Vorliegen der Voraussetzungen

Ebenso wie beim Beförderungsboykott der Taxigewerkschaft handelt es sich bei der Ausladung der Aussteller um einen möglichen Verstoß gegen die passive Dienstleistungsfreiheit: Zwar hätten die Vertragsabschlüsse als die die wirtschaftlichen Beziehungen zwischen Erbringer und Empfänger der Leistung begründenden Akte bereits in Belgien stattgefunden, wohin sich die österreichischen Aussteller zu diesem Zweck begeben hätten. Die Erbringung der eigentlichen Leistungen durch die ausstellenden Unternehmen – und damit der Schwerpunkt der wirtschaftlichen Beziehungen – wäre jedoch in Österreich, beispielsweise in Form von Hotelübernachtungen, erfolgt, so daß sich die Leistungsempfänger (mutmaßlich belgische Urlauber) zum Erbringer (den österreichischen Hotels) begeben hätten.

Die behinderten Leistungen sind ferner solche aus dem Bereich der Dienstleistungsfreiheit i.S.d. Art. 49, 50 EGV gewesen. Bei den angebotenen Leistungen handelte es sich mutmaßlich um grenzüberschreitende, entgeltliche Angebote der österreichischen Tourismusindustrie an belgische Veranstalter für den Urlaub in Österreich, die Dienstleistungen i.S.d. Art. 50 UAbs. 2 lit. a) oder b) EGV darstellen. Insgesamt unterfallen auch die österreichischen Aussteller als Betroffene ohne weiteres dem Anwendungsbereich der Dienstleistungsfreiheit: entweder direkt – als Staatsbürger eines Mitgliedstaates – nach Art. 49 UAbs. 1 EGV oder als diesen gleichgestellte mitgliedstaatliche Gesellschaften nach Art. 55 i.V.m. Art. 48 EGV.

Anders als im Rahmen der bezüglich der Boykottaufrufe durchgeführten Prüfung liegt hier – unabhängig von der Identität der Veranstalter der Messe – kein Verstoß von Privatpersonen, sondern ein originär staatlicher Verstoß gegen die Dienstleistungsfreiheit vor. Die Verbotsverfügung des Brüsseler Oberbürgermeisters ist, nicht zuletzt auch aufgrund seiner Stellung als Repräsentant einer der drei Regionen Belgiens,[124] dem belgischen Staat zuzurechnen.[125]

---

[124] Neben der Region Brüssel-Hauptstadt existieren noch die zwei Regionen Flandern und Wallonien, die aus jeweils fünf Provinzen bestehen.

[125] Die Zurechnung zu den Mitgliedstaaten erfolgt nach dem recht weit gefaßten „funktionellen Staatsbegriff“ – vgl. Schwarze-*Holoubek*, EU-Komm., 2000, Art. 49 EGV, Rdnr. 39. Nach dessen Grundsätzen sind sogar Maßnahmen privatrechtlich organisierter, mit Disziplinargewalt ausgestattete Standesvertretungen noch dem Mitgliedstaat zuzurechnen – vgl. EuGH, Rs. C-55/94 (*Reinhard Gebhard ./. Consiglio dell'ordine degli avvocati e procuratori di Milano*), Slg. 1995, I-4165 (4197 f.).

Als direktem Adressaten der Beschränkungsverbote der Dienstleistungsfreiheit i.S.d. Art. 49 UAbs. 1 EGV[126] ist es dem Mitgliedstaat Belgien grundsätzlich untersagt, Regelungen zu treffen, die imstande sind, die Dienstleistungsfreiheit zu beeinträchtigen. Infolge des Verbotes der Teilnahme an der Tourismusmesse war es den österreichischen Ausstellern mindestens zum Teil verwehrt, ihre Leistungen im gesamten europäischen Binnenmarkt anzubieten. Zudem basierte die Ausladung ausschließlich auf der Staatsangehörigkeit bzw. nationalen Herkunft der österreichischen Aussteller.[127] Eine solche Beschränkung, die allein an die Staatsangehörigkeit des Leistungserbringers oder -empfängers anknüpft, verstößt gegen das spezielle Diskriminierungsverbot des Art. 50 UAbs. 3 EGV.

Die spätere Aufhebung des Teilnahmeverbotes durch die zuständigen belgischen Stellen ändert an diesem Ergebnis nichts mehr. Zum einen verstößt bereits die Verbotsverfügung selbst gegen das Gemeinschaftsrecht; zum anderen ist es unerheblich, ob es bereits zu wirtschaftlich nachteiligen Folgen für die Betroffenen gekommen ist, da mit den Grundfreiheiten das abstrakte Funktionieren des Binnenmarktes geschützt werden soll.[128]

Folglich war bereits die vorübergehende Ausladung österreichischer Aussteller von der Tourismusmesse "*Salon des Vacances*" durch den Brüsseler Oberbürgermeister ein Verstoß gegen die Dienstleistungsfreiheit i.S.d. Art. 49, 50 EGV.

b. Vorliegen eines Rechtfertigungsgrundes für die Beschränkung

Die Verletzung der Dienstleistungsfreiheit könnte unter den engen Voraussetzungen des Art. 46 EGV gerechtfertigt gewesen sein. In Betracht kommen vorliegend allein Gründe der öffentlichen Ordnung und Sicherheit.[129]

Trotz der offiziellen Begründung der Ausladung mit dem Vorliegen von „Sicherheitsgründen“[130] ist auch in diesem Fall, wie bereits bei den Boykottaufru-

---

[126] Schwarze-*Holoubek*, EU-Komm., 2000, Art. 49 EGV, Rdnr. 38.

[127] Insoweit nähert sich die Ausladung den Erscheinungsformen eines Boykotts an.

[128] *Streinz*, Europarecht, 2001, Rdnr. 653: Die Grundfreiheiten dienen der „optimalen Allokation von wirtschaftlichen Ressourcen“; vgl. auch *Herdegen*, Europarecht, 2001, Rdnr. 281.

[129] Zu Inhalt und Umfang dieser Rechtfertigungsgründe im Rahmen der Dienstleistungsfreiheit s.o. unter § 7 F.I.2.b, S. 221.

fen, kein Grund ersichtlich, der eine tatsächliche Beeinträchtigung der öffentlichen Ordnung oder Sicherheit begründen könnte. Zudem fehlt es auch hier an der notwendigen tatsächlichen und schweren Gefährdung der Grundinteressen der belgischen Gesellschaft.

Ein Rechtfertigungsgrund i.S.d. Art. 46 i.V.m. Art. 55 EGV für die Verletzung der Dienstleistungsfreiheit durch die Ausladung von der Tourismusmesse hat folglich nicht vorgelegen.[131]

2. Verstoß gegen das Loyalitätsgebot – Art. 10 UAbs. 2 EGV

Die infolge der Maßnahmen der XIV gegen Österreich von verschiedenen Organisationen und staatlichen Stellen innerhalb der Mitgliedstaaten gegen einzelne österreichische Gruppen ausgesprochenen Ausladungen von Veranstaltungen sowie die Verweigerung der Teilnahme an einem mit EU-Fördermitteln betriebenem Forschungsprogramm[132] könnten gegen die Pflicht zur loyalen Zusammenarbeit und damit gegen das Loyalitätsgebot i.S.d. Art. 10 UAbs. 2 EGV verstoßen haben. Hierzu müßten die Absagen und Ausladungen insgesamt denjenigen Mitgliedstaaten zuzurechnen sein, aus denen die jeweiligen Urheber stammen.

Bei den von staatlichen Stellen ausgesprochenen Ausladungen handelte es sich – sofern sie nicht ohnehin unmittelbar auf die Regierung der Mitgliedstaaten zurückzuführen sind – um den Mitgliedstaaten nach dem „funktionellen Staatsbegriff“[133] zurechenbare Verstöße gegen das Loyalitätsgebot.

Hinsichtlich der Handlungen privater Dritte, wie etwa der Einstellung von Schüler- oder Studentenaustauschen, ist eine direkte Anwendbarkeit des Loyalitätsgebotes dagegen ebensowenig möglich[134] wie eine direkte Zurechnung zu

---

[130] Vgl. „Die schwarze Liste der Ungerechtigkeiten. Im Bundeskanzleramt in Wien hat man die konkreten Auswirkungen der Maßnahmen der 14 EU-Partnerländer gegen Österreich penibel aufgelistet“, *Die Presse* vom 4.04.2000.

[131] So i.E. auch *Leidenmühler*, ZÖR 55 (2000), S. 315.

[132] Es handelte sich dabei um das Projekt Area II, zu den Details s.o. unter § 2 C.II, S. 15.

[133] Vgl. Schwarze-*Holoubek*, EU-Komm., 2000, Art. 49 EGV, Rdnr. 39.

[134] Adressaten des Loyalitätsgebotes sind ausschließlich die Mitgliedstaaten und ihre innerstaatlichen Stellen, Private scheiden hingegen aus – vgl. GTE-*Zuleeg*, EUV/EGV, 1997, Art. 5 EGV, Rdnr. 3; Grabitz/Hilf-*von Bogdandy*, Kommentar zur EU, Altbd. I, Stand: 1999, Art. 6 EGV, Rdnr. 24.

den Mitgliedstaaten. Den jeweiligen Mitgliedstaat trifft in diesem Fall jedoch ebenso wie bei einer Verletzung der Grundfreiheiten durch Privatpersonen die Verpflichtung, die Verletzung der vertraglichen Pflichten durch seine Bürger selbständig zu unterbinden.[135] Unterläßt er dies, verstößt er durch pflichtwidriges Unterlassen gegen das Loyalitätsgebot, da die Mitgliedstaaten unter dem Aspekt der loyalen Zusammenarbeit verpflichtet sind, gegen Verletzungen des Gemeinschaftsrechts auf dem eigenen Territorium einzuschreiten, wenn dadurch Interessen anderer Mitgliedstaaten betroffen sind, wie dies bei Boykottdrohungen und erst recht bei tatsächlichen Boykotten der Fall ist.[136] Dies folgt unmittelbar aus dem Verbot der Ergreifung einseitiger Abwehrmaßnahmen durch die betroffenen Mitgliedstaaten selbst.[137] Solcherlei unterbindende Maßnahmen wurden jedoch in keinem der hier aufgeführten Fälle eingeleitet.

Einen Sonderfall innerhalb dieses Themenkomplexes stellt die Ausladung vom Festakt zur Einweihung der *Europäischen Stelle zur Beobachtung von Rassismus und Fremdenfeindlichkeit* (EUMC) dar. Nicht nur wurde die österreichische Bundesregierung insgesamt ausgeladen, die Feierlichkeiten fanden dazu noch auf österreichischem Boden – in der Bundeshauptstadt Wien – statt. Zudem war die Europäische Union als Trägerin der Behörde zumindest mittelbar die ausladende Organisation. Unabhängig von den politisch delikaten Umständen – Aufgabe der Behörde, Ort der Veranstaltung, Neutralitätspflicht der Kommission, etc. – war auch dies ein Verstoß gegen das Loyalitätsgebot des Art. 10 UAbs. 2 EGV, da zu den durch dieses Gebot Verpflichteten neben den Mitgliedstaaten ebenso die Gemeinschaftsorgane zählen.[138] Einem solchen wiederum kann die Ausladung mindestens mittelbar zugerechnet werden, da es sich bei der EUMC um eine von der Europäischen Union abhängige juristische Person handelt, die sich zudem im Verantwortungsbereich der Kommission befindet.[139]

---

[135] Vgl. EuGH, Rs. C-265/95 (*Kommission ./. Frankreich*), Slg. 1997, I-6959 (6999). Die Argumentation bezüglich der Verletzung von Garantenpflichten ist hier sinngemäß anwendbar.

[136] EuGH, Rs. C-265/95 (*Kommission ./. Frankreich*), Slg. 1997, I-6959 (6999); Grabitz/Hilf-*von Bogdandy*, Kommentar zur EU, Altbd. I, Stand: 1999, Art. 6 EGV, Rdnr. 24; Schwarze-*Hatje*, EU-Komm., 2000, Art. 10 EGV, Rdnr. 55; *Epiney*, in: B/B/P/S, Europäische Union, 2001, Rdnr. 740.

[137] Vgl. dazu das sogenannte „Schaffleisch-Urteil“, EuGH, Rs. 232/78 (*Kommission ./. Frankreich*), Slg. 1979, 2729 (2739).

[138] EuGH, Rs. C-2/88 Imm. (*Zwartfeld u.a.*), Slg. 1990, I-3365 (3372); *Geiger*, EUV/EGV, 2000, Art. 10 EGV, Rdnr. 5; Schwarze-*Hatje*, EU-Komm., 2000, Art. 10 EGV, Rdnr. 51.

[139] Vgl. *Oppermann*, Europarecht, 1999, Rdnr. 459, sowie die Darstellung “About us“ auf der Internet-Homepage der EUMC unter *www.eumc.eu.int/about/index.htm*.

Folglich verstießen die Mitgliedstaaten, namentlich Belgien und Frankreich, in mehreren Fällen sowie die Europäische Kommission im Fall des Eklats um die Eröffnung der EUMC gegen ihre jeweiligen Pflichten zur loyalen Zusammenarbeit mit der Republik Österreich und damit insgesamt gegen das Loyalitätsgebot i.S.d. Art. 10 UAbs. 2 EGV.

3. Verstoß gegen das Diskriminierungsverbot – Art. 12 UAbs. 1 EGV

Die Ausladungen sowie die Verweigerung der Teilnahme am archäologischen Forschungsprogramm Area II könnten gegen das Diskriminierungsverbot i.S.d. Art. 12 UAbs. 1 EGV verstoßen haben.

Die Gründe für die Ausladungen und Suspendierungen der verschiedenen Programme und Austausche sind, ungeachtet sonstiger offizieller Begründungen wie beispielsweise „zu große Staatsnähe“,[140] regelmäßig in der Nationalität der Betroffenen zu suchen. Auch nichtstaatliche Organisationen und Institutionen wollten hinter den offiziellen Maßnahmen der XIV nicht zurückstehen und beteiligten sich hierdurch an den Maßnahmen gegen Österreich. Sie taten dies dabei in einer Art und Weise, mit der die Würde des einzelnen bewußt verletzt werden sollte. Die sachlichen Voraussetzungen für eine Anwendung des allgemeinen Diskriminierungsverbotes sind folglich gegeben.

Die von den Ausladungen Betroffenen gehörten ferner als Österreicher und damit als Staatsangehörige eines Mitgliedstaates der Europäischen Union zu den Berechtigten des Diskriminierungsverbotes i.S.d. Art. 12 UAbs. 1 EGV. Diesen standen die Ausladenden als allesamt durch das Verbot Verpflichtete gegenüber. Dabei ist unerheblich, ob es sich im einzelnen um Ausladungen staatlicher oder nichtstaatlicher Stellen gehandelt hat, da Art. 12 UAbs. 1 EGV neben den Mitgliedstaaten und den ihnen zurechenbaren Stellen und Organisationen auch Privatpersonen unmittelbar bindet.[141]

[140] So die offizielle Begründung im Fall der verweigerten Teilnahme des Österreichischen Archäologischen Instituts (ÖAI) am Programm Area II – vgl. „Einzelaktion mit schweren Folgen: Warum ein französischer Projektkoordinator die Wiener Mitarbeit am EU-Archäologie-Forschungsvorhaben Area II durchkreuzt.“, *Die Presse* vom 18.04.2000.
[141] Vgl. oben unter § 7 D.I, S. 204, bzw. § 7 F.I.2.a, S. 220 m. Fn. 114.

Allein die Ausladung von der Tourismusmesse "*Salon des Vacances*" durch den Brüsseler Oberbürgermeister fällt nicht in den Anwendungsbereich dieser Norm, da diese als Verstoß gegen das speziellere Diskriminierungsverbot des Art. 50 UAbs. 3 EGV einzuordnen ist, welches das allgemeine Diskriminierungsverbot auf der Ebene der Konkurrenzen verdrängt.[142]

Mithin verstießen die verschiedenen Ausladungen und Teilnahmeversagungen privater und staatlicher Stellen gegen das allgemeine Diskriminierungsverbot i.S.d. Art. 12 UAbs. 1 EGV.

III. Zwischenergebnis

Die „Begleitsanktionen" waren in ihren Erscheinungsformen und der Qualität ihrer Rechtsverstöße denjenigen der Erklärung und ihres Maßnahmenkatalogs mindestens ebenbürtig.

In Form dieser inoffiziellen Maßnahmen verstießen einzelne Mitgliedstaaten (vorrangig Belgien, aber auch Frankreich, Italien und die Niederlande) gegen die Warenverkehrs- und Dienstleistungsfreiheit, das Loyalitätsgebot und das allgemeine Diskriminierungsverbot. Hinsichtlich der Ausladung der österreichischen Bundesregierung von der feierlichen Eröffnung der EUMC in Wien hat zudem auch die Europäische Kommission gegen das Loyalitätsgebot verstoßen.

G. Einwilligung Österreichs durch Mitwirkung von Teilen seiner Staatsorgane

Fraglich ist, ob die Republik Österreich nicht in die erlittenen Rechtsverletzungen insgesamt eingewilligt hat, indem beim Entstehungsprozeß der Maßnahmen Teile seiner Staatsorgane mindestens konkludent mitgewirkt haben.[143]

Eine solche Einwilligung folgt dabei dem Rechtsgrundsatz des *volenti non fit iniuria*, so daß die Verletzungen des Europarechts durch die Einwilligung des Geschädigten, der Republik Österreich, entfielen.

[142] S.o. unter § 7 F.I.3, S. 223.
[143] S.o. unter § 3 C.II.1.b, S. 32, und § 3 C.II.1.c, S. 34.

Eine mögliche Einwilligung in die Rechtsverletzungen findet jedoch ihre Schranken einerseits dort, wo die verletzten Rechtsgüter nicht zur Disposition des Staates stehen, d.h. diese vom Verhalten des Staates unabhängig sind, wie etwa Normen des *ius cogens* oder *erga omnes*-Verpflichtungen,[144] aber auch bei sich unmittelbar aus den Verträgen ergebenen Rechten, und daher jedem Bürger der Union unmittelbar zustehen. Andererseits fehlt es auch dann an einer wirksamen Einwilligung, wenn diese zu einem weitreichenden Verzicht auf vertragliche Rechte führte, welcher normalerweise nur durch eine Änderung des völkerrechtlichen Vertrages insgesamt herbeigeführt wird.

Soweit also natürliche Personen von den Rechtsverletzungen betroffen sind, etwa hinsichtlich der Diskriminierung potentieller Kandidaten für Positionen in internationalen Organisationen oder der Ausladung österreichischer Teilnehmer an europäischen Messen oder Förderprogrammen, scheidet eine Einwilligung von vornherein aus, da diese Rechte nicht zur Disposition der handelnden österreichischen Staatsorgane standen und diese daher auch nicht wirksam im Namen der Betroffenen auf deren Rechte verzichten konnten.

Eine Einwilligung wäre daher allenfalls dort denkbar, wo keine Rechte Einzelner betroffen waren, sondern allein der Mitgliedstaat Österreich als solcher.

Für diesen Bereich eines möglichen, rechtserheblichen kollusiven Zusammenwirkens der XIV mit Teilen der österreichischen Staatsorgane – in Betracht kämen hier insbesondere der damalige Bundeskanzler *Klima* und Bundespräsident *Klestil* –, ist, wie auch insgesamt, ein solches nach der vorhandenen Quellenlage allerdings nicht feststellbar. Eine lediglich konkludente Billigung durch Unterlassen, die in dem Verhalten der beiden österreichischen Politiker gesehen werden kann, reichte für eine Einwilligung nicht aus, da diese stets ausdrücklich sein muß, um den nötigen völkerrechtlichen Bindungswillen erkennen zu lassen.[145]

Daran vermag auch das *Estoppel*-Prinzip als Ausfluß des Grundsatzes von Treu und Glauben nichts zu ändern.[146] Zwar handelt es sich bei einer Einwilligung um einen einseitigen Akt, der grundsätzlich dazu geeignet ist, einen Rechtsschein zu

[144] *Schröder*, in: Graf Vitzthum, Völkerrecht, 2001, Rdnr. 27; *Ipsen*, Völkerrecht, 1999, § 40, Rdnr. 54, S. 568.
[145] Vgl. *Ipsen*, Völkerrecht, 1999, § 18, Rdnr. 8, S. 203.
[146] Zu Umfang und Inhalt des *Estoppel*-Prinzips vgl. *Müller/Cottier*, Art. Estoppel, EPIL II, 1995, S. 116 f.

erzeugen. Auch war zumindest Bundespräsident *Klestil* in Anlehnung an Art. 7 II lit. a) WVK kraft Amtes zur Vertretung der Republik Österreich nach außen ermächtigt. In diesem konkreten Fall einer möglichen Einwilligung in die Maßnahmen und die dadurch ausgelösten Verletzungen der Rechte Österreichs konnten die XIV indessen aufgrund der konkreten Umstände einer möglichen „Einwilligungshandlung" sowie ihrer Kenntnis um die innenpolitischen Verhältnisse Österreichs in den ersten Wochen des Jahres 2000 auf einen solchen Rechtsschein nicht vertrauen. Es mußte auch für sie äußerst zweifelhaft sein, ob ein nur noch auf Abruf amtierender Regierungschef[147] sowie ein verfassungsrechtlich mit nur sehr beschränkten Kompetenzen ausgestattetes Staatsoberhaupt, wie es der österreichische Bundespräsident ist, zu diesem Zeitpunkt allein oder vereint verbindliche außenpolitische Entscheidungen mit einer solchen Tragweite für die Republik Österreich treffen konnten.

Eine Einwilligung Österreichs in den Inhalt der Erklärung, ihren Maßnahmenkatalog und damit auch die durch sie ausgelösten Rechtsverletzungen aufgrund der Mitwirkung von Teilen seiner Staatsorgane scheidet daher insgesamt aus.

H. Vorliegen eines übergesetzlichen Notstandes

Weiterhin bleibt zu prüfen, ob die festgestellten Rechtsverletzungen durch die XIV gegebenenfalls Ergebnis eines übergesetzlichen Notstandes gewesen sind.

Das Bestehen eines solchen Notstandes ließe zwar die Verletzungen nicht als gerechtfertigt erscheinen, es entfiele jedoch zumindest die völkerrechtliche und gegebenenfalls die europarechtliche Verantwortlichkeit.[148]

Dem Vorliegen eines übergesetzlichen Staatsnotstandes begegnen im Zusammenhang mit der Erklärung und den Maßnahmen der XIV sowie den als deren Annex zu betrachtenden „Begleitsanktionen" jedoch aus zwei Gründen erhebliche Zweifel.

[147] Dies war der damalige Kanzler *Klima* nach der Nationalratswahl *de facto* und *de iure* nur noch.

[148] Vgl. *Ipsen*, Völkerrecht, 1999, § 40, Rdnr. 62, S. 570.

Zum einen existiert im Europarecht, gegen dessen Regeln und Normen die XIV mit ihrem rechtswidrigen Verhalten vorrangig verstoßen haben, mit den Art. 296, 297 EGV zwei Normen, die es den Mitgliedstaaten erlauben, im Falle einer Störung der inneren oder äußeren Sicherheit Maßnahmen zu ergreifen, die von den vertraglichen Pflichten abweichen. In solchen Fällen sind die Mitgliedstaaten jedoch gemäß Art. 297 EGV zu Konsultationen mit den übrigen Mitgliedstaaten verpflichtet, um die Beeinträchtigungen möglichst gering zu halten.[149] Zudem unterliegen im Rahmen der Art. 296, 297 EGV getroffene Maßnahmen gemäß Art. 298 UAbs. 2 EGV der Kontrolle durch den EuGH. Wie gezeigt, können allgemeine völkerrechtliche Institute jedoch nur in solchen Fällen subsidiär zur Anwendung gelangen, in denen das Europarecht selbst über kein eigenes Rechtsfolgenregime in Form von Sekundärnormen verfügt.[150] Aus diesem Grund ist eine Anwendung der Regeln eines übergesetzlichen völkerrechtlichen Notstandes vorliegend bereits aus systematischen Erwägungen ausgeschlossen.

Zum anderen dürfte es im vorliegenden Fall schlicht an den notwendigen Voraussetzungen eines solchen Notstandes gefehlt haben.[151] Diese liegen nur dann vor, wenn die ergriffenen Maßnahmen das einzige Mittel darstellten, um wesentliche Interessen des jeweiligen Staates vor einer *schweren und unmittelbar bevorstehenden Gefahr* zu schützen.[152] Im Falle der Regierungsbeteiligung fehlte es jedoch bereits an einer ernstzunehmenden Gefahr der Beeinträchtigung jedweder Rechtsgüter; eine Beeinträchtigung wesentlicher Interessen der XIV hierdurch scheidet erst recht aus. Daher erübrigen sich auch Ausführungen dazu, ob es sich bei den ergriffenen Maßnahmen um das einzige mögliche Mittel gehandelt hat, das den XIV in dieser Situation zur Verfügung stand.

[149] GTE-*Gilsdorf/Kuijper*, EUV/EGV, 1997, Art. 224 EGV, Rdnr. 30; Grabitz/Hilf-*Hummer*, Kommentar zur EU, Altbd. II, Stand: 1999, Art. 224 EGV, Rdnr. 4; a.A. Schwarze-*Karpenstein*, EU-Komm., 2000, Art. 297 EGV, Rdnr. 8, der eine solche Pflicht nur bei Vorliegen eines schwerwiegenden Verstoßes für notwendig erachtet.

[150] Zur Anwendbarkeit der Zwangsmittel des allgemeinen Völkerrechts neben den Regelungen des Europarechts vgl. oben unter § 6 A.I.3, S. 154; die dort vertretene Auffassung gilt aber entsprechend für alle Institute des allgemeinen Völkerrechts.

[151] A.A. *Seidl-Hohenveldern/Loibl*, Recht der IO, 2000, Rdnr. 0271, 1607c, die zumindest die formellen Voraussetzungen durch die „Gefahr einer Regierungsbeteiligung der FPÖ" erfüllt sehen; gleichzeitig sprechen *dies.*, ebd., Rdnr. 1607b, jedoch nur von einer „angeblichen Gefahr künftiger Verstöße gegen Art. 6 EUV".

[152] *Ipsen*, Völkerrecht, 1999, § 40, Rdnr. 62, S. 570 [Hervorhebung vom Verf.].

Die Rechtsverletzungen der XIV waren damit nicht das Ergebnis der Reaktion auf das Vorliegen eines übergesetzlichen Notstands.

I. Ergebnis

Die Ergebnisse der vorstehenden Untersuchung haben den Verdacht massiver Rechtsverletzungen durch die XIV, der bereits seit der Feststellung der rechtlichen Haltlosigkeit der der Republik Österreich gemachten Vorwürfe bestand,[153] in vollem Umfang bestätigt. Die Untersuchung zeigt eindrucksvoll, daß nicht die Republik Österreich, sondern vielmehr die XIV selbst die wahren Rechtsbrecher in der gesamten Affäre waren. *Sie* haben durch ihr Verhalten die europäischen Grundwerte verletzt und die Europäische Union damit in eine tiefe Krise gestürzt.

Der Katalog der Rechtsverstöße, die den XIV *in cumulo* vorzuwerfen ist, ist dabei sowohl hinsichtlich seiner quantitativen Ausmaße als auch der Qualität der Verletzungen beispiellos. Er umfaßt:

- die Verletzung der Grundsätze der Kohärenz und Solidarität;
- mehrfache Verstöße gegen das Loyalitätsgebot, einschließlich der Verpflichtung zur Koordinierung des Handelns in internationalen Organisationen, und das Diskriminierungsverbot,
- Verstöße gegen drei der vier europäischen Grundwerte.

Diese Liste wird komplettiert durch einen Verstoß gegen das völkerrechtliche Interventionsverbot.

Zudem haben einzelne Mitgliedstaaten dieser recht langen Liste, teilweise durch ihr eigenes bzw. ihnen zurechenbares positives Tun, teilweise durch fehlendes Einschreiten gegen die im Rahmen der allgemeinen Hatz auf Österreich begangenen Exzesse einzelner Bürger, zusätzliche Positionen hinzugefügt. Neben weiteren Verletzungen des Loyalitätsgebotes und des Diskriminierungsverbotes wurden durch die sogenannten „Begleitsanktionen“ auch die Warenverkehrs-

[153] S.o. unter § 5 E, S. 145.

und die Dienstleistungsfreiheit verletzt. Die meisten dieser Verstöße ereigneten sich in Belgien, einem der ersten und hartnäckigsten Verfechter einer nachhaltigen Ausgrenzung und Sanktionierung Österreichs für die Regierungsbildung zwischen ÖVP und FPÖ.

Neben dieser Kumulierung erheblicher Rechtsverstöße hat die Untersuchung noch eine weiteres Ergebnis erbracht: Die XIV können als Rechtfertigung für ihr Verhalten weder auf ursprüngliche Verstöße Österreichs noch auf sonstige besondere Umstände (Einwilligung Österreichs, übergesetzlicher Notstand) zurückgreifen.

§ 8 Rechtliche Reaktionsmöglichkeiten Österreichs auf die Rechtsverletzungen

Für Österreich stellte sich kurz nach der Verhängung der Maßnahmen und angesichts der mannigfaltigen Verletzungen seiner Rechte die Frage, wie es auf diese reagieren sollte oder konnte. Die Spitzen der neuen Bundesregierung entschieden sich – vorrangig wohl aufgrund pragmatischer Erwägungen[1] – für eine letztlich vom Erfolg gekrönte Strategie der kleinen Schritte, der Diplomatie und schließlich einer Beobachtermission in Form des Weisenrates.

Daneben stellt sich aus wissenschaftlicher Sicht die Frage nach den rechtlichen Handlungsmöglichkeiten Österreichs am 4.02.2000 und unmittelbar danach. Die Antwort hierauf ist zwar durch die Ereignisse, insbesondere durch die Aufhebung der Maßnahmen am 12.09.2000, weitestgehend überholt worden, sie kann aber dennoch darüber Aufschluß geben, ob es neben der gewählten, sich vorrangig auf Mittel der Politik stützenden Ausstiegsstrategie auch eine andere, auf die Ausübung möglicher Rechtsbehelfe gerichtete Handlungsalternative gab.

Die Erörterung der in Frage kommenden Rechtsbehelfe beschränkt sich vorliegend auf die der Republik Österreich zur Verfügung stehenden Mittel. Die rechtlichen Möglichkeiten privater Dritter, die vorrangig auf die Erlangung von Schadensersatz gerichtet sind, sprengten den Umfang der vorliegenden Untersuchung und sollen daher unberücksichtigt bleiben.

---

[1] So auch die Auskunft des Fraktionsvorsitzenden der ÖVP im österreichischen Nationalrat, *Khol*, in einem persönlichen Gespräch mit dem Verfasser am 13.11.2001.

A. Reaktionen im Rahmen des Europarechts

I. Außergerichtliche Maßnahmen

1. Formeller Antrag auf Aufhebung der Maßnahmen beim Rat der Europäischen Union

Zunächst käme als naheliegendste Möglichkeit ein formeller Antrag der österreichischen Bundesregierung an die Urheber auf Aufhebung der Maßnahmen und Revision der in der Erklärung der XIV zum Ausdruck gebrachten Ansichten in Betracht.

Als Urheber der Erklärung ist der RdEU zu betrachten, dem die Erklärung – trotz des Versuchs sie als bloß bilateralen Vorgang zu etikettieren – zugerechnet werden kann.[2] Die österreichische Bundesregierung hätte folglich den RdEU darum ersuchen können, die Erklärung sowie die Maßnahmen zurückzunehmen bzw. aufzuheben.[3]

Es erscheint bei Kenntnis der Entwicklung der Maßnahmen und angesichts des hinhaltenden Widerstandes, dem die österreichische Bundesregierung auf ihrem Weg, die Maßnahmen mit politischen Mitteln zu beseitigen, zwischen Februar und September 2000 begegnet ist, jedoch mehr als fraglich, ob einer solchen Initiative Erfolg beschieden gewesen wäre. Die XIV, und dabei insbesondere die Hauptinitiatoren der Erklärung (Frankreich, Belgien und Deutschland), zeigten sich während der Aufrechterhaltung der Ausgrenzung Österreichs entschlossen, diese bis zur Erreichung des Maximalzieles, einer Um- oder Neubildung der österreichischen Bundesregierung, fortzuführen.[4] Es ist daher anzunehmen, daß ein solcher Antrag Österreichs an den RdEU erfolglos geblieben wäre.

[2] S.o. unter § 3 C.IV, S. 49. Zur Rolle österreichischer Vertreter bei der Entstehung der Erklärung s. ferner oben unter § 3 C.II.1.e, S. 39.

[3] Vgl. *Winkler*, ZÖR 55 (2000), S. 259 f.

[4] Frankreich versuchte diesen Kurs im Ansatz auch nach der offiziellen Aufhebung der Maßnahmen am 12.09.2000 fortzusetzen, indem in der Erklärung der französischen Ratspräsidentschaft eine weitere Beobachtung der Politik der FPÖ und damit auch derjenigen der österreichischen Bundesregierung in Aussicht gestellt wurde.

2. Anregung der Einleitung eines Feststellungsverfahrens i.S.d. Art. 7 I EUV

Aufgrund der Verletzung der Mehrheit der europäischen Grundwerte wäre prinzipiell auch die Einleitung eines Feststellungsverfahrens i.S.d. Art. 7 I EUV in Erwägung zu ziehen gewesen.

Die Tatbestandsmerkmale einer schwerwiegenden und anhaltenden Verletzung dieser Werte liegen vor.[5] So erfüllt das Verhalten der XIV sowohl in seiner Finalität als auch in der Art und Weise, mit der die Rechte Österreichs mißachtet wurden, um die eigenen rechtswidrigen Vorstellungen durchzusetzen, alle Anforderungen an eine schwerwiegende Verletzung der europäischen Grundwerte. Ferner ist auch die zeitliche Dauer, über die die Maßnahmen in Kraft blieben – mehr als sieben Monate –, ausreichend gewesen, um eine anhaltende Verletzung zu konstatieren. Österreich hätte daher bei der Kommission die Einbringung eines Vorschlags zur Einleitung eines Feststellungsverfahrens i.S.d. Art. 7 I 1. Hs EUV anregen können.

Allerdings stößt ein solches Verfahren infolge der Verwicklung aller übrigen Mitglieder der Europäischen Union in die Rechtsverletzungen, unabhängig von der tatsächlichen Machbarkeit der Einbringung eines solchen Vorschlags, recht schnell an die Grenzen seiner Praktikabilität. Denn auch wenn ein solches Verfahren i.S.d. Art. 7 IV EUV im RdEU ohne die Stimmen der betroffenen Mitgliedstaaten abzustimmen ist, in diesem Falle Österreich also allein über die Rechtsverletzung zu befinden hätte, dürfte sich das Verfahren – das Vorliegen der sonstigen notwendigen Verfahrensschritte, d.h. die Zustimmung des EP und die vorherige Abgabe einer Stellungnahme aller betroffenen Mitgliedstaaten, voraussetzend – spätestens bei der Umsetzung der getroffenen Beschlüsse *ad absurdum* führen. Es ist schwerlich anzunehmen, daß die in ihrem Verhalten bis dato nicht rechtstreuen Mitgliedstaaten nunmehr aufgrund eines formellen Beschlusses des angeblichen, ursprünglichen Rechtsbrechers dazu hätten bewegt werden können, zu einem vertragstreuen Verhalten zurückzukehren, den Beschluß insgesamt zu achten und sich den Konsequenzen ihres Tuns zu stellen.

Die Einleitung und Durchführung eines – seinen rechtlichen Voraussetzungen nach statthaften – Feststellungsverfahrens i.S.d. Art. 7 I EUV hätte daher in der Praxis aus tatsächlichen Gründen keinerlei Aussichten auf Erfolg gehabt.

[5] Zu den inhaltlichen Details dieser Tatbestandsmerkmale s.o. unter § 5 C.II, S. 133.

3. Anregung eines Aufsichtsverfahrens/Einleitung eines Vertragsverletzungsverfahrens bei der Kommission – Art. 226 UAbs. 1, 227 UAbs. 2 EGV

Des weiteren wäre als Antwort auf die Rechtsverletzungen der XIV eine Anrufung der Kommission durch die österreichische Bundesregierung möglich gewesen. In ihrer Rolle als „Hüterin der Verträge" ist sie prinzipiell dazu verpflichtet, Verletzungen des Gemeinschaftsrechts nachzugehen.[6] Ein Mitgliedstaat kann aber neben dieser Überwachungs- und Handlungspflicht auch selbst bei der Kommission formlos die Einleitung eines Aufsichtsverfahrens[7] i.S.d. Art. 226 UAbs. 1 EGV anregen.[8] Wegen der Fülle und Schwere der durch die XIV begangenen Vertragsverletzungen ist es allerdings erstaunlich, daß die Kommission ihrer originären Verpflichtung nicht nachgekommen ist und nicht bereits unmittelbar nach dem Inkrafttreten der Maßnahmen am 4.02.2000 formelle Aufsichtsverfahren gegen die XIV eröffnet hat.[9]

Daneben gibt Art. 227 UAbs. 2 EGV den Mitgliedstaaten die Möglichkeit, ein eigenes Vertragsverletzungsverfahren einzuleiten und so die Kommission aus eigenem Antrieb mit möglichen Vertragsverstößen zu befassen. Soweit ein solcher Antrag bei der Kommission eingegangen ist, ist die Durchführung des Vor-

---

[6] So die h.L., vgl. *Däubler*, NJW 1968, S. 329; *Ortlepp*, Das Vertragsverletzungsverfahren, 1987, S. 77; *Kort*, DB 1996, S. 1324; GTE-*Krück*, EUV/EGV, 1997, Art. 169 EGV, Rdnr. 67; Grabitz/Hilf-*Karpenstein/Karpenstein*, Kommentar zur EU, Bd. II, Stand: 2001, Art. 226 EGV, Rdnr. 40; a.A. der EuGH in st. Rspr. (grundlegend Rs. 247/87 (*Star Fruit ./. Kommission*), Slg. 1989, 291 (301)); *Rengeling/Middeke/Gellermann*, Rechtsschutz in der EU, 1994, Rdnr. 88; *Oppermann*, Europarecht, 1999, Rdnr. 735.

[7] Für das durch die Kommission eingeleitete Verfahren hat sich der Begriff des *Aufsichtsverfahrens* eingebürgert, das Verfahren der Mitgliedstaaten untereinander, in dem die Kommission nur eine Mittler- und Schiedsrichterrolle spielt (vgl. *Rengeling/Middeke/Gellermann*, Rechtsschutz in der EU, 1994, Rdnr. 89), wird dagegen als *Vertragsverletzungsverfahren* bezeichnet – zur Terminologie vgl. *Rengeling/Middeke/Gellermann*, Rechtsschutz in der EU, 1994, vor Rdnr. 74 und vor Rdnr. 89; *Schweitzer/Hummer*, Europarecht, 1996/1999, Rdnr. 466.

[8] Vgl. Schwarze-*Schwarze*, EU-Komm., 2000, Art. 226 EGV, Rdnr. 13; Grabitz/Hilf-*Karpenstein/Karpenstein*, Kommentar zur EU, Bd. II, Stand: 2001, Art. 227 EGV, Rdnr. 8.

[9] Dies muß um so mehr verwundern, als die Kommission in ihrer Mitteilung vom 1.02.2000 im Verhalten Österreichs einen Verstoß gegen das Europarecht nicht erkennen konnte und den Vorwürfen der XIV damit in den Augen der Kommission jede Grundlage fehlen mußte. Auch zum späteren Verhalten einzelner EU-Bürger, die durch ihre Boykotte und Boykottaufrufe in gravierender Weise gegen das Gemeinschaftsrecht verstießen, fehlt jede Stellungnahme oder Handlung der Kommission.

verfahrens durch die Kommission obligatorisch, d.h. die Kommission hat dieses selbst dann durchzuführen, wenn sie in derselben Sache bereits ein eigenes Verfahren eingeleitet hat.[10] Der Antrag selbst bedarf keiner besonderen Form, muß aber die den Vertragsverstoß begründenden Tatsachen darlegen sowie die gemeinschaftsrechtlichen Vorschriften nennen, die angeblich verletzt sein sollen.[11]

Österreich hätte folglich bei der Kommission entweder die Einleitung von Aufsichtsverfahren nach Art. 226 UAbs. 1 EGV unverbindlich anregen können oder aber im Rahmen eines eigenen Vertragsverletzungsverfahrens einen, den vorstehenden Anforderungen genügenden, formlosen Antrag auf Einleitung eines Vorverfahrens nach Art. 227 UAbs. 2 EGV stellen können, dem die Kommission dann zwingend hätte Folge leisten müssen.

II. Klagen vor dem EuGH

1. Vertragsverletzungsklage – Art. 226, 227 EGV

Nach der Durchführung des vorgeschriebenen Vorverfahrens hätte Österreich Klage zum EuGH erheben können, wenn die sonstigen formellen Voraussetzungen einer Vertragsverletzungsklage erfüllt gewesen wären.

a. Überprüfbarkeit der Erklärung der XIV als europarechtliches soft law durch den EuGH

Bevor das Vorliegen der übrigen formellen Voraussetzungen einer Vertragsverletzungsklage geprüft werden kann, ist zunächst zu erörtern, ob die Erklärung der XIV als europarechtliches soft law Gegenstand eines Vertragsverletzungsverfahrens sein kann.

Dies wirft zum einen die Frage nach der Rechtsnatur europarechtlichen soft laws auf, zum anderen betrifft dies den möglichen Prüfungsumfang und die tauglichen Gegenstände eines Vertragsverletzungsverfahrens.

---

[10] *Geiger*, EUV/EGV, 2000, Art. 227 EGV, Rdnr. 2; Grabitz/Hilf-*Karpenstein/Karpenstein*, Kommentar zur EU, Bd. II, Stand: 2001, Art. 227 EGV, Rdnr. 7.

[11] *Rengeling/Middeke/Gellermann*, Rechtsschutz in der EU, 1994, Rdnr. 90; GTE-*Krück*, EUV/EGV, 1997, Art. 170 EGV, Rdnr. 7; Grabitz/Hilf-*Karpenstein/Karpenstein*, Kommentar zur EU, Bd. II, Stand: 2001, Art. 227 EGV, Rdnr. 8.

Bei Übereinkünften aus dem Bereich des soft law handelt es sich regelmäßig nicht um originäres Europarecht, sondern um völkervertragsrechtliche Akte.[12] Dennoch weisen diese Akte regelmäßig einen so engen Bezug zum Europarecht auf, daß es gerechtfertigt ist, sie als *atypisches Europarecht* zu bezeichnen.[13] Dieser Einordnung trägt auch der EuGH Rechnung, indem er in seiner Rechtsprechung die Tendenz erkennen läßt, den Bereich seiner Kontrollfunktion auch auf solche Akte auszudehnen, die nicht unmittelbar dem primären oder sekundären Europarecht entstammen, in ihrer Wirkung aber dennoch zu Verletzungen des Europarechts führen können, und diese so dem strengen Regime der Gemeinschaftsrechtsordnung zu unterwerfen.[14]

Wenn somit das soft law grundsätzlich zu den vom EuGH überprüfbaren Akten zählt, ist dennoch fraglich, ob dessen Verletzung zu den tauglichen Gegenständen eines Vertragsverletzungsverfahrens zählt. Nach dem Wortlaut der Art. 226 UAbs. 1, Art. 227 UAbs. 1 EGV ist Gegenstand eines solchen Verfahrens der Verstoß gegen eine „Verpflichtung aus diesem Vertrag".

Auf der Grundlage des Wortlautes des Art. 211 EGV, nach dem die Kommission dazu verpflichtet ist, die Durchsetzung des gesamten Gemeinschaftsrechts zu gewährleisten, wird der Begriff der „Verpflichtung" extensiv ausgelegt, so daß zu diesem neben primärrechtlichen Verpflichtungen auch solche aus dem sekundären Gemeinschaftsrecht und sogar dem Völkerrecht – jedenfalls sofern es im Rahmen des Gemeinschaftsrechts anwendbar und für die Mitgliedstaaten verbindlich ist – gezählt werden.[15] Tauglicher Prüfungsgegenstand eines Vertragsverletzungsverfahrens ist folglich das gesamte geschriebene und ungeschriebene Gemeinschaftsrecht unter Einbeziehung der allgemeinen Rechtsgrundsätze sowie des für die Mitgliedstaaten innerhalb der Gemeinschaft verbindlichen Völkerrechts. Die äußere Form des Rechtsaktes, von dem die Verletzungen ausgehen, ist dabei nur von nachrangiger Bedeutung.

---

[12] S.o. unter § 4 C.III.2, S. 102.

[13] Vgl. *Everling*, Probleme atypischer Rechts- und Handlungsformen, in: Bieber/Ress, Die Dynamik des Europäischen Gemeinschaftsrechts, 1987, S. 421.

[14] *Wuermeling*, EuR 1987, S. 240, unter Verweis auf die Rspr. des EuGH zum Europäischen Gerichtsstands- und Vollstreckungsübereinkommen (EuGVÜ) auf Grundlage der Gemeinsamen Erklärung zum EuGVÜ; i.E. wohl auch *Wellens/Borchardt*, ELRev 14 (1989), S. 295.

[15] H.M., vgl. *Ortlepp*, Das Vertragsverletzungsverfahren, 1987, S. 103; *Rengeling/Middeke/Gellermann*, Rechtsschutz in der EU, 1994, Rdnr. 73, 109; *Koenig/Sander*, Einf. in das EG-Prozeßrecht, 1997, Rdnr. 192; Grabitz/Hilf-*Karpenstein/Karpenstein*, Kommentar zur EU, Bd. II, Stand: 2001, Art. 226 EGV, Rdnr. 14; zur Einbeziehung des allgemeinen Völkerrechts vgl. auch EuGH, Rs. C-61/94 (*Kommission ./. Deutschland*), Slg. 1996, I-3989 (4012).

Von einer gerichtlichen Überprüfung ausgeschlossen sind dagegen reine intergouvernementale Beschlüsse, unabhängig davon, ob es sich um solche aus dem Bereich der zweiten oder dritten Säule des Unionsrechts[16] oder um Akte *sui generis* handelt[17].[18] Eine Abweichung hiervon ist jedoch in den Fällen möglich, in denen durch intergouvernementale Beschlüsse in Gemeinschaftskompetenzen und den durch Art. 47 EUV geschützten *acquis communautaire* eingegriffen wird. Um die rechtsmißbräuchliche Flucht in intergouvernementales Recht zu verhindern, kann dann gegen die beteiligten Mitgliedstaaten mit einer an alle gerichteten Vertragsverletzungsklage vorgegangen werden.[19] Bei Rechtsakten, die sowohl das Unions- wie das Gemeinschaftsrecht berühren, ist der EuGH ebenfalls nicht gehindert, alle in Frage kommenden Rechtsverletzungen mit Bezug zum Gemeinschaftsrecht zumindest inzident zu überprüfen.[20]

Die Erklärung der XIV unterfällt folglich wegen der Untrennbarkeit ihrer einzelnen Bestandteile in Rechtsverstöße gegen das Gemeinschafts- und solche gegen das Unionsrecht mit ihren unmittelbaren und mittelbaren Rechtsfolgen[21] insgesamt der Überprüfbarkeit durch den Gerichtshof, auch wenn Verstöße gegen das Unionsrecht außerhalb der im Kompetenzkatalog des Art. 46 EUV genannten Vorschriften grundsätzlich nicht zu den Zuständigkeiten des EuGH gehören.[22]

Einer Überprüfung der Erklärung der XIV durch den EuGH im Rahmen einer Vertragsverletzungsklage stehen daher weder die Rechtsnatur der Erklärung der XIV noch Art und Umfang der begangenen Verstöße entgegen.

---

[16] Dies folgt aus Art. 46 EUV, nach dem solche Beschlüsse nicht der Jurisdiktion des EuGH unterworfen sind.

[17] Beispielsweise sogenannte „uneigentliche Ratsbeschlüsse“ (zu den Details s.o. unter § 4 C.III.1, S. 99).

[18] Vgl. *Koenig/Sander*, Einf. in das EG-Prozeßrecht, 1997, Rdnr. 191; Grabitz/Hilf-*Karpenstein/Karpenstein*, Kommentar zur EU, Bd. II, Stand: 2001, Art. 226 EGV, Rdnr. 15.

[19] Vgl. *Böse*, EuR 1998, S. 680; *Pechstein*, JZ 1998, S. 1009; Grabitz/Hilf-*Karpenstein/Karpenstein*, Kommentar zur EU, Bd. II, Stand: 2001, Art. 226 EGV, Rdnr. 15.

[20] Vgl. *Geiger*, EUV/EGV, 2000, Art. 46 EUV, Rdnr. 7; a.A. *Pechstein*, EuR 1999, S. 10 f., der darin einen *ultra vires*-Akt erblickt.

[21] Zu den unmittelbaren Rechtsfolgen gehören die Maßnahmen; die mittelbaren Folgen sind die sogenannten „Begleitsanktionen“, die zwar nicht von der Erklärung selbst ausgehen, jedoch über einen engen sachlichen und zeitlichen Zusammenhang mit dieser verfügen.

[22] Vgl. *Pechstein/Koenig*, Europäische Union, 2000, Rdnr. 505.

b. Vorliegen der übrigen formellen Voraussetzungen

Mit Ausnahme eines österreichischen Antrages zur Einleitung eines Vertragsverletzungsverfahrens an die Kommission sowie der Durchführung des obligatorischen Vorverfahrens, das unabhängig davon, ob das Verfahren von der Kommission oder durch einen Mitgliedstaat angestrengt worden ist, der Klageerhebung vor dem EuGH zeitlich vorangehen muß,[23] liegen alle für die Durchführung eines Vertragsverletzungsverfahrens notwendigen formellen Voraussetzungen vor.

Sowohl die Republik Österreich als Klägerin als auch die XIV als mutmaßliche Klagegegner[24] verfügen als Mitgliedstaaten der Europäischen Union nach Art. 227 UAbs. 1 EGV im Rahmen einer Vertragsverletzungsklage über die notwendige Beteiligtenfähigkeit. Richtige Klagegegner wären in diesem Zusammenhang alle 14 Mitgliedstaaten, da die Klage stets gegen denjenigen Mitgliedstaat zu richten ist, dem die Vertragsverletzung vorgeworfen wird.

Mit einer begründeten Berufung auf die im vorigen Kapitel dargestellten Verstöße gegen die Gemeinschaftsverträge hätte Österreich ferner auch über die notwendige Klageberechtigung verfügt, da hierdurch mehr als bloße Vermutungen und Zweifel an der Vertragstreue der XIV geäußert worden wären. Um klageberechtigt zu sein, muß die klagende Partei nämlich der „Auffassung" sein, d.h. über die tatsächliche und rechtliche Überzeugung verfügen, daß der oder die beklagten Mitgliedstaaten gegen eine Verpflichtung aus dem Gemeinschaftsrecht verstoßen haben.[25]

Dagegen bedarf es im Rahmen eines Vertragsverletzungsverfahrens aufgrund seiner objektiv-rechtlichen Funktion weder der Verletzung besonderer subjektiver Rechte des klagenden Staates noch eines besonderen Rechtsschutzinteres-

[23] Für eine Klage der Kommission geht dies aus Art. 226 UAbs. 1 EGV hervor, für eine Klage eines Mitgliedstaates aus Art. 227 UAbs. 2 EGV.

[24] Im Rahmen der Passivlegitimation ist unerheblich, ob die Vertragsverletzung auf ein Verfassungsorgan des Mitgliedstaates, sonstige staatliche Stellen oder das Verhalten einer dem Staat zurechenbare natürlichen Personen zurückzuführen ist. Der Gemeinschaft gegenüber sind die Mitgliedstaaten für jedes staatliche Fehlverhalten verantwortlich – vgl. *Niedermühlbichler*, Verfahren vor dem EuG und EuGH, 1998, Rdnr. 126; Grabitz/Hilf-*Karpenstein/ Karpenstein*, Kommentar zur EU, Bd. II, Stand: 2001, Art. 226 EGV, Rdnr. 19.

[25] Vgl. *Rengeling/Middeke/Gellermann*, Rechtsschutz in der EU, 1994, Rdnr. 72.

ses.[26] Eine Frist zur Erhebung der Klage ist vom betreffenden Mitgliedstaat ebenfalls nicht zu wahren.[27]

c. Zwischenergebnis

Eine Vertragsverletzungsklage vor dem EuGH im Rahmen eines von Österreich angestrengten Vertragsverletzungsverfahrens i.S.d. Art. 226, 227 EGV wäre nach Einleitung und Durchführung eines entsprechenden Vorverfahrens bei der Kommission statthaft gewesen und hätte auf der Grundlage der im vorangehenden Kapitel dargestellten Vertragsverstöße mutmaßlich spätestens dort auch Aussicht auf Erfolg gehabt.

2. Nichtigkeitsklage – Art. 230 EGV

Neben der Vertragsverletzungsklage wäre im vorliegenden Fall auch die Erhebung einer Nichtigkeitsklage i.S.d. Art. 230 EGV durch Österreich denkbar gewesen. Dies hätte – bei Vorliegen der notwendigen formellen Voraussetzungen – für Österreich den Vorteil gehabt, kein zeitaufwendiges Vorverfahren durchführen zu müssen und damit insgesamt schneller an eine Entscheidung des EuGH zu gelangen.

---

[26] *Epiney*, in: B/B/P/S, Europäische Union, 2001, Rdnr. 545; Grabitz/Hilf-*Karpenstein/Karpenstein*, Kommentar zur EU, Bd. II, Stand: 2001, Art. 226 EGV, Rdnr. 6. Nur in solchen Fällen, in denen der Streitgegenstand bereits vor Klageerhebung durch die Beseitigung der Vertragsverletzung erledigt wurde, kann ausnahmsweise die Annahme eines besonderen Rechtsschutzinteresses, zum Beispiel aufgrund einer Wiederholungsgefahr, notwendig sein; dieses ist dann vom klagenden Mitgliedstaat darzulegen – vgl. *Ortlepp*, Das Vertragsverletzungsverfahren, 1987, S. 93 f.; *Rengeling/Middeke/Gellermann*, Rechtsschutz in der EU, 1994, Rdnr. 101.

[27] Seine Grenzen findet eine statthafte Verfahrenseinleitung jedoch im Grundsatz von Treu und Glauben, so daß nach Ablauf einer je nach Einzelfall zu bestimmenden Zeitspanne das Klagerecht verwirkt sein kann – vgl. *Rengeling/Middeke/Gellermann*, Rechtsschutz in der EU, 1994, Rdnr. 99. Der Lauf einer solchen Verwirkungsfrist beginnt aber frühestens nach Beendigung der Vertragsverletzung, so daß hier eine Verwirkung bis zum 12.09.2000 jedenfalls nicht eintreten konnte.

a. Vorliegen eines wirksamen Verfahrensgegenstandes – Art. 230 UAbs. 1 EGV

Fraglich ist zunächst, ob die in der Erklärung der XIV zum Ausdruck kommenden Rechtsakte und deren unmittelbaren und mittelbaren Folgen wirksame Verfahrensgegenstände einer Nichtigkeitsklage sein können.

Nach dem Wortlaut des Art. 230 UAbs. 1 EGV können ausschließlich Handlungen des RdEU, der Kommission, der Europäischen Zentralbank und des EP sowie von Parlament und RdEU gemeinsam Gegenstand einer Nichtigkeitsklage sein. Wegen des ausdrücklichen Ausschlusses von Empfehlungen und Stellungnahmen und dem Hinweis auf Rechtswirkungen gegenüber Dritten im Zusammenhang mit Handlungen des Parlaments kann im Umkehrschluß gefolgert werden, daß die in Frage kommenden Handlungen ferner über Rechtswirkungen verfügen müssen.[28] Über den Wortlaut des Art. 230 UAbs. 1 EGV hinausgehend hat der EuGH in seiner Rechtsprechung den Bereich möglicher Klagegegenstände weiter ausgedehnt. Er umfaßt nunmehr alle Akte, „die dazu bestimmt sind, Rechtswirkungen zu erzeugen, ohne Unterschied ihrer Rechtsnatur oder Form".[29]

Im Falle einer Urheberschaft des RdEU muß dieser beim Beschluß des angefochtenen Rechtsaktes als Gemeinschaftsorgan gehandelt haben. – Ist ein Treffen des Rates dagegen nur äußerer Rahmen für eine Entscheidung der Gesamtheit der Mitgliedstaaten, wie dies beispielsweise bei den „uneigentlichen Ratsbeschlüssen" der Fall ist, sind diese Beschlüsse mit Hilfe einer Nichtigkeitsklage nicht anfechtbar.[30]

Einer Einordnung des Beschlusses der XIV als Rechtsakt des RdEU wurde von den XIV stets damit widersprochen, die Erklärung sei Ausfluß einer außerhalb

[28] *Rengeling/Middeke/Gellermann*, Rechtsschutz in der EU, 1994, Rdnr. 140.

[29] EuGH, Rs. 22/70 (*Kommission ./. Rat*), Slg. 1971, 263 (277) – *AETR*; ferner auch Rs. C-303/90 (*Frankreich ./. Kommission*), Slg. 1991, I-5315 (5343) (st. Rspr.); zustimmend das Schrifttum, vgl. *Gündisch*, Rechtsschutz in der EG, 1994, S. 79; *Rengeling/Middeke/Gellermann*, Rechtsschutz in der EU, 1994, Rdnr. 140; *Niedermühlbichler*, Verfahren vor dem EuG und EuGH, 1998, Rdnr. 172; *Oppermann*, Europarecht, 1999, Rdnr. 742; *Epiney*, in: B/B/P/S, Europäische Union, 2001, Rdnr. 554; Grabitz/Hilf-*Booß*, Kommentar zur EU, Bd. II, Stand: 2001, Art. 230 EGV, Rdnr. 12.

[30] Grabitz/Hilf-*Booß*, Kommentar zur EU, Bd. II, Stand: 2001, Art. 230 EGV, Rdnr. 7.

des Europarechts liegenden, multilateralen politischen Entscheidung, die weder rechtliche Wirkungen entfalte noch aus dem Bereich des Europarechts stamme.

Bei der Würdigung von Maßnahmen, die nicht eindeutig Rechtsverbindlichkeit entfalten, ist aber unter anderem der tatsächliche und rechtliche Zusammenhang ihres Erlasses zu berücksichtigen sowie die objektive Bedeutung zu ermitteln, die die Maßnahme für einen sorgfältig und umsichtig handelnden Betrachter vernünftigerweise haben konnte.[31] Es ist also, wie bereits bei der Zuordnung eines Aktes zu einem bestimmten Urheber,[32] auch bei der Bestimmung, ob ein spezifischer Akt Rechtswirkungen entfaltet oder nicht, vorrangig auf objektive Kriterien abzustellen und nicht auf den subjektiven Willen des Urhebers.

Eine vor diesem Hintergrund durchgeführte Analyse der Erklärung auf der Grundlage ihres Inhaltes sowie ihrer normativen Wirkung hat gezeigt, daß beide fraglichen Akte, die Erklärung und der Beschluß, auf Entscheidungsfindungsmechanismen des Europarechts zurückzuführen sind, erhebliche Rechtswirkungen für ihren Primäradressaten, die Republik Österreich, entfaltet haben und, wegen der Rolle die der (amtierende) österreichische Bundeskanzler *Klima* und der österreichische Bundespräsident *Klestil* beim Zustandekommen der Entscheidung spielten, dem RdEU zuzuordnen sind.[33]

Die Entscheidung, Österreich in Form einer Erklärung von den zu erwartenden Folgen einer Regierungsbeteiligung zu unterrichten und diese angekündigten Folgen später auch in die Tat umzusetzen, war folglich ein Rechtsakt des RdEU, der tauglicher Verfahrensgegenstand einer Nichtigkeitsklage i.S.d. Art. 230 UAbs. 1 EGV ist.

Anders verhält es sich bei den mittelbaren Folgen der Erklärung, den sogenannten „Begleitsanktionen“. Sie sind lediglich auf das Verhalten einzelner Mitgliedstaaten oder das ihnen zurechenbare Verhalten einzelner Bürger zurückzuführen. Es handelt sich bei ihnen daher weder direkt noch mittelbar um den Akt eines Gemeinschaftsorgans, so daß diese Rechtsverletzungen selbst nicht Gegenstand einer Nichtigkeitsklage sein können.

---

[31] Grabitz/Hilf-*Booß*, Kommentar zur EU, Bd. II, Stand: 2001, Art. 230 EGV, Rdnr. 17.
[32] S.o. unter § 3 C.II.2.c, S. 42.
[33] Zu den Details s.o. unter § 3 C, S. 26.

b. Mögliche Klagegründe – Art. 230 UAbs. 2 EGV

Gemäß Art. 38 § 1 lit. c) VerfO-EuGH[34] muß die Klage neben dem Streitgegenstand mindestens eine kurze Darstellung der Klagegründe enthalten. Voraussetzung für die Zulässigkeit einer Nichtigkeitsklage ist daher die Geltendmachung von mindestens einem der in Art. 230 UAbs. 2 EGV enumerativ aufgeführten Klagegründe.[35]

Im Rahmen einer potentiellen Klage gegen den in der Erklärung verkörperten Beschluß der XIV kommen für dessen Nichtigkeit alle der in Art. 230 UAbs. 2 EGV aufgeführten Gründe in Betracht. Diese bestehen neben den *Verfahrensrügen* der Unzuständigkeit und der Verletzung wesentlicher Formvorschriften aus den *Sachrügen* der Verletzung des Vertrages und des Ermessensmißbrauchs.

Durch die gewählte Form ihres Beschlusses und die Umgehung des an sich einschlägigen Verfahrens nach Art. 7 EUV haben die XIV eine für den durch sie gesetzten Rechtsakt unzulässige Handlungsform gewählt und zudem die in den europäischen Verträgen für diesen Fall zwingend vorgesehene Rechtsform des Feststellungsbeschlusses i.S.d. Art. 7 I EUV bewußt umgangen. Dies stellt einen Fall der *sachlichen Unzuständigkeit* dar.[36] Zugleich liegt in dem nach opportunistischen Gesichtspunkten von den XIV gestalteten Verfahren der Beschlußfassung ein Verfahrensmißbrauch; dieser berührt dogmatisch den Anwendungsbereich von zwei Klagegründen: denjenigen der sachlichen Unzuständigkeit und denjenigen des Ermessensmißbrauchs.[37]

---

[34] In der während der Dauer der Maßnahmen gültigen Fassung vom 19.06.1991, ABl. Nr. L 176, S. 7-32, zuletzt berichtigt am 23.12.1997, ABl. Nr. L 351, S. 72.

[35] *Rengeling/Middeke/Gellermann*, Rechtsschutz in der EU, 1994, Rdnr. 171; *Koenig/Sander*, Einf. in das EG-Prozeßrecht, 1997, Rdnr. 302; *Niedermühlbichler*, Verfahren vor dem EuG und EuGH, 1998, Rdnr. 194; Grabitz/Hilf-*Booß*, Kommentar zur EU, Bd. II, Stand: 2001, Art. 230 EGV, Rdnr. 94. Eine ausdrückliche Nennung des Grundes ist dabei jeweils nicht notwendig; es reicht aus, wenn sich der Grund aus dem Klagevorbringen hinreichend deutlich entnehmen läßt – vgl. EuGH, verb. Rs. 19/60, 20/60, 2/61 und 3/61 (*Société Fives Lille Cail u.a. ./. Hohe Behörde*), Slg. 1961, 611 (644); Rs. 338/82 (*Carlo Albertini und Mario Montagnani ./. Kommission*), Slg. 1984, 2123 (2135 f.).

[36] Vgl. *Rengeling/Middeke/Gellermann*, Rechtsschutz in der EU, 1994, Rdnr. 184; Calliess/Ruffert-*Cremer*, EUV/EGV, 1999, Art. 230 EGV, Rdnr. 70; Grabitz/Hilf-*Booß*, Kommentar zur EU, Bd. II, Stand: 2001, Art. 230 EGV, Rdnr. 101.

[37] Vgl. EuGH, Rs. C-202/88 (*Frankreich ./. Kommission*), Slg. 1991, 1223 (1264).

Eng verbunden mit der Wahl der falschen Handlungsform und der Nichtbeachtung des einschlägigen Verfahrens ist der Klagegrund der *Verletzung wesentlicher Formvorschriften.*[38] Hierzu zählen neben der Verletzung von Beteiligungsrechten, beispielsweise das Unterlassen notwendiger Anhörungen[39] oder die Nichtbeachtung der Mitwirkungsrechte des EP[40], auch die Mißachtung der Begründungspflicht von Rechtsakten.[41] Mit der Umgehung des an sich einschlägigen Verfahrens nach Art. 7 EUV haben die XIV nicht nur die Anhörungsrechte Österreichs und des EP verletzt, durch die knappe Form der sich jeder Begründung enthaltenden Erklärung haben sie zudem gegen die Begründungspflicht verstoßen, die vorrangig der Herstellung von Waffengleichheit zwischen Erlaßorgan und Empfänger dienen soll.[42]

Für den Klagegrund der *Verletzung des Vertrages* sind als Auslegungsmaßstab neben den Vorschriften des Gemeinschaftsrechts im engeren Sinn auch die in den Art. 2-6 EUV enthaltenen allgemeinen Leitlinien des Europarechts zu berücksichtigen.[43] Die durch den Beschluß der XIV und die Erklärung begangenen Verstöße gegen die europäischen Grundwerte und das Gemeinschaftsrecht sind bereits im vorangehenden Kapitel ausführlich erörtert worden. Für das Vorlie-

---

[38] Wegen der im Begriff der „Wesentlichkeit" zum Ausdruck kommenden notwendigen Qualität der Formvorschrift wird im Schrifttum teilweise auf die *„wesentliche Verletzung von Formvorschriften"* abgestellt (vgl. *Daig*, Nichtigkeits- und Untätigkeitsklagen im Recht der Europäischen Gemeinschaften, 1985, Ziff. 167, S. 130; GTE-*Krück*, EUV/EGV, 1997, Art. 173 EGV, Rdnr. 77; *Koenig/Sander*, Einf. in das EG-Prozeßrecht, 1997, Rdnr. 322; Grabitz/Hilf-*Booß*, Kommentar zur EU, Bd. II, Stand: 2001, Art. 230 EGV, Rdnr. 103; wohl auch *Rengeling/Middeke/Gellermann*, Rechtsschutz in der EU, 1994, Rdnr. 187). Wesentlich ist eine Formvorschrift aber jedenfalls dann, wenn ihre Verletzung geeignet ist, den Inhalt der Rechtshandlung zu beeinflussen oder die Befugnisse von Organen zu beeinträchtigen – vgl. EuGH, Rs. 30/78 (*Distillers Company Ltd. ./. Kommission*), Slg. 1980, 2229 (2263); Rs. 117/81 (*Jean-Jacques Geist ./. Kommission*), Slg. 1983, 2191 (2234); *Niedermühlbichler*, Verfahren vor dem EuG und EuGH, 1998, Rdnr. 198; *Epiney*, in: B/B/P/S, Europäische Union, 2001, Rdnr. 564; Grabitz/Hilf-*Booß*, ebd.

[39] Beispielsweise im Rahmen des Feststellungsverfahrens nach Art. 7 I EUV.

[40] Vgl. EuGH, Rs. 138/79 (*Roquette Frères ./. Rat*), Slg. 1980, 3333 (3360).

[41] Vgl. *Daig*, Nichtigkeits- und Untätigkeitsklagen im Recht der Europäischen Gemeinschaften, 1985, Ziff. 170-182, S. 131-142; *Gündisch*, Rechtsschutz in der EG, 1994, S. 85 f.; *Rengeling/Middeke/Gellermann*, Rechtsschutz in der EU, 1994, Rdnr. 186; *Koenig/Sander*, Einf. in das EG-Prozeßrecht, 1997, Rdnr. 323; Calliess/Ruffert-*Cremer*, EUV/EGV, 1999, Art. 230 EGV, Rdnr. 75; Schwarze-*Schwarze*, EU-Komm., 2000, Art. 230 EGV, Rdnr. 63; Grabitz/Hilf-*Booß*, Kommentar zur EU, Bd. II, Stand: 2001, Art. 230 EGV, Rdnr. 104, 109, 111.

[42] Vgl. Grabitz/Hilf-*Booß*, Kommentar zur EU, Bd. II, Stand: 2001, Art. 230 EGV, Rdnr. 111.

[43] Grabitz/Hilf-*Booß*, Kommentar zur EU, Bd. II, Stand: 2001, Art. 230 EGV, Rdnr. 117.

gen auch dieses Klagegrundes kann daher auf diese Ausführungen verwiesen werden.[44]

Auch der letzte Klagegrund des *Ermessensmißbrauchs*, dessen Inhalt in Anlehnung an das französische Verwaltungsrecht auszulegen und daher auf solche Fälle beschränkt ist, in denen das Erlaßorgan mit Mitteln des Gemeinschaftsrechts ein subjektiv rechtswidriges Ziel oder aber einen solchen Zweck verfolgt hat,[45] ist durch das Verhalten der XIV gegeben. Dies beruht hauptsächlich auf der mißbräuchlichen Umgehung des einschlägigen Verfahrens durch das Ausweichen auf das nominell außerhalb des „harten" Europarechts liegende soft law. In Ermangelung jedweder Begründung, aus der sich im Regelfall das subjektive Ziel oder der Zweck der angefochtenen Maßnahme ergibt,[46] kann für dieses Verhalten auch kein Grund angeführt werden, der imstande wäre, die subjektiven Motive der XIV zu erhellen, und sich so – etwa bezüglich einer Einordnung ihrer Handlungen in die Erscheinungsformen des Europarechts – zu ihren Gunsten auswirken könnte.

c. Vorliegen der übrigen formellen Voraussetzungen

Alle übrigen formellen Voraussetzungen für die Erhebung einer Nichtigkeitsklage i.S.d. Art. 230 EGV wären vorliegend ebenfalls gegeben gewesen.

Wie bereits im Rahmen der Vertragsverletzungsklage sind die Republik Österreich und die übrigen Mitgliedstaaten auch im Rahmen einer Nichtigkeitsklage beteiligtenfähig. Als Mitgliedstaat ist Österreich als Kläger dabei gemäß Art. 230 UAbs. 2 EGV privilegiert, so daß es vorliegend weder der Darlegung

---

[44] Die Ausführungen zu den „Begleitsanktionen" sind hier wiederum unbeachtlich, da sie ihre Grundlage nicht im Handeln der XIV insgesamt, sondern nur in dem einzelner Mitgliedstaaten haben.

[45] Nach der st. Rspr. des EuGH ist ein Ermessensmißbrauch daher gegeben, wenn „aufgrund objektiver, schlüssiger und übereinstimmender Indizien anzunehmen ist, daß die Handlung zu anderen als den in ihr angegebenen Zwecken oder mit dem Ziel getroffen wurde, ein Verfahren zu umgehen, das der Vertrag vorsieht, um die konkrete Sachlage zu bewältigen" – vgl. EuGH, verb. Rs. 18/65 und 35/65 (*Gutmann ./. Kommission*), Slg. 1966, 153 (176); Rs. 69/83 (*Charles Lux ./. Rechnungshof*), Slg. 1984, 2447 (2465); Rs. C-331/88 (*Fedesa u.a.*), Slg. 1990, I-4023 (4065).

[46] Vgl. EuGH, Rs. C-156/93 (*Parlament ./. Kommission*), Slg. 1995, I-2019 (2051); Rs. C-180/96 (*Vereinigtes Königreich ./. Kommission*), Slg. 1998, I-2269 (2290).

eines besonderen Rechtsschutzbedürfnisses noch der eigenen Betroffenheit bedarf.[47]

Allein die Klagefrist hätte Österreich bei der Klageerhebung beachten müssen. Diese als Ausschlußfrist gestaltete Frist beträgt gemäß Art. 230 UAbs. 5 EGV zwei Monate, zuzüglich einer von der räumlichen Entfernung des Klägers vom Sitz des Gerichtshofes abhängigen Entfernungsfrist gemäß Art. 81 § 2 i.V.m. Anl. II VerfO-EuGH.[48]

Der Fristbeginn richtet sich gemäß Art. 230 UAbs. 5 EGV i.V.m. Art. 80 § 1, Art. 81 § 1 VerfO-EuGH nach dem Zeitpunkt der Bekanntgabe der betreffenden Handlung, ihrer Mitteilung an den Kläger oder der Kenntniserlangung durch den Kläger. Mit der „Bekanntgabe" ist dabei nicht die persönliche Bekanntgabe gegenüber dem Adressaten der Handlung, sondern deren Veröffentlichung im Amtsblatt gemeint.[49] Vorliegend kommt deshalb mangels einer solchen Veröffentlichung der Erklärung nur ein Fristbeginn durch Mitteilung an Österreich in Betracht.[50] Eine solche Mitteilung ist in der Übergabe der diplomatischen Note an Österreich zu sehen, die am Nachmittag des 31.01.2000 erfolgte.

Nach Art. 80 § 1 lit. a) VerfO-EuGH begann daher die Frist am 1.02.2000, dem Tag nach der Bekanntgabe, 0:00 Uhr, zu laufen und endete gemäß Art. 230 UAbs. 5 EGV i.V.m. Art. 80 § 1 lit. b), Art. 81 § 2, § 1 3. Spstr. Anl. II VerfO-EuGH am 10.04.2000, 24:00 Uhr.

Durch den Beschluß der XIV vom 27.06.2000, die Maßnahmen bis auf weiteres fortzusetzen, der in Form einer Pressemitteilung von der portugiesischen Rats-

---

47 Vgl. *Rengeling/Middeke/Gellermann*, Rechtsschutz in der EU, 1994, Rdnr. 154; *Niedermühlbichler*, Verfahren vor dem EuG und EuGH, 1998, Rdnr. 165; Schwarze-*Schwarze*, EU-Komm., 2000, Art. 230 EGV, Rdnr. 28; Grabitz/Hilf-*Booß*, Kommentar zur EU, Bd. II, Stand: 2001, Art. 230 EGV, Rdnr. 40. Dies gilt sogar dann, wenn der spätere Kläger eine Mitverantwortung an der angegriffenen Maßnahme – etwa durch eine vorangegangene vorbehaltlose Zustimmung – trägt (vgl. EuGH, Rs. 166/78 (*Italien ./. Rat*), Slg. 1979, 2575 (2596)).

48 Für Österreich beträgt diese Entfernungsfrist gemäß Art. 1 3. Spstr. Anl. II VerfO-EuGH *zehn Tage*.

49 Schwarze-*Schwarze*, EU-Komm., 2000, Art. 230 EGV, Rdnr. 53; Grabitz/Hilf-*Booß*, Kommentar zur EU, Bd. II, Stand: 2001, Art. 230 EGV, Rdnr. 84.

50 Der Begriff der „Mitteilung" entspricht insoweit der individuellen Bekanntgabe i.S.d. Art. 254 III EGV – vgl. GA *Lenz*, Rs. C-143/95 P (*Kommission ./. Sociedade de Curtumes a Sul do Tejo Ld.ª (Socurte) u.a.*), Slg. 1997, I-1 (8).

präsidentschaft am gleichen Tag veröffentlicht wurde[51] und der als eigenständiger Rechtsakt zu werten ist, begann die Klagefrist jedoch erneut zu laufen. Auf Grundlage der obengenannten Normen begann die neue Frist am Tag nach der Kenntniserlangung, d.h. dem 28.06.2000, 0:00 Uhr, und endete dementsprechend am 6.09.2000, 24:00 Uhr. Bis zu diesem Zeitpunkt hätte die Klageschrift endgültig bei der Kanzlei des EuGH eingegangen sein müssen.[52]

d. Zwischenergebnis

Eine österreichische Nichtigkeitsklage i.S.d. Art. 230 EGV vor dem EuGH gegen den hinter der Erklärung der XIV stehenden, dem RdEU zuzurechnenden Beschluß wäre unter Beachtung der Klagefrist statthaft gewesen und hätte wegen der Verletzung sämtlicher nach Art. 230 UAbs. 2 EGV statthaften Klagegründe mutmaßlich auch Aussicht auf Erfolg gehabt.

B. Reaktionen im Rahmen des allgemeinen Völkerrechts

Aufgrund der Verwurzelung des Europarechts im Völkerrecht und der deshalb nach wie vor bestehenden subsidiären Anwendbarkeit völkervertragsrechtlicher Rechtsinstitute und Rechtsbehelfe[53] hätte sich Österreich bei seiner Reaktion auf die Rechtsverletzungen neben dem Europarecht auch der Mittel des Völkerrechts bedienen können. – Wegen deren Subsidiarität allerdings nur soweit, wie keine einschlägigen *und* praktikablen europarechtlichen Regelungen zur Verfügung standen, mit denen den Verstößen in gleichem Maße hätte begegnet werden können.

[51] Für den Text dieser Mitteilung s. *Winkler*, ZÖR 55 (2000), S. 265.
[52] Vgl. Art. 37 § 3 VerfO-EuGH.
[53] S.o. unter § 6 A.III, S. 161.

I. Einseitige Maßnahmen

1. Austritt aus der EU und den Europäischen Gemeinschaften

Als weitreichendste einseitige Maßnahme Österreichs kommt ein Austritt Österreichs aus den europäischen Verträgen in Betracht. Fraglich ist, ob ein solcher Austritt grundsätzlich möglich ist und auf welche Rechtsgrundlage sich Österreich dabei hätte stützen können.

Die Rechtsgrundlage für einen Austritt, d.h. die *freiwillige, einseitige Aufgabe der Mitgliedschaft in einer internationalen Organisation durch einen Mitgliedstaat,*[54] richtet sich vorrangig nach der Satzung der jeweiligen internationalen Organisation, aus der der Austritt angestrebt wird. Fehlt eine Austrittsklausel oder sind die in der Satzung getroffenen Regelungen nicht abschließend, so bleibt der Rückgriff auf die Vertragsbeendigungsgründe des allgemeinen Völkerrechts.[55]

a. Austritt auf Grundlage der europäischen Verträge

Zunächst sind daher die jeweiligen Gründungsverträge der Europäischen Gemeinschaften und der Europäischen Union[56] nach einer solchen Austrittsklausel zu untersuchen.

Die europäischen Verträge sind bis auf den EGKSV, der eine Laufzeit von 50 Jahren hat,[57] auf unbegrenzte Dauer abgeschlossen worden.[58] Ausdrückliche Regelungen über eine Beendigung der Verträge – weder einseitig noch durch alle Vertragsstaaten – sind in diesen daher nicht vorgesehen. Die Herleitung einer

[54] *Götting*, Die Beendigung der Mitgliedschaft in der EU, 2000, S. 4.

[55] *Götting*, Die Beendigung der Mitgliedschaft in der EU, 2000, S. 5; a.A. die Vertreter der „autonomistischen" Auffassung (s.o. § 6 A.I.2.a, S. 152, Fn. 12) sowie GTE-*Hilf*, EUV/EGV, 1997, Art. 240 EGV, Rdnr. 9.

[56] Obwohl die Europäische Union mangels eigener Rechtspersönlichkeit keine IO ist, sind die Übereinstimmungen im Rahmen eines möglichen Austrittsregimes so weitgehend, daß es gerechtfertigt ist, die Union bei dieser Untersuchung den drei Gemeinschaften gleichzustellen und sie wie eine IO zu behandeln.

[57] Vgl. Art. 97 EGKSV. Die EGKS erlischt daher als eigenständige Gemeinschaft mit dem 23.07.2002, sofern der Vertrag durch die Vertragsstaaten nicht vorher verlängert wird. Zu den möglichen Handlungsszenarien vgl. GTE-*Hilf*, EUV/EGV, 1997, Art. 240 EGV, Rdnr. 18.

[58] Vgl. Art. 51 EUV, Art. 312 EGV, Art. 208 EAGV.

Austrittsklausel aus den sonstigen Bestimmungen der Verträge ist nicht möglich.[59]

Ein Austritt Österreichs aus den Gemeinschaften und der Union auf Grundlage einer vertraglichen Austrittsklausel scheidet damit aus.

b. Austritt auf Grundlage des allgemeinen Völkerrechts

Neben dem Recht der IO selbst kommt ein Rückgriff auf die Vertragsbeendigungsgründe des allgemeinen Völkerrechts in Betracht. Die wesentlichen Beendigungsgründe, die zuvor größtenteils völkerrechtliches Gewohnheitsrecht darstellten, sind seit 1969 durch die WVK kodifiziert worden.[60] Diese ist dabei gemäß Art. 5 WVK auch auf Gründungsverträge internationaler Organisationen anwendbar.

Die Anwendbarkeit der WVK als Ausfluß allgemeinen Völkerrechts wird nicht bereits dadurch versperrt, daß das Europarecht über eine Vielzahl eigener Verfahren verfügt, mit denen Vertragsverletzungen begegnet werden könnte. Einerseits besteht – wie bereits im Rahmen der Anwendbarkeit völkerrechtlicher Zwangsmaßnahmen neben dem speziellen Sanktionsverfahren des Art. 7 EUV gezeigt – in Ausnahmefällen, in denen die Voraussetzungen der europarechtlichen Verfahren noch nicht erfüllt sind,[61] die Möglichkeit, zur Lückenfüllung die Verfahren des allgemeinen Völkerrechts subsidiär anzuwenden. Andererseits können diese Verfahren auch in Situationen herangezogen werden, in denen die an sich einschlägigen Verfahren der betreffenden internationalen Organisation aufgrund der besonderen Situation des Einzelfalles versagen.[62]

Eine umfassende und direkte Anwendung der WVK auf die europäischen Verträge erscheint aber aus anderen Gründen problematisch: Zum einen gilt diese

[59] Vgl. die ausführliche Untersuchung der in Frage kommenden Regelungen bei *Waltemathe*, Austritt aus der EU, 2000, S. 30-46.

[60] Vgl. Art. 56, 60-62 WVK.

[61] Vgl. hierzu oben unter § 6 A.III, S. 161.

[62] Vgl. *Simma*, NYIL XVI (1985), S. 116. Ein solches „Versagen" kommt im vorliegenden Fall wegen der fehlenden tatsächlichen Praktikabilität der Durchführung eines Feststellungsverfahrens i.S.d. Art. 7 I EUV und dem offenkundigen Unwillen der Kommission, ihre Rolle als „Hüterin der Verträge" wahrzunehmen und Aufsichtsverfahren gegen die XIV einzuleiten, in Betracht.

nur *inter partes*, d.h. nur für ihre Vertragsparteien,[63] einige Mitgliedstaaten der Gemeinschaften sind der Konvention jedoch noch nicht beigetreten.[64] Zum anderen ist die WVK gemäß Art. 4 WVK nur auf solche völkerrechtlichen Verträge anwendbar, die nach ihrem Inkrafttreten[65] geschlossen worden sind, was aber bei den Gründungsverträgen der drei Gemeinschaften nicht der Fall ist.

Beiden Einschränkungen kann aber damit begegnet werden, daß die WVK nur eine positive Kodifikation von überwiegend bereits gewohnheitsrechtlich anerkannten Regelungen ist,[66] so daß auch Verträge, die bereits vor ihrem Inkrafttreten geschlossen wurden und/oder an denen Staaten beteiligt sind, die nicht zu den Vertragsstaaten der Konvention zählen, zumindest mittelbar an deren Regelungen gemessen werden können. Insoweit kann von einer nahezu universellen Geltung der WVK ausgegangen werden,[67] so daß sie folglich auch als Rechtsgrundlage für einen Austritt aus den europäischen Verträgen herangezogen werden kann.

aa. Austrittsrecht trotz fehlender einschlägiger Klauseln in den europäischen Verträgen

Umstritten ist allerdings, ob das Fehlen einer Austrittsklausel in den europäischen Verträgen nicht den Willen der Vertragsstaaten zum Ausdruck bringt, einen Austritt gerade nicht zuzulassen, und die Anwendbarkeit der Beendigungstatbestände der WVK hierdurch nicht vollständig ausgeschlossen wird. Die für die Entstehung der Verträge maßgeblichen Materialien sind selbst unzugänglich, so daß über die Absichten der Vertragspartner nur spekuliert werden kann.[68]

---

[63] Vgl. *Ipsen*, Völkerrecht, 1999, vor § 9, Rdnr. 5, S. 95.

[64] Frankreich, Luxemburg, Irland und Portugal.

[65] Dies war gemäß Art. 84 I WVK nach der Hinterlegung der 35. Ratifikationsurkunde am 27.01.1980 der Fall.

[66] Vgl. *Hill*, GJILC 1982, S. 346. Für die Vertragsbeendigung ist dies vom IGH zumindest in bezug auf Art. 60 WVK („Namibia-Gutachen“, ICJ Reports 1971, 16 (47); Fisheries Jurisdiction (*United Kingdom v. Iceland*), Urteil vom 2.02.1973, ICJ Reports 1973, 3 (19)) und Art. 62 WVK (Fisheries Jurisdiction (*Federal Republic of Germany v. Iceland*), Urteil vom 2.02.1973, ICJ Reports 1973, 49 (63)) festgestellt worden. Für Art. 62 WVK ebenso auch der EuGH, Rs. C-162/96 (*A. Racke GmbH & Co. KG ./. Hauptzollamt Mainz*), Slg. 1998, I-3655 (3704 f.).

[67] *Ipsen*, Völkerrecht, 1999, vor § 9, Rdnr. 5, S. 95.

[68] *Weiler/Haltern*, HILJ 37 (1996), S. 432; *Götting*, Die Beendigung der Mitgliedschaft in der EU, 2000, S. 112.

Im Meinungsstreit, der um die Möglichkeit eines Austritts ohne Austrittsklausel in den europäischen Verträgen geführt wird und in dem das gesamte theoretisch denkbare Meinungsspektrum vertreten ist, d.h. von der generellen Zulässigkeit eines Austritts über eine vermittelnde Ansicht bis hin zur generellen Unzulässigkeit, stützen sich seine Protagonisten daher ausschließlich auf dogmatische Argumente. Im Zentrum des Streits steht auch hier – wie bereits bei der Auseinandersetzung um die Rechtsnatur des Gemeinschaftsrechts[69] – inwieweit das Europarecht bereits eine eigene, abgeschlossene Rechtsordnung darstellt und dessen Regelungen deshalb abschließend sind.

Die Befürworter eines generellen Austrittsrechts leiten dies vornehmlich von der nach wie vor bestehenden Souveränität der Mitgliedstaaten ab.[70] Diese verhindere, daß die Mitgliedstaaten, obwohl sie noch die „Herren der Verträge" seien, durch eine fehlende Vertragsklausel auch gegen ihren Willen auf ewig an die europäischen Verträge gebunden blieben und ihnen somit eine Zwangsmitgliedschaft oktroyiert werde. Ungeachtet einer prinzipiellen Einbindung in das europäische Vertragswerk könnten sie daher in Grenzsituationen das ihnen nach wie vor verbliebene Entscheidungsmonopol über die Art und Weise ihrer rechtlichen Existenz aktivieren und besäßen damit ein faktisches Austrittsrecht. Zudem verfügten weder Union noch Gemeinschaften über finale Zwangsmittel um austrittswillige Mitgliedstaaten an ihrem Vorhaben zu hindern, was ebenfalls für ein Verbleiben des Letztentscheidungsrechts bei den Mitgliedstaaten spräche.[71]

Dieser Ansicht stehen die Vertreter der generellen Unzulässigkeit eines einseitigen Ausscheidens aus Union und Gemeinschaften gegenüber.[72] Aus dem Cha-

---

[69] Vgl. oben unter § 6 A.I.2, S. 149.

[70] Vgl. *Singh*, Termination of Membership, 1958, S. 80 f.; *Erler*, VVDStRL 18 (1960), S. 17 f.; *Riklin*, Europäische Gemeinschaft, 1972, S. 183; *Stein*, VVDStRL 53 (1994), S. 32 f.; *Kaufmann*, Europäische Integration, 1997, S. 146 f.; *Zippelius*, Allgemeine Staatslehre, 1999, S. 72; für die Aufhebbarkeit der Zugehörigkeit durch einen einfachen gegenläufigen Akt auch das BVerfG, BVerfGE 89, 155 (190).

[71] Vgl. *Kaufmann*, Europäische Integration, 1997, S. 147 f. Auf das Fehlen jedweder Möglichkeiten, einen austrittswilligen Staat von seinem Vorhaben abzuhalten, weisen im übrigen auch hin: *Zuleeg*, GS Sasse, 1981, S. 67; *Randelzhofer* in: Isensee/Kirchhof, Handbuch des Staatsrechts, Bd. I, 1995, § 15, Rdnr. 34; *Streinz*, Europarecht, 2001, Rdnr. 90.

[72] Vgl. *Steiger*, Staatlichkeit und Überstaatlichkeit, 1966, S. 138-140; *Constantinesco*, Recht der EGen I, 1977, S. 181; *Bernhardt*, FS Bindschedler, 1980, S. 234 f.; *Hill*, GJILC 1982, S. 356 f.; *Everling*, FS Mosler, 1983, S. 184; *Schwarze*, EuR 1983, S. 16 f.; *Ehlermann*, EuR 1984, S. 124; *Ipsen*, EuR 1994, S. 16 f.; *Beutler*, FS Böckenförde, 1995, S. 121 f.; *Schermers/Blokker*, International Institutional Law, 1995, § 135, S. 92 f.; *Verhoeven*, ELRev 23 (1998), S. 223; Lenz-*Röttinger*, EGV-Komm., 1999, Art. 312, Rdnr. 6; *Beutler*, in: B/B/P/S,

rakter der Verträge ergebe sich, daß die Mitgliedstaaten und ihre Bürger politisch, wirtschaftlich und rechtlich in deren System wechselseitig dauerhaft eingebunden seien.[73] Die Verträge seien von den Vertragspartnern freiwillig auf Dauer geschlossen worden, für den Verbleib eines Letztentscheidungsrechts auf Austritt sei daher ebensowenig Raum wie für das Postulat einer „Zwangsmitgliedschaft“ gegen den Willen der Mitgliedstaaten.[74] Im Falle der Statusänderung eines Mitgliedstaates oder eines Teiles davon, der einen Verbleib in Union und Gemeinschaften unmöglich mache, wie beispielsweise die Entlassung in die Unabhängigkeit im Falle Algeriens 1962 oder die Gewährung der Autonomie im Falle Grönlands[75], bestehe die Möglichkeit eines einvernehmlichen Ausscheidens, so daß es eines Austrittsrechts auch in solchen Fällen nicht bedürfe.[76] Sollte es dagegen dazu kommen, daß alle Mitgliedstaaten mit Ausnahme eines einzigen Staates kollektiv gegen das Gemeinschaftsrecht verstießen, so werde durch einen „Austritt“ (des vertragstreuen Mitgliedstaates) allenfalls der dann zu erwartende faktische Zerfall der Gemeinschaften rechtlich nachvollzogen.[77]

Die vermittelnde Auffassung verneint, ebenso wie die ablehnende Ansicht, grundsätzlich ein jederzeit ausübbares Recht der Mitgliedstaaten auf Austritt aus Union und Gemeinschaften.[78] Allerdings gesteht sie den Mitgliedstaaten in Aus-

---

Europäische Union, 2001, Rdnr. 66; *Smit/Herzog*, Law of the EC, Stand: 2001, Art. 240 EGV, Anm. 240.05.; i.E. auch *Götting*, Die Beendigung der Mitgliedschaft in der EU, 2000, S. 144.

[73] *Everling*, FS Mosler, 1983, S. 184.

[74] *Steiger*, Staatlichkeit und Überstaatlichkeit, 1966, S. 140, Fn. 37.

[75] Grönland besitzt nunmehr den Status eines überseeischen Länder- und Hoheitsgebiets der EG-Mitgliedstaaten gemäß Art. 299 III EGV.

[76] Vgl. *Ehlermann*, EuR 1984, S. 124.

[77] *Smit/Herzog*, Law of the EC, Stand: 2001, Art. 240 EGV, Anm. 240.05. – Dieses Argument dürfte durch die hier untersuchten Vorgänge widerlegt worden sein, bestehen die Gemeinschaften doch trotz der schwerwiegenden Verstöße der XIV nach wie vor und in unveränderter Form fort.

[78] Vgl. *Soldatos*, RDI 47 (1969), S. 260 f.; *Simma*, FS v. d. Heydte, Band 1/1. Halbbd., 1977, S. 628; *Zuleeg*, GS Sasse, 1981, S. 62; *Dörr*, JuS 1994, S. 504; *Kokott*, AöR 119 (1994), S. 224-226; *Randelzhofer* in: Isensee/Kirchhof, Handbuch des Staatsrechts, Bd. I, 1995, § 15, Rdnr. 34; Calliess/Ruffert-*Schmalenbach*, EUV/EGV, 1999, Art. 312 EGV, Rdnr. 3; *Oppermann*, Europarecht, 1999, Rdnr. 221; *Geiger*, EUV/EGV, 2000, Art. 312 EGV, Rdnr. 9; *Pechstein/Koenig*, Europäische Union, 2000, Rdnr. 460; *Waltemathe*, Austritt aus der EU, 2000, S. 101; *Doehring*, FS Schiedermair, 2001, S. 696; Grabitz/Hilf-*Schweitzer*, Kommentar zur EU, Bd. II, Stand: 2001, Art. 312 EGV, Rdnr. 6; *Herdegen*, Europarecht, 2001, Rdnr. 92; *Streinz*, Europarecht, 2001, Rdnr. 90, 91; i.E. wohl auch *Frowein*, ZaöRV 54 (1994), S. 11; GTE-*Hilf*, EUV/EGV, 1997, Art. 240 EGV, Rdnr. 12.

nahmefällen ein solches Austrittsrecht zu. Solche Ausnahmefälle seien dann anzunehmen, wenn sich die Gemeinschaftsorgane oder aber die anderen Mitgliedstaaten selbst grober Vertragsverletzungen schuldig gemacht hätten.[79] Der Austritt könne aber stets nur *ultima ratio* sein und dürfe nur dann vollzogen werden, wenn zuvor alle Streitschlichtungsmittel, einschließlich der Verfahren vor dem EuGH, fehlgeschlagen seien.[80] Zudem müßten auch die sonstigen Voraussetzungen eines Beendigungsgrundes der WVK gegeben sein.[81]

Insgesamt ist der vermittelnden Ansicht zuzustimmen. Die feste Bindung, die die Mitgliedstaaten durch ihren Beitritt zu den Europäischen Gemeinschaften und der Europäischen Union eingehen wollten und die in der Präambel des EUV durch den Willen zu einer stetig wachsenden Integration in allen Politikbereichen zum Ausdruck kommt, kann auf rechtmäßigem Wege nicht durch einen einfachen gegenläufigen Rechtsakt eines Mitgliedstaates beseitigt werden.[82] Zudem verfügt das Europarecht über eine solche Vielzahl von Rechtsschutz- und Streitschlichtungsmechanismen,[83] daß diese zunächst vollständig ausgeschöpft sein müssen, bevor ein Mitgliedstaat sich aus der Union zurückziehen darf. Andererseits kann aber keinem Mitgliedstaat zugemutet werden, seine Vertragspflichten selbst dann noch getreulich zu erfüllen, wenn sich die anderen Mitgliedstaaten selbst nicht mehr an den Vertrag halten oder gegen diesen fortgesetzt in erheblichem Maße verstoßen und keine Änderung dieses Zustandes absehbar ist, da das Recht keinen Vertrag kennt, dessen Einhaltung bedingungslos gefordert werden kann.[84] Neben der Erfüllung der sonstigen Tatbestandsvoraussetzungen eines völkervertragsrechtlichen Beendigungstatbestandes ist daher vor allem fraglich, wann die Schwelle solcher erheblicher Vertragsverletzungen

[79] Beispielsweise einer eklatanten Übertretung ihrer vertraglichen Kompetenzen – vgl. *Oppermann*, Europarecht, 1999, Rdnr. 221; *Waltemathe*, Austritt aus der EU, 2000, S. 99.

[80] *Simma*, FS v. d. Heydte, Band 1/1. Halbbd., 1977, S. 628; *Dörr*, JuS 1994, S. 504; *Götting*, Die Beendigung der Mitgliedschaft in der EU, 2000, S. 127.

[81] Die Vertreter dieser Ansicht halten dabei ein Ausscheiden aufgrund Art. 62 WVK (*clausula rebus sic stantibus*) am wahrscheinlichsten – vgl. *Geiger*, EUV/EGV, 2000, Art. 312 EGV, Rdnr. 9; *Pechstein/Koenig*, Europäische Union, 2000, Rdnr. 460.

[82] Der rein faktische Schritt eines Austritts durch einen Mitgliedstaat, den die Union zwar feststellen, ihn aber mangels finaler Zwangsmittel hinnehmen müßte (vgl. *Zuleeg*, GS Sasse, 1981, S. 65), soll in diesem Zusammenhang keine Rolle spielen, da nur die Frage eines rechtmäßigen Austrittsrechts Gegenstand des Meinungsstreites ist; anderenfalls hieße dies, Macht mit Recht zu verwechseln (vgl. *Everling*, FS Mosler, 1983, S. 184).

[83] Diese rechtfertigen es im übrigen beinahe, das europäische Vertragssystem als *self-contained régime* einzuordnen – zu den Details s.o. unter § 6 A.I.3, S. 154.

[84] *Doehring*, FS Schiedermair, 2001, S. 696. Dieser weist darauf hin, daß selbst das im *ius cogens* verankerte absolute Gewaltverbot seine Grenze im Notwehrrecht finde.

überschritten ist, die es einem Mitgliedstaat erlauben, aus der Union und den Gemeinschaften auszutreten, und ob dies bei den Rechtsverletzungen der XIV gegen Österreich bereits der Fall war.

bb. Austritt durch Kündigung – Art. 56 WVK

Gemäß Art. 56 I WVK können nur Verträge gekündigt werden, in denen eine solche Möglichkeit entweder ausdrücklich vorgesehen ist oder aber sich dies aus der Intention der Vertragspartner[85] oder der Natur des Vertrages[86] ergibt. Aufgrund des Fehlens einer ausdrücklichen Kündigungs- oder Beendigungsklausel in den europäischen Verträgen kommen bei diesen allein die letzten beiden Möglichkeiten in Betracht.

Abgesehen von den Schwierigkeiten, die eine Ergründung der Intentionen der Vertragspartner ohne Zugang zu den für die Vertragsabschlüsse maßgeblichen Materialien[87] sowie die Auslegung der Natur der europäischen Verträge[88] mit sich brächten, paßt bereits die Rechtsfolge einer ordentlichen Kündigung i.S.d. Art. 56 WVK nicht zur Interessenlage Österreichs. Gemäß Art. 56 II WVK ist eine Kündigung den übrigen Vertragsparteien zwölf Monate im voraus mitzuteilen und wird daher im Umkehrschluß erst mit einjähriger Verzögerung wirksam.[89] Österreichs Interesse war jedoch eindeutig darauf gerichtet, so schnell wie möglich die Rechtsverletzungen der XIV dauerhaft zu beenden oder deren Wirkungen zu entkommen; an einer langfristigen Lösung mit einem frühestmöglichen Wirkungseintritt im Februar 2001 konnte es daher vorrangig nicht interessiert sein.

Eine Kündigung der europäischen Verträge durch Österreich gemäß Art. 56 WVK scheidet daher vorliegend aus.

---

[85] Art. 56 I lit. a) WVK.

[86] Art. 56 I lit. b) WVK.

[87] Vgl. *Weiler/Haltern*, HILJ 37 (1996), S. 432; *Götting*, Die Beendigung der Mitgliedschaft in der EU, 2000, S. 115.

[88] Vgl. hierzu die Ausführungen bei *Götting*, Die Beendigung der Mitgliedschaft in der EU, 2000, S. 121-125, und *Waltemathe*, Austritt aus der EU, 2000, S. 94.

[89] Dies soll vor allem sicherstellen, daß die Vertragsparteien genügend Zeit haben, um die drohende Beendigung des Vertrages durch gemeinsame Verhandlungen abzuwenden – vgl. *Sinclair*, The Vienna Convention on the Law of Treaties, 1984, S. 188.

cc. Austritt infolge Vertragsverletzung – Art. 60 I WVK analog

Österreich könnte aber wegen der Vertragsverletzungen der XIV ein außerordentliches Kündigungsrecht gemäß Art. 60 I WVK analog zukommen.

Grundsätzlich paßt dieser Beendigungstatbestand nicht auf das vorliegende Vertragsverhältnis, da Art. 60 I WVK nach seinem Wortlaut nur Anwendung auf bilaterale Verträge findet. Um einen solchen handelt es sich aber aufgrund der Vielzahl der Mitgliedstaaten von Europäischer Union und Gemeinschaften nicht.[90] Allerdings ist durch die Aufteilung der Mitgliedstaaten in zwei Lager eine einem bilateralen Vertrag vergleichbare Situation entstanden: Es stehen sich eine verletzte Partei und eine, in diesem Fall aus mehreren Staaten bestehende, verletzende Partei gegenüber. Unbeteiligte dritte Vertragsparteien, die in dem Streit als „Neutrale" zu behandeln wären und die vor den Auswirkungen einer vorzeitigen Vertragsbeendigung geschützt werden müßten,[91] existieren nicht. Ebenso folgt aus der übergeordneten Maxime des *inadimpleti non est adimplendum*, dessen Ausfluß die Regelungen des Art. 60 WVK sind, daß es dem vertragstreuen Staat nicht zugemutet werden kann, an einem Vertrag weiterhin festzuhalten, deren gegenseitige Verpflichtungen die übrigen Vertragsparteien erheblich verletzt haben. Aus diesen Gründen – der Verteilung der Vertragspartner auf nur zwei Gruppen (Verletztem und Verletzenden), der damit in diesem Fall verbundenen Gleichwertigkeit zwischen (vorübergehender) Suspendierung und (dauerhafter) Beendigung mangels unbeteiligter Dritter sowie der in der vorliegenden Konstellation für Österreich unzumutbaren Situation, noch Vertragspflichten erfüllen zu müssen, während alle anderen diese fortgesetzt verletzen – ist es gerechtfertigt, die Regelungen des Art. 60 I WVK auf den vorliegenden Fall entsprechend anzuwenden.

Zu den Voraussetzungen, die für einen Austritt gemäß Art. 60 I 1. Alt. WVK gegeben sein müssen, gehört eine erhebliche Verletzung des Vertrages i.S.d. Art. 60 III WVK. Eine solche stellte das Verhalten der XIV insgesamt auch dar. Nach der hier einschlägigen Legaldefinition des Art. 60 III lit. b) WVK liegt eine erhebliche, zur Beendigung des Vertrages berechtigende Verletzung vor, wenn eine für die Erreichung des Vertragsziels oder -zwecks wesentliche Bestimmung verletzt wurde. In dieser Definition sind zwei Bestandteile enthalten: Es bedarf der Verletzung einer wesentlichen Vertragsbestimmung, die zudem

[90] Die europäischen Verträge sind vielmehr multilaterale „Integrationsverträge" – vgl. etwa *Everling*, CMLRev XXIX (1992), S. 1064.
[91] Vgl. *Simma*, ÖZöffR 20 (1970), S. 68.

eine erhebliche Intensität aufweist.[92] Zu den wesentlichen Bestimmungen der europäischen Verträge gehören unzweifelhaft die europäischen Grundwerte i.S.d. Art. 6 I EUV. Sie bilden das rechtliche Fundament, auf der alle übrigen Regelungen der Rechtsgemeinschaft Europarecht aufbauen. Eine weitere zentrale Norm ist das Diskriminierungsverbot aus Gründen der Staatsangehörigkeit gemäß Art. 12 UAbs. 1 EGV, das als „Leitmotiv" der Verträge bezeichnet worden ist und als Interpretationsmaxime aller anderen europarechtlichen Vorschriften dient.[93] Beide Normen bzw. die jeweils hinter diesen stehenden Verpflichtungen sind von den XIV durch ihr Vorgehen für die Dauer von etwas mehr als sieben Monaten grundlegend in Frage gestellt worden.

Gemäß Art. 60 IV WVK müssen vor einer Vertragsbeendigung alle bei Vertragsverletzungen einschlägigen Verfahrensmöglichkeiten des streitigen Vertrages ausgeschöpft werden. Durch diese Notwendigkeit wird erneut die Subsidiarität eines Verfahrens nach Art. 60 WVK betont. Für eine Vertragsverletzung innerhalb der europäischen Verträge wird daher vertreten, daß der verletzte Staat zunächst das einen Vertragsverstoß feststellende Urteil des EuGH i.S.d. Art. 228 I EGV und gegebenenfalls auch die Durchführung eines „Follow-up"-Verfahrens i.S.d. Art. 228 II UAbs. 2 EGV bei Nichtbeachtung des ersten Urteils abzuwarten hätte.[94] Dies ist so grundsätzlich auch richtig. Allerdings kann in Einzelfällen hiervon eine Ausnahme zu machen sein, insbesondere dann, wenn die einschlägigen Vertragsverletzungsverfahren insgesamt versagen oder aber dem betroffenen Vertragsstaat ein Abwarten des Ausgangs solcher Verfahren aufgrund einer Zusammenschau aller Umstände nicht zugemutet werden kann.

Ebendies trifft auf die Lage Österreichs zu: Teilweise scheitern die einschlägigen Verfahren an ihrer praktischen Durchführbarkeit, teilweise entfalten diese nur sehr langsam ihre Wirkungen – unter anderem, auch deshalb, weil es die Kommission versäumt hat, ihren eigenen Aufsichtspflichten nachzukommen. Insgesamt kann es der Republik Österreich, nicht zuletzt auch wegen des Umfangs der ihr zugefügten Nachteile, nicht zugemutet werden, die Rechtsverlet-

---

[92] *Simma*, ÖZöffR 20 (1970), S. 61. Das Tatbestandsmerkmal ist insoweit mit der schwerwiegenden und anhaltenden Verletzung der europäischen Grundwerte vergleichbar, wie sie Voraussetzung für die Einleitung eines Feststellungsverfahrens i.S.d. Art. 7 I EUV ist.

[93] Vgl. *Ipsen*, Gemeinschaftsrecht, 1972, S. 594; Grabitz/Hilf-*von Bogdandy*, Kommentar zur EU, Altbd. I, Stand: 1999, Art. 6 EGV, Rdnr. 1; Schwarze-*Holoubek*, EU-Komm., 2000, Art. 12 EGV, Rdnr. 5.

[94] *Götting*, Die Beendigung der Mitgliedschaft in der EU, 2000, S. 127 f.

zungen der übrigen Mitgliedstaaten bis zum Abschluß langwieriger Verfahren ohne jede Möglichkeit zu deren sofortiger Beseitigung erdulden zu müssen. Ferner hätte Österreich ohnehin noch das Verfahren nach Art. 65-68 WVK zu durchlaufen, mit dem eine zeitliche Verzögerung erzielt wird, die gewährleisten soll, daß ein Vertragsstaat nicht unüberlegt zu endgültigen Maßnahmen greift.[95] Insofern bedeutete ein Verzicht auf die Streitbeilegungsmechanismen des Europarechts keine völlige Beseitigung aller retardierender Momente.

Österreich hätte daher als Antwort auf die Rechtsverletzungen die europäischen Verträge gemäß Art. 60 I WVK analog ohne Abwarten möglicher Entscheidungen des EuGH kündigen können.

dd. Austritt aufgrund des Wegfalls der Geschäftsgrundlage – Art. 62 I WVK (*clausula rebus sic stantibus*)

Ein Austritt Österreichs wegen des grundlegenden Wandels von bei Vertragsabschluß gegebenen Umständen gemäß Art. 62 I WVK scheidet vorliegend dagegen aus. Hierfür fehlt es zum einen an der grundlegenden Voraussetzung einer (objektiven) Änderung der Umstände, die bei Vertragsschluß von den Vertragsparteien zugrundegelegt wurden; zum anderen wird der Beendigungsgrund des Art. 62 I WVK von dem spezielleren Beendigungstatbestand des Art. 60 I WVK verdrängt.

Die Änderung der Umstände, auf die die Vertragsparteien bei Vertragsschluß vertrauten, muß auf objektive Umstände zurückzuführen sein. Subjektive Umstände, wie etwa das gegen den Vertrag verstoßende Verhalten von Vertragsparteien, sind hierfür nicht ausreichend.[96] Voraussetzung für eine Anwendbarkeit der *clausula rebus sic stantibus* ist stets eine von den Parteien nicht vorausgesehene Änderung der Umstände. Das subjektive Fehlverhalten eines Mitgliedstaates ist jedoch ausweislich einer Verankerung von Verfahren zur Beilegung

---

[95] Vgl. zu den einzelnen Verfahrensschritten *Simma*, ÖZöffR 20 (1970), S. 79-81; *ders.*, FS v. d. Heydte, Band 1/1. Halbbd., 1977, S. 621-623.

[96] Vgl. *Pott*, Clausula rebus sic stantibus, 1992, S. 93-95; *Schwarzenberger*, Art. Clausula rebus sic stantibus, EPIL I, 1992, S. 611; *Doehring*, FS Schiedermair, 2001, S. 696 f. m. Fn. 5; a.A. offenbar *Hobe*, Der offene Verfassungsstaat zwischen Souveränität und Interdependenz, 1998, S. 355; *Geiger*, EUV/EGV, 2000, Art. 312 EGV, Rdnr. 9; *Pechstein/Koenig*, Europäische Union, 2000, Rdnr. 460; *Waltemathe*, Austritt aus der EU, 2000, S. 99.

von Vertragsverletzungen von den Vertragsstaaten der europäischen Verträge von Beginn an für möglich gehalten worden.

Ferner ist die *clausula* auch aufgrund ihrer Eigenschaft als Ausnahmeregelung nicht anwendbar. Dies geht sowohl aus dem Wortlaut des Art. 62 WVK[97] als auch dessen Geltungsgrund[98] hervor. Diese Norm kann daher nur dann zur Anwendung gelangen, wenn die übrigen Beendigungsgründe nicht einschlägig sind.[99] Vorliegend besteht jedoch, wie gezeigt, die Möglichkeit einer außerordentlichen Kündigung der europäischen Verträge aufgrund von Vertragsverletzungen gemäß Art. 60 I WVK analog, so daß eine Anwendbarkeit des Art. 62 WVK ausscheidet.

2. Suspendierung der europäischen Verträge infolge Vertragsverletzung – Art. 60 II WVK

Als Minus gegenüber einem (endgültigen) Austritt Österreichs käme auch eine (vorübergehende) Suspendierung der europäischen Verträge gemäß Art. 60 II WVK in Betracht.

Beide Institute unterscheiden sich lediglich in ihrer Rechtsfolge voneinander, so daß das für die Möglichkeit eines Austritts gemäß Art. 60 I WVK Gesagte sinngemäß auch auf eine Suspendierung nach Art. 60 II WVK zutrifft. Allerdings bedarf es für eine Suspendierung der europäischen Verträge keiner analogen Anwendung von Art. 60 I WVK, da dem verletzten Vertragsteil eines multilateralen Vertrages nach Art. 60 II lit. b) WVK gegenüber dem vertragsbrüchigen Staat ein Recht auf die teilweise oder gänzliche Suspendierung zusteht, sofern die Verletzung erheblich war und er hierdurch besonders betroffen wurde. Vorliegend treffen alle diese Voraussetzungen auf Österreich zu: Bei dem „vertragsbrüchigen Staat" handelt es sich um jeweils jeden anderen Vertragsstaat der europäischen Verträge, die begangenen Verstöße der XIV gegen das Europarecht waren, wie bereits mehrfach hervorgehoben, ihrer Art und Weise nach insgesamt erheblich i.S.d. Art. 60 III WVK und betrafen Österreich als direktem

[97] Vgl. die negative Formulierung des Einleitungssatzes („kann nicht ... geltend gemacht werden ...") und den Beginn des Nebensatzes („es sei denn ...") in Art. 62 I WVK.
[98] Eine „Änderung der beim Vertragsabschluß gegebenen Umstände" liegt stets auch bei einem Vertragsbruch oder der nachträglichen Unmöglichkeit der Vertragserfüllung vor.
[99] *Ipsen*, Völkerrecht, 1999, § 15, Rdnr. 104, S. 177.

und einzigem (Primär-)Adressaten von Erklärung und Maßnahmen in besonderem Maße.

Auch im Falle einer Suspendierung der europäischen Verträge wäre Österreich ein Abwarten etwaiger EuGH-Entscheidungen aus denselben Gründen wie bereits bei der außerordentlichen Kündigung der Verträge nicht zumutbar gewesen.

Fraglich ist, ob Österreich wegen der bloß vorübergehenden Natur einer Suspendierung auch das formale Verfahren der Art. 65-68 WVK hätte einhalten müssen oder ob es seine vertraglichen Pflichten aus den Verträgen nicht bis zu einer Rückkehr der XIV zu vertragstreuem Verhalten sofort hätte aussetzen können. Dies ist jedoch nicht möglich. Wegen ihrer Nähe zur Repressalie, die nach allgemeiner Ansicht ein Mittel des Beugezwanges ist, durch den ein sich völkerrechtswidrig verhaltener Adressat zur Aufgabe seines Verhaltens gebracht werden soll, werden die in Art. 60 WVK enthaltenen Mittel der Reaktion auf Vertragsverletzungen zwar von Teilen des Schrifttums als Unterform der Repressalie angesehen.[100] Dies ist jedoch unzutreffend, da die Suspendierung einer völkervertraglichen Verpflichtung im Gegensatz zur Repressalie, zu deren Ergreifung bereits jede Verletzung des Völkerrechts ausreicht, bestimmter, stets einzuhaltender formaler Voraussetzungen bedarf. Zu diesen gehört auch die Einhaltung des Verfahrens der Art. 65-68 WVK, dessen Durchführung einer (rechtmäßigen) Suspendierung völkervertragsrechtlicher Pflichten daher notwendigerweise vorangegangen sein muß.[101]

Österreich hätte folglich neben der außerordentlichen Kündigung und dem Austritt aus den europäischen Verträgen die Möglichkeit gehabt, nach Einhaltung des vorgeschriebenen Verfahrens diese gänzlich oder teilweise i.S.d. Art. 60 II lit. b) WVK zu suspendieren.

[100] S.o. unter § 6 B.II.2.c, S. 178.

[101] A.A. *Jiménez de Aréchaga*, RdC 159 (1978), S. 81, 83, der eine vorläufige Suspendierung vertraglicher Verpflichtungen bei Vorliegen einer Vertragsverletzung auf die allgemeine Maxime des *inadimpleti non est adimplendum* stützt; er weist allerdings darauf hin, daß eine solche Suspendierung ohne Wahrung des Verfahrens allein auf Risiko des verletzten Vertragsteils erfolgt, da er sich durch sein Verhalten gegebenenfalls wegen Vertragsbruchs schadensersatzpflichtig macht.

3. Anwendung völkerrechtlicher Zwangsmaßnahmen

Trotz der grundsätzlichen Subsidiarität des allgemeinen Völkerrechts im Verhältnis zu den Verfahren des Europarechts wäre für Österreich im vorliegenden Fall – wegen der tatsächlichen Unanwendbarkeit des besonderen Sanktionsverfahrens bzw. der zeitlichen Verschleppung der Einleitung eines Aufsichtsverfahrens durch die Kommission[102] – neben den Beendigungstatbeständen der WVK die Verhängung völkerrechtlicher Sanktionen grundsätzlich möglich gewesen.[103]

Vorliegend wären dabei sowohl die Voraussetzungen für eine Verhängung von Retorsionen als auch von Repressalien gegeben gewesen. Anders als bei den vorgeblich als „Reaktionen" auf das Fehlverhalten Österreichs verhängten Maßnahmen der XIV, bestanden hier tatsächlich Rechtsverletzungen, auf die mit völkerrechtlichen Zwangsmitteln hätte reagiert werden können.

Wie gezeigt, besteht der wesentliche Unterschied zwischen den in Betracht kommenden Retorsions- und Repressalienhandlungen in der Frage der Rechtmäßigkeit der jeweiligen Handlung. Hätte sich Österreich daher entschlossen, lediglich mit rechtmäßigen Akten auf das Verhalten der XIV zu antworten, so wäre es auf Retorsionshandlungen beschränkt geblieben. Wäre es ihm dagegen vorrangig darauf angekommen, die XIV zu einer möglichst raschen Rückkehr zu völkerrechtskonformen Verhalten zu bewegen, hätte es dagegen prinzipiell auch zu an sich rechtswidrigen Handlungen in Form von Repressalien greifen können.

Allerdings hätten solche Repressalienhandlungen hohen tatbestandlichen Anforderung genügen müssen, beispielsweise dem Grundsatz der Verhältnismäßigkeit.[104] Der Katalog der Österreich zur Verfügung stehenden Repressalienhandlungen wäre daher stark beschränkt gewesen. Hinzu kommt noch eine unvermeidbare zeitliche Verzögerung, da es aus Gründen der Verhältnismäßigkeit unabdingbar gewesen wäre, vor Ergreifung von Repressalien eine Entscheidung des EuGH im Rahmen der zur Verfügung stehenden Verfahren abzuwarten. Zudem hätten auch andere zu beachtende Verfahrensvoraussetzungen die Verhängung von Repressalien noch weiter verzögert. So wäre beispielsweise selbst nach Ausschöpfung des Rechtsweges vor dem EuGH eine Blockade der Ent-

[102] S.o. unter § 8 A.I.2, S. 238, sowie § 8 A.I.3, S. 239.
[103] Zu den Details der Tatbestandsvoraussetzungen völkerrechtlicher Sanktionen, insbesondere von Retorsion und Repressalie, s.o. unter § 6 B.II, S. 168.
[104] Vgl. oben unter § 6 B.II.2.b, S. 174.

scheidungsprozesse innerhalb der Union und den Gemeinschaften nicht ohne weiteres möglich gewesen, da dies einer Suspendierung der Verträge gleichgekommen wäre, für die das einschlägige Verfahren des Art. 60 II WVK jedoch, wie gezeigt, die vorangehende Durchführung der Verfahrensschritte der Art. 65-68 WVK unabdingbar voraussetzt. Durch ein Unterlaufen dieser Verfahrensvoraussetzungen wäre die Blockade selbst bei Vorliegen aller übrigen Voraussetzungen unverhältnismäßig gewesen. Insgesamt ist daher vor dem Hintergrund der Interessenlage Österreichs – einer schnellen Aufhebung der Maßnahmen und einer Sühne für die Rechtsverletzungen – die Ergreifung von Repressalienhandlungen gegen die XIV als taugliche Reaktionsmöglichkeit auszuschließen, so daß es im Rahmen der Verhängung von Sanktionen gegen die XIV allein bei der Anwendbarkeit von Retorsionen geblieben wäre.[105]

II. Schiedsgerichtsverfahren

Zusätzlich zu den in den europäischen Verträgen vorgesehenen Streitbeilegungsverfahren vor dem EuGH bestünde für Österreich die Möglichkeit, zur Lösung des Konflikts Schiedsgerichtsverfahren zwischen ihm und den XIV durchzuführen.

1. Vor dem EuGH – Art. 239 EGV

Innerhalb des Europarechts stellt Art. 239 EGV die Möglichkeit der Durchführung eines Schiedsverfahrens vor dem EuGH zur Verfügung. Diese ist bislang allerdings noch nie zur Anwendung gelangt.[106]

Zum Gegenstand eines solchen Schiedsverfahrens, das ausschließlich den Mitgliedstaaten der Europäischen Gemeinschaften offensteht,[107] können alle Streitigkeiten gemacht werden, die im Zusammenhang mit den europäischen Verträgen stehen, ohne jedoch Streitigkeiten über die Verträge selbst, d.h. aus dem primären oder sekundären Gemeinschaftsrecht, oder deren Auslegung zu sein.[108]

---

[105] Für Beispiele denkbarer Retorsionshandlungen vgl. oben unter § 6 B.II.2.a, S. 172.

[106] Schwarze-*Schwarze*, EU-Komm., 2000, Art. 239 EGV, Rdnr. 1; Grabitz/Hilf-*Karpenstein*, Kommentar zur EU, Bd. II, Stand: 2001, Art. 239 EGV, Rdnr. 3.

[107] Schwarze-*Schwarze*, EU-Komm., 2000, Art. 239 EGV, Rdnr. 3.

[108] Grabitz/Hilf-*Karpenstein*, Kommentar zur EU, Bd. II, Stand: 2001, Art. 239 EGV, Rdnr. 10.

Für diese stellt der EGV mit der Vertragsverletzungsklage i.S.d. Art. 226, 227 EGV abschließend ein spezielles Verfahren zur Verfügung, das wegen Art. 292 EGV nicht umgangen werden darf.[109]

Ein Schiedsverfahren nach Art. 239 EGV kommt daher nur insoweit in Betracht, als das Gemeinschaftsrecht nicht direkt betroffen ist, die Verletzung aber dennoch in engem Zusammenhang zu diesem steht. Dies gilt regelmäßig für die Verletzung von Unionsrecht, das zwar gemäß Art. 46 EUV der Zuständigkeit des EuGH entzogen ist, aber wegen Art. 1 I, 3 EUV dennoch einen engen Bezug zum Gemeinschaftsrecht aufweist.[110] Im Rahmen der Rechtsverletzungen gegenüber Österreich hätten daher die Verletzungen der Art. 1 III 2, 3 I EUV (Grundsätze der Kohärenz und Solidarität), Art. 11 II EUV (Loyalitätsgebot) und Art. 19 I UAbs. 1 1 EUV (Verpflichtung zur Koordinierung des Handelns in internationalen Organisationen) Gegenstand eines Schiedsverfahrens sein können.

Weitere Voraussetzung und gleichzeitig die größte Hürde für die Anwendbarkeit des Art. 239 EGV ist das Bestehen einer Schiedsabrede, eines sogenannten "*compromis*", zwischen allen an dem Verfahren beteiligten Parteien, durch die zugleich der Streitgegenstand genau bezeichnet und eingegrenzt wird.[111] Ob alle 15 Beteiligten sich zur Abgabe einer solchen Abrede bereit fänden, ist mehr als fraglich, so daß eine Anwendung des Schiedsverfahrens aus diesem Grund *in praxi* scheitern dürfte. Zudem könnte – wegen der Begrenzung des Verfahrens auf die Verletzungen außerhalb des Gemeinschaftsrechts – auf diesem Wege eine umfassende Entscheidung über die gegenüber Österreich begangenen Verletzungen nicht erreicht werden, was zu einer zusätzlichen Entwertung des Verfahrens führt.

---

[109] *Geiger*, EUV/EGV, 2000, Art. 239 EGV, Rdnr. 2; Schwarze-*Schwarze*, EU-Komm., 2000, Art. 239 EGV, Rdnr. 3.

[110] Vgl. Grabitz/Hilf-*Karpenstein*, Kommentar zur EU, Bd. II, Stand: 2001, Art. 239 EGV, Rdnr. 12.

[111] Teilweise wird vertreten, daß diese Abrede zudem der Schriftform bedarf – so GTE-*Krück*, EUV/EGV, 1997, Art. 182 EGV, vor Rdnr. 6; Grabitz/Hilf-*Karpenstein*, Kommentar zur EU, Bd. II, Stand: 2001, Art. 239 EGV, Rdnr. 14; a.A. *Rengeling/Middeke/Gellermann*, Rechtsschutz in der EU, 1994, Rdnr. 501; Schwarze-*Schwarze*, EU-Komm., 2000, Art. 239 EGV, Rdnr. 3. Unabhängig von diesem Meinungsstreit folgt aber jedenfalls aus Art. 38 § 6 VerfO-EuGH, daß die Vereinbarung der Klageschrift in Abschrift beigefügt werden muß, so daß sie spätestens zu diesem Zeitpunkt schriftlich niedergelegt worden sein muß.

Die Durchführung eines abstrakt möglichen Schiedsverfahrens vor dem EuGH gemäß Art. 239 EGV erscheint mithin aus Gründen der Praktikabilität für eine Lösung des Konflikts ungeeignet. Es scheidet daher als taugliche Reaktionsmöglichkeit Österreichs auf die Rechtsverletzungen aus.

2. Vor dem IGH – Art. 36 I, II IGH-Statut

Eine weitere Möglichkeit zur Durchführung eines Schiedsverfahrens bietet Art. 36 I IGH-Statut. Der generellen Anwendbarkeit eines solchen Verfahrens vor dem IGH steht insgesamt weder die Existenz des Art. 239 EGV noch die des Art. 292 EGV entgegen, da es sich einerseits bei dem Schiedsverfahren des Art. 239 EGV – wie bei jedem Schiedsverfahren – nur um die Eröffnung der Möglichkeit zum Abschluß einer freiwillige Zuständigkeitsvereinbarung handelt, dessen bloße Existenz jedoch noch keinerlei Anwendungsvorrang begründet, und sich andererseits die Verpflichtung des Art. 292 EGV nur auf die Streitbeilegungsmechanismen für Streitigkeiten *aus* den Gemeinschaftsverträgen bezieht.[112] Insgesamt ist daher für alle Fälle, in denen der EuGH über keine Entscheidungskompetenzen verfügt, mindestens im selben Umfange wie in Art. 239 EGV die Möglichkeit der Durchführung eines Schiedsverfahrens vor dem IGH eröffnet. Anders als nach den oben dargestellten Voraussetzungen des Art. 292 EGV ist eine Schiedsvereinbarung vor dem IGH naturgemäß jedoch nicht auf Materien beschränkt, die im Zusammenhang mit dem Gemeinschaftsrecht stehen. Gegenstand einer solchen schiedsgerichtlichen Entscheidung könnten daher, zusätzlich zu den Verletzungen der unionsrechtlichen Regelungen, auch die Verletzung des Interventionsverbotes aus Art. 2 Ziff. 1 UN-Charta i.V.m. der *FRD* sein.

Nach Art. 34 I IGH-Statut wären die beteiligten Mitgliedstaaten, die alle als Mitglieder der Vereinten Nationen gemäß Art. 93 I UN-Charta zugleich Mitglieder des IGH-Statuts sind, parteifähig und der IGH gemäß Art. 36 I IGH-Statut für die streitigen Fragen auch zuständig gewesen. Jedoch dürfte die Durchführung eines Schiedsgerichtsverfahrens vor dem IGH ebenso an der fehlenden Bereitschaft zum Abschluß eines Schiedsvertrages scheitern, wie die

[112] Allg. Ansicht, vgl. *Rengeling/Middeke/Gellermann*, Rechtsschutz in der EU, 1994, Rdnr. 497; GTE-*Krück*, EUV/EGV, 1997, Art. 182 EGV, Rdnr. 4; *Geiger*, EUV/EGV, 2000, Art. 239 EGV, Rdnr. 2; *Pechstein/Koenig*, Europäische Union, 2000, Rdnr. 506; Schwarze-*Schwarze*, EU-Komm., 2000, Art. 239 EGV, Rdnr. 2; Grabitz/Hilf-*Karpenstein*, Kommentar zur EU, Bd. II, Stand: 2001, Art. 239 EGV, Rdnr. 5.

Durchführung des identischen Verfahrens vor dem EuGH. Anders als der EGV sieht das IGH-Statut in seinem Art. 36 II zwar die Möglichkeit vor, für Schiedsgerichtsverfahren eine generelle Unterwerfungserklärung unter die Jurisdiktion des IGH abzugeben.[113] Von dieser Möglichkeit ist jedoch kaum Gebrauch gemacht worden.[114] Auch die andere Möglichkeit, der Abschluß eines *compromis* zwischen allen Beteiligten, ist nach den gesamten Umständen nicht zu erwarten.[115]

Die Durchführung eines Schiedsgerichtsverfahrens vor dem IGH i.S.d. Art. 36 I, II IGH-Statut kommt daher als Reaktionsmöglichkeit Österreichs auf die Rechtsverletzungen der XIV nicht in Betracht.

III. Staatenbeschwerde vor dem Europäischen Gerichtshof für Menschenrechte – Art. 33 EMRK

Wegen der durch die XIV begangenen Verletzungen der europäischen Grundwerte, die insgesamt eine große Nähe zu den in der EMRK enthaltenen Rechten aufweisen, käme ferner die Erhebung einer Staatenbeschwerde gemäß Art. 33 EMRK vor dem EuGHMR in Betracht.

Auch dieses Verfahren ist jedoch durch Art. 292 EGV insoweit ausgeschlossen, als in den europäischen Verträgen spezielle Verfahren vorgesehen sind, mit denen Streitigkeiten aus dem primären oder sekundären Gemeinschaftsrecht beigelegt werden könnten.[116] Zudem entfaltet das besondere Sanktionsverfahren des Art. 7 EUV eine Sperrwirkung für Verstöße gegen die in der EMRK enthaltenen Rechte, soweit es sich dabei zugleich um Verletzungen der in Art. 6 I EUV enthaltenen europäischen Grundwerte handelt. Dies dürfte regelmäßig der Fall sein. Trotz Fehlens einer Einbeziehung der in Art. 6 II EUV verankerten Verpflichtung zur Achtung der durch die EMRK gewährleisteten Grundrechte in

[113] Vgl. *Ipsen*, Völkerrecht, 1999, § 62, Rdnr. 44, S. 1030; *Collier/Lowe*, The Settlement of Disputes in International Law, 2000, S. 154 f.

[114] So hat etwa die Republik Österreich eine solche Erklärung abgegeben, die Bundesrepublik Deutschland jedoch nicht.

[115] So auch für vergleichbare Fälle der Verletzung von GASP-Vorschriften *Semrau*, Die GASP der EU, 1998, S. 156; *Pechstein/Koenig*, Europäische Union, 2000, Rdnr. 506.

[116] Vgl. GTE-*zur Hausen*, EUV/EGV, 1997, Art. 219 EGV, Rdnr. 4; Schwarze-*Becker*, EU-Komm., 2000, Art. 292 EGV, Rdnr. 3; Grabitz/Hilf-*Schweitzer*, Kommentar zur EU, Bd. II, Stand: 2001, Art. 292 EGV, Rdnr. 4.

den Schutzbereich des Sanktionsverfahrens wird durch den Grundwert der Achtung der Menschenrechte und Grundfreiheiten mittelbar die Einhaltung derjenigen Prinzipien geschützt, die hinter den in der EMRK ausformulierten Grundrechten stehen. Ein mitgliedstaatlicher Verstoß gegen ein in der Konvention enthaltenes Recht beinhaltet damit zugleich immer einen Verstoß gegen diesen dritten europäischen Grundwert und eröffnet mithin den Anwendungsbereich des besonderen Sanktionsverfahrens.

Im Ergebnis könnten daher vorliegend nur diejenigen Rechtsverstöße der XIV mit einer Staatenbeschwerde i.S.d. Art. 33 EMRK angegriffen werden, die zwar einen Zusammenhang mit den Grundrechten der EMRK aufweisen, gleichzeitig jedoch nicht in den Zuständigkeitsbereich der besondere Verfahren des Europarechts fallen. Derlei Rechtsverstöße der XIV existieren jedoch nicht: Entweder fehlt es an einem Bezug zu den Grundrechten, etwa bei den Verstößen gegen das Kohärenz- und das Solidaritätsgebot (Art. 1 III 2, 3 I EUV) und der verbotenen Intervention in die inneren Angelegenheiten Österreichs, oder aber diese fallen vollumfänglich in den Bereich der gemeinschafts- oder unionsrechtlichen Verfahren.

Eine Staatenbeschwerde vor dem EuGHMR i.S.d. Art. 33 EMRK scheidet damit aufgrund des Vorgehens der europarechtlichen Verfahren bei allen in Frage kommenden Rechtsverstößen der XIV aus.

C. Ergebnis

Wie die Fülle der Österreich zur Verfügung stehenden Reaktionsmöglichkeiten belegt, hätte auch eine durch rechtliche Reaktionen geprägte Strategie mittelfristig zur Beendigung der Maßnahmen geführt.

Beginnend mit den informellen einseitigen Reaktionsmöglichkeiten, standen Österreich dabei vorrangig die Streitbeilegungsmechanismen des Europarechts zur Verfügung. Sowohl ein Vertragsverletzungsverfahren (Art. 226, 227 EGV) als auch eine Nichtigkeitsklage (Art. 230 EGV) hätten aller Wahrscheinlichkeit nach zu einer Aufhebung der Maßnahmen geführt.

Dort, wo diese europarechtlichen Verfahren zu versagen drohten, beispielsweise aufgrund der – verständlicherweise – nicht zu erwartenden Kooperation der übrigen Mitgliedstaaten im Fall der Einleitung eines Feststellungsverfahrens nach

Art. 7 I EUV, hätten diese Verfahren durch einseitige Maßnahmen aus dem Bereich des Völkerrechts ersetzt werden können. Die Bandbreite eines solchen Vorgehens durch Österreich hätte von der vorübergehenden Suspendierung aller vertraglichen Pflichten aus den europäischen Verträgen bis hin zu einem endgültigen Austritt aus den Gemeinschaften und der Union reichen können. Ebenso hätte die Möglichkeit bestanden, auf die Maßnahmen mit völkerrechtlichen Zwangsmaßnahmen (Repressalien und Retorsionen) zu antworten. Aufgrund der hohen Anforderungen, die an Repressalienhandlungen regelmäßig zu stellen sind, sollten diese nicht ihrerseits rechtswidrig sein, war die Verhängung solcher Maßnahmen vorliegend aber als unwahrscheinlich einzuschätzen, so daß Retorsionen mutmaßlich das bevorzugte Mittel der Wahl gewesen wären.

Sonstiger Rechtsschutz vor Gerichten, weder vor dem EuGH, dem IGH noch dem EuGHMR, wäre dagegen nicht in Betracht gekommen. Die ohnehin kaum beachtete Möglichkeit eines Schiedsgerichtsverfahrens vor dem EuGH nach Art. 239 EGV scheiterte – ebenso wie ein solches vor dem IGH – an der mutmaßlich fehlenden Bereitschaft zum Abschluß eines *compromis* durch alle Beteiligten. Für eine Staatenbeschwerde vor dem EuGHMR nach Art. 33 EMRK fehlt es dagegen an einem tauglichen Streitgegenstand, für den nicht bereits Regelungen der europäischen Verträge einschlägig wären, die insoweit eine absolute Sperrwirkung entfalten.

Als gemeinsamer Nachteil aller untersuchten Reaktionsmöglichkeiten ist jedoch die erhebliche Zeitdauer zu nennen, die jedes der in Frage kommenden Verfahren – mit Ausnahme der Zwangsmaßnahmen – für ihre Durchführung in Anspruch genommen hätte. Allein bis zur möglichen Suspendierung der europäischen Verträge durch Österreich hätte es wegen der Einspruchsfrist des Art. 65 II WVK im günstigsten Fall drei Monate gedauert. Es ist daher nicht verwunderlich, wenn Österreich sich nicht auf die rechtlichen Möglichkeiten verlassen wollte, sondern aktiv eine politisch-diplomatische Lösung angestrebt hat. An der Existenz eines ebenso möglichen wie aussichtsreichen rechtlichen Ausstiegsszenarios ändert dies freilich nichts.

§ 9 Reform des besonderen Sanktionsverfahrens im EUV

A. Überblick

Bereits kurze Zeit nach der Verhängung der Maßnahmen gegen Österreich trat die Notwendigkeit zu einer Änderung des besonderen Sanktionsverfahrens nach Art. 7 EUV für allen Beteiligten deutlich zutage.[1] In der Folge reichten neben der portugiesischen Ratspräsidentschaft und der Kommission auch die Mitgliedstaaten Belgien und Österreich eigene Änderungsvorschläge zu Art. 7 EUV und im Falle Österreichs auch zu Art. 46 EUV ein. Allen diesen Vorschlägen sind auf den ersten Blick die besonderen Interessen ihrer Urheber anzusehen, die jeder für sich andere Schlußfolgerungen aus dem „Fall Österreich" gezogen und folgerichtig in ihren Änderungsentwürfen sehr unterschiedliche Schwerpunkte gesetzt haben.

In der Folge sollen diese vier verschiedenen Vorschläge in der chronologischen Reihenfolge ihres Eingangs bei der Kommission (B.I-IV) sowie die durch den Gipfel von Nizza tatsächlich in den Vertrag eingefügte Änderung (B.V) dargestellt und einer Kritik unterzogen werden. Abschließend soll auf der Grundlage der durch die Untersuchung des Verhaltens der XIV gegen Österreich gewonnenen Ergebnisse der Versuch eines eigenen Entwurfs zur Reform des besonderen Sanktionsverfahrens des Art. 7 EUV gemacht werden (C).

---

[1] Für eine Kritik des Sanktionsverfahrens in seiner bisherigen Form vgl. *Leidenmühler*, Die Union 1998, S. 102-106; *Stein*, FS Jaenicke, 1998, S. 892-897.

B. Die einzelnen Reformvorschläge

I. Der Vorschlag Belgiens

Im Zentrum des belgischen Vorschlags,[2] der seine Intention einer nachträglichen Rechtfertigung des Vorgehens der XIV nicht verleugnen kann, steht die Einführung eines Warnmechanismus‘, mit dem der RdEU die Möglichkeit erhalten soll, bereits vor dem Eintritt einer Verletzung der Grundwerte dem betroffenen Mitgliedstaat Empfehlungen zu unterbreiten, wie einer solchen Gefahr wirksam begegnet werden könnte. Um diesen Empfehlungen Nachdruck zu verleihen, sollen diese darüber hinaus mit „angemessenen Maßnahmen“ versehen werden können.

Zentraler Ansatz ist die Vorverlagerung des möglichen Eingriffszeitpunktes. Hierdurch soll der RdEU die Möglichkeit erhalten, bereits zu einem Zeitpunkt gegen mögliche Grundwerteverletzungen vorzugehen, zu dem sich diese noch nicht manifestiert haben, um so schwerwiegendere Folgen zu vermeiden.

Das vorgeschlagene Verfahren dieses Vorwarnmechanismus‘ ist in seinen Strukturen demjenigen des bereits in Art. 7 I EUV enthaltenen Feststellungsverfahrens angenähert. Initiativberechtigt sind ein Drittel der Mitgliedstaaten sowie die Kommission; das Beschlußorgan ist, wie auch im übrigen Verfahren, der RdEU,[3] der mit „qualifizierter Mehrheit“ i.S.e. Stimmengewichtung nach Art. 205 II EGV beschließt.[4] Vor dieser Entscheidung ist der betreffende Mitgliedstaat zu einer Stellungnahme aufzufordern.

Auffälliger als die Gemeinsamkeiten sind jedoch die Unterschiede zum Feststellungsverfahren des bisherigen Art. 7 I EUV[5]: Zunächst ist erstaunlich, daß dem EP keine Rolle im Rahmen des Vorwarnmechanismus‘ zukommen soll; muß es nach Art. 7 I EUV noch zwingend *vor* der abschließenden Entscheidung des RdEU angehört werden und der Einleitung des Verfahrens insgesamt *zustimmen*,

[2] CONFER 4739/00 vom 2.05.2000, s. Anhang, S. 305.
[3] Allerdings nicht in der besonderen Zusammensetzung der Staats- und Regierungschefs, sondern als als normaler (Außen-)Ministerrat tagendes Gremium.
[4] Vgl. dazu den Verweis in Art. 7 IV EUV.
[5] Im belgischen Entwurf entsprechend Art. 7 *II* EUV.

so wird es nunmehr aus dem Vorwarnverfahren vollständig herausgehalten.[6] Ein – gerade auch vor dem Hintergrund der nicht unerheblichen Legitimitätsprobleme europäischer Organe – sehr fragwürdiger Ansatz.

Ebenso gehört die Änderung der Abstimmungsmodalitäten – weg von der bisher notwendigen Einstimmigkeit im Feststellungsverfahren, hin zu einer Mehrheitsentscheidung[7] in allen Verfahrensabschnitten („Vorwarnverfahren", Hauptfeststellungsverfahren und Durchführungs-/Sanktionsverfahren) mit einer Stimmengewichtung, die eindeutig die großen Staaten bevorzugt[8] – zu den sehr kritikwürdigen Punkten des belgischen Reformvorschlages. Diese Kritik wird zusätzlich verschärft durch die Rolle, die die „Großen" Frankreich und Deutschland im „Fall Österreich" als Verfechter der Verhängung harter Maßnahmen gegen Österreich sowie bei der Überzeugung der „Kleinen"[9] gespielt haben.

Ferner ist nicht deutlich erkennbar, wie der Rat zu seiner Einschätzung gelangen soll, daß die Gefahr einer Grundwerteverletzung besteht,[10] welches Spektrum

[6] Das EP soll nach Art. 7 I Satz 2 EUV-bE *nach* der Entscheidung des Rates vom Ratspräsidenten hierüber lediglich informiert werden.

[7] Dies soll im übrigen auch für das Hauptfeststellungsverfahren im dann zu Absatz 2 gewordenen jetzigen Art. 7 I EUV gelten.

[8] Nach alter Stimmenverteilung wären für eine Mehrheitsentscheidung (62 der 87 gewogenen Stimmen) bei Vorschlag der Kommission (nach Art. 205 II 2 1. Spstr. EGV) nur die Stimmen von Deutschland (10), Frankreich (10), Italien (10), Spanien (8), dem Vereinigten Königreich (10) sowie drei kleineren Mitgliedstaaten, etwa Belgien, Niederlande und Portugal (jeweils 5), notwendig, mithin von lediglich acht Mitgliedstaaten oder 53,33% der Mitglieder; bei einem Vorschlag durch das notwendige Quorum der Mitgliedstaaten müßten hierzu (nach Art. 205 II 2 2. Spstr. EGV) zwei weitere Mitgliedstaaten mit beliebiger Stimmenanzahl treten, so daß sich die rechnerische Mehrheit dann auf $^2/_3$ der Mitglieder erhöhte. Unter Einbeziehung der Regelung des Art. 7 IV UAbs. 1 EUV, d.h. der Außerachtlassung der Stimme des betroffenen Mitgliedstaates, reduziert sich die notwendige Anzahl zustimmender Mitgliedstaaten je nach Auslegung dieser Regelung noch weiter – zur Problematik der Auslegung des Art. 7 IV UAbs. 1 EUV vgl. *Leidenmühler*, Die Union 1998, S. 102-104.

[9] Mancher Staats- und Regierungschef fühlte sich von der Taktik der beiden Staaten (unterstützt durch Belgien und die portugiesische Ratspräsidentschaft), die einzelnen Mitgliedstaaten im Vorfeld der Veröffentlichung der Erklärung der XIV vor fast vollendete Tatsachen („Alle haben zugestimmt, nur ihr Land fehlt noch!") zu stellen, regelrecht überfahren – inwieweit dies zutreffend ist oder aber solche Aussagen nachträglichem innenpolitischem Druck geschuldet sind – wie etwa im Falle des dänischen Ministerpräsidenten *Rasmussen* –, ist jedoch nicht zweifelsfrei zu klären.

[10] Der „Fall Österreich" hat deutlich gezeigt, daß Mehrheitsentscheidungen – und seien sie auch vordergründig einstimmig erzielt worden –, objektive Fakten nicht ersetzen können.

Empfehlungen und mutmaßliche „Begleitmaßnahmen" abdecken können[11] und schließlich wie und unter welchen Umständen solche begleitenden Maßnahmen wieder aufgehoben werden können.

Alles in allem ist der belgische Vorschlag daher keine brauchbare Alternative zu dem bisherigen Verfahren. Er trägt insgesamt zu sehr die Handschrift des Versuchs einer nachträglichen Legitimierung des Verhaltens der XIV und insbesondere des Verhaltens der federführenden vier Staaten im „Fall Österreich": Belgien, Deutschland, Frankreich und Portugal.

II. Der Vorschlag Österreichs

Der österreichische Entwurf setzt von einem Standpunkt aus an, der der Interessenlage Belgiens diametral entgegengesetzt ist.[12] Als Ziel und Leidtragendem der Maßnahmen der XIV zieht Österreich naturgemäß andere Lehren aus dem Mißbrauch des besonderen Sanktionsverfahrens des Art. 7 EUV als die Vertreter der XIV.

Anders als Belgien will der österreichische Vorschlag nicht nur Art. 7 EUV um einen Vorwarnmechanismus erweitern, sondern vielmehr das gesamte Verfahren ergänzen und teilweise neu strukturieren, wozu auch die Erweiterung der Kompetenzen des EuGH um die Justitiabilität von Entscheidungen im Rahmen des Sanktionsverfahrens in Art. 46 EUV gehört.

Der österreichische Entwurf ist darauf bedacht, seine Reformvorschläge sehr detailliert auszuformulieren. Teilweise gerät die Darstellung in den einzelnen Absätzen dadurch rechtlich redundant und bedarf verschiedener Kürzungen. So ist der Hinweis auf den Grundsatz der Verhältnismäßigkeit in Art. 7 II UAbs. 3 3 EUV-öE aufgrund der universellen Geltung dieses Grundsatzes im Europarecht – nicht zuletzt auch wegen seiner Zugehörigkeit zu dem in Art. 6 I EUV verankerten europäischen Grundwert der Rechtsstaatlichkeit[13] – ebenso entbehrlich, wie die in Absatz 4 des Entwurfes enthaltene Verpflichtung aller Mitgliedstaaten, Verstöße gegen die europäischen Grundwerte nur auf der

[11] Zur Kritik der Anwendbarkeit und des Umfangs sogenannter „Vorfeldmaßnahmen" s.o. unter § 4 D.I.2., S. 110. Diese gilt sinngemäß auch für „Begleitmaßnahmen".
[12] CONFER 4748/00 vom 7.06.2000, s. Anhang, S. 306-308.
[13] Vgl. oben unter § 5 C.I.2.d.aa, S. 130, und § 7 B.III.3, S. 195, mit den Nachweisen in Fn. 35.

Grundlage dieses Verfahrens zu ahnden. Die Exklusivität des besonderen Sanktionsverfahrens liegt bereits in den rechtlichen Wirkungen von Sekundärnormen völkerrechtlicher Subsysteme begründet, die für ihre Wirksamkeit keiner weiteren ausdrücklichen Normierung bedürfen und andere in Frage kommende Handlungsformen des allgemeinen Völkerrechts automatisch verdrängen.[14]

Das von Österreich vorgeschlagene neue Konzept für das besondere Sanktionsverfahren ergänzt – ebenso wie der belgische Entwurf – den bisherigen Ablauf um einen Vorwarnmechanismus. Anders als im belgischen Vorschlag soll dieser Mechanismus jedoch, wie auch jede andere Stufe des Verfahrens, „aus demokratiepolitischen Erwägungen"[15] unter Beteiligung des EP durchgeführt werden.

Das neue Vorwarnverfahren untergliedert sich seinerseits in zwei Verfahrensschritte. In einer ersten „Beratungsstufe" kommt es auf Antrag der Kommission oder eines Drittels der Mitgliedstaaten zu einer Beratung über das Vorliegen einer Gefahrenlage in einer formellen Sitzung des Außenministerrates.[16] Als Voraussetzung für die Stellung eines solchen Antrags auf Beratung nennt Art. 7 I UAbs. 2 EUV-öE die *„objektiv begründete Gefahr einer ... Verletzung"*, womit zugleich erstmals ein Kriterium für die Intensität und die Beurteilung einer Gefahrenlage im Vertragstext verankert wäre. Nach einer solchen Beratung kann der RdEU, diesmal in der Zusammensetzung der Staats- und Regierungschefs, einstimmig feststellen,[17] daß die Gefahr der Verletzung europäischer Grundwerte vorliegt. Hierzu bedarf es jedoch eines (neuen) Antrages von einer der beiden initiativberechtigten Gruppen, ferner muß der betroffene Staat zuvor angehört worden sein und das EP zugestimmt haben.[18] Die dann getroffene Entscheidung ist gemäß Art. 7 I UAbs. 3 2 EUV-öE regelmäßig zu überprüfen.

Sollte ein bloßer Beschluß nicht ausreichend sein, kann der Rat zusätzlich nach Art. 7 I UAbs. 4 EUV-öE mit qualifizierter Mehrheit Empfehlungen an den be-

---

[14] Vgl. oben unter § 6 A.I.3, S. 154.

[15] Vgl. die Begründung des Antrages, CONFER 4748/00, S. 4.

[16] Art. 7 I UAbs. 2 EUV-öE. Ausweislich der Begründung des Antrages, CONFER 4748/00, S. 4, hält Österreich die Einberufung des Rates in der Zusammensetzung der Staats- und Regierungschefs nur für die beiden Feststellungsbeschlüsse (nach Art. 7 I UAbs. 3 und Art. 7 II UAbs. 2 EUV-öE) für notwendig; vorbereitende und begleitende Debatten sowie reine Durchführungsbeschlüsse könnten dagegen auf der Ministerratsebene angesiedelt werden.

[17] Diese „Einstimmigkeit" läßt die Stimme des betroffenen Staates, wie auch schon nach der geltenden Rechtslage (Art. 7 IV 1 EUV), unberücksichtigt – vgl. Art. 7 VI 1 EUV-öE.

[18] Art. 7 I UAbs. 3 EUV-öE.

troffenen Mitgliedstaat richten – jedoch wiederum erst nach dessen erneuter vorheriger Anhörung.[19]

Die weiteren Verfahrensschritte sind mit dem bereits existierenden Verfahren weitgehend identisch. So wird das Feststellungsverfahren nur um eine nähere Bestimmung der Verletzung Art. 7 II UAbs. 1 EUV-öE ergänzt: Diese muß nunmehr „*objektiv begründet*“ sein, um einen Feststellungsbeschluß zu ermöglichen. Bevor sich der RdEU in der Zusammensetzung der Staats- und Regierungschefs mit der Feststellung eines Verstoßes gegen die Grundwerte beschäftigen kann, muß zudem eine Beratung des Rates auf der Grundlage eines Berichts der Kommission stattgefunden haben.

Das eigentliche Sanktionsverfahren nach Art. 7 II UAbs. 3 EUV-öE als letzter Verfahrensabschnitt stimmt mit dem jetzigen Verfahren in Art. 7 II EUV vollständig überein.

Abgerundet wird der österreichische Entwurf einer Neufassung des Art. 7 EUV durch ein absolutes Begründungsgebot[20] und die Festlegung eines Aufhebungsmechanismus‘,[21] durch den gewährleistet werden soll, daß es nach einer Änderung der Situation zu keiner zeitlichen Verzögerung bei der Aufhebung aller getroffenen Maßnahmen kommt.

Zusätzlich zu einer Änderung des Art. 7 EUV schlägt Österreich die Einfügung eines neuen lit. e) in Art. 46 EUV vor, mit dem das Sanktionsverfahren vollständig in die Kontrolle und die Entscheidungskompetenz des EuGH einbezogen werden soll. Dies erscheine aus rechtsstaatlichen Gesichtspunkten dringend geboten, um einem Diktat der Mehrheit der Mitgliedstaaten durch ein unabhängiges Gremium wirksam entgegentreten zu können.[22]

In der Zusammenschau wird der österreichische Entwurf einer Neufassung des Art. 7 EUV von zwei Motiven beherrscht: der vollständigen Beteiligung des betroffenen Mitgliedstaates in jeder Verfahrenslage sowie der Verpflichtung zur ständigen Überprüfung der getroffenen Entscheidungen. Beide erklären sich aus

---

[19] Im Rahmen der anderen Entwürfe geschieht dies als Resultat eines positiven Beschlusses im Rahmen des Vorwarnverfahrens ohne weitere Zwischenschritte.
[20] Art. 7 III EUV-öE.
[21] Art. 7 V EUV-öE.
[22] Vgl. die Begründung des Antrages, CONFER 4748/00, S. 4.

den im „Fall Österreich" gemachten Erfahrungen des Verhaltens der XIV gegenüber Österreich.

Zudem dürften insbesondere die hohen Verfahrenshürden der Vorbeugung eines Mißbrauchs des Verfahrens dienen und aufgrund ihrer bewußt gewählten Diffizilität übereilte Entscheidungen wirksam vereiteln. Gleichzeitig steht aber zu befürchten, daß ein solches Vorwarnverfahren durch diese Fülle von Schutzmechanismen fast nicht mehr handhabbar sein wird und so seinem eigentlichen Zweck – der Vorbeugung des Eintritts tatsächlicher Verstöße gegen die europäischen Grundwerte – nicht mehr gerecht werden kann. Der österreichische Entwurf bewegt sich damit im Spannungsfeld zwischen dem weitestgehenden verfahrensrechtlichen Schutz eines gegebenenfalls nur aus politischen Motiven bestimmter Verfehlungen beschuldigten Mitgliedstaates und der Praktikabilität des hierzu eingesetzten Verfahrens. Die im Entwurf zum Ausdruck kommende Entscheidung Österreichs zugunsten des Schutzes des betroffenen Mitgliedstaates erklärt sich ohne weiteres aus den gemachten eigenen Erfahrungen.[23]

Trotz seiner (gewollten) Diffizilität und der damit einhergehenden Schwerfälligkeit seines Verfahrens ist der österreichische Entwurf – bereinigt um seine redundanten Teile[24] – im Vergleich zum belgischen der brauchbarere Reformansatz, indem er sein Hauptaugenmerk auf eine manipulationsfreie Durchführung des gesamten Verfahrens legt und damit die notwendigen Lehren aus dem „Fall Österreich" zieht.

III. Der Vorschlag Portugals

Der portugiesische Entwurf[25] gleicht in seiner Erscheinung und Intention dem belgischen. Ebenso wie dieser will er Art. 7 EUV nur einen neuen Absatz voranstellen, der Regelungen für ein Vorwarnverfahren enthält. Änderungen anderer Absätze des Art. 7 EUV oder des Art. 46 EUV sind dagegen nicht vorgesehen.

Wie alle bereits dargestellten Entwürfe, sieht auch der portugiesische Vorschlag mehrere Initiativberechtigte vor, die mit den in Art. 7 I EUV aufgeführten identisch sind. Einheitlich wird auch hier die vorherige Aufforderung zur Abgabe einer Stellungnahme durch den betroffenen Mitgliedstaat zur Voraussetzung für

[23] Sie ist im übrigen aber mehr als verständlich.
[24] Art. 7 II UAbs. 3 3 EUV-öE sowie Art. 7 IV EUV-öE.
[25] CONFER 4782/00 vom 5.10.2000, S. 5, s. Anhang, S. 309.

die Entscheidung des RdEU gemacht. Als positives Ergebnis des Verfahrens ist wiederum eine, an den betroffenen Mitgliedstaat zu richtende Empfehlung des Rates vorgesehen. Die zur Beschlußfassung notwendige Mehrheit von neun Zehnteln der Mitglieder des Rates gleicht rechnerisch der Einstimmigkeitsregelung im österreichischen Entwurf.[26]

Unterschiede ergeben sich zu den Minimalanforderungen im belgischen Entwurf allerdings bei der vorherigen Anhörung des EP, die in jenem nicht enthalten ist und durch eine nachgelagerte Benachrichtigung des EP durch den Ratspräsidenten ersetzt worden ist,[27] sowie den möglichen Rechtsfolgen eines positiven Beschlusses des RdEU, die auch hier auf Empfehlungen begrenzt bleiben.

Dennoch ruft auch der portugiesische Entwurf im Detail erhebliche Kritik hervor. So soll für die Einleitung eines Vorwarnverfahrens das Vorliegen einer bloßen Gefahr einer Verletzung der europäischen Grundwerte genügen. Zudem fordert er für einen positiven Beschluß und die Verabschiedung von Empfehlungen an den betroffenen Mitgliedstaat nur die Feststellung eines „Risikos der Verletzung“ dieser Werte. Es steht zu befürchten, daß durch diese weichen Voraussetzungen in Zukunft Verdachtsfälle ähnlich gehandhabt werden, wie im Falle Österreichs. Politische Manipulationen sind daher auch in der Zukunft durch dieses Verfahren nicht gänzlich ausgeschlossen, da eine nicht hinreichend zu begründende Gefahr oder ein bloßes Risiko bei Bedarf schnell konstruierbar sind und selbst die Notwendigkeit eines (rechnerisch) einstimmigen Beschlusses Mißbrauch nicht völlig ausschließen kann, wie der Untersuchungsgegenstand dieser Arbeit eindrucksvoll gezeigt hat.

[26] Die im Entwurf enthaltenen Erläuterung, die $^{9}/_{10}$-Regelung entspräche, sofern man die Stimme des betroffenen Staates mitzähle, bei bis zu 20 Mitgliedstaaten einer Einstimmigkeit minus zwei Staaten, bei mehr als 20 Mitgliedstaaten einer Einstimmigkeit minus drei Staaten, ist unzutreffend. Vielmehr entspricht eine solche Regelung unter Einbeziehung der Regel des Art. 7 IV 1 EUV, d.h. der Nichtberücksichtigung der Stimme des betroffenen Staates, von 15 bis zu einschließlich 19 Mitgliedstaaten der Einstimmigkeit und von 20 bis zu 29 Mitgliedstaaten einer Einstimmigkeit minus eins. Erst ab 30 Ratsmitgliedern verringert sich die notwendige Zustimmung um eine weitere Stimme.

[27] S. Art. 7 I 2 EUV-bE.

IV. Der Vorschlag der Kommission

Auch der Vorschlag der Kommission,[28] offenkundig ein Kompromißvorschlag, der aus allen anderen Entwürfen Teile übernommen hat, beschränkt sich auf die Einfügung eines neuen Absatzes 1 in Art. 7 EUV. Wegen der großen Ähnlichkeiten zu den übrigen Entwürfen kann sich die Darstellung auf die Abweichungen beschränken.

So ist im Kommissionsentwurf keine qualifizierte Verletzung der Grundwerte notwendig, um ein Vorwarnverfahren in Gang zu setzen. Abweichend von den übrigen Vorschlägen ist der Kreis der Initiativberechtigten dafür um das EP erweitert worden. Darin erschöpft sich aber die Rolle, die das EP nach den Vorstellungen der Kommission während dieses Verfahrensabschnitts spielen soll, da eine Zustimmungspflicht oder eine anders geartete Beteiligung des EP im weiteren Verlauf nicht mehr vorgesehen ist. Die notwendige Entscheidungsmehrheit für einen Beschluß liegt mit zwei Dritteln im unteren Bereich aller hier diskutierten Entwürfe, einschließlich des späteren Vertragstextes von Nizza.

Diese Abweichungen lassen den Entwurf insgesamt wenig homogen erscheinen. Beispielsweise wird eine Stärkung der Stellung des EP durch seine Ausstattung mit einem Initiativrecht in der Folge durch das Fehlen sonstiger zwingender parlamentarischer Beteiligungsrechte im Verlauf des Verfahrens wieder negiert. Ebenso fragwürdig ist das mit zwei Dritteln angesetzte Entscheidungsquorum. Soll das Vorwarnverfahren dazu dienen, den Eintritt tatsächlicher Verstöße gegen die europäischen Grundwerte in den allermeisten Fällen zu verhindern, so bedarf es dafür einer politischen Demonstration aller übrigen Mitgliedstaaten, bereits die Gefahr einer Verletzung nicht tatenlos hinzunehmen. Wird die Mindestgröße dieser Gruppe hingegen auf nur zwei Drittel reduziert – dies entspricht bei der jetzigen Größe der EU der Stimme von zehn Mitgliedstaaten – besteht die Gefahr, daß ein „Großer"[29], dem ein solcher Verstoß vorgeworfen wird, dazu tendieren könnte, sein zukünftiges Verhalten von der Identität der übrigen fünf Staaten abhängig zu machen, die gegebenenfalls gegen eine Entscheidung des Rates in dieser Sache gestimmt haben. Sollte diese Gruppe aus den übrigen „Großen" bestehen, könnte er geneigt sein, das Votum der übrigen

---

[28] CONFER 4782/00 vom 5.10.2000, S. 6, s. Anhang, S. 309 f.

[29] Zu dieser Gruppe zählen die bevölkerungsreichen Staaten Deutschland, Frankreich, Italien, Spanien und das Vereinigte Königreich, die gemäß Art. 205 II 1 EGV zusammen über 48 der 87 gewogenen Stimmen verfügen. Das entspricht einem prozentualem Stimmenanteil von 55,17 %.

Mitgliedstaaten zu ignorieren. Dies hätte nicht nur eine politische Entwertung des Vorwarnverfahrens, sondern auch eine Polarisierung der Union entlang der Linie „Große" gegen „Kleine" zur Folge.

Auch aus rechtlicher Sicht ist die Absenkung des Entscheidungsquorums logisch nicht stringent, bleibt doch das Einstimmigkeitserfordernis im Hauptfeststellungsverfahren (Art. 7 II EUV-KomE) unverändert erhalten.

V. Änderung durch den Vertrag von Nizza

Durch den Vertrag von Nizza,[30] der auf dem dortigen Gipfel am 26.02.2001 von den Mitgliedstaaten verabschiedet worden ist, wurde in Art. 7 EUV ein neuer Absatz 1 eingefügt.[31]

Das darin enthaltene Vorwarnverfahren scheint ein Kompromiß aus den Positionen Österreichs und der Kommission zu sein. Aus dem österreichischen Entwurf wurde die Begründungspflicht eines Vorschlags zur Einleitung des Vorwarnverfahrens, das Vorliegen einer qualifizierten Gefahr für die Grundwerte („*eindeutige Gefahr einer schwerwiegenden Verletzung*"[32]) sowie die Pflicht zur regelmäßigen Überprüfung der Entscheidung, einschließlich des Vorliegens der dafür ursächlichen Gründe,[33] übernommen. Aus dem Kommissionsentwurf stammt dagegen die Erweiterung des Kreises der Initiativberechtigten um das EP.[34]

Einen Kompromiß stellt die Einigung auf ein Entscheidungsquorum von vier Fünfteln dar, das sich genau in der Mitte der im Rahmen der Änderungsentwürfe gemachten Vorschläge befindet. Die einzige inhaltliche Neuerung, die der Ver-

---

[30] Vertrag von Nizza zur Änderung des Vertrages über die Europäische Union, der Verträge zur Gründung der Europäischen Gemeinschaften sowie einiger damit zusammenhängender Rechtsakte vom 26.02.2001, ABl. Nr. C 80, S. 1-87.

[31] Zum jetzigen Zeitpunkt – mehr als ein Jahr nach seinem Abschluß – ist der Vertrag noch nicht ratifiziert worden. Diese Verzögerung erklärt sich auch mit der Ablehnung des Vertrages durch die irischen Bevölkerung in einem Referendum vom 7.06.2001. Sie wandte sich damit mehrheitlich gegen die mit der Aufnahme neuer Mitglieder mutmaßlich verbundenen Kürzungen europäischer Fördermittel für Irland.

[32] Art. 7 I UAbs. 1 1 EUV-Nizza, ABl. Nr. C 80, S. 6.

[33] Art. 7 I UAbs. 2 EUV-Nizza. Hieraus ergibt sich zugleich auch die Verpflichtung, die Rückkehr zum Normalzustand ebenfalls festzustellen und den betroffenen Mitgliedstaat durch einen Beschluß zu rehabilitieren – vgl. *Pache/Schorkopf*, NJW 2001, S. 1384.

[34] Art. 7 I UAbs. 1 1 EUV-Nizza.

tragstext enthält, ist die Institutionalisierung der Möglichkeit der Entsendung eines Weisenrates in den betroffenen Mitgliedstaat, der mit dem im „Fall Österreich“ angewendeten Muster vollständig übereinstimmt.[35]

Inhalt und Form aller übrigen Absätze des Art. 7 EUV sind, abgesehen von kleinen redaktionellen Änderungen und die Verschiebung der alten Absätze um jeweils eine Ziffer nach hinten, unverändert geblieben.

Hinsichtlich der Erweiterung der Kompetenzen des EuGH und der Unterwerfung des Sanktionsverfahrens unter die Kontrolle des Gerichtshofes konnten sich die Mitgliedstaaten dagegen nur zu einer halbherzigen Lösung entschließen. Zwar wurde in Art. 46 EUV ein neuer lit. e) eingefügt.[36] Mit diesem werden jedoch nur die reinen Verfahrensbestimmungen des Art. 7 EUV in die Zuständigkeit des EuGH einbezogen. Die materiellen Tatbestandsmerkmale, und damit insbesondere die Beurteilung des Vorliegens einer Gefahr oder einer Verletzung, bleiben einer Überprüfung durch den EuGH dagegen nach wie vor verschlossen.

C. Eigener Änderungsentwurf

Auf der Grundlage der durch die Untersuchung des Verhaltens der XIV im „Fall Österreich“ festgestellten Rechtsverletzungen,[37] den vorstehend dargestellten Änderungsentwürfen sowie der an diesen geübten Kritik können sechs verschiedene Anforderungen formuliert werden, die an eine Neufassung der Art. 7 und Art. 46 EUV zu stellen sind:

1. Die erhobenen Vorwürfe sind auf jeder Verfahrensstufe stets zu begründen.
2. Der beschuldigte Mitgliedstaat muß, um seine Sicht der Dinge darlegen zu können, vor einer Entscheidung in der Sache zwingend angehört werden, und zwar gesondert für das Vorwarnverfahren, das Hauptfeststellungsverfahren und das Sanktionsverfahren.
3. Die feststellende Entscheidung muß sowohl im Vorwarnverfahren als auch im Hauptverfahren einstimmig durch den RdEU in der Zusammensetzung der

[35] Art. 7 I UAbs. 1 2 EUV-Nizza.
[36] Art. 46 EUV-Nizza, ABl. 2001, Nr. C 80, S. 13.
[37] Insbesondere den Verfahrensverstößen, vgl. oben unter § 4 C.II.1.c, S. 84, und § 7 B.III.4, S. 197.

Staats- und Regierungschefs gefaßt werden, um das gesamte politische Gewicht aller Mitgliedstaaten zum Tragen zu bringen.
4. Das EP ist im Rahmen des Verfahrens auf jeder Verfahrensstufe zu beteiligen und muß vor jeder feststellenden Entscheidung des Rates einer solchen zugestimmt haben.
5. In Art. 7 EUV muß ein Aufhebungsmechanismus verankert werden, um bei einem Wegfall der Verletzung oder einem irrtümlich gefaßten Ratsbeschluß umgehend reagieren zu können.
6. Die Entscheidungen im Rahmen des Art. 7 EUV müssen der Kontrolle des EuGH unterworfen werden, um so eine rechtlich durchsetzbare Bindung auch des RdEU an die rechtlichen Grundlagen der europäischen Verträge herbeizuführen.

I. Entwurf des Art. 7 EUV

Um allen diesen Anforderungen gerecht zu werden, könnte das neu zu fassende Sanktionsverfahren bei Verletzung der europäischen Grundwerte den folgenden Wortlaut haben:

Art. 7

(1) Auf begründeten Vorschlag eines Drittels der Mitgliedstaaten oder der Kommission und nach vorheriger Zustimmung des Europäischen Parlaments kann der Rat, der in der Zusammensetzung der Staats- und Regierungschefs tagt, einstimmig feststellen, daß in einem Mitgliedstaat die eindeutige Gefahr einer schwerwiegenden Verletzung der in Artikel 6 Absatz 1 genannten Grundsätze besteht und an diesen geeignete Empfehlungen richten. Vor einer solchen Feststellung ist die Regierung des betroffenen Mitgliedstaates anzuhören.

(2) Auf begründeten Vorschlag eines Drittels der Mitgliedstaaten oder der Kommission und nach Zustimmung des Europäischen Parlaments kann der Rat, der in der Zusammensetzung der Staats- und Regierungschefs tagt, einstimmig feststellen, daß eine schwerwiegende und anhaltende Verletzung von in Artikel 6 Absatz 1 genannten Grundsätzen durch einen Mitgliedstaat vorliegt, nachdem er die Regierung des betroffenen Mitgliedstaates angehört hat.

(3) Wurde die Feststellung nach Absatz 2 getroffen, so kann der Rat mit qualifizierter Mehrheit beschließen, bestimmte Rechte auszusetzen, die sich aus der Anwendung dieses Vertrags auf den betroffenen Mitgliedstaat herleiten, einschließlich der Stimmrechte des Vertreters der Regierung dieses Mitgliedstaates im Rat. Dabei berücksichtigt er die möglichen Auswirkungen einer solchen Aussetzung auf die Rechte und Pflichten natürlicher und juristischer Personen.

Die sich aus diesem Vertrag ergebenden Verpflichtungen des betroffenen Mitgliedstaats sind für diesen auf jeden Fall weiterhin verbindlich.

(4) Feststellungen, Empfehlungen sowie aufgrund eines Beschlusses nach Absatz 3 gegen einen Mitgliedstaat verhängte Maßnahmen sind mit Gründen zu versehen.

Der Rat hat regelmäßig zu überprüfen, ob die Gründe, die zu der Feststellung einer Gefahr oder einer Verletzung geführt haben, noch zutreffen.

(5) Der Rat hat auf Antrag eines Drittels seiner Mitglieder, der Kommission oder des Europäischen Parlaments mit der Mehrheit seiner Mitglieder zu beschließen, daß die nach dem Verfahren des Absatzes 1 festgestellte Gefahr oder die nach dem Verfahren des Absatzes 2 festgestellte Verletzung der in Artikel 6 Absatz 1 genannten Grundsätze nicht mehr besteht.

Im Fall eines solchen Beschlusses sind sämtliche Feststellungen, Empfehlungen und Maßnahmen, die auf der Grundlage der Absätze 1-3 beschlossen wurden, unverzüglich aufzuheben oder abzuändern.

(6) Für die Zwecke dieses Artikels handelt der Rat ohne Berücksichtigung der Stimme des Vertreters der Regierung des betroffenen Mitgliedstaats. Die Stimmenthaltung von anwesenden oder vertretenen Mitgliedern steht dem Zustandekommen von Beschlüssen nach den Absätzen 1 und 2 nicht entgegen. Als qualifizierte Mehrheit gilt derselbe Anteil der gewogenen Stimmen der betreffenden Mitglieder des Rates, wie er in Artikel 205 Absatz 2 des Vertrags zur Gründung der Europäischen Gemeinschaft festgelegt ist.

Dieser Absatz gilt auch, wenn Stimmrechte nach Absatz 3 ausgesetzt werden.

(7) Für die Zwecke der Absätze 1, 2 und 5 beschließt das Europäische Parlament mit der Mehrheit von zwei Dritteln der abgegebenen Stimmen und mit der Mehrheit seiner Mitglieder.

II. Entwurf des Art. 46 EUV

Diese Textfassung des Art. 7 EUV muß zudem durch die Einfügung eines neuen lit. f) in Art. 46 EUV ergänzt werden, der die rechtliche Überprüfbarkeit des gesamten Verfahrens sicherstellt:

Art. 46

Die Bestimmungen des Vertrags zur Gründung der Europäischen Gemeinschaft, des Vertrags über die Gründung der Europäischen Gemeinschaft für Kohle und Stahl und des Vertrags zur Gründung der Europäischen Atomgemeinschaft betreffend die Zuständigkeit des Gerichtshofs der Europäischen Gemeinschaften und die Ausübung dieser Zuständigkeit gelten nur für folgende Bestimmungen dieses Vertrags:

a)-e) ...
f) Artikel 7;[38]
g) ...

[38] Der bisherige Art. 46 lit. f) EUV wird zu Art. 46 lit. g) EUV.

§ 10 Schlußbetrachtung

Die vorliegende Untersuchung hat auf die eingangs aufgeworfenen Fragen folgende wesentliche Antworten erbracht.

Vor allem anderen hat sie gezeigt, daß die Reaktion der XIV auf die Regierungsbildung in Österreich ein Willkürakt war. Um es mit dem österreichischen Staatsrechtler *Welan* zu sagen: „Die Reaktionen der vierzehn EU-Staaten gegenüber Österreich waren unverhältnismäßig und eine Verurteilung aufgrund von Vorurteilen."[1]

Mit dem Fortschreiten der Untersuchung trat immer deutlicher hervor, wie wenig sich die XIV um die Rechtmäßigkeit ihres Handelns bemüht haben. Alleiniges Ziel der gesamten Affäre war die Verhinderung bzw. die Beendigung einer politisch nicht gewollten Regierungskoalition in Österreich. Zu diesem Zweck wurde eine drohende Verletzung der europäischen Grundwerte reklamiert, die nie bestand. Hinter einem Nebelschleier politisch-moralischer Entrüstung und einer „neuen europäischen Werteordnung" verfolgten die XIV ihre eigenen Ziele ohne jede Rücksichtnahme auf die Verpflichtungen aus der allen gemeinsamen europäischen Rechtsordnung oder die allseits angeführten „europäischen Werte". Die XIV betrieben Rechtsformenmißbrauch und Kompetenzanmaßung und umgingen dabei fundamentale Organisations- und Verfahrensregeln des Europarechts. Dabei verfügten sie von Anfang an über keinerlei rechtliche Handhabe gegen die Regierungsbildung in Österreich – in Ermangelung österreichischer Rechtsbrüche konnte eine solche auch nicht bestehen. Subjektiv waren sich die XIV bei ihrem Tun dessen zudem stets bewußt: Sie befanden sich weder jemals im Irrtum über die tatsächliche Sachlage noch konnten sie für sich zu irgendeinem Zeitpunkt eine rechtliche Zwangslage in Anspruch nehmen, die ihr Verhalten hätte rechtfertigen können.

Weiterhin ist festzuhalten, daß die gesamte Affäre keine bilaterale Angelegenheit zwischen 14 voneinander unabhängigen Staatenpaaren war. Sie war stets eine europäische Affäre: Ein europäisches Organ war ihr Urheber, dessen Vorsitzender gerierte sich als Sprecher und Bote der einen Seite ihrer Protagonisten.

---

[1] *Welan*, Regierungssystem unter Druck?, in: Pelinka/Plasser/Meixner, Die Zukunft der österreichischen Demokratie, 2000, S. 353.

Ihr vorgeblicher Grund war die Verletzung der europäischen Grundwerte, der europäische Verwaltungssitz Brüssel und die europäischen Gipfel und Ratstreffen waren ihre Schauplätze. – Es ist daher nur folgerichtig, das Europarecht zum Maßstab für die Einordnung und Beurteilung des gesamten Geschehens zu machen.

Geschieht dies, so ergibt die Untersuchung, daß das Verhalten der XIV mit Europarecht nicht zu vereinbaren ist und seinerseits zu erheblichen Rechtsverletzungen geführt hat. Weder der von ihnen getroffene Entschluß zu einem Vorgehen gegen Österreich noch die im Anschluß daran verhängten Maßnahmen konnten vor dem Europarecht bestehen. Vom Entstehungsprozeß im Januar bis zur endgültigen Aufhebung im September stellten die „Sanktionen" eine ununterbrochene Kette von Rechtsverletzungen dar, die entweder Österreich direkt oder aber seine Bürger betrafen. Der Hauptteil der Verantwortung hierfür ist unbestreitbar den Regierungen der XIV zuzuweisen, zum Teil haben aber auch einzelne Bürger und Politiker an der Kampagne gegen Österreich an vorderster Front mitgewirkt.

Schließlich ist festzustellen, daß es neben der von Österreich erfolgreich eingeschlagenen Strategie einer politisch-diplomatischen Lösung der Affäre auch die Möglichkeit gegeben hätte, sich unter Beschreitung des Rechtsweges gegen die Verletzungen zur Wehr zu setzen. Aller Voraussicht nach hätte auch dieser Ansatz zu einer Aufhebung der Maßnahmen und der dauerhaften Beendigung der Affäre geführt. Der einzige Nachteil dieser Strategie wäre die ungewisse Dauer bis zur Erreichung einer endgültigen Entscheidung gewesen. Da Zeit ein Luxus war, den Österreich sich in seiner Situation nicht leisten konnte oder wollte, ist die österreichische Entscheidung gegen diesen Weg aber konsequent gewesen.

Insgesamt ist festzuhalten, daß selbst ein passives Abwarten dem überhasteten und unüberlegten Vorgehen der XIV vorzuziehen gewesen wäre. Der Vorteil, den die Erreichung des kurzfristigen Ziels einer Verhinderung der Mitte-Rechts-Koalition in Österreich den XIV im günstigsten Fall erbracht hätte, wiegt den durch die Affäre in jedem Fall verursachten langfristigen Schaden für die europäische Rechtsordnung, für den europäischen Einigungsprozeß und für die europäische Identität im Selbstverständnis der EU-Bürger bei weitem nicht auf. Der Preis, den die XIV hierfür zu zahlen bereit waren, war zu hoch. Ob das leichtfertig vertane Vertrauen vieler Bürger in die europäische Rechtsordnung und die europäischen Institutionen wieder hergestellt werden kann, kann nur die Zukunft zeigen.

Inzwischen haben in Italien und Dänemark weitere rechts-konservative Parteien in Parlamentswahlen einen Anteil an der politischen Macht gewonnen; in Italien kam es zu einer Regierungsbeteiligung der post-faschistischen Alleanza Nazionale und der Lega Nord, in Dänemark lediglich zu einer Tolerierung der Minderheitsregierung durch die Dansk Folkeparti.

Eine europäische Reaktion dagegen blieb in beiden Fällen aus – *honi soit qui mal y pense*!

Zusammenfassung

Die Maßnahmen gegen Österreich dauerten insgesamt 222 Tage, von Anfang Februar bis Mitte September 2000. Aus dem für das Verhalten der XIV während der gesamten Affäre besonders relevanten Zeitraum zwischen Ende Januar und Mitte Februar 2000 existieren insgesamt vier Dokumente, die wesentlicher Gegenstand der vorliegenden Untersuchung waren. Neben der „Erklärung der XIV" vom 31.01.2000 sind dies die Mitteilung der Europäischen Kommission vom 1.02.2000, die Entschließung des Europäischen Parlaments vom 3.02.2000 sowie die Entschließung des Ausschusses der Regionen vom 16.02.2000.

Während die letzten drei Verlautbarungen ihren Urhebern – Kommission, Europäischem Parlament und dem Ausschuß der Regionen – problemlos zugeordnet werden können und jeweils lediglich politische Relevanz besitzen, ist dies bei der Erklärung der XIV wegen der Vielfalt ihrer Wirkungen und Adressaten nicht ohne weiteres möglich. Auch fallen bei ihr der objektive Sinngehalt und die subjektiven Wertungen ihrer mutmaßlichen Urheber auseinander. Die Erklärung der XIV erforderte daher eine eingehendere Untersuchung.

Als Ergebnis dieser Analyse ist festzustellen, daß die Erklärung, einschließlich der durch sie hervorgerufenen Reaktionen auf die Regierungsbildung in Österreich, das Ergebnis eines kollektiven Willensbildungsprozesses ihrer 14 nominellen Urheber war, die unter der mindestens duldenden Mitwirkung wesentlicher Vertreter der Republik Österreich, namentlich des Bundespräsidenten *Klestil* und des damaligen Bundeskanzlers *Klima*, gehandelt haben. Aus dem Text der Erklärung, der Form ihrer Bekanntgabe, ihrem normativen Sinn und den Wirkungen für ihre Adressaten ergibt sich zweifelsfrei, daß die Erklärung der Europäischen Union und dem Rat der Europäischen Union als ihrem Erlaßorgan zuzurechnen ist.

Ausgehend von dieser Feststellung ist die Erklärung der XIV einschließlich ihrer rechtlichen Wirkungen vorrangig auf der Grundlage des Europarechts zu beurteilen. Die Handlungen der XIV wären daher nur dann rechtmäßig gewesen, wenn sie sowohl formell als auch materiell mit dem Europarecht vereinbar waren.

Eine sich zunächst nur auf die formelle Seite beschränkende Überprüfung der Erklärung hat ergeben, daß sie weder den Handlungsformen des Gemeinschafts- noch denjenigen des Unionsrechts entsprach. Sie war vielmehr dem „weichen“ Europarecht, dem sogenannten soft law zuzuordnen, das den in den Verträgen normierten Handlungsformen zwar weitgehend angenähert ist, jedoch insgesamt bloßes Gewohnheitsrecht darstellt.

Eine Einordnung im Gemeinschaftsrecht, für das wegen der Geltung des Prinzips der begrenzten Ermächtigung kein Typenerfindungsrecht existiert und daher nur ein eng umgrenzter Kreis von Handlungsformen in Betracht kommt, scheiterte bei jeder der untersuchten Handlungsformen stets am Fehlen einzelner formeller Voraussetzungen. Gleiches gilt für die Einordnung in das Unionsrecht. Dennoch kam die Erklärung sowohl in bezug auf das von ihren Urhebern gewählte Verabschiedungsverfahren als auch ihrem Regelungsgehalt nach zwei Handlungsformen des Unionsrechts auffallend nahe: dem Feststellungsbeschluß des besonderen Sanktionsverfahrens einerseits und der gemeinsamen Aktion im Rahmen der GASP andererseits. Diese Übereinstimmungen sind dabei nicht dem Zufall geschuldet, sie sind vielmehr direktes Ergebnis des Versuchs der XIV, sich unter Umgehung nicht opportuner Verfahrensschritte – regelmäßig der Beteiligung anderer Organe – weitestgehend an den Formen des Unionsrechts zu orientieren. Ihr Ende fand diese Anlehnung dort, wo die Festlegung verbindlicher, überprüfbarer Rechtsfolgen im Verhältnis der XIV zueinander notwendig gewesen wäre. Um eine solche Verbindlichkeit zu vermeiden, ist die Verlautbarung der XIV in die Erscheinungsform des europarechtlichen soft law gekleidet worden. Zu dessen hervorstechendsten Eigenschaften zählt gerade die rechtliche Unverbindlichkeit im (Innen-)Verhältnis seiner Urheber. Hiervon mußte jedoch die durch das soft law hervorgerufene Wirkung im Außenverhältnis streng getrennt werden: Trotz ihrer Unverbindlichkeit nach innen, entfaltete sie für ihren Primäradressaten, die Republik Österreich, eine Fülle von rechtlichen Wirkungen.

Insgesamt war daher aus formeller Sicht ein Widerspruch zwischen Form und Wirkung der Erklärung der XIV zu konstatieren, der auf einen bewußten Mißbrauch der Handlungsformen des Europarechts zurückzuführen war und an rechtliche Willkür grenzt.

Auch die materiellrechtliche Überprüfung der Erklärung führte zu demselben Ergebnis: Die Handlungen der XIV stimmten nicht mit den Vorgaben des Europarechts überein und waren daher auch aus diesem Grund rechtswidrig.

Die von den XIV behauptete Gefahr einer Verletzung der europäischen Grundwerte ergab sich weder aus den zum Zeitpunkt der Verhängung der Maßnahmen gegebenen tatsächlichen Umständen noch aus den von den XIV vorgebrachten Argumenten. Diese waren vielmehr rechtlich völlig haltlos. Einer materiellrechtlichen Vereinbarkeit mit den Voraussetzungen des besonderen Sanktionsverfahrens stand darüber hinaus – selbst bei Annahme einer Gefährdung der europäischen Grundwerte – das Fehlen der notwendigen weiteren qualitativen und quantitativen Merkmale zum Zeitpunkt der Inkraftsetzung der Maßnahmen entgegen. Für eine schwerwiegende und anhaltende Verletzung ist einerseits ein bestimmtes Tun des betreffenden Mitgliedstaates erforderlich, andererseits müssen sich dessen Wirkungen über einen gewissen Zeitraum erstreckt haben. Wegen der Kürze des zwischen der Vereidigung und der Verhängung der Maßnahmen liegenden Zeitraumes waren Handlungen der neuen Bundesregierung, die beide Voraussetzungen hätten erfüllen können, bereits denklogisch ausgeschlossen.

Sogenannte „Vorfeldmaßnahmen“, die jeweils bereits vor der Realisierung einer drohenden Verletzung der Grundwerte hätten ergriffen werden können, waren wegen ihrer präjudizierenden Wirkung allenfalls unter sehr restriktiven Voraussetzungen und unter der strikten Wahrung der Regeln der Verhältnismäßigkeit möglich. Unter anderem bedarf es hierfür zwingend solcher Tatsachen, die eine Gefährdung zweifelsfrei belegen, *bevor* es zur Ergreifung von Maßnahmen kommt. Diese Voraussetzungen sind von den XIV jedoch allesamt nicht eingehalten worden, so daß die von ihnen ergriffenen Maßnahmen grundsätzlich nicht als Vorfeldmaßnahmen angesehen werden konnten.

Das Verhalten der XIV war ferner auch nicht mit den Voraussetzungen der sonstigen Sanktionsverfahren des Europarechts vereinbar, die neben dem besonderen Feststellungsverfahren stets rudimentär anwendbar bleiben.

Wie bereits im Europarecht, stimmten Verhalten und Verfahren der XIV mit den in Betracht kommenden Formen völkerrechtlicher Zwangsmaßnahmen nicht überein, so daß es sich bei ihnen auch nicht um Rechtsakte des Völkerrechts gehandelt hat. Zwar bleiben die Handlungsformen des allgemeinen Völkerrechts prinzipiell neben den Regelungen des Europarechts anwendbar, da der Geltungsgrund des Europarechts noch immer das allgemeine Völkerrecht ist. Völkerrechtliche Zwangsmaßnahmen können jedoch nur in solchen Fällen und auch dann nur subsidiär zur Anwendung gelangen, in denen die Verfahren des Europarechts entweder versagen oder aber in denen das Europarecht über keine eigenen Verfahren verfügt.

Eine solche Regelungslücke, die durch einen Rückgriff auf das Völkerrecht geschlossen werden dürfte, ist allenfalls bei solchen Verletzungen der europäischen Grundwerte konstruierbar, die die qualitative und quantitative Eingriffsschwelle des besonderen Sanktionsverfahrens noch nicht erreicht haben. Ungeachtet des Vorliegens dieser Voraussetzungen sind völkerrechtliche Zwangsmaßnahmen jedoch prinzipiell reaktiv. Sie setzen damit notwendigerweise das zeitlich vorangehende Verhalten eines anderen Staates voraus, auf das mit Zwangsmaßnahmen reagiert werden könnte. Mangels Gefährdung der europäischen Grundwerte von Seiten Österreichs fehlte es jedoch bereits an dieser ersten formalen Voraussetzung. Auch die für die Annahme spezifischer Formen von Zwangsmaßnahmen zum Teil notwendige eigene Rechtmäßigkeit der als Reaktion auf die Rechtsverletzungen ergriffenen Handlungen lag bei den Maßnahmen der XIV nicht vor.

Eine Verletzung der völkerrechtlichen Courtoisie kam ebenfalls nicht in Betracht. Die Maßnahmen waren nicht nur ein bloßer Eingriff in die rechtlich unverbindlichen Sitten und Gebräuche zwischen Staaten, vielmehr wurden durch sie österreichische Rechte in erheblichem Maße geschädigt.

Die hiervon betroffenen Rechtsgüter waren dabei sehr vielfältig. Der Katalog der durch die Erklärung als Ganzes und die einzelnen Maßnahmen verletzten Rechte umfaßte die Grundsätze der Kohärenz und Solidarität, das Loyalitätsgebot, einschließlich der Verpflichtung zur Koordinierung des Handelns in internationalen Organisationen, sowie das Diskriminierungsverbot. Ferner verstießen die XIV mit ihren Handlungen gegen drei der vier europäischen Grundwerte und das völkerrechtliche Interventionsverbot. Durch das teilweise exzessive Verhalten einzelner Bürger und Politiker der XIV, das sich ihre jeweiligen Heimatländer zurechnen lassen müssen, wurden dieser Liste weitere Positionen hinzugefügt. Neben weiteren Verstößen gegen das Loyalitätsgebot und das Diskriminierungsverbot wurden durch die sogenannten „Begleitsanktionen" die Warenverkehrs- und die Dienstleistungsfreiheit verletzt. In der ersten Reihe dieses privaten Feldzuges gegen Österreich und seine Bürger taten sich Belgier besonders hervor, aber auch französische, italienische und niederländische Privatpersonen waren hieran nicht unmaßgeblich beteiligt.

Eine Rechtfertigung für die Rechtsverstöße stand den XIV insgesamt nicht zur Verfügung. Weder hatte Österreich in die Maßnahmen eingewilligt noch lag ein übergesetzlicher (Staats-)Notstand vor, auf den sich die XIV im Zusammenhang mit Österreich hätten berufen können.

Dagegen hätte Österreich eine Fülle rechtlicher Möglichkeiten zur Verfügung gestanden, um sich gegen die Verletzungen seiner Rechte zur Wehr zu setzen. Angefangen mit den eher informellen Möglichkeiten eines formlosen Antrages auf Aufhebung der „Sanktionen“ bei den XIV und der Anregung der Einleitung eines Aufsichtsverfahrens bei der Kommission bis hin zur Einleitung eines förmlichen Vertragsverletzungsverfahrens mit einer anschließenden Klage vor dem EuGH hätte Österreich das gesamte europarechtliche Instrumentarium zur Verfügungen gestanden. Ferner hätte es die Maßnahmen bis zum Ablauf der einschlägigen Klagefrist durch eine Nichtigkeitsklage vor dem EuGH angreifen können.

Hätte sich Österreich den europäischen Institutionen und Verfahren wegen der in dieser Frage eindeutigen Mehrheitsverhältnisse innerhalb der Union nicht mehr unterwerfen wollen oder können, wäre zudem ein Vorgehen auch auf völkervertragsrechtlicher Grundlage möglich gewesen. Die Bandbreite der zur Verfügung stehenden Reaktionsmöglichkeiten hätte dabei von der vorübergehenden Suspendierung aller vertraglichen Pflichten aus den europäischen Verträgen bis hin zu einem endgültigen Austritt aus den Gemeinschaften und der Union gereicht. Ebenso hätte für Österreich die Möglichkeit bestanden, auf die Maßnahmen seinerseits mit Zwangsmaßnahmen (Repressalien und Retorsionen) zu antworten. Einziges Manko aller rechtlichen Reaktionen Österreichs wäre die große Zeitspanne gewesen, die bis zur Erreichung der Aufhebung der Maßnahmen höchstwahrscheinlich verstrichen wäre.

Als Antwort auf die Affäre um die Regierungsbildung in Österreich wurde das Sanktionsverfahren im Rahmen des EUV reformiert. Die hierzu von Belgien, Österreich, Portugal und der Kommission vorgelegten Entwürfe weichen zum Teil erheblich voneinander ab. Allen Entwürfen war dabei die Zugehörigkeit ihrer Verfasser zu den verschiedenen Lagern während der Auseinandersetzungen deutlich anzumerken. Die größten Unterschiede ergaben sich dabei naturgemäß zwischen den beiden Standpunkten Belgiens und Österreichs, während die Vorschläge Portugals und der Kommission eher auf einen Kompromiß abzielten.

Auf der Grundlage der festgestellten Ergebnisse sowie der an den verschiedenen Entwürfen geübten Kritik mußte im Kern einer Reform des Sanktionsverfahrens die Erweiterung der Entscheidungskompetenzen des EuGH auch auf dieses Verfahren stehen. Zusätzlich wäre es notwendig gewesen, die Verfahrensrechte des betroffenen Mitgliedstaates deutlich zu stärken. Beides ist durch die im Vertrag von Nizza enthaltenen Änderungen jedoch nur zum Teil verwirklicht worden.

Anhang

A. Die wesentlichen Erklärungen und Verlautbarungen im Wortlaut

I. Erklärung der XIV vom 31.01.2000

Statement from the Portuguese Presidency of the European Union on behalf of XIV member States

Today, Monday 31 January, the Portuguese Prime Minister informed both the President and the Chancellor of Austria and the Portuguese Minister of Foreign Affairs notified his Austrian counterpart of the following joint reaction agreed by the Heads of State and Government of XIV Member States of the European Union in case it is formed in Austria a Government integrating the FPÖ.

- Governments of XIV Member States will not promote or accept any bilateral official contacts at political level with an Austrian Government integrating the FPÖ;
- There will be no support in favour of Austrian candidates seeking positions in international organizations;
- Austrian Ambassadors in EU capitals will only be received at a technical level.

The Portuguese Prime Minister and the Minister of Foreign Affairs had already informed the Austrian authorities that there would be no business as usual in the bilateral relations with a Government integrating the FPÖ.

Lisbon, 31 January 2000

(Quelle: Bulletin Quotidien Europe Nr. 7643 vom 31.1./1.2.2000, S. 9, die englische Version findet sich auf der Homepage der portugiesischen Ratspräsidentschaft unter *http://www.portugal.ue-2000.pt.*)

II. Aktionsprogramm der Präsidentschaft

Presidency's Platform regarding the Formation of the new Austrian Government [versandt am Morgen des 31.01.2000]

Based on consultations with all heads of State and Government

Today, Monday 31 January, the Portuguese Prime Minister will inform both the President and the Chancellor of Austria and the Portuguese Minister of Foreign Affairs will notify his Austrian counterpart of the following joint reaction agreed by XIV Member States of the European Union in case it is formed in Austria a Government integrating the FPÖ.

- Governments of XIV Member States will not promote or accept any bilateral official contacts at political level with an Austrian Government integrating the FPÖ;
- there will be no support in favour of Austrian candidates seeking positions in international organizations;
- Austrian Ambassadors in EU capitals will only be received at a technical level.

This joint reaction will be made public at a later stage when deemed appropriate or necessary.

The Portuguese Prime Minister and the Minister of Foreign Affairs have already informed the Austrian authorities that there will be no business as usual in the bilateral relations with a Government integrating the FPÖ.

It is the Prime Minister's intention to call the Austrian President at 12 h 00 Portugal's time (13 h 00 ECT).

(Quelle: *Winkler*, ZÖR 55 (2000), S. 236 f.)

III. Mitteilung der Kommission vom 1.02.2000

Die Kommission nimmt die am 31.1. von den 14 EU-Mitgliedstaaten angenommene gemeinsame Stellungnahme zur Kenntnis und teilt die Besorgnis, die dieser Entscheidung zugrunde liegt.

Die Kommission als Hüterin der Verträge wird weiterhin ihre Pflicht erfüllen, die Regeln und Werte des EU-Vertrages, insbesondere Artikel 6 und 7, aufrechtzuerhalten. Diese Artikel sehen vor, daß die Union auf den Prinzipien von Freiheit, Demokratie, der Respektierung von Menschenrechten, auf fundamentalen Freiheiten und dem Rechtsstaat gegründet ist.

Zu diesem Zeitpunkt ist die Arbeit der europäischen Institutionen nicht betroffen. In diesem Zusammenhang wird die Kommission, in engem Kontakt mit den Regierungen der Mitgliedstaaten, die Situation aufmerksam verfolgen, während sie ihre Arbeitsbeziehungen mit den österreichischen Behörden aufrechterhält.

(Quelle: IP/00/93; Bulletin Quotidien Europe Nr. 7646 vom 2.02.2000, S. 3.)

IV. Entschließung des Europäischen Parlaments vom 3.02.2000

B5-0101, 0102, 0103, 0106 und 0107/2000

Entschließung des Europäischen Parlaments
zu dem Ergebnis der Parlamentswahlen in Österreich und dem Vorschlag zur Bildung einer Koalitionsregierung zwischen der Österreichischen Volkspartei (ÖVP) und der Freiheitlichen Partei Österreichs (FPÖ)

Das Europäische Parlament,

- unter Hinweis auf Artikel 6 des Vertrags über die Europäische Union, wonach die Grundsätze der Freiheit, der Demokratie und der Achtung der Menschenrechte die Grundlage für ein modernes, demokratisches, offenes und tolerantes Europa bilden,
- unter Hinweis auf Artikel 7 des Vertrags über die Europäische Union, wonach bestimmte Rechte eines Mitgliedstaats der Union im Falle einer schwerwiegenden und anhaltenden Verletzung von in Artikel 6 genannten Grundsätzen ausgesetzt werden können,
- unter Hinweis auf die in der Europäischen Konvention zum Schutz der Menschenrechte anerkannten Grundsätze,
- unter Hinweis auf das Ergebnis der Parlamentswahlen in Österreich vom 3. Oktober 1999 und den Vorschlag vom 1. Februar 2000, eine Koalitionsregierung zwischen ÖVP und FPÖ zu bilden,

- unter Hinweis auf die Erklärung des portugiesischen Ratsvorsitzes vom 31. Januar 2000 im Namen von 14 Staats- und Regierungschefs,
- unter Hinweis auf die Erklärung der Kommission vom 1. Februar 2000,

A. unter Hinweis auf die Ziele von Frieden und Versöhnung, die in der Zeit nach dem Zweiten Weltkrieg die Herausbildung und die Verwirklichung des politischen Projektes der Europäischen Union bestimmt haben,
B. in Erwägung der in den Schlußfolgerungen des Europäischen Rates von Kopenhagen vom Juni 1993 festgelegten sehr strengen Bedingungen für Beitrittsstaaten, wonach diese Staaten politische Kriterien erfüllen müssen, die die Existenz stabiler Institutionen betreffen, die Demokratie, Rechtsstaatlichkeit, Menschenrechte sowie Achtung und Schutz von Minderheiten gewährleisten,
C. in der Erwägung, daß die Europäische Union von Beitrittsstaaten keine Vorgaben verlangen kann, die gegenüber Mitgliedstaaten nicht ebenso nachdrücklich Anwendung finden,
D. unter Einforderung der Förderung und des Schutzes europäischer demokratischer Werte seitens der Europäischen Union und ihrer Institutionen und in Anerkennung der Integrität der demokratischen Rechte und verfassungsmäßigen Vorrechte des österreichischen Volkes und Staates,

1. verurteilt alle beleidigenden, ausländerfeindlichen und rassistischen Aussagen, die der Vorsitzende der Freiheitlichen Partei Österreichs, Jörg Haider, über viele Jahre hinweg gemacht hat;
2. vertritt die Auffassung, daß die Aufnahme der FPÖ in eine Koalitionsregierung die extreme Rechte in Europa legitimiert;
3. ist der Ansicht, daß derartige Überzeugungen auf die Entwicklung der politischen Beziehungen zwischen Österreich und der Europäischen Union keinen Einfluß nehmen dürfen, und erinnert insbesondere Herrn Schüssel als Vorsitzenden der ÖVP an seine tiefgreifende politische Verantwortung zu gewährleisten, daß jede Regierung unter seinem Vorsitz Geist und Buchstaben der grundlegenden Prinzipien des Vertrags respektieren muß;
4. begrüßt die frühzeitige politische Absicht der Erklärung des portugiesischen Ratsvorsitzes, insoweit als diese das gemeinsame Bestreben der Mitgliedstaaten bekräftigt, gemeinsame europäische Werte als Akt gestiegener notwendiger Wachsamkeit zu schützen;
5. vertraut auf die breite Mehrheit der österreichischen Bevölkerung, die nicht für die FPÖ gestimmt hat, und fordert den Rat und die Kommission auf, Aktivitäten in Österreich zur Abwehr rassistischer, ausländerfeindlicher und einwanderungsfeindlicher Ansichten ihre volle Unterstützung zu gewähren;

6. begrüßt die frühzeitige politische Absicht der Erklärung der Kommission, insoweit als diese das gemeinsame Bestreben der Mitgliedstaaten bekräftigt, gemeinsame europäische Werte als Akt gestiegener notwendiger Wachsamkeit zu schützen;
7. fordert Kommission und Rat auf, gemeinsam mit dem Parlament Entwicklungen insbesondere betreffend Rassismus und Ausländerfeindlichkeit in Österreich und ganz Europa zu überwachen;
8. fordert den Rat und die Kommission auf, im Falle einer schwerwiegenden und anhaltenden Verletzung von in Artikel 6 Absatz 1 des Vertrags über die Europäische Union genannten Grundsätzen durch welchen Mitgliedstaat auch immer darauf vorbereitet zu sein, Maßnahmen nach Artikel 7 des Vertrags zu ergreifen und nach Zustimmung des Europäischen Parlaments die sich aus der Anwendung des Vertrags ergebenden Rechte dieses Mitgliedstaates auszusetzen;
9. beauftragt seine Präsidentin, diese Entschließung dem Präsidenten und der Regierung Österreichs sowie dem Rat und der Kommission zu übermitteln.

(Quelle: PE 284.656, S. 58 bzw. ABl. 2000, Nr. C 309, S. 87.)

V. Entschließung des Ausschusses der Regionen vom 16.02.2000

Der Ausschuß der Regionen

GESTÜTZT auf die Ergebnisse der Parlamentswahl in Österreich vom 3. Oktober 1999 und der Bildung einer Koalitionsregierung zwischen ÖVP und FPÖ am 4. Februar 2000

GESTÜTZT auf die Erklärung des portugiesischen Ratsvorsitzes vom 31. Januar 2000,

GESTÜTZT auf die Erklärung der Kommission vom 1. Februar 2000,

GESTÜTZT auf die Entschließung des Europäischen Parlaments vom 3. Februar 2000,

GESTÜTZT auf die Erklärung „Verantwortung für Österreich - die Zukunft im Herzen Europas“, die am 3. Februar 2000 von den Vorsitzenden der beiden Koalitionsparteien unterschrieben wurde,

GESTÜTZT auf das Schreiben von Kommissionspräsident Romano Prodi an den österreichischen Bundeskanzler vom 7. Februar 2000,

UNTER HINWEIS, daß der Präsident der FPÖ, als Landeshauptmann von Kärnten, seit Mai 1999 Mitglied des Ausschusses der Regionen ist,

A. in der Erwägung, daß die Gründung der Europäischen Union auf dem Streben nach Frieden, politischer Stabilität und Solidarität zwischen den Völkern nach dem Zweiten Weltkrieg beruht,
B. in der Erwägung, daß die Europäische Union nach den Verträgen die Grundrechte, wie sie durch die Europäische Konvention der Menschenrechte und durch die gemeinsamen verfassungsrechtlichen Traditionen der Mitgliedstaaten gewährleistet sind, achtet,
C. in der Erwägung, daß der Ausschuß der Regionen am 13. Juni 1996 eine Stellungnahme (CdR 156/96) zum „*Vorschlag für einen Beschluß des Rates, 1997 zum Europäischen Jahr gegen den Rassismus zu erklären*“ und am 12. Juni 1997 eine Initiativstellungnahme (CdR 80/97) zum Thema „*Rassismus, Fremdenfeindlichkeit und Antisemitismus*“ angenommen hat,
D. in der Erwägung, daß der Ausschuß der Regionen am 9. November 1998 in Graz (Österreich) eine Erklärung abgegeben hat (CdR 427/98),
E. in der Erwägung, daß dem Ausschuß der Regionen als einem Organ der Europäischen Union, das die lokalen und regionalen Gebietskörperschaften repräsentiert, eine entscheidende Rolle bei der Förderung der Unionsbürgerschaft zukommt, und er sich daher bei der Bekämpfung von Rassismus und Fremdenfeindlichkeit besonders engagieren muß,
F. in der Erwägung, daß die lokalen und regionalen Gebietskörperschaften als die Regierungsebene mit der größten Bürgernähe eine konkrete und einzigartige Rolle in diesem Kampf übernehmen können, insbesondere bei der Sicherung gleichen Zugangs zu den öffentlichen Diensten,
G. in der Erwägung, daß eine Charta der politischen Parteien Europas für eine rassismusfreie Gesellschaft am 28. Februar 1998 in Utrecht angenommen wurde,

1. verurteilt nachdrücklich jede Form von Extremismus, bedauert, daß an der österreichischen Regierung eine Partei beteiligt ist, die sich für Intoleranz, Fremdenfeindlichkeit, Nationalismus und Ungleichheit ausspricht,
2. verurteilt alle beleidigenden und anti-europäischen Äußerungen, die die Mitglieder der FPÖ und ihr Vorsitzender gemacht haben,
3. befürchtet, daß solche Ideen in der Zukunft verharmlost werden,
4. wird der Beachtung der Prinzipien, die in der Erklärung „Verantwortung für Österreich – die Zukunft im Herzen Europas“ festgehalten sind, große Aufmerksamkeit schenken,
5. fordert alle demokratischen Kräfte in Österreich und anderswo, vor allem die im Ausschuß der Regionen vertretenen oder nicht vertretenen lokalen und regionalen Gebietskörperschaften auf, geschlossen die Ideen, die gegen die Grundprinzipien der Europäischen Union verstoßen, zu bekämpfen und be-

grüßt das Bekenntnis zu den gemeinsamen europäischen Werten in allen Mitgliedstaaten der EU,

6. fordert alle politischen Parteien auf, mehr Mut im Kampf für eine offenere, transparentere und ehrlichere politische Kultur auf allen Ebenen in Europa zu zeigen,
7. wird mit höchster Aufmerksamkeit darüber wachen, daß in seiner Institution weder durch Worte noch durch Taten gegen die grundlegenden Werte der Europäischen Union verstoßen wird,
8. unterstreicht, daß eine gute und vertrauensvolle Zusammenarbeit auf der Grundlage der europäischen und demokratischen Werte zwischen Österreich und der EU im Interesse Europas und seiner fortschreitenden Integration ist und daß die künftigen Reformen und Herausforderungen nur gemeinsam erfolgreich gemeistert werden können,
9. unterstreicht die Notwendigkeit, auf lokaler, regionaler und nationaler Ebene die Bürger besser zu informieren und den europäischen Gedanken noch stärker im Alltag der Menschen zu verankern,
10. unterstreicht die besondere Rolle der Mitglieder des Ausschusses der Regionen als Vermittler zwischen der europäischen Ebene und der Politik vor Ort und ist bereit, seiner Verantwortung für den weiteren europäischen Integrationsprozeß in den Regionen, Städten und Gemeinden gerecht zu werden und dadurch einen wesentlichen Beitrag zur Demokratisierung der Union zu leisten,
11. fordert seinen Präsidenten auf, diese Entschließung an den Präsidenten und an die Regierung Österreichs, an die österreichischen regionalen und lokalen Gebietskörperschaften, an den Rat, die Kommission und das Europäische Parlament zu übermitteln.

(Quelle: CdR 59/2000; veröffentlicht auf der Homepage des Ausschusses der Regionen unter *http://www.cor.eu.int.*)

VI. Beschluß über die Fortsetzung der Maßnahmen und die Be stellung eines Weisenrates vom 27.06.2000

Austria – Bilateral Measures adopted by the XIV

The XIV decided:

1. To continue the measures related to their bilateral relations with the Austrian Government agreed on 31 January.

2. That the Prime Minister of Portugal will request the President of the European Court on Human Rights to appoint three personalities who should deliver, on the basis of a thorough examination, a report covering:

   – the Austrian Government's commitment to the common European values, in particular concerning the rights of minorities, refugees and immigrants;
   – the evolution of the political nature of the FPÖ.

On the basis of this report, which should be submitted (to the XIV) they will consider adequate proposals regarding their bilateral relations with the Austrian Government.

(Quelle: *Winkler*, ZÖR 55 (2000), S. 264 f., eine deutsche Übersetzung findet sich in der Kleinen Zeitung vom 28.06.2000.)

VII. Erklärung der französischen Ratspräsidentschaft vom 12.09.2000

Communiqué des XIV suite au rapport remis par les trois Sages au sujet de la situation autrichienne

1. Les XIV ont pris connaissance du rapport remis par les trois Sages au sujet de la situation autrichienne.

2. Ce rapport aboutit pour l'essentiel à quatre conclusions:
   – les mesures mises en œuvre par les XIV se sont avérées utiles.
   – le gouvernement autrichien n'a pas méconnu son engagement envers les valeurs communes européennes.
   – les mesures adoptées par les XIV iraient, si elles ne cessaient pas, à l'encontre de leur objectif.
   – le FPÖ peut être qualifié de parti populiste de droite aux caractéristiques extrémistes et son évolution est incertaine.

3. En se fondant sur les conclusions de ce rapport, les XIV ont procédé à nouveau à l'examen de leurs relations bilatérales avec le gouvernement autrichien, conformément à la procédure convenue à la fin du mois de juin.

4. Ils ont approuvé les conclusions suivantes:
   – les mesures mises en œuvre par les XIV ont été utiles. Elles peuvent maintenant être levées.

– la nature du FPÖ et son évolution incertaine restent un motif de sérieuse préoccupation. Les XIV considèrent qu'une vigilance particulière doit être exercée à l'égard de ce parti et de son influence sur le gouvernement auquel il participe. Ils sont convenus d'exercer cette vigilance en se concertant.
– il convient de poursuivre la réflexion au sein de l'Union européenne sur la manière de prévenir, suivre, apprécier et agir dans des situations analogues. Les recommandations contenues dans le rapport des trois Sages sont une contribution utile à cette réflexion.

(Quelle: *http://www.elysee.fr/actus/arch0009/000908-12/communique.htm*; die deutsche Fassung ist abgedruckt in: EuGRZ 2000, S. 416, sowie in Blätter für deutsche und internationale Politik 2000, S. 1279.)

B. Synopse der verschiedenen Veröffentlichungen der Erklärung der XIV, einschließlich der Presidency´s Platform als vorbereitendem Dokument

Das portugiesische Dokument der Kundmachung	**Die diplomatischen Noten**	**Die Kundmachung im Internat**	**Presidency's Platform regarding the Formation of the new Austrian Government**
(Das Staatswappen von Portugal) PRESIDENCIA DO CONSELHO DE MINISTEROS Cabinete do Primeiro-Ministro (Briefkopf) COMUNICADO DA PRESIDENCIA PORTUGUESA DA UNIAO EUROPEIA EM NOME DE XIV ESTADOS MEMBROS	(Das Staatswappen von Portugal) PRESIDENCIA DO CONSELHO DE MINISTEROS Cabinete do Primeiro-Ministro (Briefkopf) Statement from the Portuguese Presidency of the European Union on behalf of XIV member States	Statement from the Portuguese Presidency of the EU, 1/31/00 Content: Statement from the Portuguese Presidency of the European Union on behalf of XIV member States	Based on consultations with all heads of State and Government

O Primeiro Ministrao Antonio Guterres informu hoje o Presidente e o Chanceler austriacos, e o Ministro dos Negocios Estrangeiros Jaime Gama notificou o seu homologo, sobre a seguinte reaccao conjunta de XIV Chefes deso de paises membros da Uniao Europeia, caso venha a ser formado na Austria um Governo integrando o FPÖ;	Today, Monday 31 January, the Portuguese Prime Minister informed both the President and the Chancellor of Austria and the Portuguese Minister of Foreign Affairs notified his Austrian counterpart of the following joint reaction agreed by the Heads of State and Government of XIV Member States of the European Union in case it is formed in Austria a Government integrating the FPÖ.	Today, Monday 31 January, the Portuguese Prime Minister informed both the President and the Chancellor of Austria and the Portuguese Minister of Foreign Affairs notified his Austrian counterpart of the following joint reaction agreed by the Heads of State and Government of XIV Member States of the European Union in case it is formed in Austria a Government integrating the FPÖ.	Today, Monday 31 January, the Portuguese Prime Minister will inform both the President and the Chancellor of Austria and the Portuguese Minister of Foreign Affairs will notify his Austrian counterpart of the following joint reaction agreed by XIV Member States of the European Union in case it is formed in Austria a Government integrating the FPÖ.
- Os Governos de XIV Estados-membros nao irao promover ou aceitar contactos bilaterais oficiais a nivel politico com um Governo austriaco que integre o FPÖ;	- Governments of XIV Member States will not promote or accept any bilateral official contacts at political level with an Austrian Government integrating the FPÖ;	- Governments of XIV Member States will not promote or accept any bilateral official contacts at political level with an Austrian Government integrating the FPÖ;	- Governments of XIV Member States will not promote or accept any bilateral official contacts at political level with an Austrian Government integrating the FPÖ;
- Nao sera prestado apoio aos candidatos austriacos para cargos em Organizacoes Internacionais;	- There will be no support in favour of Austrian candidates see-king positions in international organizations;	- There will be no support in favour of Austrian candidates see-king positions in international organizations;	- there will be no support in favour of Austrian candidates see-king positions in international organizations;
- O Embaixadores austriacos nas capitais da UE so serao recebidos a nivel tecnico.	- Austrian Ambassadors in EU capitals will only be received at a technical level.	- Austrian Ambassadors in EU capitals will only be received at a technical level.	- Austrian Ambassadors in EU capitals will only be received at a technical level.
			This joint reaction will be made public at a later stage when deemed appropriate or necessary.
O Premeiro Ministro Portugues e o Ministro dos Negocios Estrangeiros ja tinham informado as autoridades austriacas de que nao haveira uma situacao de *"business as usual"* nas	The Portuguese Prime Minister and the Minister of Foreign Affairs had already informed the Austrian authorities that there would be no business as usual in the bilateral relations	The Portuguese Prime Minister and the Minister of Foreign Affairs had already informed the Austrian authorities that there would be no business as usual in the bilateral relations	The Portuguese Prime Minister and the Minister of Foreign Affairs have already informed the Austrian authorities that there will be no business as usual in the bilateral relations

relacoes bilaterais com um Governo integrado pelo FPÖ.	with a Government integrating the FPÖ.	with a Government integrating the FPÖ.	with a Government integrating the FPÖ.
Lisboa, 31 de Janeiro de 2000	Lisbon, 31 January 2000	Lisbon, 31 January 2000	It is the Prime Minister's intention to call the Austrian President at 12 h 00 Portugal's time (13 h 00 ECT).

C. Änderungsentwürfe zu Art. 7 EUV

I. Der Vorschlag Belgiens

ENTWURF EINER GEÄNDERTEN FASSUNG DES ARTIKELS 7 EUV

(1) Der Rat kann, um einer schwerwiegenden und anhaltenden Verletzung der in Artikel 6 Absatz 1 genannten Grundsätze durch einen Mitgliedstaat zuvorzukommen, auf Vorschlag eines Drittels der Mitgliedstaaten oder der Kommission mit qualifizierter Mehrheit feststellen, daß die Gefahr einer Verletzung der genannten Grundsätze in einem Mitgliedstaat gegeben ist, und an den betreffenden Mitgliedstaat eine entsprechende Empfehlung richten, die erforderlichenfalls mit angemessenen Maßnahmen einhergeht, nachdem er die Regierung dieses Mitgliedstaates zu einer Stellungnahme aufgefordert hat. Der Präsident des Rates teilt die Empfehlung und die eventuell getroffenen Maßnahmen dem Parlament mit.

(2) Auf Vorschlag ... kann der Rat, der in der Zusammensetzung der Staats- und Regierungschefs tagt, **mit qualifizierter Mehrheit** feststellen, daß ...

(Quelle: CONFER 4739/00 vom 2.05.2000.)

II. Der Vorschlag Österreichs

ARTIKEL 7 UND 46 EUV

Entwurf einer geänderten Fassung des Artikels 7 EUV

(1) Um eine schwerwiegende und anhaltende Verletzung von in Artikel 6 Absatz 1 genannten Grundsätzen durch einen Mitgliedstaat zu vermeiden, gilt das folgende Verfahren, in das der betroffene Mitgliedstaat in allen Abschnitten einzubeziehen ist.

Entsteht nach Meinung der Kommission oder eines Drittels der Mitgliedstaaten die objektiv begründete Gefahr einer solchen Verletzung durch einen Mitgliedstaat, so hat auf deren Antrag der Rat darüber auf der Grundlage eines Berichts der Kommission und unter Einbeziehung des betroffenen Mitgliedstaates zu beraten.

Danach kann erforderlichenfalls der Rat in der Zusammensetzung der Staats- und Regierungschefs auf begründeten Vorschlag der Kommission oder eines Drittels der Mitgliedstaaten, nach Anhörung des betroffenen Mitgliedstaates und nach Zustimmung des Europäischen Parlaments, einstimmig feststellen, daß die Gefahr einer solchen Verletzung besteht. Die Begründetheit dieser Feststellung hat der Rat regelmäßig zu überprüfen.

In weiterer Folge kann der Rat auf Antrag der Kommission oder eines Drittels der Mitgliedstaaten und nach Anhörung des betroffenen Mitgliedstaates mit qualifizierter Mehrheit an diesen angemessene Empfehlungen richten.

(2) Liegt nach Meinung der Kommission oder eines Drittels der Mitgliedstaaten eine objektiv begründete Verletzung von in Artikel 6 Absatz 1 genannten Grundsätzen durch einen Mitgliedstaat vor, so hat auf deren Antrag der Rat darüber auf der Grundlage eines Berichts der Kommission und unter Einbeziehung des betroffenen Mitgliedstaates zu beraten.

Danach kann erforderlichenfalls der Rat in der Zusammensetzung der Staats- und Regierungschefs auf begründeten Vorschlag der Kommission oder eines Drittels der Mitgliedstaaten, nach Anhörung des betroffenen Mitgliedstaats und auf Grundlage eines Berichts der Kommission nach Zustimmung des Europäischen Parlaments, einstimmig feststellen, daß eine schwerwiegende und anhaltende Verletzung von in Artikel 6 Absatz 1 genannten Grundsätzen durch einen Mitgliedstaat vorliegt. Die Begründetheit dieser Feststellung hat der Rat regelmäßig zu überprüfen.

Wurde eine solche Feststellung getroffen, so kann der Rat auf Antrag der Kommission oder eines Drittels der Mitgliedstaaten nach Anhörung des betroffenen Mitgliedstaates mit qualifizierter Mehrheit beschließen, bestimmte Rechte auszusetzen, die sich aus der Anwendung dieses Vertrags auf den betroffenen Mitgliedstaat herleiten, einschließlich der Stimmrechte des Vertreters der Regierung dieses Mitgliedstaats im Rat. Dabei berücksichtigt er die möglichen Auswirkungen einer solchen Aussetzung auf die Rechte und Pflichten natürlicher und juristischer Personen. Solche Beschlüsse haben auch verhältnismäßig zu den diesen Feststellungen zu Grunde liegenden Vorwürfen zu sein.

Die sich aus diesem Vertrag ergebenden Verpflichtungen des betroffenen Mitgliedstaats sind für diesen auf jeden Fall weiterhin verbindlich.

(3) Feststellungen, Empfehlungen sowie Maßnahmen auf Grund dieses Artikels sind mit Gründen zu versehen.

(4) Die Mitgliedstaaten werden Feststellungen, Empfehlungen sowie Beschlüsse im Zusammenhang mit schwerwiegenden und anhaltenden Verletzungen von in Artikel 6 Absatz 1 genannten Grundsätzen nur nach dem in diesem Artikel vorgesehenen Verfahren treffen.

(5) Der Rat hat auf Antrag des betroffenen Mitgliedstaates, der Kommission, oder eines Drittels der Mitgliedstaaten mit der Mehrheit seiner Mitglieder festzustellen, daß die in Absatz 1 genannte Gefahr oder die in Absatz 2 genannte Verletzung nicht mehr besteht.

Nach demselben Verfahren sind nach Absatz 1 ergangene Empfehlungen sowie nach Absatz 2 getroffene Maßnahmen abzuändern oder aufzuheben. Vor solchen Beschlüssen des Rates hat dieser dem betroffenen Mitgliedstaat und der Kommission Gelegenheit zur Stellungnahme zu geben, die diese binnen angemessener Frist abzugeben hat.

(6) Für die Zwecke dieses Artikels handelt der Rat ohne Berücksichtigung der Stimme des Vertreters der Regierung des betroffenen Mitgliedstaats. Die Stimmenthaltung von anwesenden oder vertretenden Mitgliedern steht dem Zustandekommen von Beschlüssen nicht entgegen. Als qualifizierte Mehrheit gilt derselbe Anteil der gewogenen Stimmen der betreffenden Mitglie-

der des Rates, der in Artikel 205 Absatz 2 des Vertrags zur Gründung der Europäischen Gemeinschaft festgelegt ist.

Artikel 46 EUV

Die Bestimmungen des Vertrags zur Gründung der Europäischen Gemeinschaft, des Vertrags über die Gründung der Europäischen Gemeinschaft für Kohle und Stahl und des Vertrags zur Gründung der Europäischen Atomgemeinschaft betreffend die Zuständigkeit des Gerichtshofs der Europäischen Gemeinschaften und die Ausübung dieser Zuständigkeit gelten nur für folgende Bestimmungen dieses Vertrags:

a) die Bestimmungen zur Änderung des Vertrags zur Gründung der Europäischen Wirtschaftsgemeinschaft im Hinblick auf die Gründung der Europäischen Gemeinschaft, des Vertrags über die Gründung der Europäischen Gemeinschaft für Kohle und Stahl und des Vertrags zur Gründung der Europäischen Atomgemeinschaft;
b) die Bestimmungen des Titels VI nach Maßgabe des Artikels 35;
c) die Bestimmungen des Titels VII nach Maßgabe des Artikels 11 des Vertrags zur Gründung der Europäischen Gemeinschaft und des Artikels 40 dieses Vertrags;
d) Artikel 6 Absatz 2 in Bezug auf Handlungen der Organe, sofern der Gerichtshof im Rahmen der Verträge zur Gründung der Europäischen Gemeinschaften und im Rahmen dieses Vertrags zuständig ist;
e) Artikel 7;
f) die Artikel 46 bis 53.

(Quelle: CONFER 4748/00 vom 7.06.2000.)

III. Der Vorschlag Portugals

Entwurf eines neuen, am Anfang von Artikel 7 EUV einzufügenden Absatzes

(x) Der Rat kann, um einer Verletzung der in Artikel 6 Absatz 1 genannte Grundsätze durch einen Mitgliedstaat zuvorzukommen, auf Vorschlag eines Drittels der Mitgliedstaaten oder der Kommission mit einer Mehrheit von neun Zehnteln[1] seiner Mitglieder nach Zustimmung des Europäischen Parlaments feststellen, daß das Risiko einer solchen Verletzung in einem Mitgliedstaat gegeben ist, und an diesen Mitgliedstaat eine entsprechende Empfehlung richten, nachdem er dessen Regierung zu einer Stellungnahme aufgefordert hat.

(Quelle: CONFER 4782/00 vom 5.10.2000, S. 5.)

IV. Der Vorschlag der Kommission

Artikel 7 EUV

1. **Der Rat kann mit der Mehrheit von zwei Dritteln seiner Mitglieder auf Vorschlag eines Drittels der Mitgliedstaaten, des Europäischen Parlaments oder der Kommission feststellen, daß die Gefahr einer Verletzung der in Artikel 6 Absatz 1 genannten Grundsätze in einem Mitgliedstaat gegeben ist und an den betroffenen Mitgliedstaat eine entsprechende Empfehlung richten, nachdem er die Regierung dieses Mitgliedstaats zu einer Stellungnahme aufgefordert hat.**

2. Auf Vorschlag eines Drittels der Mitgliedstaaten oder der Kommission und nach Zustimmung des Europäischen Parlaments kann der Rat, der in der Zusammensetzung der Staats- und Regierungschefs tagt, einstimmig feststellen, daß eine schwerwiegende und anhaltende Verletzung von in Artikel 6 Absatz 1 genannten Grundsätzen durch einen Mitgliedstaat vorliegt, nachdem

[1] Diese Beschlußfassungsregel entspricht in einer Union mit bis zu 20 Mitgliedstaaten der Einstimmigkeit minus 2 (darunter der betreffende Mitgliedstaat) und in einer Union mit 21 oder mehr Mitgliedstaaten der Einstimmigkeit minus 3 (darunter der betreffende Mitgliedstaat).

er die Regierung des betroffenen Mitgliedstaats zu einer Stellungnahme aufgefordert hat.

3. Wurde eine solche Feststellung getroffen, so kann der Rat mit qualifizierter Mehrheit beschließen, bestimmte Rechte auszusetzen, die sich aus der Anwendung dieses Vertrags auf den betroffenen Mitgliedstaat herleiten, einschließlich der Stimmrechte des Vertreters der Regierung dieses Mitgliedstaats im Rat. Dabei berücksichtigt er die möglichen Auswirkungen einer solchen Aussetzung auf die Rechte und Pflichten natürlicher und juristischer Personen.

   Die sich aus diesem Vertrag ergebenden Verpflichtungen des betroffenen Mitgliedstaats sind für diesen auf jeden Fall weiterhin verbindlich.

4. Der Rat kann zu einem späteren Zeitpunkt mit qualifizierter Mehrheit beschließen, nach Absatz 3 getroffene Maßnahmen abzuändern oder aufzuheben, wenn in der Lage, die zur Verhängung dieser Maßnahmen geführt hat, Änderungen eingetreten sind.

5. Für die Zwecke dieses Artikels handelt der Rat ohne Berücksichtigung der Stimme des Vertreters der Regierung des betroffenen Mitgliedstaats. Die Stimmenthaltung von anwesenden oder vertretenen Mitgliedern steht dem Zustandekommen von Beschlüssen nach Absatz 2 nicht entgegen. Als qualifizierte Mehrheit gilt derselbe Anteil der gewogenen Stimmen der betreffenden Mitglieder des Rates, der in Artikel 205 Absatz 2 des Vertrags zur Gründung der Europäischen Gemeinschaft festgelegt ist.

   Dieser Absatz gilt auch, wenn Stimmrechte nach Absatz 3 ausgesetzt werden.

6. Für die Zwecke der Anwendung der **Absätze 1 und 2** dieses Artikels beschließt das Europäische Parlament mit der Mehrheit von zwei Dritteln der abgegebenen Stimmen und mit der Mehrheit seiner Mitglieder.

(Quelle: CONFER 4782/00 vom 5.10.2000, S. 6.)

D. Zeitleiste der Geschehnisse

03.10.1999	Wahlen zum Nationalrat (rechnerische absolute Mehrheit für SPÖ/ÖVP, SPÖ/FPÖ, ÖVP/FPÖ)
14.10.1999	Auftrag zur Aufnahme von Sondierungsgesprächen an Bundeskanzler Klima (SPÖ)
15./16.10.1999	Erste Warnungen vor Regierungsbeteiligung der FPÖ in Tampere
18./19.11.1999	Erneuerung der Bedenken in Istanbul anläßlich des OSZE-Gipfels
03.12.1999	Ende der Sondierungsgespräche zwischen der SPÖ und allen Parteien des Nationalrates
09.12.1999	Auftrag zur Aufnahme von Regierungsverhandlungen der SPÖ mit ÖVP an Bundeskanzler *Klima*
10./11.12.1999	Neue Warnungen in Helsinki
17.12.1999	Beginn der Verhandlungen
20./21.01.2000	Ergebnisloser Abbruch der Verhandlungen
21.01.2000	Erneuter Auftrag zur Regierungsbildung an *Klima*
25.01.2000	Aufnahme von Gesprächen zwischen ÖVP/FPÖ (ohne Ermächtigung des BPräs)
26.01.2000	Erklärung des Scheiterns des Versuchs der Bildung einer SPÖ-Minderheitsregierung/Warnungen auf der Holocaust-Konferenz in Stockholm
27.01.2000	Kündigung der Koalitionsverhandlungen zwischen ÖVP/SPÖ durch die SPÖ
28.01.2000	Neuer Auftrag zur Führung von Gesprächen an *Klima*
28./30.01.2000	Entscheidende Phase der Gespräche zwischen ÖVP und FPÖ
31.01.2000	Erklärung der portugiesischen EU-Präsidentschaft, in der mit Maßnahmen der XIV bei einem Eintritt der FPÖ in die österreichische Regierung gedroht wird
01.02.2000	Erfolgreicher Abschluß der Koalitionsverhandlungen zwischen ÖVP und FPÖ/Sondersitzung der EU-Kommission, einstimmige Verabschiedung einer Mitteilung
03.02.2000	Entschließung des EP (406 Ja-/53 Nein-Stimmen/60 Enthaltungen)
04.02.2000	Vereidigung („Angelobung“) der neuen ÖVP/FPÖ-Regierung durch Bundespräsident *Klestil* (124 Tage nach der Wahl)/Inkrafttreten der angedrohten „Sanktionen“ durch die XIV
16.02.2000	Entschließung zur Regierungskoalition in Österreich durch den Ausschuß der Regionen
Ende Februar	Verschiedene Boykottaufrufe durch europäische Politiker
05.05.2000	Beschluß des österreichischen Kabinetts zur Abhaltung eines Volksbegehrens im Oktober, wenn Maßnahmen bis zum 30.06.2000 nicht aufgehoben

06./07.05.2000	Außenministertreffen auf São Miguel; erste Annäherungsversuche zwischen den XIV und Österreich
19/20.06.2000	Gipfel in Feira; grundsätzliche Zustimmung zu einer Überwachungsmission in Österreich durch alle Beteiligten
27.06.2000	Beschluß der XIV zur Fortsetzung der Maßnahmen und zur Beauftragung der „Drei Weisen" durch den Präsidenten des EuGHMR, *Wildhaber*
Juli 2000	Beauftragung der drei Weisen (*Ahtisaari/Frowein/Oreja*)
28.07/29.08.2000	Gespräche der Drei Weisen in Wien und Heidelberg
08.09.2000	Bericht der Drei Weisen
12.09.2000	Aufhebung der „Sanktionen"

Literaturverzeichnis

Selbständige Literatur wird mit einem Kurztitel, unselbständige mit der Fundstelle zitiert

Akehurst, Michael	Reprisals by Third States, in: BYIL 1970, S. 1-18.
Annacker, Claudia	Der fehlerhafte Rechtsakt in Gemeinschafts- und Unionsrecht, Wien 1998 (zugl. Habil.-Schr. Univ. Wien 1998).
Arrangio-Ruiz, Gaetano	Counter-Measures and Amicable Dispute Settlement Means in the Implementation of State Responsibility: A Crucial Issue before the International Law Commission, in: EJIL 5 (1994), S. 20-53.
Auer, Clemens Martin	Aufregung, Mythos und Marketing: zum Umgang mit dem Populismus der FPÖ, in: Günther R. Burkert-Dottolo/Bernhard Moser (Hrsg.), Die Regierungsbildung in Österreich 1999/2000: Anatomie eines Wechsels, Wien 2000, S. 61-77.
Auswärtiges Amt (Hrsg.)	Gemeinsame Außen- und Sicherheitspolitik der Europäischen Union (GASP): Dokumentation, 10. Aufl., Bonn, 1994.
Barents, René	Some Observations on the Treaty of Amsterdam, in: MJ 1997, S. 332-345.
Bebr, Gerhard	Acts of Representatives of the Governments of the Member States, in: SEW 14 (1966), S. 529-545.
Berber, Friedrich	Lehrbuch des Völkerrechts, Band 3: Streiterledigung, Kriegsverhütung, Integration, 2. Aufl., München 1977.

Bergmann, Jan/ Lenz, Christofer — Der Amsterdamer Vertrag vom 2. Oktober 1997: Eine Kommentierung der Neuerungen des EU- und EG-Vertrages, Köln 1998.

Bernhardt, Rudolf — Das Recht der europäischen Gemeinschaften zwischen Völkerrecht und staatlichem Recht, in: Emanuel Diez (Hrsg.), Festschrift für Rudolf Bindschedler: Botschafter, Prof. Dr. iur. zum 65. Geburtstag am 8. Juli 1980, Bern 1980, S. 229-239.

Beutler, Bengt — Offene Staatlichkeit und europäische Integration, in: Rolf Grawert/Bernhard Schlink/Rainer Wahl/ Joachim Wieland (Hrsg.), Offene Staatlichkeit: Festschrift für Ernst-Wolfgang Böckenförde zum 65. Geburtstag, Berlin 1995, S. 109-124.

Beutler, Bengt/ Bieber, Roland/ Pipkorn, Jörn/ Streil, Jochen — Die Europäische Union: Rechtsordnung und Politik, 5. Aufl., Baden-Baden 2001. (zit.: *Bearb.*, in: B/B/P/S)

Biervert, Bernd — Der Mißbrauch von Handlungsformen im Gemeinschaftsrecht, Baden-Baden 1999 (zugl. Diss. Univ. Freiburg/Br. 1999).

Bleckmann, Albert — Zur Rechtsnatur des Europäischen Gemein-schaftsrechts, in: DÖV 1978, S. 391-398.

– Die Einheit der Europäischen Gemeinschaftsrechtsordnung; Einheit oder Mehrheit der Europäischen Gemeinschaften, in: EuR 1978, S. 95-104.

– Zwangsmittel im Gemeinsamen Markt, in: RIW/AWD 1978, S. 91-95.

Bleckmann, Albert Gedanken zur Repressalie, in: Ingo v. Münch (Hrsg.), Staatsrecht – Völkerrecht – Europarecht: Festschrift für Hans-Jürgen Schlochauer, Berlin, New York 1981, S. 193-213.

– Europarecht: Das Recht der EU und der Europäischen Gemeinschaften, 6. Aufl., Köln u.a. 1997.

– Staatsrecht II – Die Grundrechte, 4. Aufl., Köln u.a. 1997.

Bockey, Andrea Die Entscheidung der Europäischen Gemeinschaft, Frankfurt/M. u.a. 1998 (zugl. Diss. Univ. Osnabrück 1997).

Bogdandy, Armin v./ Nettesheim, Martin Die Europäische Union: Ein einheitlicher Verband mit eigener Rechtsordnung, in: EuR 1996, S. 3-26.

Böse, Martin Die Zuständigkeit des EuGH im Bereich der „3. Säule" der EU – Anmerkung zum Urteil des EuGH vom 12.5.1998, Kommission ./. Rat, Rs. 170/96, in: EuR 1998, S. 678-683.

Boisson des Chazournes, Laurence Les contre-mesures dans les relations internationales économiques, Diss. Univ. Genf 1991.

Bothe, Michael Die Stellung der Europäischen Gemeinschaften im Völkerrecht, in: ZaöRV 37 (1977), S. 122-137.

– Legal and non-legal norms – a meaningful distinction in international relations?, in: NYIL XI (1980), S. 65-95.

– „Soft Law" in den Europäischen Gemeinschaften, in: Ingo v. Münch (Hrsg.), Staatsrecht – Völkerrecht – Europarecht: Festschrift für Hans-Jürgen Schlochauer, Berlin, New York 1981, S. 761-775.

Breitenmoser, Stephan Die Europäische Union zwischen Völkerrecht und Staatsrecht, in: ZaöRV 55 (1995), S. 951-992.

Bryde, Brun-Otto Art. Self-Help, in: Rudolf Bernhardt (Hrsg.), EPIL 4, Amsterdam u.a. 1982, S. 215-217.

Buchwald, Delf Zur Rechtsstaatlichkeit der Europäischen Union, in: Der Staat 37 (1998), S. 189-219.

Buck, Carsten Über die Auslegungsmethoden des Gerichtshofes der EU, Frankfurt/M. u.a. 1998 (zugl. Diss. Univ. Münster 1997).

Burghardt, Günter/ Tebbe, Gerd Die gemeinsame Außen- und Sicherheitspolitik der Europäischen Union, in: EuR 1995, S. 1-20.

Burgi, Martin Mitgliedstaatliche Garantenpflicht statt unmittelbare Wirkung der Grundfreiheiten, in: EWS 1999, S. 327-332.

Burkert-Dottolo, Günther R. Die Regierungsbildung 1999/2000, in: Günther R. Burkert-Dottolo/Bernhard Moser (Hrsg.), Die Regierungsbildung in Österreich 1999/2000: Anatomie eines Wechsels, Wien 2000, S. 23-59.

–/ Moser, Bernhard (Hrsg.) Die Regierungsbildung in Österreich 1999/2000: Anatomie eines Wechsels, Wien 2000.

Busse, Christian Die völkerrechtliche Einordnung der EU. Köln u.a. 1999 (zugl. Diss. Univ. Münster 1998).

– Österreich contra Europäische Union: Eine rechtliche Beurteilung der Reaktion der EU und ihrer Mitgliedstaaten auf die Regierungsbeteiligung der FPÖ in Österreich, Basel 2000.

Calliess, Christian/ Ruffert, Matthias (Hrsg.) — Kommentar des Vertrages über die Europäische Union und des Vertrages zur Gründung der Europäischen Gemeinschaft, Neuwied, Kriftel, Berlin 1999.

Capotorti, Francesco/ Hilf, Meinhard/ Jacobs, Francis/ Jacqué, Jean-Paul — Der Vertrag zur Gründung der Europäischen Union – Kommentar zu dem vom Europäischen Parlament am 14.02.1984 verabschiedeten Entwurf, Baden-Baden 1986.

Collier, John G./ Lowe, Vaughan — The Settlement of Disputes in International Law: Institutions and Procedures, Oxford u.a. 2000.

Combacau, Jean — Art. Sanctions, in: Rudolf Bernhardt (Hrsg.), EPIL 9, Amsterdam u.a. 1986, S. 337-341.

Constantinesco, Léontin-Jean — Das Recht der Europäischen Wirtschaftsgemeinschaften, Band I, Baden-Baden 1977.

Curtin, Deidre M./ Dekker, Ige F. — The EU as a „Layered" International Organization: Institutional Unity in Disguise, in: Paul Craig/Gràinne de Búrca (Hrsg.), The Evolution of EU Law, Oxford u.a. 1999, S. 83-136.

Dahm, Georg/ Delbrück, Jost/ Wolfrum, Rüdiger — Völkerrecht, Band I/1: Die Grundlagen. Die Völkerrechtssubjekte, 2. Aufl., Berlin, New York 1989.

Daig, Hans-Wolfram — Nichtigkeits- und Untätigkeitsklagen im Recht der Europäischen Gemeinschaften: unter besonderer Berücksichtigung der Rechtsprechung des Gerichtshofes der Europäischen Gemeinschaften und der Schlußanträge der Generalanwälte, Baden-Baden 1985.

Däubler, Wolfgang — Die Klage der EWG-Kommission gegen einen Mitgliedstaat, in: NJW 1968, S. 325-331.

Dehousse, Renaud From Community to Union, in: Renaud Dehousse (Hrsg.), Europe after Maastricht: An ever closer Union?, München 1994, S. 5-15.

Delbrück, Jost The Impact of the Allocation of International Law Enforcement Authority on the International Legal Order, in: Jost Delbrück (Hrsg.), Allocation of International Law Enforcement Authority in the International System: Proceedings of an international Symposium of the Kiel Institute of International Law, March 23 to 25, 1994, Berlin 1995, S. 135-158.

Denza, Eileen Diplomatic Law: a Commentary on the Vienna Convention on Diplomatic Relations, 2. Aufl. Oxford 1998.

Detter, Ingrid International Law, Stockholm 1991.

Dicke, Detlev Christian Art. Retorsion, in: Ignaz Seidl-Hohenveldern (Hrsg.), Lexikon des Rechts. Völkerrecht, 2. Aufl., Neuwied, Kriftel, Berlin 1992, S. 261-262.

Dickinger, Christian Der Bundespräsident im politischen System Österreichs, Innsbruck 1999.

Doehring, Karl Die Selbstdurchsetzung völkerrechtlicher Verpflichtungen, in: ZaöRV 47 (1987), S. 44-55.

– Völkerrecht: Ein Lehrbuch, Heidelberg 1999.

– Einseitiger Austritt aus der Europäischen Gemeinschaft, in: Dieter Dörr u.a. (Hrsg.), Die Macht des Geistes: Festschrift für Hartmut Schiedermair, Heidelberg 2001, S. 695-704.

Dohna, Bernt Graf zu — Die Grundprinzipien des Völkerrechts über die freundschaftlichen Beziehungen und die Zusammenarbeit zwischen den Staaten: die Arbeit des UN-Sonderausschusses über die völkerrechtlichen Grundsätze betreffend die freundschaftlichen Beziehungen und die Zusammenarbeit zwischen den Staaten und das geltende Völkerrecht, Berlin 1973 (zugl. Diss. Univ. Kiel 1972).

Dörr, Oliver — Der praktische Fall – Völker- und Europarecht: M.-Phobie, in: JuS 1994, S. 500-506.

– — Zur Rechtsnatur der EU, in: EuR 1995, S. 334-348.

Dominicé, Christian — Observations sur les droits de l'Etat victime d'un fait internationalement illicite, in: Prosper Weil (Hrsg.), Droit international 2, Paris 1982, S. 1-70.

Dzida, Boris — Zum Recht der Repressalie im heutigen Völkerrecht: eine Bewertung anläßlich der Diskussion innerhalb der International Law Commission über countermeasures im Konventionsentwurf zur Staatenverantwortlichkeit, Frankfurt/M. 1997 (zugl. Diss. Univ. Berlin 1997).

Egger, Alexander — Das Generalsekretariat des Rates der EU, Baden-Baden 1994 (zugl. Diss. Univ. Wien 1993).

Ehlermann, Claus-Dieter — Mitgliedschaft in der Europäischen Gemeinschaft – Rechtsprobleme der Erweiterung, der Mitgliedschaft und der Verkleinerung, in: EuR 1984, S. 113-125.

Erichsen, Hans-Uwe (Hrsg.) — Allgemeines Verwaltungsrecht, 11. Aufl., Berlin, New York 1998.
(zit.: *Bearb.*, in: Erichsen, Allg. VerwR)

Erler, Georg — Das Grundgesetz und die öffentliche Gewalt internationaler Staatengemeinschaften, VVDStRL 18 (1960), S. 7-48.

Everling, Ulrich — Struktur und Funktionieren der erweiterten Gemeinschaft, in: EuR 1978, S. 1-11.

– Das europäische Gemeinschaftsrecht im Spannungsfeld von Politik und Wirtschaft, in: Wilhelm G. Grewe/Hans Rupp/Hans Schneider (Hrsg.), Europäische Gerichtsbarkeit und nationale Verfassungsgerichtsbarkeit: Festschrift zum 70. Geburtstag von Hans Kutscher, Baden-Baden 1981, S. 155-187.

– Sind die Mitgliedstaaten der Europäischen Gemeinschaft noch Herren der Verträge? in: Rudolf Bernhardt/Karl Wilhelm Geck/Günther Jaenicke/ Helmut Steinberger (Hrsg.), Völkerrecht als Rechtsordnung, Internationale Gerichtsbarkeit, Menschenrechte: Festschrift für Hermann Mosler, Berlin u.a. 1983, S. 173-191.

– Zur rechtlichen Wirkung von Beschlüssen, Entschließungen, Erklärungen und Vereinbarungen des Rates oder der Mitgliedstaaten der Europäischen Gemeinschaft, in: Gerhard Lüke (Hrsg.), Rechtsvergleichung, Europarecht und Staatenintegration: Gedächtnisschrift für Léontin-Jean Constantinesco, Köln u.a. 1983, S. 133-156.

– Probleme atypischer Rechts- und Handlungsformen bei der Auslegung des europäischen Gemeinschaftsrechts, in: Roland Bieber/Georg Ress (Hrsg.), Die Dynamik des Europäischen Gemeinschaftsrechts, 1987, S. 417-433.

– Reflections on the Structure of the European Union, in: CMLRev XXIX (1992), S. 1053-1077.

Everling, Ulrich — Zur Stellung der Mitgliedstaaten der Europäischen Union als „Herren der Verträge“, in: Ulrich Beyerlein u.a. (Hrsg.), Recht zwischen Umbruch und Bewahrung: Völkerrecht – Europarecht – Staatsrecht: Festschrift für Rudolf Bernhardt, Berlin u.a. 1995, S. 1161-1176.

Fenwick, Charles G. — International Law, 4. Aufl. New York 1965.

Fiedler, Wilfried — Gegenmaßnahmen, BDGVR 37, Heidelberg 1998, S. 9-38.

Fink-Hooijer, Florika — The Common Foreign and Security Policy of the European Union, in: EJIL 5 (1994), S. 173-198.

Fischer Peter/ Köck, Heribert F. — Europarecht, einschließlich des Rechts supranationaler Organisationen, 3. Aufl., Wien 1997.

Frowein, Jochen A. — Die Verpflichtungen erga omnes im Völkerrecht und ihre Durchsetzung, in: Rudolf Bernhardt/Karl Wilhelm Geck/Günther Jaenicke/Helmut Steinberger (Hrsg.), Völkerrecht als Rechtsordnung, Internationale Gerichtsbarkeit, Menschenrechte: Festschrift für Hermann Mosler, Berlin u.a. 1983, S. 241-262.

– — Die rechtliche Bedeutung des Verfassungsprinzips der parlamentarischen Demokratie für den europäischen Integrationsprozeß, in: EuR 1983, S. 301-317.

– — The European Community and the Requirement of a Republican Form of Government, in: Michigan Law Review Association (Hrsg.), The Art of Governance: Festschrift für Eric Stein, 2. Aufl., Baden-Baden 1987, S. 173-184.

– — Das Maastricht-Urteil und die Grenzen der Verfassungsgerichtsbarkeit, in: ZaöRV 54 (1994), S. 1-16.

Frowein, Jochen A / Peukert, Wolfgang — Europäische Menschenrechtskonvention: EMRK-Kommentar, 2. Aufl., Kehl am Rhein u.a. 1996.

Fukatsu, Eiichi — Coercion and the Theory of Sanctions in International Law, in: Ronald St.John MacDonald/ Douglas Millar Johnston (Hrsg.), The Structure and Process of International Law, Den Haag 1983, S. 1187-1205.

Ganten, Ted Oliver — Die Drittwirkung der Grundfreiheiten: die EG-Grundfreiheiten als Grenze der Handlungs- und Vertragsfreiheit im Verhältnis zwischen Privaten, Berlin 2000 (zugl. Diss. Univ. Augsburg 1999).

Gehler, Michael — Präventivschlag als Fehlschlag: Motive, Intentionen und Konsequenzen der EU 14-Sanktionsmaßnahmen gegen Österreich im Jahre 2000, in: Wilfried Loth (Hrsg.), Das europäische Projekt zu Beginn des 21. Jahrhunderts, Opladen 2001, S. 325-382.

Geiger, Rudolf — Grundgesetz und Völkerrecht – Die Bezüge des Staatsrechts zum Völkerrecht und Europarecht: Ein Studienbuch, 2. Aufl., München 1994.

– — EUV/EGV: Vertrag über die Europäische Union und Vertrag zur Gründung der Europäischen Gemeinschaft, 3. Aufl., München 2000.

Gil Ibáñez, Alberto J. — Commission Tools for the Supervision and Enforcement of EC Law other than Article 169 EC Treaty: An Attempt at Systematization, Harvard Jean Monnet Working Paper 12/98, Cambridge/ Mass., 1998.

Glaesner, Hans-Joachim — Der Europäische Rat, in: EuR 1994, S. 22-34.

Götting, Friedemann — Die Beendigung der Mitgliedschaft in der Europäischen Union, Baden-Baden 2000 (zugl. Diss. Univ. Hamburg 1999).

Grabitz, Eberhard/ Hilf, Meinhard (Hrsg.) Kommentar zur Europäischen Union, Band I, EUV/EGV (EUV, Art. 1-97 EGV), Stand: 18. Ergänzungslieferung, München (Mai) 2001.

–/– (Hrsg.) Kommentar zur Europäischen Union, Band II, EUV/EGV (Art. 98-314 EGV), Stand: 18. Ergänzungslieferung, München (Mai) 2001.

–/– (Hrsg.) Kommentar zur Europäischen Union, Altband I (EUV, Art. 1-136a EGV (Maastrichter Fassung)), Stand: 14. Ergänzungslieferung, München (Oktober) 1999.

–/– (Hrsg.) Kommentar zur Europäischen Union, Altband II (Art. 137-248 EGV (Maastrichter Fassung), EWGV (Römische Fassung)), Stand: 14. Ergänzungslieferung, München (Oktober) 1999.

Grewe, Wilhelm G. Epochen der Völkerrechtsgeschichte, 2. Aufl., Baden-Baden 1988.

Groeben, Hans v.d./ Thiesing, Jochen/ Ehlermann, Claus-Dieter (Hrsg.) Kommentar zum EWG-Vertrag, Band 4 (Art. 189-248), 4. Aufl., Baden-Baden 1991.
(zit.: GTE-Bearb., EWGV)

–/–/– (Hrsg.) Kommentar zum EU-/EG-Vertrag, Band 1 (Art. A-F EUV, Art. 1-84 EGV), 5. Aufl., Baden-Baden 1997.
(zit.: GTE-Bearb., EUV/EGV)

–/–/– (Hrsg.) Kommentar zum EU-/EG-Vertrag, Band 4 (Art. 137-209a EGV), 5. Aufl., Baden-Baden 1997.

–/–/– (Hrsg.) Kommentar zum EU-/EG-Vertrag, Band 5 (Art. 210-248 EGV/Art. H-S EUV), 5. Aufl., Baden-Baden 1997.

Gundel, Jörg	Die Rechtfertigung von faktisch diskriminierenden Eingriffen in die Grundfreiheiten des EGV, in: Jura 2001, S. 79-85.
Gündisch, Jürgen	Rechtsschutz in der Europäischen Gemeinschaft, Stuttgart u.a. 1994.
Gusy, Christoph	Polizeirecht, 4. Aufl., Tübingen 2000.
Hafner, Gerhard	The Amsterdam Treaty and the Treaty-Making Power of the European Union, in: Gerhard Hafner (Hrsg.), Liber amicorum Professor Ignaz Seidl-Hohenveldern – in honour of his 80th birthday, Den Haag, London, Boston 1998, S. 257-284.
Hallstein, Walter	Die Europäische Gemeinschaft, 5. Aufl., Düsseldorf 1979.
Herdegen, Matthias	Europarecht, 3. Aufl., München 2001.
Heusel, Wolfgang	„Weiches" Völkerrecht: eine vergleichende Untersuchung typischer Erscheinungsformen, Baden-Baden 1991 (zugl. Diss. Univ. Mainz 1989).
Hilf, Meinhard/ Pache, Eckhard	Der Vertrag von Amsterdam, in: NJW 1998, S. 705-713.
Hill, John A.	The European Economic Community: The Right of Member State Withdrawal, in: GJICL 1982, S. 335-357.
Hillgruber, Christian	Die Rechtsnatur der Europäischen Union nach dem Amsterdamer Vertrag, in: Winfried Kluth (Hrsg.), Die Europäische Union nach dem Amsterdamer Vertrag, Baden-Baden 2000, S. 15-36.
Hintersteininger, Margit	Binnenmarkt und Diskriminierungsverbot: unter besonderer Berücksichtigung der Situation nichtstaatlicher Handlungseinheiten, Berlin 1999 (zugl. Diss. Univ. Linz 1998).

Hobe, Stephan Der offene Verfassungsstaat zwischen Souveränität und Interdependenz: eine Studie zur Wandlung des Staatsbegriffs der deutschsprachigen Staatslehre im Kontext internationaler institutionalisierter Kooperation, Berlin 1998 (zugl. Habil.-Schr. Univ. Kiel 1996).

Hofbauer, Ernst Der Verrat, Wien 2000.

Hoffmann, Gerhard Das Verhältnis des Rechts der Europäischen Gemeinschaften zum Recht der Mitgliedstaaten, in: DÖV 1967, S. 433-441.

Hummer, Waldemar Grundrechte und grundrechtsähnliche Verbürgungen in den Europäischen Gemeinschaften – Versuch einer Systematisierung und gegenseitigen Abgleichung, in: Fritz Schwind (Hrsg.), Aktuelle Fragen zum Europarecht aus der Sicht in- und ausländischer Gelehrter, 1986, S. 60-88.

– Vom „Musterschüler" zum Buhmann. Die EU als „self contained regime", in: Europäische Rundschau 2000, S. 13-20.

– Vom „Prinzip der Nichtintervention" im Völkerrecht zur „Chirac-Doktrin" in der EU, in: JuristenBlatt 2000, S. 9-12.

–/ Obwexer, Walter Die „EU-Präsidentschaft" – Entwicklung, Rechtsgrundlagen, Funktionen und Aufgaben sowie künftige Ausgestaltung des Rates der EU, in: EuR 1999, S. 409-451.

–/– Österreich unter „EU-Quarantäne". Rechtsfragen der Einflußnahme auf die Regierungsbildung eines Mitgliedstaates, in: ecolex 2000, S. 250-255.

–/– Österreich unter „EU-Kuratel" (Teil I/II), in: europa blätter 2000, S. 52-58/93-101.

Hummer, Waldemar/ Obwexer, Walter	Die Wahrung der „Verfassungsgrundsätze" der EU, in: EuZW 2000, S. 485-496.
–/–	Die Verhängung der „EU-Sanktionen" und der mögliche Ausstieg aus ihnen, in: ZÖR 55 (2000), S. 269-298.
Ipsen, Hans Peter	Europäisches Gemeinschaftsrecht, Tübingen 1972.
–	Zehn Glossen zum Maastricht-Urteil, in: EuR 1994, S. 1-21.
Ipsen, Knut	Völkerrecht, 4. Aufl., München 1999.
Isensee, Josef/ Kirchhof, Paul (Hrsg.)	Handbuch des Staatsrechts der Bundesrepublik Deutschland, Band I: Die Grundlagen von Staat und Verfassung, 2. Aufl., Heidelberg 1995.
–/– (Hrsg.)	Handbuch des Staatsrechts der Bundesrepublik Deutschland, Band II: Demokratische Willensbildung – die Staatsorgane des Bundes, 2. Aufl., Heidelberg 1998.
–/– (Hrsg.)	Handbuch des Staatsrechts der Bundesrepublik Deutschland, Band V: Allgemeine Grundrechtslehren, Heidelberg 1992.
Jacobs, Francis G.	European Community Law and Public International Law: two different legal orders?, Kiel 1983.
Jaensch, Michael	Die unmittelbare Drittwirkung der Grundfreiheiten: Untersuchung der Verpflichtung von Privatpersonen durch Art. 30, 48, 52, 59, 73b EGV, Baden-Baden 1997 (zugl. Diss. Univ. Bonn 1996).

Jakob, Carin Thinam Sanktionen gegen vertragsbrüchige Mitgliedstaaten der Europäischen Gemeinschaft: Reaktionsmöglichkeiten der Gemeinschaft oder der anderen Mitgliedstaaten im Falle der Nichtbefolgung von Urteilen des Europäischen Gerichtshofes durch eine Vertragspartei, Berlin 1988 (zugl. Diss. Univ. Bonn 1988).

Jellinek, Georg System der subjektiven öffentlichen Rechte, 2. Aufl., Tübingen 1905.

– Allgemeine Staatslehre, 3. Aufl., Berlin 1921.

Jiménez de Aréchaga, Eduardo International Law in the Past Third of the Century, in: RdC 159 (1978), S. 1-344.

Judt, Tony Taube Ohren und leere Rhetorik, in: Die Zeit 13/2000 vom 23.03.2000.

Junker, Carolin Der Verwaltungsakt im deutschen und französischen Recht und die Entscheidung im Recht der Europäischen Gemeinschaften, Diss. Univ. Münster 1990.

Kaiser, Joseph H. Die im Rat vereinigten Vertreter der Regierungen der Mitgliedstaaten, in: Walter Hallstein/ Hans-Jürgen Schlochauer (Hrsg.), Zur Integration Europas – Festschrift für Carl Friedrich Ophüls aus Anlaß seines siebzigsten Geburtstages, Karlsruhe 1965, S. 107-124.

Kalshoven, Frits Belligerent Reprisals, Leiden 1971.

Karlhofer, Ferdinand/ Melchior, Josef/ Sickinger, Hubert (Hrsg.) Anlassfall Österreich: die Europäische Union auf dem Weg zu einer Wertegemeinschaft, Baden-Baden 2001.

Kaufmann, Marcel Europäische Integration und Demokratieprinzip, Baden-Baden 1997.

Kausch, Hans G. Art. Boycott, in: Rudolf Bernhardt (Hrsg.), EPIL I, Amsterdam u.a. 1992, S. 485-489.

–/ Langenfeld, Christine Art. Embargo, in: Rudolf Bernhardt (Hrsg.), EPIL II, Amsterdam u.a. 1995, S. 58-67.

Kelsen, Hans/ Tucker, Robert W. Principles of International Law, 2. Aufl., New York u.a. 1967.

Kewenig, Wilhelm A. Die Anwendung wirtschaftlicher Zwangsmaßnahmen im Völkerrecht, BDGVR 22, Heidelberg 1982, S. 7-29.

Khol, Andreas Die Wende ist geschafft – Der schwarz-blaue Marsch durch die Wüste Gobi, Wien 2001.

Kimminich, Otto/ Hobe, Stephan Einführung in das Völkerrecht, 7. Aufl., Tübingen, Basel 2000.

Kingreen, Thorsten Die Struktur der Grundfreiheiten des Europäischen Gemeinschaftsrechts, Berlin 1999.

Klabbers, Jan Presumptive Personality: The EU in Inter-national Law, in: Martti Koskenniemi (Hrsg.), International Law Aspects of the EU, Den Haag, London, Boston 1998, S. 231-253.

Klein, Eckart Zulässigkeit von Wirtschaftssanktionen der EWG gegen ihre Mitgliedstaaten, in: RIW 1985, S. 291-297.

– Gegenmaßnahmen, BDGVR 37, Heidelberg 1998, S. 39-70.

– Ein Europa, das Angst macht, in: Frankfurter Allgemeine Zeitung vom 14.03.2000.

Klein, Friedrich Art. Sanktion, in: Karl Strupp/Hans-Jürgen Schlochauer (Hrsg.), Wörterbuch des Völkerrechts, Band 3, Berlin 1962, S. 158-162.

Koenig, Christian/ Haratsch, Andreas Europarecht, 3. Aufl., Tübingen 2000.

–/ Sander, Claude Einführung in das EG-Prozeßrecht, Tübingen 1997.

Kokott, Juliane Deutschland im Rahmen der Europäischen Union – zum Vertrag von Maastricht, in: AöR 119 (1994), S. 207-237.

Kopeinig, Margarethe/ Kotanko, Christoph Eine europäische Affäre: Der Weisen-Bericht und die Sanktionen gegen Österreich, Wien 2000.

Kopp, Ferdinand O./ Ramsauer, Ulrich Verwaltungsverfahrensgesetz, 7. Aufl., München 2000.

Kort, Michael Verstoß eines EG-Mitgliedstaates gegen europäisches Recht: Probleme des Vertragsverletzungsverfahrens gem. Art. 169 EGV, in: DB 1996, S. 1323-1326.

Kraußer, Hans-Peter Das Prinzip begrenzter Ermächtigung im Gemeinschaftsrecht als Strukturprinzip des EWG-Vertrages, Berlin 1991 (zugl. Diss. Univ. Erlangen-Nürnberg 1991).

Krenzler, Horst G./ Schneider, Henning C. Die Gemeinsame Außen- und Sicherheitspolitik der Europäischen Union – Zur Frage der Kohärenz, in: EuR 1994, S. 144-161.

Kühling, Jürgen Grundrechtskontrolle durch den EuGH: Kommunikationsfreiheit und Pluralismussicherung im Gemeinschaftsrecht, in: EuGRZ 1997, S. 296-303.

Kunz, Josef L. Sanctions in International Law, in: AJIL 54 (1960), S. 324-347.

Kutscher, Hans Über den Gerichtshof der Europäischen Gemeinschaften, in: EuR 1981, S. 392-413.

Langrish, Sally — The Treaty of Amsterdam: Selected Highlights, in: ELRev 23 (1998), S. 3-19.

Lauterpacht, Hersch — International Law, Band 1, The General Works (hrsg. von Elihu Lauterpacht), Cambridge 1970.

Leben, Charles — Les contre-mesures inter-étatique et les réactions à illicite dans la société internationale, in: AFDI 28 (1982), S. 9-77.

Lecheler, Helmut — Der Europäische Gerichtshof und die allgemeinen Rechtsgrundsätze, Berlin 1971.

Leidenmühler, Franz — Die Aussetzung der Stimmrechte der Mitgliedstaaten der Europäischen Union nach Art F.1 des Vertrages von Amsterdam, in: Die Union 1998, S. 97-110.

– — Zur Legalität der Maßnahmen gegen die österreichische Bundesregierung. Rechtsfragen aus Anlaß der internationalen Reaktionen auf die Regierungsbildung eines Mitgliedstaates der EU, in: ZÖR 55 (2000), S. 299-322.

Lenz, Carl Otto — EG-Vertrag: Kommentar zu dem Vertrag zur Gründung der Europäischen Gemeinschaften, 2. Aufl., Köln u.a. 1999.

Linsi, Christian — Gegenmaßnahmen in der Form des Embargos zur Durchsetzung elementarer Völkerrechtsverpflichtungen in der schweizerischen Außenpolitik: die Bedeutung der Praxisänderung vom August 1990 aus der Sicht der Staatenverantwortlichkeit und der Neutralität, Basel 1994 (zugl. Diss. Univ. Basel 1993).

Lisken, Hans/ Denninger, Erhard (Hrsg.) — Handbuch des Polizeirechts, 2. Aufl., München 1996.
(zit.: HdBPolR-Denninger)

Macalister-Smith, Peter Art. Comity, in: Rudolf Bernhardt (Hrsg.), EPIL I, Amsterdam u.a. 1992, S. 671-674.

Malanczuk, Peter Countermeasures and Self-Defence, in: ZaöRV 43 (1983), S. 705-812.

– Zur Repressalie im Entwurf der International Law Commission zur Staatenverantwortlichkeit, in: ZaöRV 45 (1985), S. 293-323.

Manin, Philippe The Treaty of Amsterdam, in: CJEL 4 (1998), S. 1-26.

Matscher, Franz Österreich und die Grundwerte des EU-Vertrages: Das Vorgehen der 14 EU-Staaten gegen Österreich ist nach den EU-Verträgen rechtlich unhaltbar, in: Die Presse vom 9.02.2000.

McKinnon, Fiona Reprisals as a Method of Enforcing International Law, in: LJIL 4 (1991), S. 221-248.

Meng, Werner Das Recht der Internationalen Organisationen – eine Entwicklungsstufe des Völkerrechts, Baden-Baden 1979 (zugl. Diss. Univ. Mainz 1978).

Mohn, Astrid Sybille Der Gleichheitssatz im Gemeinschaftsrecht: Differenzierungen im europäischen Gemeinschaftsrecht und ihre Vereinbarkeit mit dem Gleichheitssatz, Kehl am Rhein u.a. 1990 (zugl. Diss. Univ. Berlin 1990).

Mortelmans, K. J. The extramural Meetings of the Ministers of the Member States of the Community, in: CMLRev XI (1974), S. 62-91.

Müller, Jörg Paul/ Cottier, Thomas Art. Estoppel, in: Rudolf Bernhardt (Hrsg.), EPIL II, Amsterdam u.a. 1995, S. 116-119.

Müller-Graff, Peter-Christian Europäische Politische Zusammenarbeit und Gemeinsame Außen- und Sicherheitspolitik: Kohärenzgebot aus rechtlicher Sicht, in: integration 16 (1993), S. 147-157.

– The Legal Basis of the Third Pillar and its Position in the Framework of the Union Treaty, in: CMLRev XXXI (1994), S. 493-510.

Münch, Lars Die gemeinsame Aktion im Rahmen der GASP: Inhalt, Rechtsnatur und Reformbedürftigkeit, in: EuR 1996, S. 415-433.

– Die gemeinsame Aktion als Mittel der Gemeinsamen Außen- und Sicherheitspolitik, Berlin 1997 (zugl. Diss. Univ. Potsdam 1996/97).

– Die Gemeinsame Außen- und Sicherheitspolitik (GASP), in: ZÖR 52 (1997), S. 389-417.

Neuhold, Hanspeter Internationale Konflikte, verbotene und erlaubte Mittel ihre Austragung: Versuche einer transdisziplinären Betrachtung der Grundsätze des Gewalt- und Interventionsverbotes sowie der friedlichen Streitbeilegung im Lichte der UN-Prinzipienerklärung 1970 und der modernen Sozialwissenschaften, Wien, New York 1977.

Nguyen, Quoc Dinh/ Daillier, Patrick/ Pellet, Allain Droit international public, 6. Aufl., Paris 1999.

Nicolaysen, Gert Zur Theorie von den implied powers in den Europäischen Gemeinschaften, in: EuR 1966, S. 129-142.

Niedermühlbichler, Hannes Verfahren vor dem EuG und dem EuGH: Gerichtsorganisation, Zuständigkeit, Verfahrensarten, Wien 1998.

Nöll, Hans-Heinrich Die Völkerrechtssubjektivität der Europäischen Gemeinschaften und deren Bindung an das allgemeine Völkerrecht, Baden-Baden 1986 (zugl. Diss. Univ. Marburg/L. 1985).

Oppenheim, Lassa F./ Lauterpacht, Hersch International Law, Band II: Disputes, War and Neutrality, 7. Aufl., London u.a. 1952.

Oppermann, Thomas Nichteinmischung in innere Angelegenheiten: Zur Abgrenzung der Nichteinmischung gegenüber Intervention und Interzession, AVR 14 (1969/70), S. 321-342.

– Europarecht, 2. Aufl., München 1999.

Ortlepp, Beate Christina Das Vertragsverletzungsverfahren als Instrument zur Sicherung der Legalität im europäischen Gemeinschaftsrecht, Baden-Baden 1987.

Pache, Eckhard/ Schorkopf, Frank Der Vertrag von Nizza: Institutionelle Reform zur Vorbereitung der Erweiterung, in: NJW 2001, S. 1377-1386.

Partsch, Karl Josef Art. Naulilaa-Fall, in: Karl Strupp/Hans-Jürgen Schlochauer (Hrsg.), Wörterbuch des Völkerrechts, Band 2, Berlin 1961, S. 577 f.

– Art. Repressalie, in: Karl Strupp/Hans-Jürgen Schlochauer (Hrsg.), Wörterbuch des Völkerrechts, Band 3, Berlin 1962, S. 103-106.

– Art. Retorsion, in: Karl Strupp/Hans-Jürgen Schlochauer (Hrsg.), Wörterbuch des Völkerrechts, Band 3, Berlin 1962, S. 110.

– Art. Reprisals, in: Rudolf Bernhardt (Hrsg.), EPIL 9, Amsterdam u.a. 1986, S. 330-335.

– Art. Retorsion, in: Rudolf Bernhardt (Hrsg.), EPIL 9, Amsterdam u.a. 1986, S. 335-337.

Pechstein, Matthias Anmerkung zum EuGH-Urteil vom 12.05.1998, Rs. C-170/96 (Kommission ./. Rat), in: JZ 1998, S. 1008 f.

– Die Justitiabilität des Europarechts, in: EuR 1999, S. 1-26.

– Beschlüsse im Rahmen der GASP und deutsches Verfassungsrecht, in: Rudolf Geiger (Hrsg.), Völkerrechtlicher Vertrag und staatliches Recht vor dem Hintergrund zunehmender Verdichtung der internationalen Beziehungen, Baden-Baden 2000, S. 31-51.

–/ *Koenig, Christian* Die Europäische Union, 3. Aufl., Tübingen 2000.

Pernthaler, Peter/ Hilpold, Peter Sanktionen als Instrument der Politikkontrolle – der Fall Österreich, in: integration 23 (2000), S. 105-119.

Pescatore, Pierre International Law and Community Law – A Comparative Analysis, in: CMLRev VII (1970), S. 167-183.

– L'Ordre juridique des Communautès européennes: Etudes des sources du droit communautaire, 2. Aufl., Liège 1973.

– Die Rechtsprechung des Europäischen Gerichtshofes zur innergemeinschaftlichen Wirkung völkerrechtlicher Abkommen, in: Rudolf Bernhardt/Karl Wilhelm Geck/Günther Jaenicke/Helmut Steinberger (Hrsg.), Völkerrecht als Rechtsordnung, Internationale Gerichtsbarkeit, Menschenrechte: Festschrift für Hermann Mosler, Berlin u.a. 1983, S. 661-689.

Petersmann, Ernst-Ulrich Internationale Wirtschaftssanktionen als Problem des Völkerrechts und des Europarechts, in: ZVglRWiss 80 (1981), S. 1-28.

Pott, Hermann Clausula rebus sic stantibus. Ein Versuch ihres Wesens, ihrer Voraussetzungen und ihrer Rechtsfolgen (Art. 62 WVK), Frankfurt/M. u.a. 1992 (zugl. Diss. Univ. Münster 1992).

Puissochet, Jean-Pierre The Enlargement of the European Communities: A Commentary on the Treaty and the acts concerning the Accession of Denmark, Ireland, and the United Kingdom, Leiden 1975.

Regan, Eugene Are EU Sanctions Against Austria Legal, in: ZÖR 55 (2000), S. 323-336.

Regelsberger, Elfriede Gemeinsame Außen- und Sicherheitspolitik, in: Werner Weidenfeld/Wolfgang Wessels (Hrsg.), Jahrbuch der Europäischen Integration 1992/93, Institut für Europäische Politik, Bonn 1993, S. 223-232.

– Gemeinsame Außen- und Sicherheitspolitik, in: Werner Weidenfeld/Wolfgang Wessels (Hrsg.), Jahrbuch der Europäischen Integration 1995/96, Institut für Europäische Politik, Bonn 1996, S. 211-220.

Reich, Dietmar O. Rechte des Europäischen Parlaments in Gegenwart und Zukunft, Berlin 1999 (zugl. Diss. Univ. Kiel 1997/98).

Rengeling, Hans-Werner/ Middeke, Andreas/ Gellermann, Martin Rechtsschutz in der Europäischen Union: Durchsetzung des Gemeinschaftsrechts vor europäischen und deutschen Gerichten, München 1994.

Ress, Georg Die Europäische Union und die neue juristische Qualität der Beziehungen zu den Europäischen Gemeinschaften, JuS 1992, S. 985-991.

Ress, Georg Ist die Europäische Union eine juristische Person?, in: EuR – Beiheft 2 – 1995, S. 27-40.

Richter, Pascal Die Erweiterung der Europäischen Union, Baden-Baden 1997 (zugl. Diss. Univ. Berlin 1996).

Riklin, Alois Die Europäische Gemeinschaft im System der Staatenverbindungen, Bern 1972.

Riphagen, Willem Preliminary Report on the Content, Forms and Degrees of International Responsibility (Part 2 of the Draft Articles on State Responsibility), A/CN.4/330, YBILC 1980 II 1, S. 107-129.

– 3rd Report on the Content, Forms and Degrees of International Responsibility (Part 2 of the Draft Articles on State Responsibility), A/CN.4/354/ and Add. 1 and 2, YBILC 1982 II 1, S. 22-50.

– 4th Report on the Content, Forms and Degrees of International Responsibility (Part 2 of the Draft Articles on State Responsibility), A/CN.4/366/ Add. 1, YBILC 1983 II 1, S. 3-24.

Rossi, Matthias Das Diskriminierungsverbot nach Art. 12 EGV, in: EuR 2000, S. 197-217.

Roth, Wulf-Henning Drittwirkung der Grundfreiheiten?, in: Ole Due (Hrsg.), Festschrift für Ulrich Everling, Band 2, Baden-Baden 1995, S. 1231-1247.

Rotter, Manfred Analyse der „Sanktionen“ der 14, in: Europäische Rundschau 2000, S. 21-38.

Rousseau, Charles Droit international public, 11. Aufl., Paris 1987.

Ryba, Barbara-Christine La politique étrangère et de sécurité commune (PESC) – Mode d’emploie et bilan d’une année d’application (fin 1993/94), in: RMCUE 1995, S. 14-35.

Schachter, Oscar International Law in Theory and Practice, Dordrecht 1991.

– Dispute Settlement and Countermeasures in the International Law Commission, in: AJIL 88 (1994), S. 471-477.

Scharsach, Hans-Henning/ Kuch, Kurt Haider: Schatten über Europa, 2. Aufl., Köln 2000.

Schermers, Henry G./ Blokker, Niels M. International Institutional Law: Unity within Diversity, 3. Aufl., Den Haag u.a. 1995.

Scheuner, Ulrich Intervention und Interventionsverbot: das Gebot der Achtung der wirtschaftlichen und politischen Selbständigkeit der Staaten, in: VN 28 (1980), S. 149-155.

Schlochauer, Hans-Jürgen Die Entwicklung des völkerrechtlichen Deliktsrechts, in: AVR 16 (1974/75), S. 239-277.

Schmahl, Stefanie Die Reaktionen auf den Einzug der Freiheitlichen Partei Österreichs in das österreichische Regierungskabinett: Eine europa- und völkerrechtliche Analyse, in: EuR 2000, S. 819-835.

Schmidt-Aßmann, Eberhard (Hrsg.) Besonderes Verwaltungsrecht, 11. Aufl., Berlin, New York 1999.
(zit.: *Bearb.*, in: Schmidt-Aßmann, Bes. VerwR)

Schneider, Heinrich Österreich in Acht und Bann – ein Schritt zur politisch integrierten „Wertegemeinschaft", in: integration 23 (2000), S. 120-148.

Scholz, Rupert Der europäische Rechtsstaat, in: Jürgen F. Baur/ Klaus J. Hopt/K. Peter Mailänder (Hrsg.), Festschrift für Ernst Steindorff zum 70. Geburtstag am 13. März 1990, Berlin, New York 1990, S. 1413-1435.

Schorkopf, Frank Homogenität in der Europäischen Union – Ausgestaltung und Gewährleistung durch Art. 6 Abs. 1 und Art. 7 EUV, Berlin 2000 (zugl. Diss. Univ. Hamburg 1998).

– Verletzt Österreich die Homogenität der Europäischen Union?, in: DVBl. 2000, S. 1036-1044.

Schwarze, Jürgen Das allgemeine Völkerrecht in den innergemeinschaftlichen Rechtsbeziehungen, in: EuR 1983, S. 1-39.

– Europäisches Verwaltungsrecht: Entstehung und Entwicklung im Rahmen der Europäischen Gemeinschaft, Band 1, Baden-Baden 1988.
(zit.: EVR I)

– *(Hrsg.)* EU-Kommentar, Baden-Baden 2000.

Schwarzenberger, Georg Art. Clausula rebus sic stantibus, EPIL I, 1992, S. 611-617.

Schweitzer, Michael Staatsrecht – Völkerrecht – Europarecht, 7. Aufl., Heidelberg 2000.
(zit.: Staatsrecht III)

–/ Hummer, Waldemar Europarecht. Das Recht der Europäischen Union – Das Recht der Europäischen Gemeinschaften (EGKS, EG, EAG) – mit Schwerpunkt EG, 5. Aufl. (einschl. Nachtrag: Der Vertrag von Amsterdam), Neuwied, Kriftel, Berlin 1996/1999.

Seidl-Hohenveldern, Ignaz/ Loibl, Gerhard Das Recht der Internationalen Organisationen einschließlich der Supranationalen Gemeinschaften, 7. Aufl., Köln u.a. 2000.

–/ Stein, Torsten Völkerrecht, 10. Aufl., Köln u.a. 2000.

Semrau, Stephan — Die gemeinsame Außen- und Sicherheitspolitik der Europäischen Union, Frankfurt/M. u.a. 1998 (zugl. Diss. Univ. Würzburg 1997).

Sicilianos, Linos-Alexander — The Relationship between Reprisals and Denunciation or Suspension of a Treaty, in: EJIL 4 (1993), S. 341-359.

Simma, Bruno — Reflections on Art. 60 of the Vienna Convention of the Law of Treaties and its Background in General International Law, in: ÖZöffR 20 (1970), S. 5-83.

– — Zum Rücktrittsrecht wegen Vertragsverletzungen nach der Wiener Konvention von 1969, in: Heinrich Kipp/Franz Mayer/Armin A. Steinkamm (Hrsg.), Um Recht und Freiheit, Festschrift für Friedrich August Freiherr von der Heydte, Band 1, 1. Halbband, Berlin 1977, S. 616-630.

– — Self contained regimes, in: NYIL XVI (1985), S. 111-136.

–/ Fastenrath, Ulrich (Hrsg.) — Menschenrechte: Ihr internationaler Schutz, 4. Aufl., München 1998.

Sinclair, Sir Ian — The Vienna Convention on the Law of Treaties, 2. Aufl., Manchester 1984.

Singh, Nagendra — Termination of Membership in International Organisations, New York 1958.

Skubiszewski, K. — Use of Force by States: Collective Security. Law of War and Neutrality, in: Max Sørensen (Hrsg.), Manual of Public International Law, London u.a. 1968, S. 739-854.

Smit, Hans/ Herzog, Peter The Law of the European Community: A Commentary on the EC, Stand: 41. Lieferung (Dezember 2001), New York, San Francisco 1997.

Soldatos, Panayotis Durée et dénunciation des Traités de Rome, in: RDI 47 (1969), S. 257-270.

Starke, Joseph G. Introduction to International Law, 10. Aufl., London 1989.

Steiger, Heinhard Staatlichkeit und Überstaatlichkeit: Eine Untersuchung zur rechtlichen und politischen Stellung der Europäischen Gemeinschaften, Berlin 1966.

Stein, Torsten Europäische Union – Gefahr oder Chance für den Föderalismus in Deutschland, Österreich und der Schweiz, VVDStRL 53 (1994), S. 26-47.

– Außenpolitisch motivierte (Wirtschafts-)Sanktionen der Europäischen Union – nach wie vor eine rechtliche Grauzone? , in: Ulrich Beyerlein u.a. (Hrsg.), Recht zwischen Umbruch und Bewahrung: Völkerrecht – Europarecht – Staatsrecht: Festschrift für Rudolf Bernhardt, Berlin u.a. 1995, S. 1129-1141.

– Das Zusammenspiel von Mitgliedstaaten, Rat und Kommission bei der Gemeinsamen Außen- und Sicherheitspolitik der Europäischen Union, in: EuR – Beiheft 2 – 1995, S. 69-81.

– Die rechtlichen Reaktionsmöglichkeiten der Europäischen Union bei schwerwiegender und anhaltender Verletzung der demokratischen und rechtsstaatlichen Grundsätze in einem Mitgliedstaat, in: Volkmar Götz/Peter Selmer/Rüdiger Wolfrum (Hrsg.), Liber amicorum Günther Jaenicke – Zum 85. Geburtstag, Berlin u.a. 1998, S. 871-898.

Stein, Torsten Der Kreuzzug der Vierzehn gegen Österreich, in: Die Europäische Union und Österreich: Vom Umgang mit einem europäischen Staat. Rechtliche Grundlagen und politische Praxis, Arbeitspapier der Konrad-Adenauer-Stiftung, o.O. 7/2000, S. 7-14.

Steinhauer, Bettina M. Die Auslegung, Kontrolle und Durchsetzung mitgliedstaatlicher Pflichten im Recht des Internationalen Währungsfonds und der Europäischen Gemeinschaft, Berlin 1997 (zugl. Diss. Univ. Konstanz 1996).

Steinkamm, Armin A. Art. Repressalie, in: Ignaz Seidl-Hohenveldern (Hrsg.), Lexikon des Rechts. Völkerrecht, 2. Aufl., Neuwied, Kriftel, Berlin 1992, S. 259-260.

Stoerk, Felix Völkerrecht und Völkercourtoisie, in: Staatsrechtliche Abhandlungen, Festgabe für Paul Laband, Erster Band, Tübingen 1908, S. 127-170.

Streinz, Rudolf Rechtsgrundlagen, Aufbau und Handlungsbefugnisse der Europäischen Union, in: Waldemar Hummer (Hrsg.), Die Europäische Union und Österreich: europarechtliche, völkerrechtliche und verfassungsrechtliche Perspektiven, Wien 1994, S. 29-46.

– Europarecht, 3. Aufl., Heidelberg 1996.

– Der Vertrag von Amsterdam: Einführung in die Reform des Unionsvertrages von Maastricht und erste Bewertung der Ergebnisse, in: EuZW 1998, S. 137-147.

– Europarecht, 5. Aufl., Heidelberg 2001.

–/ Leible, Stefan Die unmittelbare Drittwirkung der Grundfreiheiten, in: EuZW 2000, S. 459-467.

Sundberg-Weitmann, Brita Addresees of the Ban on Discrimination Enshrined in Art. 7 EEC Treaty, in: CMLRev X (1973), S. 71-80.

– Discrimination on Grounds of Nationality: Free Movement of Workers and Freedom of Establishment under the EEC Treaty, Amsterdam 1977.

Tanca, Antonio La Politique Étrangère et de Sécurité Commune de l'Union européenne en 1995, in: EJIL 7 (1996), S. 447-455.

Taylor, Charles Der Irrtum der Negativen Freiheit, in: Charles Taylor (Hrsg.), Negative Freiheit, 3. Aufl., Frankfurt/M. 1999, S. 118-144.

Theissen, Robert Der Ausschuß der Regionen (Art. 198a-c EGV): Einstieg der Europäischen Union in einen kooperativen Regionalismus, Berlin 1996 (zugl. Diss. Univ. Hamburg 1995/96.

Thun-Hohenstein, Christoph Der Vertrag von Amsterdam, Wien 1997.

–/ Cede, Franz Europarecht, 3. Aufl., Wien 1999.

Tilch, Horst (Hrsg.) Deutsches Rechtslexikon, Band 3 (R-Z), 2. Aufl., München 1992.

Tomuschat, Christian Repressalie und Retorsion: Zu einigen Aspekten ihrer innerstaatlichen Durchführung, in: ZaöRV 33 (1973), S. 179-222.

– Are Counter-Measures Subject to Prior Recourse to Dispute Settlement Procedures?, in: EJIL 5 (1994), S. 77-88.

Tomuschat, Christian Art. 24 GG, in: Rudolf Dolzer/Klaus Vogel (Hrsg.), Bonner Kommentar zum Grundgesetz, Band 4 (Art. 20-27), Stand: 96. Lieferung, Heidelberg (Mai) 2001.
(zit.: BK-Tomuschat)

Tretter, Hannes Das Kopenhagener Abschlußdokument über die menschliche Dimension der KSZE, in: EuGRZ 1990, S. 235-239.

Trüe, Christiane Verleihung von Rechtspersönlichkeit an die Europäische Union und Verschmelzung zu einer einzigen Organisation – deklaratorisch oder konstitutiv?, Europa-Institut der Universität des Saarlandes, Nr. 357, 1997.

– Rechtspersönlichkeit der Europäischen Union nach den Vertragsänderungen von Amsterdam: Wer handelt in GASP und PJZS?, in: ZEuS 2000, S. 127-176.

Ukrow, Jörg Die Fortentwicklung des Rechts der Europäischen Union durch den Vertrag von Amsterdam, in: ZEuS 1998, S. 141-181.

Valkysers, Martin Der Einsatz von Sanktionen als außen- und sicherheitspolitisches Instrument in der postkonfrontativen Periode, Neubiberg 1999.

Verdross, Alfred/ Simma, Bruno Universelles Völkerrecht: Theorie und Praxis, 3. Aufl., Berlin 1984.

Verhoeven, Amaryliss How Democratic Need European Union Members Be? Some Thoughts After Amsterdam, in: ELRev 23 (1998), S. 217-234.

Vitzthum, Wolfgang Graf (Hrsg.) Völkerrecht, 2. Aufl., Berlin, New York 2001.

Völker, Stefan — Passive Dienstleistungsfreiheit im Europäischen Gemeinschaftsrecht, Berlin 1990 (zugl. Diss. Univ. Tübingen 1989).

Vornbäumen, Axel — Dynamik in der Zwangsjacke: Die Präsidentschaft im Ministerrat der EG als Führungsinstrument, Bonn 1985.

Wallace, Helen — The Presidency of the Council of Ministers of the European Community: Task and Evaluation, in: Colm O'Nullain (Hrsg.), The Presidency of the European Council of Ministers: Impacts and Implications for National Governments, London, Sydney, Dover/N.H. 1985, S. 1-22.

Waltemathe, Arved — Austritt aus der EU: sind die Mitgliedstaaten noch souverän?, Frankfurt/M. u.a. 2000 (zugl. Diss. Univ. Göttingen 1999).

Weiler, Joseph H. H./ Haltern, Ulrich R. — The Autonomy of the Community Legal Order – Through the Looking Glass, in: HILJ 37 (1996), S. 411-448.

Weiß, Wolfgang — Die Personenverkehrsfreiheiten von Staatsangehörigen assoziierter Staaten in der EU: eine vergleichende Analyse der Assoziationsabkommen, Frankfurt/M. u.a. 1998.

Welan, Manfried — Regierungsbildung – der innenpolitische Akt nach der Nationalratswahl, in: Günther R. Burkert-Dottolo/Bernhard Moser (Hrsg.), Die Regierungsbildung in Österreich 1999/2000: Anatomie eines Wechsels, Wien 2000, S. 5-14.

– — Regierungssystem unter Druck? Die gewendete Republik, in: Peter Pelinka/Fritz Plasser/Wolfgang Meixner (Hrsg.), Die Zukunft der österreichischen Demokratie: Trends, Prognosen und Szenarien, Wien 2000, S. 335-360.

Wellens, K. C./ Borchardt, G. M. Soft Law in European Community Law, in: ELRev 14 (1989), S. 267-321.

Wengler, Wilhelm Völkerrecht, Band 1, Berlin 1964.

Wessel, Ramses A. De "tweede pijler" van de Europese Unie: een vreemde eend in de bijt?, SEW 1995, S. 554-579.

– The International Legal Status of the European Union, in: EFARev 1997, S. 109-129.

Wichard, Johannes Christian Wer ist Herr im europäischen Haus?, in: EuR 1999, S. 170-184.

Wilhelm, Georg EU-Rechtsschutz gegen die „EU-Sanktionen", in: ecolex 2000, S. 181.

Winkler, Günther Europa quo vadis: Die Anatomie eines europäischen Willküraktes, in: ZÖR 55 (2000), S. 231-268.

– Eine staatsrechtliche und europarechtliche Analyse der Sanktionen der 14 EU-Mitgliedstaaten, Vortrag vom 28.10.2000, München: Österreichisch-Bayerische Gesellschaft [masch.].

Wuermeling, Joachim J. Kooperatives Gemeinschaftsrecht: die Rechtsakte der Gesamtheit der EG-Mitgliedstaaten, insbesondere die Gemeinschaftskonventionen nach Art. 220 EWGV, Kehl am Rhein u.a. 1988 (zugl. Diss. Univ. Bayreuth 1987).

– Die Gemeinschaftstreue und die Rechtsakte der Gesamtheit der Mitgliedstaaten der EG: Zum EuGH-Urteil – Rs. 44/84, Hurd ./. Jones, in: EuR 1987, S. 237-243.

Zemanek, Karl The Unilateral Enforcement of International Obligations, in: ZaöRV 47 (1987), S. 32-43.

Zemanek, Karl — Die völkerrechtliche Verantwortlichkeit und die Sanktionen des Völkerrechts, in: Hanspeter Neuhold u.a. (Hrsg.), Österreichisches Handbuch des Völkerrechts, Band 1 (Textteil), 3. Aufl., Wien 1997, S. 446-469.

Zippelius, Reinhold — Allgemeine Staatslehre (Politikwissenschaft): Ein Studienbuch, 13. Aufl., München 1999.

Zöchling, Christa — Haider: Eine Karriere, 2. Aufl., München, 2000.

Zoller, Elisabeth — Peacetime Unilateral Remedies: An Analysis of Countermeasures, Dobbs Ferry/NY 1984.

Zuleeg, Manfred — Der Bestand der Europäischen Gemeinschaft, in: Roland Bieber/Albert Bleckmann/Francesco Capotorti (Hrsg.), Das Europa der zweiten Generation, Gedächtnisschrift für Christoph Sasse, Band I, Baden-Baden 1981, S. 55-72.

– — Die Europäische Gemeinschaft als Integrationsverband, in: Bodo Börner/Hermann Jahrreiß/ Klaus Stern (Hrsg.), Einigkeit und Recht und Freiheit: Festschrift für Karl Carstens zum 70. Geburtstag am 14. Dezember 1984, Band 1: Europarecht – Völkerrecht, Köln 1984, S. 289-303.

– — Art. 24 GG, in: Rudolf Wassermann (Hrsg.), Kommentar zum Grundgesetz für die Bundesrepublik Deutschland in zwei Bänden – Alternativkommentar, Bd 1 (Art. 1-37), 2. Aufl., Neuwied, Kriftel 1989.
(zit.: GG-Alternativkommentar)

– — Der rechtliche Zusammenhalt der Europäischen Gemeinschaft, in: Wolfgang Blomeyer/Karl Albrecht Schachtschneider (Hrsg.), Die Europäische Union als Rechtsgemeinschaft, Berlin 1995, S. 9-36.

* * *

Loukia Kotroni

Grundrechtliche Verpflichtungen der Mitgliedstaaten der Europäischen Union

Insbesondere unter Zugrundelegung von Artikel 51 der Grundrechtscharta

Frankfurt am Main, Berlin, Bern, Bruxelles, New York, Oxford, Wien, 2004. 286 S.
Europäische Hochschulschriften: Reihe 2, Rechtswissenschaft. Bd. 3986
ISBN 3-631-52000-X · br. € 51.50*

Der Europäische Gerichtshof kontrolliert nach ständiger Rechtsprechung mitgliedstaatliche Akte anhand von Gemeinschaftsgrundrechten. SeineKontrolle erstreckt sich auf die das Gemeinschaftsrecht durchführenden staatlichen Akte sowie auf die eine Grundfreiheit beschränkenden staatlichen Maßnahmen. Die unverbindliche Grundrechtscharta der Europäischen Union beschränkt den Umfang der mitgliedstaatlichen Pflicht ausschließlich auf die Durchführung des Unionsrechts. Die Autorin setzt sich mit der Rechtsprechung des EuGH und der Regelung der Grundrechtscharta auseinander und sucht nach den Grenzen der diesbezüglichen mitgliedstaatlichen Pflicht. Sie untersucht, in welchen Fällen das gemeinschaftsrechtlich relevante Tätigwerden der Mitgliedstaaten grundrechtlichen Verpflichtungen auf der Grundlage des Gemeinschaftsrechts unterliegt und inwiefern die Gemeinschaftsgrundrechte als Kontrollmaßstab angewendet werden dürfen.

Aus dem Inhalt: Praktische Bedeutung der Untersuchung · Die Charta der Grundrechte der Europäischen Union · Rechtsprechung des EuGH · Dogmatische Herleitung der mitgliedstaatlichen Pflicht zur Beachtung von Grundrechten · Umfang der Pflicht zur Beachtung von Grundrechten · Verhältnis zwischen nationalen und Gemeinschaftsgrundrechten · Gerichtszuständigkeit in Europa hinsichtlich des Grundrechtsschutzes

Frankfurt am Main · Berlin · Bern · Bruxelles · New York · Oxford · Wien
Auslieferung: Verlag Peter Lang AG
Moosstr. 1, CH-2542 Pieterlen
Telefax 00 41 (0) 32 / 376 17 27

*inklusive der in Deutschland gültigen Mehrwertsteuer
Preisänderungen vorbehalten

Homepage http://www.peterlang.de

FSC
www.fsc.org
MIX
Papier | Fördert
gute Waldnutzung
FSC® C083411

Kolibri 360 GmbH
Ferdinand-Jühlke-Straße 7
99095 Erfurt, Deutschland
produktsicherheit@kolibri360.de

Druck:
CPI Druckdienstleistungen GmbH
im Auftrag der
Kolibri 360 GmbH
Ferdinand-Jühlke-Str. 7
99095 Erfurt